Christoph Raedel (Hg.)

»Mitarbeiter der Wahrheit«
Christuszeugnis und Relativismuskritik bei Joseph Ratzinger/Benedikt XVI. aus evangelischer Sicht

Für die Umschlagabbildung wurden Fotos vom Papstbesuch in Berlin am 22. November 2011 © W. D. Krause und vom 17. Oktober 2010 © Kancelaria Prezydenta verwendet.

Die Deutsche Nationalbibliothek verzeichnet diese Publikation in der Deutschen Nationalbibliografie; detaillierte Daten sind im Internet über http://dnb.ddb.de abrufbar. Eine eBook-Ausgabe ist erhältlich unter DOI 10.2364/3846901687

© Edition Ruprecht Inh. Dr. R. Ruprecht e.K., Postfach 17 16, 37007 Göttingen – 2013
www.edition-ruprecht.de

Alle Rechte vorbehalten. Das Werk einschließlich seiner Teile ist urheberrechtlich geschützt. Jede Verwertung außerhalb der engen Grenzen des Urhebergesetzes bedarf der vorherigen schriftlichen Zustimmung des Verlags. Diese ist auch erforderlich bei einer Nutzung für Lehr- und Unterrichtszwecke nach § 52a UrhG.

Satz: Sven Kockrick
Layout: mm interaktiv, Dortmund
Umschlaggestaltung: klartext GmbH, Göttingen
Druck: Digital Print Group GmbH, Nürnberg

ISBN 978-3-8469-0168-7 Edition Ruprecht, 978-3-7655-2002-0 Brunnen (Print)
978-3-8469-0169-4 (eBook)

Inhalt

Christoph Raedel
Einleitung   7

Roland Deines
Der »historische« ist der »wirkliche« Jesus. Die Herausforderung der Bibelwissenschaften durch Papst Benedikt XVI. und die dadurch hervorgerufenen Reaktionen   20

Rainer Riesner
Das Christuszeugnis in den Jesus-Büchern des Papstes. Anmerkungen eines evangelischen Neutestamentlers   67

Ulrike Treusch
»Leidenschaft für die Wahrheit«. Wahrheitsbegriff und Augustinus-Rezeption bei Joseph Ratzinger/Papst Benedikt XVI.   90

Werner Neuer
Heil in allen Religionen? Das Zeugnis von der alleinigen Erlösung durch Jesus Christus in der Religionstheologie Joseph Ratzingers   116

Christoph Raedel
Begründung und Bewährung christlicher Ethik bei Joseph Ratzinger/ Benedikt XVI.   138

Cheryl Bridges Johns
Aus gleicher Leidenschaft. Eine Würdigung Benedikt XVI. aus pfingstkirchlicher Sicht   173

Geoffrey Wainwright
Heilung vom Relativismus. Die Liturgie als performatives Wahrheitszeugnis   191

Kurt Kardinal Koch
»Was ist Wahrheit?« – Dogma des Relativismus oder Frage auf Leben und Tod? Versuch einer Replik   221

Christoph Raedel
Epilog: Wir sind »Mitarbeiter der Wahrheit«. Eine biblische Besinnung   238

Autorenverzeichnis	245
Nachweis von Erstveröffentlichungsorten	246
Dank	247
Register	248

Einleitung

Christoph Raedel

»Mitarbeiter der Wahrheit« – für dieses aus 3 Johannes 8 stammende Motto entschied sich Joseph Ratzinger im Jahr 1977 anlässlich seiner Bischofsweihe. Nach eigenem Bekunden sah Ratzinger in diesem Auftrag, der Wahrheit zu dienen, die »vereinigende Klammer« zwischen seiner Tätigkeit als Professor und dem Amt des Bischofs. Er schreibt im Rückblick: »Bei allen Unterschieden ging es doch um das gleiche, der Wahrheit nachzugehen, ihr zu Diensten zu sein. Und weil in der heutigen Welt das Thema Wahrheit fast ganz verschwunden ist, weil sie als für den Menschen schon fast zu groß erscheint, und doch alles verfällt, wenn es keine Wahrheit gibt, deswegen schien mir dieser Wahlspruch auch zeitgemäß im guten Sinn zu sein«.[1] An anderer Stelle schreibt Ratzinger von der Faszination, die von diesem Wort für ihn ausging, obwohl der Textsinn zunächst »eher begrenzt« ist.[2] Immerhin ist er weit genug, um den Plural des Schriftwortes, nämlich *cooperatores veritatis*, als Einladung zu verstehen, die Mitarbeit an der Wahrheit nicht als Privileg Einzelner zu verstehen, sondern sich am Ringen um die Wahrheit zu beteiligen und im Sinne einer geistlichen Ökumene einander die Bereitschaft zu stärken, aus Jesus Christus, der Wahrheit Gottes, zu leben.

Vor diesem Hintergrund kann es evangelische Christen nur freuen, wenn der nun emeritierte Papst Benedikt XVI. in seinem Apostolischen Schreiben *Porta fidei* ein mit dem 11. Oktober 2012 beginnendes *Jahr des Glaubens* ausruft. Es soll der intensiven Besinnung auf den Glauben und der bewussteren Zustimmung zum Evangelium von Jesus Christus dienen. Im Ganzen soll dieses Jahr »eine Aufforderung zu einer echten und erneuerten Umkehr zum Herrn, dem einzigen Retter der Welt«, sein.[3] Auch wenn dieses *Jahr des Glaubens* für die römisch-katholischen Christen nicht der Anlass dieses Buches ist, so ist es doch eine willkommene Gelegenheit danach zu fragen, welche Bedeutung dem Theologen Joseph Ratzinger und inzwischen in den Ruhestand getretenen Papst Benedikt XVI. für die Bezeugung des christlichen Glaubens unter den Bedingungen einer postchristlichen, pluralistischen Gesellschaft zukommt. Für evangelische Christen ist dies um so naheliegender, als allein in dem obigen kurzen Zitat zwei für eine schriftgebundene evangelische Theologie zentrale

---

1   Joseph Ratzinger, Aus meinem Leben. Erinnerungen (1927–1977), München 1998, 178f.
2   Joseph Ratzinger, Gott und die Welt. Ein Gespräch mit Peter Seewald, München 2005, 281.
3   Apostolisches Schreiben in Form eines Motu Propio *Porta fidei* von Papst Benedikt XVI. mit dem das *Jahr des Glaubens ausgerufen* wird, Bonn 2011 (Verlautbarungen des Apostolischen Stuhls 191), § 6.

Begriffe zur Sprache kommen: der eindringliche Ruf zur Umkehr und das Bekenntnis zu Jesus Christus als dem einen und einzigen Herrn und Retter.

Überblickt man die theologischen Arbeiten Joseph Ratzingers über die Jahrzehnte seines Schaffens hinweg, dann leuchten durch die Vielzahl der von ihm behandelten Fragestellungen zwei Anliegen durch, die Ratzinger unverändert umtreiben: Es ist zum einen sein erkennbares Anliegen, die geistigen Bedrohungen für die menschliche Sehnsucht und Suche nach der Wahrheit aufzuzeigen (Sichtwort »Diktatur des Relativismus«) und zum anderen Jesus Christus, die personale Gegenwart des dreieinigen Gottes in der Welt, als Antwort auf diese Sehnsucht und Suche vor Augen zu malen. Diese Grundlinien durchziehen die akademischen, meditativen und populären Schriften Ratzingers.

Diesen Anliegen kann eine auf den Binnenraum der Kirche(n) gerichtete religionsphilosophische oder theologische Reflexion nicht genügen. Weil hier die Grundfragen menschlichen Daseins verhandelt werden, weil die Anfangsbedingungen menschlichen Daseins selbst in Frage stehen, deshalb müssen diese Anliegen in eine »öffentliche Theologie« eingebracht werden, in der die gesellschaftliche Dimension dieser Grundfragen stets mitbedacht wird. Den Einsprüchen gegen die Überzeugung von der Wahrheitsfähigkeit des Menschen und die alleinige Heilsmittlerschaft Jesu Christi kann nicht ausgewichen werden, es gibt kein Zurück hinter diese Fragen.

In der global vernetzten, die Milieus durchmischenden und religiöse Gewissheiten herausfordernden spätmodernen Gesellschaft haben sich die Bruchlinien kirchlicher Lebenswirklichkeit verschoben. Zwar sind die konfessionell geprägten und historisch wirkmächtigen Bruchlinien zwischen den Kirchen weiterhin da, doch Lagerbildungen, die quer liegen zu diesen Verhältnisbestimmungen, sind nicht zu übersehen. Die Konsensökumene, deren Verdienste um ein besseres Verständnis für den je anderen Partner nicht unterschätzt werden dürfen, bleibt bestimmt durch bilaterale Gesprächsprozesse und das Verabschieden gemeinsamer Erklärungen.[4] Doch wird man sich über die Reichweite und Rezeption dieser Erklärungen keinen Illusionen hingeben dürfen. Denn zunehmend bedeutsamer für theologische Reflexion, für die christliche Glaubensartikulation und Lebensführung werden kirchenübergreifende Positionierungen im Blick auf die Herausforderungen und Fragestellungen der pluralen Gesellschaft, von denen erfahrungsgemäß Äußerungen und Haltungen zum Stichwort Homosexualität das größte mediale Echo finden; mit

---

4 Sie sind in den Bänden Dokumente wachsender Übereinstimmung dokumentiert und auf Deutsch zugänglich, vgl. zuletzt: Dokumente wachsender Übereinstimmung. Sämtliche Berichte und Konsenstexte interkonfessioneller Gespräche auf Weltebene, Bd. 4: 2001–2010, hg. von Johannes Oeldemann u. a., Paderborn/Leipzig 2012.

weitem Abstand folgen dann Themen wie das Verständnis des Sühnetodes Jesu, die Definition von Ehe und Familie, in einigen Kirchen auch die Diskussion um den Lehr- und Leitungsdienst von Frauen. Interessanterweise ist es nicht länger die Praxis, die eint, während der Glaube trennt, vielmehr stehen der ökumenischen Verständigung in Grundfragen des Glaubens (Stichwort: Rechtfertigungslehre) sich verhärtende Fronten in praktisch-ethischen Fragen der Lebensführung – die freilich tief in die Anthropologie hineinragen – gegenüber.[5] Dabei steht in der Regel nicht weniger im Raum als der wechselseitig ergehende Vorwurf, von der Wahrheit des Evangeliums abgekommen zu sein.

In dieser gegenwärtigen Gemengelage wird es für »Progressive« wie für »Konservative« immer unwichtiger, ob ein Gesinnungsgenosse der eigenen oder einer anderen Kirche angehört. »Konservative und modernitätsorientierte Milieus«, so stellt Reinhard Hempelmann fest, »sind in allen Kirchen auseinandergetreten. Für den Aufbau religiöser Identität hat die Milieuzugehörigkeit häufig eine wichtigere Bedeutung als die Zugehörigkeit zu einer Konfession«.[6] In dem damit benannten Prozess einer Dialektik von Distanzierung auf der einen und Annäherung auf der anderen Seite hat sich die Wahrnehmung zum Beispiel zwischen römisch-katholischer Kirche und sowohl der evangelikalen Bewegung als auch pentekostaler Gruppen nachhaltig verändert. Gelegentlich wird bereits von »neuen Koalitionen« gesprochen, die sich hier immer deutlicher abzeichneten,[7] denn im »Protestantismus evangelikaler und charismatischer Prägung, der auf der uneingeschränkten Autorität der Bibel beharrt, hat sich ein Wandel in der Verhältnisbestimmung zu Rom vollzogen. Und Rom hat reagiert. Man sieht die Evangelikalen nicht mehr als lästige Sektierer, sondern Verbündete«.[8] Diese Entwicklung ist, wenn man sich Einstellungen und Erklärungen aus der Vergangenheit der hier genannten Seiten vor Augen hält, nicht wenig verblüffend. Aber sie ist, zumindest für den aufmerksamen Beobachter, nicht zu übersehen. So kann Benedikt XVI. zwar, vor allem wo er katholische Mehrheitsgesellschaften vor Augen hat, auch weiterhin ohne nähere Differenzierung vom »Anwachsen der Sekten« sprechen,[9]

---

5 Der Einschätzung von Paul Metzger wird man zustimmen müssen: »Neue Fronten, wie z. B. der Umgang mit den Frauen in kirchlichen Ämtern, mit Homosexuellen und mit der Bibel trennen heute die Konfessionen zwar nicht mehr so sauber, ordentlich und übersichtlich wie die alten Probleme, doch dafür um so nachhaltiger«, Alte Probleme und neue Fronten in der Ökumene, in: Materialdienst des Konfessionskundlichen Instituts 62 (2011) 2.
6 Reinhard Hempelmann, Koalition der Missionare? Annäherungen zwischen Evangelikalen und Katholiken, in: Herder-Korrespondenz 66 (2012) 93.
7 So Gernot Facius, Ökumenischer Holzweg? In: Die Welt 25. Februar 2012.
8 Ebd.
9 Benedikt XVI., Licht der Welt. Der Papst, die Kirche und die Zeichen der Zeit. Ein Gespräch mit Peter Seewald, 2. Aufl. Freiburg i. Br. 2010, 78 (dort mit Bezug auf Brasilien). Dass es

im Blick auf innerprotestantische Differenzierungen überwiegt jedoch klar seine Würdigung evangelikaler Gemeinschaften von Christen, »die lebhaft zur eigentlichen Substanz des Glaubens hindrängen«.[10] Begleitet, wahrscheinlich auch mit befördert wird dieser Prozess von seit 1993 laufenden bilateralen Gesprächen auf Weltebene, die in der Form Ähnlichkeiten mit der Konsensökumene aufweisen.[11] Während zum Beispiel vor allem in der Ekklesiologie bestehende Unterschiede nicht ausgeblendet werden, liegt der Fokus jedoch nicht auf der Abgrenzung, sondern auf der Frage, »wofür evangelische und katholische Christen gemeinsam eintreten können«.[12] So werden wir Zeugen der Entstehung einer »*transkonfessionell orientierte[n] Gesinnungsökumene* auf der Basis gleichartiger Glaubenserfahrungen und -überzeugungen«.[13]

Wie lässt sich diese neuartige Ökumene in ihrem Auftrag fassen? Unverkennbar geht es um die gemeinsame Wahrnehmung des Auftrags Jesu, seiner Sendung im Zeugnis von Wort und Tat, im missionarischen, diakonischen und pastoralen Dienst. Der katholische Philosoph Robert Spaemann hat in diesem Zusammenhang von einer Ökumene gesprochen, die nicht »auf der Grundlage des Minimums, sondern auf der Grundlage des Maximums gesucht [wird]. Es ist eine Ökumene im Wetteifer um die Verherrlichung Gottes«.[14] Ein solches Verständnis wird heute ohne nähere Erklärung missverständlich bleiben. Ich möchte daher, bevor ich in die einzelnen Beiträge dieses Buches einführe, skizzieren, wie vorzustellen ist, was ich eine *geistliche Ökumene zum Zeugnis für die Welt* nenne.

Eine von den Kategorien der Spiritualität und des Zeugnisses getragenes Ökumeneverständnis anerkennt die bestehenden Differenzen, wie sie in den Kirchen hinsichtlich der Modi des Bewahrens, Prüfens und Verkündigens der Lehre bestehen (ein wichtiges Stichwort hier: die Episcopé). Sie konzentriert sich angesichts dieser nicht ausgeräumten Differenzen nun aber darauf, wie wir unseren gemeinsamen Glauben an den dreieinigen Gott noch stärker befestigen, uns kraft des Heiligen Geistes im Leben Gottes verwurzeln können und was

---

problematische Gruppenbildungen gibt, soll gar nicht bestritten werden. Allerdings hat sich der Sektenbegriff als zunehmend unbrauchbar für eine Analyse dieses Phänomens erwiesen.
10 Ebd., 119.
11 Zu den Ergebnissen vgl. Kirche, Evangelisierung und das Band der Koinonia. Bericht über die Internationale Konsultation zwischen der Katholischen Kirche und der Weltweiten Evangelischen Allianz 1993–2002, in: Dokumente wachsender Übereinstimmung, Bd. 4, 1116–1150.
12 Reinhard Hempelmann, Koalition der Missionare?, 91.
13 Ebd., 92 (Hervorhebung im Original).
14 Robert Spaemann, Nachwort. Wetteifert miteinander in der Verherrlichung Gottes!, in: Dominik Klenk (Hg.). Lieber Bruder in Rom! Ein evangelischer Brief an den Papst, München 2011, 151.

wir einer von Gleichgültigkeit, Gottesablehnung und gravierendem Unrecht zerrissenen Welt gemeinsam sagen können von der Hoffnung, die in Jesus Christus ist. Der Fokus verschiebt sich hier also unter anderem vom *Modus* der Lehrverkündigung zum *Grund* und *Gegenstand* der Lehrverkündigung. Kardinal Walter Kasper, lange Jahre Präsident des Päpstlichen Rates für die Einheit der Christen, schreibt:

> Wir müssen in dem noch jungen 21. Jahrhundert neue Wege finden, um dem Auftrag Jesu gemeinsam treu zu bleiben [...] Deshalb gilt es in erster Linie, die gemeinsamen Fundamente zu sichern, sie wach und lebendig zu halten: den Glauben an den einen Gott und den einen Herrn Jesus Christus, das Wirken des einen Heiligen Geistes und die Hoffnung auf das ewige Leben. Ohne dieses Fundament hängen alle ökumenischen Bewegungen in der Luft, wird unser gemeinsames Zeugnis in der Welt gegenstandslos.[15]

Kasper spricht selbst von einer »geistlichen Ökumene«, deren Grundlinien er in einem kleinen Buch entfaltet hat.[16] In dieser »geistlichen Ökumene« treffen sich »bibel- und bekenntnistreue katholische, orthodoxe und evangelische Christen zum gemeinsamen Lesen der Heiligen Schrift, zum Gebet und zur theologischen Weiterbildung – und sie entdecken dankbar, wie nahe sie beieinander sind«.[17] Eine Formulierung des Dekrets des Zweiten Vatikanischen Konzils *Unitatis Redintegratio* aufnehmend bezeichnet Kasper die »Bekehrung des Herzens und die Heiligkeit des Lebens [...] zusammen mit den privaten und öffentlichen Bittgebeten für die Einheit der Christen als Seele der ganzen ökumenischen Bewegung«.[18] Der Ruf zur Umkehr, zur Erneuerung des Herzens und des Lebens ist zuallererst ein Ruf, der an die Nachfolger Jesu Christi selbst ergeht. Die Einsicht in die Fehlbarkeit und Gebrochenheit der eigenen Existenz lässt die Abhängigkeit von Gott bewusst werden, die es braucht, soll sich die Kraft Gottes in der menschlichen Schwachheit als wirksam erweisen. Eine geistliche Ökumene bringt daher auch die Schuld der anhaltenden Trennung vor Gott und beklagt die Verdunkelung, die darin für das gemeinsame Zeugnis vom Leben, das in Jesus Christus erschienen ist, liegt. Während Buße sehr schnell mit Freudlosigkeit verbunden wird, hat Julius Schniewind zu Recht daran erinnert: »Umkehr ist *Freude* [...], denn *Gott* freut sich des Unkehrenden« und dass »*Gott sich unser freut*, das ist der letzte und der einzige ›Grund ewiger Freuden‹«.[19]

---

15 Walter Kasper, Wo sind die Brücken? In: DIE ZEIT 13. September 2012, 58.
16 Vgl. Walter Kardinal Kasper, Wegweiser Ökumene und Spiritualität, Freiburg i. Br. 2006.
17 Walter Kasper, Wo sind die Brücken? In: Die Zeit 13. September 2012, 58.
18 Walter Kardinal Kasper, Wegweiser Ökumene und Spiritualität, 12.
19 Julius Schniewind, Die Freude der Buße. Zur Grundfrage der Bibel, mit einem Nachwort hrsg. von Ernst Kähler, Berlin 1974, 18.17 (Hervorhebungen im Original). Auch der Papst

Diese Freude des Christen, deren Mangel Friedrich Nietzsche bekanntlich beklagte, verbindet sich dort, wo die Glaubenserfahrung zum Glaubenszeugnis wird, jedoch nicht in der Haltung des Stolzes, sondern der Demut. Das Zeugnis des Glaubens hat Maß zu nehmen an der Herablassung Gottes in Jesus Christus (Phil 2,5–11) und daher Abstand zu halten von allen Formen des Zeugnisses, die mit Zwang oder Manipulation einhergehen. Dies gilt umso mehr, als der Anspruch, – wenn schon nicht die Wahrheit zu »haben«, so doch – aus der Wahrheit zu leben, heute weithin als Anmaßung empfunden wird. Dennoch bleibt wichtig, »dass der Begriff der Wahrheit ungeachtet der Bedrohungen, der Gefährdungen, die er zweifellos einschließt, uns nicht verlorengeht, sondern als zentrale Kategorie stehenbleibt. Als eine Forderung an uns, die uns nicht Rechte gibt, sondern die im Gegenteil unsere Demut und unseren Gehorsam verlangt und die uns auch auf den Weg des Gemeinsamen bringen kann«.[20] Man wird die Begriffe Demut und Gehorsam nur dann als Gegensatz zu Freimut und Freiheit empfinden, wenn man ihre Begründung in der Sendung Jesu Christi übersieht. Letztlich geht es doch um nichts anderes als darum, dem Ebenbild des Sohnes gleichgestaltet zu werden (Röm 8,29) und so Licht in dieser Welt zu sein (Mt 5,14).

So bestimmt das biblische Christus-Zeugnis die Grundgestalt des Christen-Zeugnisses. Wir benötigen, wie Ratzinger formuliert, eine »Theologie des Kleinen«, die ihren Kern in der Einsicht hat, »dass die besondere Größe Gottes sich gerade in der Machtlosigkeit offenbart. Er [der Glaube] geht dahin, dass auf die Dauer die Stärke der Geschichte gerade in den liebenden Menschen liegt, also in einer Stärke, die nach Machtkategorien eigentlich nicht zu messen ist«.[21] Bewegt sich eine geistliche Ökumene in der Spannung von Umkehr und Freude, so hat das gemeinsame Zeugnis die Spannung auszuhalten, die zwischen Demut und Bekenntnismut besteht. Der Missionswissenschaftler David Bosch bringt dies auf den Punkt, wenn er schreibt:

> Wir erkennen nur stückweise, aber wir erkennen. Und wir glauben, dass der Glaube, zu dem wir uns bekennen, wahr und gerecht ist und deshalb verkündet werden sollte. Wir tun dies jedoch nicht als Richter oder Anwälte, sondern als Zeugen; nicht als Soldaten, sondern als Boten des Friedens; nicht als aggressive Verkäufer, sondern als Gesandte des dienenden Herrn.[22]

---

spricht davon, dass der Glaube wächst, »wenn er als Erfahrung einer empfangenen Liebe gelebt und als Erfahrung von Gnade und Freude vermittelt wird«, Apostolisches Schreiben Porta fidei, § 7.
20 Joseph Ratzinger, Salz der Erde. Christentum und katholische Kirche im neuen Jahrtausend. Ein Gespräch mit Peter Seewald, 4. Aufl. München 2004, 71.
21 Joseph Ratzinger, Salz der Erde, 21.
22 David J. Bosch, Mission im Wandel. Paradigmenwechsel in der Missionstheologie, Gießen 2012, 577.

Zeugen und Botschafter Christi zu sein, und zwar in der Gewissheit des Glaubens, der das Zeugnis trägt, nicht in einer (Selbst)Sicherheit, die es für Wahrheitsansprüche nicht geben kann[23] – dies ist den Nachfolgern des Herrn aufgetragen. Das Zeugnis setzt ein Wahrnehmen voraus, und zwar ein Wahrnehmen dessen, was Gott in dieser Welt getan hat und tut, wie auch ein Wahrnehmen der Schreckenssignaturen, die diese Welt trägt. Dieses Wahrnehmen führt zum Urteil, wobei hier neben der Vernunft immer auch das Charisma der Unterscheidung zum Tragen (1 Kor 12,10) zu kommen hat. Das Urteil mündet in das Zeugnis, und zwar in der Einheit von Wort- und Tatzeugnis, wobei das »Christuszeugnis des Einzelnen vom gemeinsamen Zeugnis der Glaubenden und damit vom Credo der Kirche« in keinem Fall zu trennen ist.[24] Was nun ist der Gegenstand dieses Zeugnisses?

Karl Barth spricht in der Entfaltung des Zeugnisbegriffs von »drei entscheidenden Formen«. Für ihn besteht die erste Form des Zeugnisses darin, »dass ich meinem Nächsten hinsichtlich der Hilfe in seiner und meiner Not das *Wort* gönne«.[25] Als Zeugnis erweist sich dieses Wort darin, dass es »Hinweis [ist] auf den Namen *Jesus Christus* als das Wesen und die Existenz der Güte, in der sich Gott des sündigen Menschen angenommen hat, damit er nicht verloren, sondern durch ihn gerettet werde«.[26] Wenn auch kein Zeuge darüber verfügt, wie sich dieses Wort beim Nächsten auswirkt, so bleibt es doch Auftrag und Privileg aller Christen, – wie Barth es sagt – »unbekümmert« von dem zu reden, in dem uns der Grund und Sinn unseres Daseins erschlossen wird. Die zweite Form des Zeugnisses besteht darin, »dass ich dem Nächsten als Zeichen der auch ihm verheißenen Gotteshilfe *Beistand* leiste«.[27] Der tätige Beistand wird dabei Zeichencharakter tragen, so wie die Machttaten Jesu Zeichen der anbrechenden Gottesherrschaft waren, Zeichen, die Veränderung stiften. Überdehnt wird die Vorstellung des Tatzeugnisses, wenn ihr der Anspruch beigelegt wird, Christen könnten durch ihr (öffentliches) Handeln eine ganze Gesellschaft verändern. Denn dafür dürften sie, wie Miroslav Volf feststellt, selbst nicht Teil dieser Gesellschaft sein, was schlicht unmöglich ist.[28] So ist die Anerkennung

---

23 Vgl. dazu Heinzpeter Hempelmann, »Wir haben den Horizont weggewischt«. Die Herausforderung: Postmoderner Wahrheitsverlust und christliches Wahrheitszeugnis, Witten 2008.
24 Edmund Schlink, Ökumenische Dogmatik, 2. Aufl. Göttingen 1985, 454.
25 Karl Barth, Die Kirchliche Dogmatik, Bd. I/2, 488.
26 Ebd., 490.
27 Ebd., 492.
28 »For Christians to be internal to a given culture means that Christians have no place from which to transform the *whole* culture they inhabit – no place from which to undertake that eminently modern project of reconstructing the whole social and intellectual life, no virgin soil on which to start building a new, radically different city«, Miroslav Volf, A Public Faith. How Followers of Christ Should Serve the Common Good, Grand Rapids 2011, 93f.

der Grenze, die dem Handeln der Gemeinde Jesu Christi gesetzt ist, Ermutigung zum Tun und Entlastung von Überforderungsansprüchen zugleich. Karl Barth nennt schließlich als drittes die »Haltung«, das bedeutet: »die Gesinnung und Stimmung, in der ich dem Nächsten gegenübertrete, das Bild, in welchem ich mich ihm, indem ich zu ihm rede und etwas für ihn tue, einpräge«.[29] Dieser dritte Aspekt verweist darauf, dass das Christus-Zeugnis in Wort und Tat sich nicht von einer geistlichen Praxis ablösen lässt, die den Glaubenden in der Gemeinschaft des Heiligen Geistes erhält. Wenn Barth überdies das Zeugnis im Paragraph »Das Leben der Kinder Gottes« und dort unter der Überschrift »Das Lob Gottes« entfaltet, dann wird erkennbar, wie anschlussfähig dies mit der These von Robert Spaemann ist, demzufolge die neue geistliche Ökumene eine »Ökumene im Wetteifer um die Verherrlichung Gottes« ist.[30]

Diese geistliche Ökumene sucht den Schmerz über die empfundene Trennung von Christen durch die gemeinsame Verherrlichung Gottes zu heilen. Sie weiß darum, dass der Schmerz nicht dadurch betäubt werden darf, dass das Fragen und Suchen nach der Wahrheit aufgegeben wird. Die Einheit im Geist für das Zeugnis in der Welt ist, wie der anglikanische Ökumeniker Lesslie Newbigin immer wieder betont hat, nicht »eine beliebige Art von Einheit, sondern die Einheit, die Gottes eigene Schöpfung ist, durch die Erhöhung Jesu Christi am Kreuz und durch das fortgesetzte Wirken seines Geistes«.[31] Als Gottes Schöpfung hat sie ihren Grund in der einen Wahrheit: in der zur Welt sich öffnenden Gemeinschaft der trinitarischen Personen Vater, Sohn und Heiligem Geist.

Wie wird die geistliche Ökumene zum Zeugnis für die Welt nun im Miteinander von Papst Benedikt XVI. und schriftgebundener evangelischer Theologie greifbar? Wenn der Papst dazu einlädt, im *Jahr des Glaubens* »den Blick auf Jesus Christus [zu] richten, ›den Urheber und Vollender des Glaubens‹ (Hebr 12,2)«,[32] dann liegt die Glaubwürdigkeit und Bedeutsamkeit dieser Einladung darin, dass der Theologe Joseph Ratzinger in zahllosen Veröffentlichungen wissenschaftlicher und meditativer Art dazu beigetragen hat, dass der Blick auf Jesus Christus gerichtet und das Bekenntnis zum dreieinigen Gott geschärft wird. Der Höhepunkt seiner diesbezüglichen Werke sind ohne

---

29 Karl Barth, Die Kirchliche Dogmatik, 496.
30 Ich bin allerdings nicht sicher, ob der von Henning Wrogemann vorgeschlagene Begriff der »Doxopraxie« sich für ein solcherart doxologisch ausgerichtetes Missionsverständnis durchsetzen wird, vgl. Den Glanz widerspiegeln. Vom Sinn der christlichen Mission, ihren Kraftquellen und Ausdrucksgestalten, 2., erw. Aufl. Münster 2012, 45.
31 Lesslie Newbigin, Missionarische Kirche in weltlicher Welt. Der dreieinige Gott und unsere Sendung, Bergen-Enkheim 1966, 19.
32 Apostolisches Schreiben Porta fidei, § 13.

Zweifel seine nun in drei Bänden vorliegenden Jesus-Bücher. In den nachstehenden Beiträgen wird deutlich werden, welche theologische Bedeutung Ratzinger dem Ruf zur Buße, zur Umkehr einräumt und darin eine sich nicht aufs Semantische beschränkende Nähe zur schriftgebundenen evangelischen Theologie zeigt. Ein weiteres Anliegen ist das gemeinsame Eintreten zugunsten der gesellschaftlich Ausgegrenzten und Schwachen. Denn der Glaube, so der Papst, erfordert, »[g]erade weil er ein Akt der Freiheit ist, [...] auch die gesellschaftliche Verantwortung für das, was man glaubt«.[33] Man könnte diesen Ansatz als »Mission from the margins« bezeichnen,[34] also eine Mission, die in der Nachfolge Jesu von den Ausgegrenzten und Schwachen her denkt. Zugleich ist gerade die Näherbestimmung, wer denn diese Ausgegrenzten sind, in der Gesellschaft hoch umstritten. Hierzu Menschen zu zählen, die existenzielle Grundbedürfnisse nicht befriedigen und die ihr Leben wegen totaler Abhängigkeit und fehlender Teilhabechancen nicht in eigener Verantwortung führen können, dürfte heute als Konsens gelten. Hochgradig politisiert jedoch ist die Diskussion, sobald es um das Eintreten zugunsten der Schutzwürdigkeit des menschlichen Lebens in allen Phasen des Lebens einschließlich Lebensbeginn und -ende, ferner um die Schutzwürdigkeit für die zur Familie hin sich öffnende Ehe und schließlich um die Verteidigung der Religions- und Gewissensfreiheit auch in Fragen geht, in denen es quasi erdrückende gesellschaftliche Trends gibt. Die Herausforderung der sich diesbezüglich abzeichnenden »neuen Koalition« wird darin bestehen, eine konsistente Ethik des Lebens durchzuhalten. Diese darf sich in die Polarisierungen, auf die gesellschaftliche Debatten dieser Fragen in der Regel hinauslaufen, nicht hineinpressen lassen, sondern muss die sehr unterschiedlichen und medial nur selektiv verstärkten Ausgrenzungsmechanismen identifizieren.

Die hier im Geiste und auf dem Grund des Glaubens an Jesus Christus als Herrn und Erretter zur Geltung gebrachten Anliegen lassen sich nicht einfach mit dem Hinweis, hier handele es sich doch lediglich um »konservative antipluralistische Identitätssemantiken«[35], zurückweisen. Das Gegenteil ist der Fall: Beim Theologen Joseph Ratzinger/Papst Benedikt XVI. stellt das Bekenntnis zu Jesus Christus nicht den Versuch dar, hinter die Moderne zurückzufallen, vielmehr kommt der christliche Glaube als Aufklärung der

---

33 Ebd., § 10.
34 Vgl. Together toward Life. Mission and Evangelism in Changing Landscapes. Proposal for a new WCC Affirmation on Mission and Evangelism toward WCC's 10th Assembly in Busan, Korea, 2013, in: International Review of Mission 101.1 (2012) 6–42, hier 17.
35 Frank Mathwig, Konfliktfall Bibel – Wie kommt die Bibel in die ethische Praxis?, in: Marco Hofheinz/Frank Mathwig/Matthias Zeindler (Hg.), Wie kommt die Bibel in die Ethik? Beiträge zu einer Grundfrage theologischer Ethik, Zürich 2011, 286.

Moderne über sich selbst zum Stehen. Die Verkürzungen der Vernunft werden reflektiert und die hinter einem ungebändigten Toleranzverständnis stehenden Absolutheitsansprüche freigelegt. Dabei ist die Anerkennung der Würde des Menschen, den Gott in sein Ebenbild erschaffen und zu dem er sich in Jesus Christus bekannt hat, der Schnittpunkt, an dem Theologie und Anthropologie sich verbinden. Die Beiträge dieses Buches bewegen sich um die im Untertitel angegebenen zwei thematischen Ellipsen: um das Christuszeugnis Ratzingers einerseits und seine Kritik an der Diktatur des Relativismus andererseits.

Roland Deines nimmt den Anspruch des Papstes auf, mit seinen »Jesus«-Büchern nicht lediglich eine erbauliche Darstellung des Lebens Jesu zu bieten, sondern eine Auseinandersetzung mit der historisch-kritischen Bibelwissenschaft zu führen, deren Grundvoraussetzungen zu diskutieren Ratzinger für geboten hält. Deines analysiert dafür insbesondere die Reaktionen der exegetischen Fachtheologen auf Ratzingers Ansatz, die Überlieferung der einzigartigen Beziehung von Jesus zu Gott als Ausgangspunkt zu wählen. Für Ratzinger steht dahinter die Überzeugung, dass der traditionelle Glaube einen »ontologischen Wahrheitsanspruch« formuliert, der in der historischen Erforschung nicht ignoriert werden darf. Demgegenüber verteidigen nicht wenige derer, die sich kritisch mit Ratzinger auseinandersetzen, in der Frage nach Jesus eine »rein historische« Methode, was Ratzinger als unsachgemäß zurückweist. Für ihn gilt, dass der wirkliche »historische Jesus« verfehlt wird, wenn Gottes Handeln durch Jesus in der Geschichte aus methodischen Gründen ausgeklammert bleibt. Deines plädiert dafür, dieses exegetische Anliegen des Papstes als Herausforderung für eine theologische Historiographie positiver aufzunehmen, als dies bisher der Fall ist.

Auch *Rainer Riesner* weist zunächst auf die Untrennbarkeit von historischer und theologischer Wahrheit im Denken Ratzingers hin, um dann die durchgehende Verbindung der Berücksichtigung von Wort- und Tatüberlieferung als Grundzug der »Jesus«-Bücher des Papstes herauszuarbeiten. An Ratzingers Deutung verschiedener Überlieferungskomplexe wie dem letzten Abendmahl, dem Karfreitagsgeschehen und der Auferstehung zeigt Riesner exemplarisch, wie in den Jesusbüchern das Bekenntnis zu historisch-kritischem Arbeiten mit einer Kritik ideologischer Prämissen in der Exegese verbunden wird, er würdigt weiter, welche sachgemäß hohe Bedeutung der Berücksichtigung des alttestamentlichen Hintergrunds der neutestamentlichen Überlieferung zukommt, und analysiert, wie der Papst die Realität der leiblichen Auferstehung Jesu gegen historisch-exegetische und philosophische Einwürfe verteidigt. Den Beitrag beschließt ein Blick auf den Zusammenhang zwischen dem Inhalt der »Jesus«-Bücher und dem Anliegen der Neuevangelisierung, zu dem sich der Papst entschieden bekennt.

Auf die Bedeutung der Kirchenväter und dabei besonders des Augustinus weist in theologiegeschichtlicher Sicht *Ulrike Treusch* hin. Sie entfaltet zunächst Ratzingers Wahrheitsbegriff als differenzierten Begriff von vernünftiger Einsicht in die Wahrheit einerseits und christologisch erschlossener Wahrheitserkenntnis andererseits und belegt die expliziten Bezugnahmen Ratzingers auf das Denken wie auch den Lebensweg von Augustinus. Anhand von Katechesen und pastoralen Ansprachen zeigt sie dann, dass dieser Augustinus für Ratzinger ein Vorbild in der Wahrheitssuche, in der Wahrheitserkenntnis und im Leben gemäß der erkannten Wahrheit ist. In einem dritten Abschnitt geht sie der Frage nach einer verschiedentlich postulierten biographischen Parallelität zwischen Augustinus und Ratzinger nach und kommt zu dem Schluss, dass Ratzinger nicht als »Augustinus redivivus«, ohne Zweifel aber als ein »Schüler« des Augustinus verstanden werden könne. Eine Würdigung aus protestantischer Sicht rundet den Beitrag ab.

Werner Neuer widmet sich der Religionstheologie Joseph Ratzingers und weist dabei nach, dass für Ratzinger – in Zurückweisung einer pluralistischen Religionstheologie – der Glaube an Jesus Christus als einzigen Retter das entscheidende Kriterium einer biblisch begründeten und kirchlich akzeptablen Theologie der Religionen darstellt. Er zeigt weiter, wie im Denken Ratzingers die Notwendigkeit der Heilsaneignung durch den Glauben und die Heilsmittlerschaft der Kirche einander entsprechen. Als tragendes Motiv seiner Religionstheologie wird weiter die Mission identifiziert, deren Ziel – die Bekehrung als Hinwendung zu Christus – nicht durch den interreligiösen Dialog ersetzt werden könne. Diese Einschätzung schließt bei Ratzinger eine im Ganzen ambivalente Beurteilung der Fremdreligionen nicht aus: Sie können sich sowohl als heilsvorbereitend als auch als hinderlich für den Empfang des Heils erweisen. Bis in die Erklärung der Glaubenskongregation *Dominus Iesus* hinein folgt Neuer den religionstheologischen Überlegungen Ratzingers und vertritt die These, dass sie sich im Ganzen, wenn auch nicht in jeder Facette, mit den diesbezüglichen Grundanliegen reformatorischer Theologie in Übereinstimmung befinden.

Christoph Raedel geht in seinem Beitrag der Begründung und Bewährung der christlichen Ethik in den Schriften Ratzingers nach. Er arbeitet als die Funktion einer naturrechtlichen Begründung der Ethik bei Ratzinger die Sicherung eines Grundbestands an Menschlichkeit in einer pluralistischen Gesellschaft und globalisierten Welt heraus und zeigt auf, dass die Ambivalenz menschlichen Freiheitsstrebens und Vernunftgebrauchs zur Strittigkeit auch letzter bzw. höchster Moralprinzipien führt. Die Zuordnung eines letztlich »perspektivischen Naturrechts« als allgemeinem Erkenntnisgrund zu einem christologisch-pneumatologischen Erkenntnis- und Ermöglichungsgrund christlicher Ethik führt bei Ratzinger zu einer engen Verbindung von Wahrheit und Liebe, die sich im Leben der Kirche zu entfalten und in Hinsicht auf die bedrängenden Herausforderungen in der Gesellschaft zu bewähren hat. Abschließend erläutert Raedel, inwiefern er vor diesem Hintergrund von der Möglichkeit einer ökumenischen Begründung und Bewährung christlicher Ethik ausgeht.

Cheryl Bridges Johns fragt nach den in Ratzingers Denken auffindbaren Berührungspunkten mit einer Theologie der Pfingstkirchen. Sie identifiziert als diese Berührungspunkte erstens seine explizit christozentrische Theologie, die auch verschiedentlich bestehende Defizite pfingstlerischer Theologie bewusst machen. Pfingstler teilen zweitens die Hochschätzung der göttlichen Trinität, heben jedoch im Unterschied zu Ratzinger stärker auf die Dreiheit der göttlichen Relationen als die Einheit des göttlichen Wesens ab. Pfingstler begrüßen weiterhin Ratzingers Leidenschaft für die Kirche, deren Leben sich als Prozess des Annehmens und Gestaltens entfaltet. Johns geht in diesem Zusammenhang auch näher auf Ratzingers Auseinandersetzung mit der Theologie der Befreiung ein. Schließlich sieht Johns einen Berührungspunkt in Ratzingers Leidenschaft für die Wahrheit, insofern auch Pfingstler davon ausgingen, dass die Vernunft der Reinigung, nämlich durch den Heiligen Geist, bedürfe.

Die Bedeutung der Liturgie für das theologische Denken Ratzingers arbeitet *Geoffrey Wainwright* in seinem Beitrag heraus. Er zeigt, dass für Ratzinger die von ihm diagnostizierte gegenwärtige Krise der Kunst das Symptom einer »Krise des Menschseins« ist, die mit dem Wahren und Guten auch das Schöne zu verlieren droht. Demgegenüber ist für Ratzinger der Gottesdienst der Kirche der Ort, in dem die kosmische, historische und eschatologische Dimension des christlichen Glaubens gegenwärtig ist und erfahrbar wird. Anschließend erläutert Wainwright, wie der Gottesdienst nach Ratzinger in die rechte Zuordnung der Ebenen von Geist und Materie führt, so dass Leib und Seele gleichermaßen und als Einheit hineingenommen werden in die Anbetung Gottes. Die Gottesdienst feiernde Kirche ist dabei eine partikulare Größe, die sich dem Bundesschluss Gottes verdankt. Sie trägt aber einen universalen Entwurf in sich, insofern sie auf die neue Stadt Gottes, in der die erneuerte Menschheit geeint sein wird, zugeht. Die Feier der Liturgie, so wird abschließend festgehalten, hat nach Ratzinger die Kraft, die Gesellschaft zu verändern und sie von einem lähmenden Relativismus zur Wahrheit zu befreien.

Kardinal *Kurt Koch* antwortet aus römisch-katholischer Sicht auf die vorangehenden Beiträgen gemeinsame Grundlinie, indem er, dem Anliegen des Buches zustimmend, die theologische und existentielle Bedeutung der Wahrheitsfrage herausarbeitet. Ausgehend vom Werk des emeritierten Papstes Benedikt XVI. erläutert er, dass allem Theologisieren und Verkündigen notwendig das sich vom Wort Gottes Finden-Lassen vorausgehen muss. Theologisches

Denken ist demgemäß ein der offenbarten Wahrheit Gottes »Nach-Denken«, wobei Koch die Kirche als Lebensraum der Offenbarungswahrheit noch stärker, als dies in der evangelischen Theologie weithin geschieht, profiliert sehen möchte. Reflexionen zur Heiligkeit und Schönheit der Glaubenswahrheit münden in Überlegungen, die die existentielle Bedeutung der Wahrheitsfrage aufleuchten lassen.

Als die Idee zu diesem Aufsatzband entstand, war nicht absehbar, dass Benedikt XVI. als erster Papst seit dem Mittelalter von seinem Amt zurücktreten würde, wie er das am 28. Februar 2013 seiner vorherigen Ankündigung gemäß tat. Für die Konzeption des Bandes bedeutet dies zunächst, dass der Blick auf die Veröffentlichungen des Theologen und Papstes Benedikt XVI. nun ein Rückblick auf das abgeschlossene Lebenswerk eines Mannes ist, der anlässlich seines Amtsverzichts erklärte, »auch in Zukunft der Heiligen Kirche Gottes mit ganzem Herzen durch ein Leben im Gebet dienen« zu wollen. Das Anliegen des Papstes, zur Begegnung mit der Wahrheit des lebendigen Gottes in Jesus Christus zu rufen und sich der Diktatur des Wahrheitsrelativismus entgegenzustellen, wird auf absehbare Zeit nichts an seiner Aktualität und Dringlichkeit verlieren. Als eine der letzten päpstlichen Verlautbarungen Benedikts XVI., deren Bedeutung weit über seine Amtszeit und über die Katholische Kirche hinausgeht, bleibt die eingangs erwähnte Ausrufung eines *Jahrs des Glaubens* in Erinnerung. Sie kann in ökumenischer Offenheit nur als Ruf zum gemeinsamen Glauben an den dreieinigen Gott verstanden werden. Dieser Ruf umfasst die Erstbegegnung mit dem auferstandenen Herrn ebenso wie das Wiederentdecken und die Stärkung des Glaubens. Evangelische und römisch-katholische Christen können miteinander anerkennen:

> Im täglichen Wiederentdecken der Liebe Gottes schöpft der missionarische Einsatz der Gläubigen, der niemals nachlassen darf, Kraft und Stärke. Der Glaube wächst nämlich, wenn er als Erfahrung einer empfangenen Liebe gelebt und als Erfahrung von Gnade und Freude vermittelt wird. Er macht fruchtbar, weil er das Herz in der Hoffnung weitet und befähigt, ein Zeugnis zu geben, das etwas zu bewirken vermag: Er öffnet nämlich Herz und Sinn der Zuhörer, damit sie die Einladung des Herrn, seinem Wort zuzustimmen und seine Jünger zu werden, annehmen.[36]

---

36 Apostolisches Schreiben in Form eines Motu Propio *Porta fidei* von Papst Benedikt XVI., § 7

Der »historische« ist der »wirkliche« Jesus. Die Herausforderung der Bibelwissenschaften durch Papst Benedikt XVI. und die dadurch hervorgerufenen Reaktionen[1]

Roland Deines

1 Einführung: Geza Vermes über Josef Ratzingers Jesus-Buch

Im Mai 2007 veröffentlichte der jüdische Religionswissenschaftler Geza Vermes, einer der Pioniere der Qumranforschung und der jüdischen Jesusforschung im 20. Jahrhundert, in der britischen Tageszeitung *The Times* eine kritische Rezension des ersten Bandes des Buches *Jesus von Nazarath* von Benedikt XVI. Vermes, Jahrgang 1924, dessen Lebensgeschichte als Jude in Ungarn begann, dann über eine Zeit als katholischer Priester wieder zurück zum Judentum und zu einer Professor für Jüdische Studien an der Universität von Oxford

---

1   Der Schwerpunkt liegt im Folgenden auf der deutschsprachigen Diskussion. Eine erste Zusammenstellung von Reaktionen auf Band 1 findet sich bei Gunnar Anger/Jan-Heiner Tück, Vorstudien und Echo: Ein erster bibliografischer Überblick zu Joseph Ratzingers *Jesus von Nazareth*, in: Jan-Heiner Tück (Hg.), Annäherungen an »Jesus von Nazareth«: Das Buch des Papstes in der Diskussion, Ostfildern 2007, 185–200. Dort noch nicht erwähnt sind Ulrich Ruh (Hg.), Das Jesusbuch des Papstes – Die Debatte, Freiburg 2008; Hermann Häring (Hg.), »Jesus von Nazareth« in der wissenschaftlichen Diskussion, Berlin 2008. Für eine erste Zusammenfassung der Diskussion in Frankreich vgl. François Nault, Der Jesus der Geschichte: Hat er eine theologische Relevanz?, in Hermann Häring (Hg.), ebd., 103–121; orthodoxe Reaktionen sind gesammelt in Athanasios Despotis, Zwischen Augustinus und Chrysostomus: Ein Beitrag zum Jesus-Buch des Papstes aus Sicht der orthodoxen Auslegungstradition, MThZ 59 (2008), 39–49. Wenn man sich auf Deutschland beschränkt, so sind hier bislang mindestens zehn Bücher erschienen, die ausdrücklich Ratzingers Buch *Jesus von Nazareth* diskutieren (neben zahllosen neuen Jesusbüchern, die dem Papst Konkurrenz machen bzw. nun ihrerseits alles viel besser machen wollen), dazu kommen Sonder- bzw. Themenhefte theologischer Fachzeitschriften und unzählige Artikel in populären und wissenschaftlichen Zeitschriften, wobei der erste Band sehr viel mehr Anlass zur Diskussion gab als der zweite. Die folgenden Anmerkungen gehen auf vieles ein, Vollständigkeit ist jedoch nicht angestrebt. Weitere Überblicksartikel sind u. a. Rainer Riesner, Der Papst und die Jesus-Forscher: Notwendige Fragen zwischen Exegese, Dogmatik und Gemeinde, in: Theologische Beiträge 39 (2008) 329–345, und aus »konkordienlutherischer« Perspektive Werner Klän, Der Papst und Jesus, LuThK 32 (2008) 134–160. Zum zweiten Band vgl. besonders Thomas Söding (Hg.), Tod und Auferstehung Jesu. Theologische Antworten auf das Buch des Papstes, Freiburg 2011.

führte,[2] schreibt in diesem Beitrag: »Der Titel des Buches, ›Jesus von Nazareth‹, und nicht ›Jesus, der Sohn Gottes‹ oder ähnliches erweckte den Eindruck, dass der Papst einer von uns sei, nämlich ein Sucher nach historischer Wahrheit.« Genährt wurde diese Erwartungshaltung durch das Vorwort des Bandes, in dem ausdrücklich festgehalten wird, dass diese Studie die moderne historische Kritik einbezieht, und es ihre Absicht ist, »den Jesus der Evangelien als den wirklichen Jesus, als den ›historischen Jesus‹ im eigentlichen Sinn darzustellen« (Vorwort 20). Vermes fährt dann allerdings fort: »Ich muss allerdings gestehen, dass meine ursprüngliche Erwartung zu optimistisch war«.[3] Aus dieser Bemerkung ist eine gewisse Enttäuschung herauszuhören, so als ob Vermes gehofft hätte, dass nun sogar der Papst, oder doch zumindest *dieser* Papst mit seiner tiefen Verwurzelung in der geistesgeschichtlichen Tradition des Westens, die so sehr die kritische Rationalität betont, zu einem wahren Sucher nach der historischen Wahrheit über Jesus geworden ist, und das heißt zu jemand, der nicht länger mit dogmatischen Vorurteilen, sondern mit den Methoden der modernen historischen Kritik sich Jesus annähert.

Deutlich erkennbar ist hier der Konflikt zwischen den Begriffen »historisch« und »moderne historische Kritik«. Für Vermes ist die Bedeutung von »modern historical criticism« untrennbar mit dem seit der Aufklärung vorherrschenden Geschichtsbegriff verbunden, und dieser bedeutete in seinen Augen für die Jesusforschung einen Übergang von der Finsternis zum Licht, wie er prägnant zusammenfasst: »For the benefit of readers not fully conversant with modern Jesus research, blind faith in the literal truth of the Gospels ended, and enlightenment began, in the late 1800s«.[4] Darauf lässt er einen

---

2 Seine Autobiographie gibt Einblick in ein fasziniertes Gelehrtenleben: Geza Vermes, Providential Accidents. An Autobiography, London 1998. Seine Rezension von Joseph Ratzinger (Pope Benedict XVI.), Jesus of Nazareth: From the Baptism in the Jordan to the Transfiguration. London 2007, erschien unter dem Titel: Jesus of Nazareth – The scholar Ratzinger bravely declares that he and not the Pope is the author of the book and that everyone is free to contradict him, in: The Times, May 19, 2007 (http://entertainment.timesonline.co.uk/tol/arts_and_entertainment/books/non-fiction/article1807640.ece).

3 »The title, *Jesus of Nazareth*, not ›Jesus, the Son of God‹ or something similar, seemed to imply that the Pope was one of us, a seeker after historical truth. Indeed, his preface explicitly states that his study incorporates modern historical criticism, and is intended to portray Jesus as an ›historical‹ figure ›in the strict sense of the word.‹ I must confess, however, that my initial reaction was overoptimistic.«

4 In vergleichbarer Weise präsentiert auch Walter Homolka, Ein Andachtsbild, in Ulrich Ruh (Hg.), Das Jesusbuch des Papstes – Die Debatte, 68–84.201–3 (Anmerkungen), das liberale Judentum als Repräsentant der Tradition der Aufklärung. Nur auf dieser Grundlage kann ein »Anspruch auf die Wahrheit« begründet werden. Das Jesusbild Ratzingers kann dies dagegen nicht, da es sich der Aufklärung verweigert (84); ähnlich auch ders., »Wie gut, dass Jesus Jude war.« Das Jesus-Bild im Judentum, in: Herder Korrespondenz Spezial: Jesus von Nazareth

kurzen Überblick über die drei Epochen der Frage nach dem historischen Jesus folgen und als Kennzeichen der gegenwärtigen »third quest« hebt er die Bedeutung hervor, die darin auf die Zugehörigkeit Jesu zum jüdischen Volk gelegt wird. Nachdem sich die historische Kritik endlich auf die Welt des antiken Judentums eingelassen habe, hat sie nach Vermes nun zum ersten Mal überhaupt einen Blick auf den »Jesus aus Fleisch und Blut« erhaschen können. Obwohl Vermes in diesem Zusammenhang das von Ratzinger gebrauchte Adjektiv »real« (s. o. in dem Zitat über die Suche nach dem »wirklichen Jesus«) vermeidet, zielt er genau auf diese Frage.[5] Wer oder wie ist der wirkliche Jesus, was sind sozusagen die ontologischen Basisdaten, von denen auszugehen ist? Ratzingers unkritischer Ansatz, der von dem Jesus der Evangelien ausgeht (oder, in den Worten von Vermes, »literal truth of the Gospels«) ist für Vermes falsch, weil damit statt des jüdischen Jesus nur sein heidnisch-hellenistisches Zerrbild gefunden werden kann. Dieser Jesus ist also bestenfalls das Abbild einer bereits entstellten »wörtlichen Wahrheit« in den Evangelien und im Endeffekt nichts anderes als das Wunschprodukt seines Autors, das als solches kaum der wissenschaftlichen Erwiderung wert ist. Der »Jesus aus Fleisch und Blut« (und damit der »wirkliche Jesus«) könne allein in der »third quest«, also der dritten Frage nach dem historischen Jesus, im Kontext der ursprünglichen semitischen, aramäisch-hebräischen kulturellen und religiösen Traditionen gefunden werden.

Damit konfrontiert Vermes seine Leser mit einer allzu simplen Alternative: auf der einen Seite steht blinder Glaube ohne wissenschaftliche Vernunft, der an Jesus als einem göttlichen Wesen festhalten will, und auf der anderen die kritische wissenschaftliche Jesusforschung, die den wahren, den jüdischen Jesus aus den dogmatischen Überlagerungen des kirchlichen Dogmas endlich befreit hat. Wer sich zu ersterem bekennt, der hängt damit einem überholten Weltbild an, während Vermes und andere den einzig wahren historischen Jesus bieten:

(Mai 2007), 14–18. Zu weiteren jüdischen Reaktionen s. Günther B. Ginzel, Wenig Neues aus Rom: Anmerkungen eines Juden zu Ratzingers Jesus-Buch, in: Hermann Häring (Hg.), »Jesus von Nazareth« in der wissenschaftlichen Diskussion, 317–20; Adele Reinhartz, The Gospel according to Benedict. *Jesus of Nazareth* on Jews and Judaism, in: Adrian Pabst/Angus Paddison (Hg.), The Pope and Jesus of Nazareth, London 2009, 233–246; Michael Theobald, Die vier Evangelien und der eine Jesus von Nazareth. Erwägungen zum Jesus-Buch von Joseph Ratzinger/Benedikt XVI., in: Hermann Häring (Hg.), »Jesus von Nazareth« in der wissenschaftlichen Diskussion, 7–35 (21–5 [zuerst in: Theologische Quartalschrift 187 (2007), 157–82]). Für den zweiten Band hebt Martin Karrer positiv hervor, dass in der Passionsgeschichte die »antijudaistisch verstehbaren Traditionen der Theologiegeschichte« nicht wiederholt werden, s. Passion und Auferstehung Jesu in Israel, in: Thomas Söding (Hg.), Tod und Auferstehung Jesu, 100–112 (101).

5   Im Verlauf des Artikels verwendet Vermes ausdrücklich die Wendung »real figure of the historical Jesus« für sein von allen (christlichen) Glaubenstraditionen gereinigtes Jesusbild.

einen umherziehenden galiläischen Wunderheiler, Dämonenaustreiber und Prediger, nicht weniger, aber auch nicht mehr. Nur dieser ist der wirkliche historische Jesus, den der Papst zu suchen vorgibt, der jedoch, so Vermes, unter keinen Umständen mit dem »divine Christ of faith« gleichgesetzt werden kann. Als Summe seiner lebenslangen Beschäftigung mit dem historischen Jesus bietet er wie zum Trost eine Ermutigung dafür, dass auch mit einem solcherart entmythologisierten Jesus noch Eindruck zu machen ist, ja der Welt mit ihm sogar besser gedient wäre als mit dem von Papst Benedikt vertretenen:

> As a final comment, may I, after a lifetime of study of Judaism and early Christianity and in the light of hundreds of letters inspired by my books, voice the conviction that the powerful, inspirational and, above all, real figure of the historical Jesus is able to exercise a profound influence on our age, especially on people who are no longer impressed by traditional Christianity. While scholarly exegesis removes some of the mystery enveloping the church's Christ, it does not throw out the baby with the bathwater. Contrary to Pope Benedict's forebodings, the world would welcome this authentic Jesus.

Für Vermes ist der Mann aus Galiläa der »wirkliche« Jesus, und er zeigt keinerlei Sympathie für die Versuche des Papstes, in ihm mehr als einen bloßen Menschen zu sehen.[6] Es wäre spannend, Vermes zu fragen, ob er überhaupt ein Eingreifen Gottes in den Verlauf der Geschichte für möglich hält. Wenn man für einen Moment die Frage nach Jesus einmal beiseite lässt, was wäre Vermes' Antwort? Denn die Frage ist ja nicht nur, ob Gott in besonderer Weise in der Geschichte Jesu in das Geschehen der Welt eingegriffen hat, sondern auch, ob Gott jemals in der Geschichte Israels handelte. Und wenn ja, wie? Hält man ein

---

6   In seiner Autobiographie (Providential Accidents, 170) beschreibt Vermes seine eigene intellektuelle Entwicklung weg vom christlichen Glauben mit den Glaubenssätzen über die Trinität, göttlicher Natur Jesu usw. Für sein abschließendes »reifes« Bild von Jesus vgl. ebd. 210–24. Ergiebiger erscheint mir die Auseinandersetzung des Papstes mit dem Jesusbild des jüdischen Religionswissenschaftlers Jacob Neusner, Ein Rabbi spricht mit Jesus: Ein jüdisch-christlicher Dialog, Freiburg 2011; zu den Reaktionen darauf vgl. Roland Deines, The Pope's Challenge, 12 Anm. 3 und darüber hinaus Achim Buckenmaier/Rudolf Pesch/Ludwig Weimer, Der Jude Jesus von Nazareth: Zum Gespräch zwischen Jacob Neusner und Papst Benedikt XVI., Paderborn 2008. Neusner hat auf die Behandlung seiner Diskussion durch den Papst auch seinerseits reagiert: Die Wiederaufnahme des religiösen Streitgesprächs – auf der Suche nach theologischer Wahrheit, in Jan Hainer Tück (Hg.), Annäherungen an »Jesus von Nazareth«, 13–20; vgl. auch ders., Einzigartig in 2000 Jahren: die neue Wende im jüdisch-christlichen Dialog, in: Thomas Söding (Hg.), Ein Weg zu Jesus. Schlüssel zu einem tieferen Verständnis des Papstbuches. Freiburg i. Br. 2007, 71–90. Zu Benedikts Nachdenken über das Verhältnis der Kirche zu Israel vgl. auch ders., Die Vielfalt der Religionen und der Eine Bund, Bad Tölz [4]2005, sowie die unter seinem Vorsitz erarbeitete Verlautbarung der Päpstlichen Bibelkommission, Das jüdische Volk und seine Heilige Schrift in der christlichen Bibel, Bonn 2001 (Verlautbarungen des Apostolischen Stuhls 152).

solches Eingreifen immerhin für möglich, dann stellt sich die Frage, wie dies in historischen Kategorien beschrieben werden kann.[7] Es ist doch gerade das *jüdische* Erbe des christlichen Glaubens, das die deistische Annahme eines der Welt entzogenen, fernen Gottes zurückweist und stattdessen vom Gott Abrahams, Isaaks und Jakobs spricht, dem Gott der Lebenden und nicht der Toten, dem einen Gott, der zu seiner Schöpfung in einer fortwährenden Beziehung des Gebens und Empfangens steht. Die Herausforderung, wissenschaftlich und verantwortlich über das Wirken Gottes in der Welt nachzudenken, betrifft nicht nur die Jesusforschung, sondern jüdische, christliche und muslimische Theologie gleichermaßen. Dabei geht es entscheidend um die Frage, wie man die Überzeugung, dass Gott handelt, verständlich und nachvollziehbar für andere in das wissenschaftliche Gespräch einbringt, das daran gewöhnt ist, auch theologische Fragen in einer Weise zu behandeln, die aktives, erkennbares Handeln Gottes in der Geschichte methodisch von vornherein ausschließt.[8]

2 Die Befreiung der Jesusforschung aus der »Selbstbeschränkung der positiven Vernunft«[9]

Vor diesem Hintergrund ergibt sich meine These, dass Ratzinger mit seiner in *Jesus von Nazareth* (und schon früher) vorgebrachten Kritik an der historisch-kritischen Jesusforschung primär auf das implizite (wenn auch häufig unbeab-

---

7   Der Titel von Vermes' Autobiographie, Providential Accidents, ist in dieser Hinsicht vielsagend. Denn er weist damit auf die providentielle Führung in seinem Leben hin, die es mit sich brachte, dass sich im Rückblick scheinbar zufällige Wendungen des Geschicks als bedeutsam und zielgerichtet erwiesen (er selbst erwähnt solche »providentiellen Zufälle« mehrfach, vgl. 46f.62.70.78.115.125.150.227.230f.). Es sind diese Erfahrungen, die Menschen nach der verborgenen Realität hinter der Zielgerichtetheit des scheinbaren Zufalls fragen lassen. Der Begriff der »Vorsehung« ist in so einem Zusammenhang der tastende Versuch zu benennen, was andere deutlicher als Gottes Führung beschreiben würden (wie es Vermes selbst auch in seinen jüngeren Jahren tat (vgl. ebd. 45.50). An einer Stelle (170), wo er seine formale Rückkehr zum Judentum beschreibt, geht er etwas näher auf diese religiöse Erfahrung ein: »My religion had become that of the ›still small voice‹ which those who listen can hear, as did the prophet Elija (I Kings 19.12), the voice of an existential God, acting in and through people, who stood behind all the providential accidents of my life.«
8   Vgl. Thomas Söding, Notwendige Geschichtswahrheiten. Ratzingers Hermeneutik und die exegetische Jesusforschung, in: Jan-Heiner Tück (Hg.), Annäherungen an »Jesus von Nazareth«, 57–79 (59–61).
9   Diese Wendung gebrauchte Ratzinger in seinem am 1. April 2005 gehaltenen Vortrag »Europa in der Krise der Kulturen« im Kloster Santa Scolastica in Subiaco (Italien) und ebenso in seiner hohe Wellen schlagenden Vorlesung an der Universität Regensburg am 12. September 2006. Beide Texte sind veröffentlicht in Benedikt XVI., Gott und die Vernunft. Aufruf zum Dialog der Kulturen, Augsburg 2007, 68–84 bzw. 124–142. Ich zitiere im Folgenden die mit Anmerkungen versehene Fassung in: Benedikt XVI., Glaube und Vernunft. Die Regensburger Vorlesung. Vollständige Ausgabe, Freiburg i. Br. 2006, 12–32.

sichtige bzw. unreflektierte) säkularistische Dogma ihrer Methodologie zielt. Der Versuch, Glaube und Geschichte miteinander zu versöhnen, bildet von Anfang an ein wichtiges Element der intellektuellen Biographie Ratzingers (s. u.). Die Entscheidung, seine diesbezüglichen Überlegungen in einem Jesus-Buch zum Abschluss zu bringen, ist darum nur allzu verständlich, da es für den christlichen Glauben schlechthin zentral ist, dass sich Gott im Leben Jesu auf unüberbietbare Weise in der Geschichte dieser Welt vergegenwärtigt hat. Daher muss an genau dieser Stelle der theologische Wahrheitsanspruch formuliert und erwiesen werden, wonach Gott unablösbar zur historischen Wirklichkeit dieser Welt gehört. Ratzinger wendet sich damit an zwei unterschiedliche Adressatenkreise:

Auf der einen Seite spricht er die Säkularisten (Laizisten) der politischen und gesellschaftlichen Öffentlichkeit an, die versuchen, die gegenwärtige Kultur von religiösen Einflüssen zu befreien. In seinem Vortrag in Subiaco vom 1. April 2005 forderte er, damals noch als Kardinal, diejenigen, die kein positives Verhältnis zum Glauben finden können, zu dem Versuch heraus, die Welt unter der Möglichkeit zu betrachten, dass Gott etwas Gegebenes wäre. Er sagte damals:

> Kant hatte die Erkennbarkeit Gottes im Bereich der reinen Vernunft bestritten, aber Gott, Freiheit und Unsterblichkeit als Postulate der praktischen Vernunft dargestellt, ohne die seiner Einsicht nach konsequenterweise sittliches Handeln nicht möglich schien. Gibt uns nicht die Weltlage von heute Anlaß dazu, neu nachzudenken, ob er nicht recht hatte? Ich will dasselbe noch einmal anders formulieren: Der zu Ende geführte Versuch, die menschlichen Dinge unter gänzlicher Absehung von Gott zu gestalten, führt uns immer mehr an den Rand des Abgrunds – zur Abschaffung des Menschen hin. Sollten wir da nicht das Axiom der Aufklärer umkehren und sagen: Auch wer den Weg zur Bejahung Gottes nicht finden kann, sollte doch zu leben und das Leben zu gestalten versuchen, *veluti si Deus daretur* – als ob es Gott gäbe.[10]

---

10   Joseph Ratzinger, Europa in der Krise der Kulturen, in: Marcello Pera/Joseph Ratzinger, Ohne Wurzeln. Der Relativismus und die Krise der europäischen Kultur, Augsburg 2005, 62–84, hier 81f. Ratzingers Anliegen ist knapp und gut zusammengefasst bei Ralf Miggelbrink, Historische Kategorien in der Christologie. Überlegungen im Anschluss an »Jesus von Nazareth« von Benedikt XVI., in: Hermann Häring (Hg.), »Jesus von Nazareth« in der wissenschaftlichen Diskussion, 147–152: »Wenn Gott Mensch wird und mithin die Geschichte nicht in Ruhe lässt, kriegt die Geschichte keine Ruhe vor ihm« (151). In demselben Band wird aber auch die gegenteilige Meinung vertreten, wonach Gott, selbst wenn er existierte, der modernen Welt nichts zu geben vermag und daher bedeutungslos ist; so Bernd Ogan, »Jesus von Nazareth«: Ein Mystagoge als Glaubenshüter, in: Hermann Häring (Hg.), »Jesus von Nazareth« in der wissenschaftlichen Diskussion, 291–306 (das Zitat 305).

Auf der anderen Seite wollte der Papst mit seinem Buch offenbar auch die gegenwärtige Jesusforschung (bzw. die moderne biblische Exegese überhaupt) herausfordern. Seinem Selbstanspruch nach handelt es sich hier nicht in erster Linie um eine Sammlung erbaulicher Gedanken über Jesus, wie Vermes sie charakterisiert, sondern um eine Auseinandersetzung mit der wissenschaftlichen Forschung, die Anspruch auf Beachtung in der Fachdiskussion erhebt.[11] Entsprechend beginnt der erste Band dann auch mit einem dezidiert wissenschaftlichen (wenn auch durch einschränkende Bemerkungen gegenüber der Fachwissenschaft etwas abgemilderten) Anspruch und er setzt sich bewusst und durchaus polemisch mit den methodologischen Fragen hinsichtlich der Geschichte Jesu und der frühen Christenheit auseinander. Ratzinger unterstreicht seine Absicht, sich auf einen echten Dialog mit der historisch-kritischen neutestamentlichen Forschung einzulassen, indem er im eigenen Namen schreibt und seine Autorität als Papst ausdrücklich zurückstellt. Das entspricht der Haltung in der Regensburger Vorlesung, wo er darauf hinweist, dass jede »Glaubenverbreitung durch Gewalt [...] im Widerspruch zum Wesen Gottes und zum Wesen der Seele [ist]«. Und weiter sagt er darin: »Wer also jemanden zum Glauben führen will, braucht die Fähigkeit zur guten Rede und ein rech-

---

11 Vermes negiert den wissenschaftlichen Anspruch, wenn er schreibt: »The Pope was engaged not in academic research but in a series of meditations on the Gospels for his own and his reader's edification. The efficacy of these meditations cannot be judged by academic criteria.« Vergleichbare Urteile finden sich auch in anderen Stellungnahmen, vgl. z. B. Gerd Lüdeman, Das Jesusbild des Papstes: Über Joseph Ratzingers kühnen Umgang mit den Quellen, Springe 2007, 150 (der erste der zehn Einwände gegen das Buch). Aber selbst die, die dem Buch mehr Sympathien entgegenbringen, bemängeln den Stil, der zwischen kritischer und philosophischer Analyse und erbaulichen Passagen hin- und hermäandert; vgl. zum Beispiel Richard B. Hays, »Ratzinger's Johannine Jesus. A Challenge to Enlightenment Historiography«, in Adrian Pabst/Angus Paddison (Hg.), The Pope and Jesus of Nazareth, 109–118 (111); Johann Pock, Wissenschaftliche Abhandlung oder Verkündigungsrede? Zum Jesusbuch von Joseph Ratzinger/Benedikt XVI., in: Hermann Häring (Hg.), »Jesus von Nazareth« in der wissenschaftlichen Diskussion, 169–76; Thomas Söding, Vom Jordan bis zum Tabor. Mit dem Papstbuch auf den Spuren Jesu, in: ders. (Hg.), Ein Weg zu Jesus, 17–34, der ebenfalls auf die Spannung zwischen wissenschaftlicher Exegese und geistlicher Schriftlesung aufmerksam macht (28–33). Söding weist ferner darauf hin, dass der Papst als Dogmatiker Exegese betreibt und darum darauf angewiesen bleibt, dass seine Darstellung von Fachexegeten konstruktiv kommentiert und kritisiert wird (33), vgl. auch ders., Im Licht der Verheißung. Das Jesus-Buch Benedikts XVI., in: Herder Korrespondenz Spezial: Jesus von Nazareth (Mai 2007), 2–6. Was Söding allerdings nicht sagt, ist, dass Exegeten ebenfalls gut daran täten, sich der dogmatischen Reflexion und Kritik ihrer Arbeitsweise zu stellen. Seine Behauptung, dass Exegeten in ihren theologischen Aussagen aufgrund ihrer Arbeitsweise »vorsichtiger und zurückhaltender« seien, ist zudem mit Einschränkungen zu versehen. Denn im Hinblick auf das, was Jesus *nicht* war oder tat, legen sich die professionellen Bibelausleger oft sehr wenig Zurückhaltung auf.

tes Denken, nicht aber Gewalt und Drohung«.[12] Daher kann ich Ratzingers Buch auch nicht als einen bedenklichen Übergriff auf die Freiheit der Wissenschaft sehen, wie einige römisch-katholische Wissenschaftler es befürchten, die darin ungeachtet der Beteuerungen des Gegenteils die Disziplinargewalt des päpstlichen Lehramts am Horizont aufleuchten sehen.[13] Angesichts der hochproblematischen Versuche zu Beginn des 20. Jahrhunderts, exegetische Fragen lehramtlich zu entscheiden, ist diese Haltung zwar durchaus nachvollziehbar,[14] sie scheint mir aber eine eher unbegründete Sorge zu spiegeln, die für nichtkatholische Exegetinnen und Exegeten sowieso irrelevant ist. Es wäre schade, wenn aufgrund solcher Befürchtungen die Aufforderung überhört würde, nachdrücklicher (und theologisch motivierter) über die methodologischen Zugänge zu den biblischen Texten nachzudenken, die das Handeln Gottes in dieser Welt bezeugen.[15]

Papst Benedikt geht es genau um diesen Punkt, wenn er die Auffassung vertritt, dass der Christus des Glaubens und der historische Jesus untrennbar eins sind, und dies nicht nur als eine Perspektive des Glaubens Geltung beanspruchen kann, sondern auch aus historischen Gründen Vertrauen verdient (vgl. z. B. *Jesus* I, 344–352). Was der christliche Glaube hinsichtlich der Nähe Jesu zu Gott, ausgedrückt als Verbundenheit des Sohnes mit dem Vater während seiner irdischen Existenz, die ihren Grund in der Gemeinschaft des präexistenten Sohns mit dem Vater hat, bekennt, ist für Ratzinger auch im historischen Sinne wahr, was bedeutet, dass Jesu »Gemeinschaft mit dem Vater [...] die eigentliche Mitte seiner Persönlichkeit ist, ohne die man nichts verstehen kann« (*Jesus* I, 12). Der vom Nizäischen Glaubensbekenntnis geprägte Ausdruck *homooúsios* gibt sachgemäß die Weise wieder, in der Jesus »sich mit dem lebendigen Gott selbst auf eine Stufe stellte« (*Jesus* I, 350). Für seine Jünger wurde dies bereits vorösterlich in der Weise sichtbar, wie Jesus mit dem Vater sprach, die unvergleichlich neu und anders war (*Jesus* I, 369.407).

---

12 Das Zitat stammt von dem byzantinischen Kaiser Manuel II. Paleologus; vgl. Benedikt XVI., Glaube und Vernunft, 16.

13 Vgl. als Beispiel Gerhard Hasenhüttl, Jesus von Nazareth – Wie sieht ihn Papst Benedikt XVI.?, zugänglich unter: http://www.uni-saarland.de/fak3/hasenhuettl/beitraege.htm; François Nault, Der Jesus der Geschichte, in Hermann Häring (Hg.), »Jesus von Nazareth« in der wissenschaftlichen Diskussion, 103–121 (104–105).

14 Die Texte aus der Zeit von Pius X., die im berühmt-berüchtigten »Antimodernisteneid« gipfelten, sind zugänglich bei Heinrich Denzinger/Peter Hünermann, Enchiridion symbolorum definitionum et declarationum de rebus fidei et morum/Kompendium der Glaubensbekenntnisse und kirchlichen Lehrentscheidungen, Freiburg i. Br. ^{43}2010, 859ff. (Nr. 3372ff).

15 Zu dieser Frage vgl. auch Roland Deines, Das Erkennen von Gottes Handeln bei Matthäus, in: Jörg Frey/Stefan Krauter/Hermann Lichtenberger (Hg.), Heil und Geschichte. Die Geschichtsbezogenheit des Heils und das Problem der Heilsgeschichte in der biblischen Tradition und in der theologischen Deutung, Tübingen 2009, 403–441.

Benedikt sieht in diesem Selbstverständnis Jesu den »Konstruktionspunkt« seines Zugangs zum historischen Jesus (*Jesus* I, 12). In Rezensionen wird dies häufig als »johanneischer Zugang« zum historischen Jesus angesprochen, da Ratzinger sich (in beiden Bänden) umfänglich auf Texte des Johannesevangeliums bezieht, um die Voraussetzung dieses Vorgehens abzusichern und im Leben des historischen Jesus zu verankern.[16] Dies bringt ihn allerdings in Widerspruch zu einer der grundlegenden und weithin unangefochtenen Prämissen der modernen Jesusforschung, nach welcher das Johannesevangelium kaum etwas zur Rekonstruktion des Lebens und der Lehre Jesu beizutragen vermag.[17] Doch selbst wenn man der Auffassung zustimmt, dass Johannes in einer anderen Weise als die Synoptiker als Quelle für das Leben und die Lehre Jesu zu behandeln ist, sollte nicht übersehen werden, dass der »Konstruktionspunkt« Ratzingers nicht der »johanneische Christus«, sondern die enge Beziehung zwischen Jesus und dem Vater ist. Dafür hätte er sich auch auf eine Anzahl namhafter Wissenschaftler beziehen können, die auf der Grundlage lediglich der synoptischen Evangelien sowie in streng historisch-kritischer Untersuchung anerkennen, dass Jesus in einer Weise und mit einer Autorität handelte, die ihn schon zu Lebzeiten in ein unvergleichliches Verhältnis zu Gott setzte.[18] Martin Hengel, der im Rekurs auf das Johannesevangelium

---

16 Zu Ratzingers Umgang mit dem Johannesevangelium vgl. Thomas Söding, Zur Einführung: Die Neutestamentler im Gespräch mit dem Papst über Jesus, in: ders. (Hg.), Das Jesus-Buch des Papstes, Freiburg i. Br. 2007, 11–19 (16); ders., Auf der Suche nach dem Antlitz des Herrn, in: ebd., 134–146 (143f.); Knut Backhaus, Christus-Ästhetik. Der »Jesus« des Papstes zwischen Rekonstruktion und Realpräsenz, in: ebd., 11–20 (25); Martin Ebner, Jeder Ausleger hat seine blinden Flecken, in: ebd., 30–42 (35); Jörg Frey, Historisch – kanonisch – kirchlich. Zum Jesusbild Joseph Ratzingers, in: ebd., 43–53 (48–51); Michael Theobald, Die vier Evangelien und der eine Jesus von Nazareth, 27–29; Richard Hays, Ratzinger's Johannine Jesus, 113–116. Unterstützend äußern sich Rainer Riesner, Jesus-Forscher, 342, und besonders Marius Reiser, Der Papst als Interpret Jesu. Eine kritische Würdigung, in: Trierer Theologische Zeitschrift 121 (2012) 24–42 (besonders 30–36). Eine exegetische Vertiefung von Ratzingers Ansatz bildet Olivier T. Venard, The Prologue of John and the Heart of Matthew (John 1.1–18 and Matthew 12.46–13.58). Does the Jesus of the Synoptic Gospels really say nothing different from the Prologue of John?, in: Adrian Pabst/Angus Paddison (Hg.), The Pope and Jesus of Nazareth, 134–158.
17 Vgl. dazu Roland Deines, The Pope's Challenge, 17f. Anm. 18.
18 Vgl. z. B. Jörg Frey, Historisch – kanonisch – kirchlich, 52; Dieter Sänger, Rehistorisierung der Christologie? Anmerkungen zu einem angestrebten Paradigmenwechsel, in: Thomas Söding (Hg.), Das Jesus-Buch des Papstes, 110–120 (118); Martin Hengel, Studies in Early Christology, Edinburgh 1995 (Neuausgabe London/New York 2004), ix–x u. ö.; Larry Hurtado, Lord Jesus Christ: Devotion to Jesus in Earliest Christianity, Grand Rapids 2003; ders., How on Earth Did Jesus Become a God? Historical Questions about Earliest Devotion to Jesus, Grand Rapids/Cambridge (U.K.) 2005. In kritischer Sympathie dazu ist James Dunn, Did the first Christians worship Jesus? The New Testament evidence, London 2010, zu lesen. Vgl. auch Roland Deines, Pre-existence, Incarnation and Messianic Self-understanding

als Quelle für den irdischen Jesus sehr viel zurückhaltender ist als Ratzinger und das ihm gegenüber auch zum Ausdruck brachte,[19] fasst seine lebenslange Beschäftigung mit dieser Frage dahingehend zusammen, dass »[g]erade die johanneische Christologie [...] ihre letzte Wurzel in Jesu Sohnesbewußtsein [hat]«.[20] Ratzinger wählt die Überlieferung einer Beziehung Jesu zu Gott als Ausgangspunkt, weil er, nicht zuletzt aus historischen Gründen, die von zahlreichen Wissenschaftlern sehr unterschiedlicher theologischer Herkunft vorgebracht worden sind, davon überzeugt ist, dass der traditionelle Glaube damit einen »ontologisch« ausgerichteten Wahrheitsanspruch formuliert.[21] In einem Art Zirkelschlussverfahren versucht er dann, einen Schritt weiter zu gehen: Wenn sich die traditionelle Weise, Jesus zu verstehen (d. h. Ratzingers »Konstruktionspunkt«), durch den historischen Befund nachträglich erhärten lässt, dann ist es auch legitim, die transempirischen Elemente der Wesensaussagen über Jesus in die historische Frage zu integrieren. Aber um dies tun zu können, muss der Universalanspruch der gegenwärtigen historischen Methodologie dahingehend herausgefordert werden,[22] dass »die Grenzen der historisch-kritischen Methode selbst erkannt werden« (*Jesus* I, 15), wobei »Grenzen« im Blick auf die inhärenten philosophischen und dogmatischen Voraussetzungen

---

of Jesus in the Work of Martin Hengel, in: Michael F. Bird/Jason Maston (Hg.), Earliest Christian History. Essays from the Tyndale Fellowship in Honor of Martin Hengel, Tübingen 2012, 75–116 und ders., The Pope's Challenge, 18 Jun. 19. Von jüdischer Seite s. besonders die Arbeiten von Daniel Boyarin, How Enoch Can Teach Us about Jesus, Early Christianity 2 (2011) 51–76; ders., The Jewish Gospels: The Story of the Jewish Christ, New York 2012.

19 Vgl. dazu Martin Hengel, Zur historischen Rückfrage nach Jesus von Nazareth. Überlegungen nach der Fertigstellung eines Jesusbuches, in: Peter Kuhn (Hg.), Gespräch über Jesus. Papst Benedikt XVI. im Dialog mit Martin Hengel, Peter Stuhlmacher und seinen Schülern in Castelgandolfo 2008, Tübingen 2010, 1–29 (14f.). Zu Ratzingers Diskussion von Hengel vgl. Joseph Ratzinger, Jesus I, 262f. 271–273; zur Debatte der beiden über Johannes vgl. auch Marius Reiser, Der Papst als Interpret Jesu, 32f.

20 Martin Hengel/Anna Maria Schwemer, Jesus und das Judentum, Tübingen 2007, 544 (vgl. 237–240; 542–544).

21 Vgl. Joseph Ratzinger, Jesus I, 345. Ich verwende diesen Terminus im Anschluss an meinen Nottinghamer Kollegen Anthony C. Thiselton, The Hermeneutics of Doctrine, Grand Rapids/Cambridge (U.K.) 2007, 39, 376–83 u. ö. (vgl. im Index of subjects »truth-claims, ontological«).

22 Zustimmend zu Ratzingers Anliegen, aber zugleich ablehnend zu seinen Bemerkungen zur historisch-kritischen Methode äußert sich Thomas Marschler, Joseph Ratzinger als Interpret der »Mysterien des Lebens Jesu«, in: Helmut Hoping/Michael Schulz (Hg.), Jesus und der Papst, 90–100. Seine »innovative [...] Weise« der Verwendung des Attributs »historisch« wird im selben Band von Michael Schulz, Das Gebet des Herrn. Fundamentaltheologische Überlegungen zu Ratzingers Gebets-Christologie, 60–71, diskutiert (vgl. besonders 64f.). Wesentlich kritischer zum methodischen Ansatz Ratzingers äußert sich Michael Theobald, Die vier Evangelien und der eine Jesus von Nazareth, 9–16.

gemeint sind.²³ Ratzinger beschreibt diese Grenzen der historisch-kritischen Methode und – allerdings in einer Weise, die nicht wirklich überzeugt²⁴ – die Elemente, um die sie ergänzt werden müsste, um sie dazu zu befähigen, »den Jesus der Evangelien als den wirklichen Jesus, als den ›historischen Jesus‹ im eigentlichen Sinne darzustellen« (*Jesus* I, 20). Er möchte zeigen, dass »gerade dieser Jesus – der der Evangelien – eine historisch sinnvolle und stimmige Figur ist« (ebd. 21). Anders gesagt: Der historische Jesus und der Christus

---

23   Die Auseinandersetzung mit der historisch-kritischen Methode begleitet Ratzingers wissenschaftliche Laufbahn von Anfang an, vgl. Tracey Rowland, Ratzinger's Faith. The Theology of Pope Benedict XVI, Oxford 2008, 48–65; Rudolf Voderholzer, Überlegungen zur »impliziten Dogmatik« im Anschluss an Kapitel zwei und drei, in: Helmut Hoping/Michael Schulz (Hg.), Jesus und der Papst, 25–7 (30f.). Die diesbezüglichen Überlegungen sind zusammengefasst in: Joseph Ratzinger/Benedikt XVI., Wort Gottes. Schrift – Tradition – Amt, hg. v. Peter Hünermann und Thomas Söding, Freiburg i. Br. 2005. Es ist auffällig, dass die Mehrheit der neutestamentlichen Antworten auf Ratzinger ihm gegenüber den Primat der historisch-kritischen Methode ohne alle Einschränkung zu verteidigen versuchen. Die Beschränkungen dieses methodischen Zugangs, wenn es darum geht, »transempirischen Realitäten« gerecht zu werden, werden dagegen kaum kritisch reflektiert. Erfreuliche Ausnahmen sind unter anderem Jörg Frey, Historisch – kanonisch – kirchlich, 45; Karl-Wilhelm Niebuhr, Der biblische Jesus Christus. Zu Joseph Ratzingers Jesus-Buch, in: Thomas Söding (Hg.), Das Jesus-Buch des Papstes, 99–109 (100f.); ders., Rezension von Band 1 in: ThLZ 132 (2007) 800–803; Marius Reiser, Der Papst als Interpret Jesu, 38–41.
24   Ich sehe das Problem darin, dass Ratzinger in seiner Charakterisierung der historischen Arbeit diese von vornherein als eine säkulare Disziplin akzeptiert, wenn er ausführt: »Soweit die historische Theologie sich treu bleibt, muss sie das Wort nicht nur als vergangenes aufsuchen, sondern auch im Vergangenen stehenlassen [...] Als historische Methode setzt sie die Gleichmäßigkeit des Geschehenszusammenhangs der Geschichte voraus« (Jesus I, 15). Damit akzeptiert Ratzinger im Grunde, dass historische Forschung den von Ernst Troeltsch klassisch formulierten Bahnen zu folgen hat (vgl. Thomas Söding, Notwendige Geschichtswahrheiten, 72–73). Entsprechend *muss* die historische Methode die biblische Überlieferung »als Menschenworte« (und analog dazu die biblische Geschichte als nur menschliches Geschehen) behandeln. Mit dem »muss« akzeptiert der Papst das säkulare Dogma in Bezug auf eine wissenschaftliche Historiographie, das er eigentlich zu überwinden sucht. Den Ausweg sieht er in »ergänzende[n] Methoden« (16), als ob die theologischen Defizite einer säkularen Methodologie dadurch ausgeglichen werden könnten, dass man ihr einige metahistorische Zusätze verpasst. Vor allem die kanonische Exegese sieht er in der Lage sei, in den kanonisch gewordenen Fortschreibungen der biblischen Traditionen die »inneren Potentialitäten« der einzelnen Worte zu erkennen (17), und damit sozusagen ihren geistlichen bzw. theologischen Mehrwert. Dazu kommt als zweites eine »christologische Hermeneutik, die in Jesus Christus den Schlüssel des Ganzen sieht und von ihm her die Bibel als Einheit zu verstehen lernt« (18). Diese »ergänzende[n] Methoden« basieren, wie eingeräumt wird, auf einem »Glaubensentscheid« und können darum »nicht aus purer historischer Methode hervorkommen« (18). Diese Beschreibung des Wissens, das bestimmte Glaubensüberzeugungen integriert, ist meines Erachtens zu defensiv. Denn dabei wird akzeptiert, dass der Glaube an einen geschichtsmächtigen Gott, wie ihn die biblisch-theologische Überlieferung rational und (in Grenzen) auch für Nichtglaubende nachvollziehbar zu beschreiben vermag, inkompatibel zu einer genuin historischen Zugangsweise ist.

des Glaubens müssen zusammengehalten werden. Isoliert voneinander ist keiner von beiden »wahr«. Diese provokante Behauptung impliziert, dass der Mensch Jesus von Anfang an der ewige Sohn des Vaters, wahrhaft göttlich und wahrhaft menschlich, war. Dies zu sehen, so erkennt Ratzinger an, verlangt Glauben, einen Glauben jedoch, der »den historischen Ernst ganz und gar nicht aufgeben« will (ebd. 22).[25] Damit steht er vor der Herausforderung, dass für die Wiederherstellung einer Verbindung von Glaube und Geschichte ein Fundamentaldogma der modernen Weltanschauung gestürzt werden muss, nämlich das Dogma, dass Gott nicht in der Geschichte handelt. Er schreibt:

> Heute wird die Bibel weithin dem Maßstab des sogenannten modernen Weltbildes unterworfen, dessen Grunddogma es ist, dass Gott in der Geschichte gar nicht handeln kann – dass also alles, was Gott betrifft, in den Bereich des Subjektiven zu verlegen sei. Dann spricht die Bibel nicht mehr von Gott, dem lebendigen Gott, sondern sprechen nur noch wir selber und bestimmen, was Gott tun kann und was wir tun wollen oder sollen. Und der Antichrist sagt uns dann mit der Gebärde hoher Wissenschaftlichkeit, dass eine Exegese, die die Bibel im Glauben an den lebendigen Gott liest und ihm selbst dabei zuhört, Fundamentalismus sei; nur *seine* Exegese, die angeblich rein wissenschaftliche, in der Gott selbst nichts zu sagen hat, sei auf der Höhe der Zeit.[26]

Ratzinger trifft damit einen empfindlichen Nerv im Selbstverständnis vieler Exegeten und Historiker, die sich mit Jesus beschäftigen.[27] Er unterstreicht

---

25 Dieses Anliegen wird besonders von Peter Stuhlmacher, Joseph Ratzingers Jesus-Buch – ein bedeutsamer geistlicher Wegweiser, in Jan-Heiner Tück (Hg.), Annäherungen an »Jesus von Nazareth«, 21–30 (22–25), gewürdigt. Stuhlmacher verweist dabei auf die Ähnlichkeiten zwischen Adolf Schlatter und Ratzinger, indem beide betonen, dass der persönliche Glaube des Forschenden historisches Verstehen der biblischen Geschichte nicht verunmöglicht sondern im Gegenteil sogar befördert. Zum Einfluss Schlatters auf das Denken Ratzingers s. Jan-Heiner Tück, Auch der Sohn gehört in das Evangelium: Das Jesus-Buch Joseph Ratzingers als Anti-These zu Adolf von Harnack, in: ders. (Hg.), Annäherungen an »Jesus von Nazareth«, 155–181 (179–181), und Benedikts eigene positive Bezugnahme auf Schlatter in seiner Replik an Martin Hengel in: Peter Kuhn (Hg.), Gespräch über Jesus, 61 (Schlatter war in diesen zwei Tagen auch sonst »im Gespräch«, vgl. 112. 116).

26 Joseph Ratzinger, Jesus I, 64f.; vgl. ders., Salz der Erde. Christentum und katholische Kirche im neuen Jahrtausend. Ein Gespräch mit Peter Seewald, München ^{9}2007, 174: »Das wissenschaftlich Vertretbare wird zum obersten Maßstab; so aber entsteht – deutlich sichtbar bei Bultmann – ein Diktat des sogenannten modernen Weltbildes, das sich höchst dogmatisch gebärdet und Eingriffe Gottes in die Welt wie Wunder und Offenbarung ausschließt. Der Mensch kann zwar Religion haben, aber die liegt dann im Subjektiven und kann daher keine objektiven und gemeinsam verbindlichen, dogmatischen Inhalte haben; wie ja überhaupt Dogma ein Widerspruch zur Vernunft des Menschen zu sein scheint.« Vgl. außerdem ebd. 226, wo Ratzinger als »modernen Konsens« benennt: »Gott zählt nicht, auch wenn es ihn geben sollte.« Ähnlich schon ebd. 137.

27 Von Dogmatikern, die sich nach wie vor für exegetische Ergebnisse interessieren (auch wenn diese nicht selten frustrierend sind), weil sie daran festhalten, dass die biblische Botschaft am

seine Absicht, diesen empfindlichen Punkt zu berühren, mit großer Deutlichkeit, indem er regelmäßig darauf hinweist, dass er eine unkritische Anwendung der historisch-kritischen Methode als problematisch für den christlichen Glauben ansieht. In diesem Zusammenhang verwies Ratzinger wiederholt auf Wladimir Solowjews (1853–1900) *Kurze Erzählung vom Antichrist*, in der die Tübinger Evangelisch-theologische Fakultät dem Antichristen die Ehrendoktorwürde in Anerkennung für sein »großes Werk über Bibelkritik« anträgt.[28] Diese Charakterisierung von kritischer Bibelwissenschaft als ein Werk des Antichristen wird von vielen Rezensenten kritisch erwähnt. Es ist, als ob die Exegeten in ihrer Ehre verletzt worden sind, weil der Papst sie darauf aufmerksam macht, dass auch die Bibelwissenschaft antichristliche Züge annehmen kann. Ich bin mir allerdings nicht sicher, ob alle, die sich dadurch angegriffen fühlten, die betreffende Passage in ihrem ursprünglichen Zusammenhang gelesen haben.[29] Denn dann würden sie gelesen haben, dass zwar auch der Antichrist Exegese betreibt, aber ein anderer Exeget, der *evangelische*(!) Professor Ernst Pauli, dem Antichrist Widerstand leistet und die Reste der wahren Christenheit anführt. Das ist jedoch nicht das Entscheidende dieser Erzählung und auch nicht der Punkt, auf den es Ratzinger ankommt. Es lohnt sich, den Kontext dieses Zitats genauer anzusehen, dann wird auch deutlich, warum Ratzinger so viel an dieser Erzählung liegt. Der neue Weltherrscher, eben jener, der in seiner Jugend ein wichtiges Werk zur Bibelkritik geschrieben hat, steht auf dem Höhepunkt seiner Macht und sieht es als zweiter Konstantin als seine Aufgabe an, auch die getrennten Christen unter seiner Herrschaft zu einen. Dafür beruft er ein großes ökumenisches Konzil nach Jerusalem ein, an dem über 3 000 Delegierte der katholischen, orthodoxen und protestantischen Kirchen teilnehmen. Über eine halbe Million Pilger bevölkern darüber hinaus Jerusalem. Auf dem Tempelberg wurde eine prächtige Kirche und der Versammlungssaal für das Konzil gebaut. An der Spitze der katholischen Delegation steht Papst Petrus II., die Orthodoxen werden angeführt von dem Starez Johannes, und an der Spitze der evangelischen Konzilsgruppe »stand

---

Anfang aller Dogmatik steht, erhielt Ratzinger dagegen Unterstützung, vgl. Roland Deines, The Pope's Challenge, 21 Anm. 27.

28 Schon 1988 begann Ratzinger seine Erasmus-Vorlesung »Schriftauslegung im Widerstreit« (s. nächste Anm.) mit einem Verweis auf Wladimir Solowjew, Kurze Erzählung vom Antichrist, übersetzt und kommentiert von Ludolf Müller, Würzburg [10]2009.

29 Dieser Vorwurf kann allerdings auch gegen Ratzinger selbst erhoben werden. In seiner Erasmus-Vorlesung, gehalten am 27. Januar 1988 in der lutherischen St. Peter's Church in New York, lässt er den Antichristen sagen »daß er in Tübingen den Doktor der Theologie erworben und ein von der Fachwelt als bahnbrechend anerkanntes exegetisches Werk geschrieben habe«, vgl. Joseph Ratzinger, Schriftauslegung im Widerstreit. Zur Frage nach Grundlagen und Weg der Exegese heute, wiederabgedruckt in: ders., Wort Gottes. Schrift – Tradition – Amt, 83.

ein hochgelehrter deutscher Theologe, Professor Ernst Pauli« (33). Der Weltherrscher sitzt auf einer erhöhten Plattform mit seinem Anhang und richtet dann der Reihe nach das Wort an die drei Parteien:

> Christen aller Richtungen, meine geliebten Untertanen und Brüder! Seit Beginn meiner Herrschaft, die der Höchste mit so wunderbaren und herrlichen Werken gesegnet hat, hatte ich nie Anlaß, mit euch unzufrieden zu sein; ihr habt eure Pflicht nach Glauben und Gewissen stets erfüllt. Doch das genügt mir nicht. Meine aufrichtige Liebe zu euch, geliebte Brüder, dürstet nach Erwiderung. Ich möchte, daß ihr nicht aus Pflichtgefühl, sondern aus dem Gefühl herzlicher Liebe mich anerkennt als euren wahren Führer in einem jeglichen Werke, unternommen zum Heile der Menschheit. Und so möchte ich nun über das hinaus, was ich für euch alle tue, euch besondere Huld erweisen. Christen, womit könnte ich euch glücklich machen? (34)

Da die Angesprochenen so schnell keine Antwort wissen, kommt er ihnen zuvor. Der katholischen Partei verspricht er die Wiedereinsetzung des Papstes auf dem Bischofsthron von Rom (in den Wirren vor der Herrschaft dieses neuen Weltherrschers musste der Papst Rom verlassen). Die einzige Bedingung, die der Weltherrscher stellt: »Und von euch, meine katholischen Brüder, will ich dafür nichts weiter, als daß ihr mich aus tiefem Herzen als euren einzigen Fürsprecher und Beschützer anerkennt« (35). Wer dies tue, der solle zu ihm herauf auf die Empore kommen und sich zu ihm setzen. Und – die Mehrheit der Katholiken tut es. Nicht aber Papst Petrus II., der mit einer kleinen Gruppe von Getreuen sitzen bleibt. Nun wendet sich der Weltherrscher mit einem verlockenden Angebot an die orthodoxen Christen unter der Bedingung, dass sie ihn als ihren »wahren Führer und Herrn« anerkennen. Auch da geschieht dasselbe. Die meisten nehmen Platz bei ihm, aber der Staretz Johannes mit wenigen bleibt unten sitzen, aber doch nicht so ganz: zusammen mit den wenigen Übriggebliebenen »verließ er seine Bank und setzte sich näher zu Papst Petrus und dessen Kreis.« Und nun kommen die evangelischen Brüder an die Reihe:

> Wohlbekannt sind mir auch solche unter euch, liebe Christen, denen das Teuerste am Christentum die persönliche Wahrheitsgewißheit und die freie Erforschung der Schrift ist. Wie ich darüber denke – das bedarf keiner Erörterungen. Ihr wißt vielleicht, daß ich schon in früher Jugend ein großes Werk über Bibelkritik geschrieben habe, um das es seinerzeit einigen Lärm gegeben und das mich zuerst bekanntgemacht hat. Und wohl in Erinnerung hieran sendet mir nun dieser Tage die Universität Tübingen ein Gesuch, ich möge von ihr das Diplom eines Ehrendoktors der Theologie entgegennehmen. Ich habe antworten lassen, daß ich die Ehrung mit Befriedigung und Dankbarkeit annehme. Und heute habe ich außer der Stiftungsurkunde des Museums für

christliche Archäologie auch ein Dekret über die Gründung eines Weltinstituts für die freie Erforschung der Heiligen Schrift von allen möglichen Seiten und in allen möglichen Richtungen und für das Studium aller Hilfswissenschaften unterschrieben und ihm ein Jahresbudget von anderthalb Millionen Mark zugewiesen. In wessen Herz es Widerhall findet, daß ich euch so herzlich gewogen bin, und wer von euch mich aus reinem Gefühl als seinen souveränen Führer anerkennen kann, den bitte ich hierher, zu dem neuen Doktor der Theologie (37).

Vor der Antwort der Protestanten auf dieses Angebot ist daran zu erinnern, dass es nicht so sehr das exegetische Geschick des Weltherrschers war, das ihm den Weg an die Spitze gebahnt hatte, sondern eine andere, sozialpolitische Schrift aus seiner Jugendzeit mit dem Titel *Der offene Weg zu Frieden und Wohlstand der Welt* (23). Die Weise, in der Ratzinger dieses Buch zusammenfasst, führt zum Zentrum dessen, was er mit dem Verweis auf Solowjew im Sinn hatte: Dieses Buch wird »sozusagen die neue Bibel«, dessen tatsächlicher Gegenstand »die Anbetung des Wohlstandes und der vernünftigen Planung« ist.[30] Um der Sache des menschlichen Friedens und Wohlstandes willen müssen Glaube und Religion das ihnen zugewiesene Reservat akzeptieren. Für Ratzinger spiegelt dies die Situation, in der sich die Christenheit im gegenwärtigen politischen und kulturellen Klima des Westens vorfindet: »Der Glaube, die Religionen werden finalisiert auf politische Ziele hin. [...] Religion zählt so weit, wie sie dabei behilflich sein kann«.[31] Es ist dieser utilitaristische Übergriff auf die Religion im Allgemeinen und auf Jesus im Besonderen, den Ratzinger zu überwinden sucht. Dies könnte auch einer der Gründe sein, warum er sich so zurückhaltend zeigte, den Fokus stärker auf die soziale und humanitäre Dimension im Wirken von Jesus zu richten. Denn was den Kirchen in der säkularen Gesellschaft an Verantwortlichkeit zugewiesen wird, ist in der Regel die Fürsorge für die Bedürftigen und die Stärkung des sozialen Zusammenhalts. Sofern Jesus und die sich auf ihn berufende Christenheit sich innerhalb dieser Grenzen bewegt, sind sie willkommen. Aber auch nur innerhalb dieser Grenzen. In einer Diskussion, die Ratzinger 2004 mit dem Philosophen Jürgen Habermas führte, argumentierte dieser – sehr ähnlich – dahingehend, dass wenn die Kirche die »normative Erwartung, mit der der liberale Staat die religiösen Gemeinden konfrontiert«, und hier konkret »die egalitäre Gesellschaftsmoral«, akzeptiert, dann hat der Staat auch guten Grund, umgekehrt der Kirche Einfluss in der Öffentlichkeit einzuräumen.[32] In der Erzählung von

---

30 Joseph Ratzinger, Jesus I, 71.
31 Joseph Ratzinger, Jesus I, 84; vgl. Voderholzer, Überlegungen zur »impliziten Dogmatik«, 26.
32 Jürgen Habermas, in: ders./Joseph Ratzinger, Dialektik der Säkularisierung: Über Vernunft und Religion, hrsg. v. Florian Schuller, Freiburg i. Br. 2005, 35. Habermas unterstreicht

Solowjew sind die meisten Anhänger der drei christlichen Traditionen bereit, den »Weltherrscher« als ihren »wahren Führer und Herrn« anzuerkennen (36). Nicht dagegen ihre Anführer, der Älteste Johannes, Papst Peter II. und der deutsche Professor Pauli. Zwar folgen die meisten Protestanten wie vor ihnen die Mehrheit der Katholiken und Orthodoxen dem Aufruf des Weltherrschers, zu ihm aufs Podium zu kommen, nicht aber Professor Pauli, der stattdessen mit seiner klein gewordenen Herde zu den beiden anderen rückt. Der Weltherrscher wendet sich nun noch einmal an die kleine Gruppe, die von ihrem Anhang verlassen wurde und fragt sie: »Was ist euch das Teuerste am Christentum?« Der erste, der antwortet, ist der Staretz Johannes, dessen Antwort dem Anliegen von Papst Benedikt XVI. sehr nahesteht:

> Großer Herrscher! Das Teuerste am Christentum ist für uns Christus selbst – Er selbst, und alles, was von Ihm kommt; denn wir wissen, daß in ihm die ganze Fülle der Gottheit leibhaftig wohnt. Aber auch von dir, Herrscher, sind wir bereit, jegliches Gute entgegenzunehmen, sobald wir in deiner freigiebigen Hand die heilige Hand Christi erkennen. Und auf deine Frage, was du für uns tun kannst, ist dies unsere klare Antwort: Bekenne jetzt hier vor uns Jesus Christus, den Sohn Gottes, erschienen im Fleische, auferstanden und wiederkommend – bekenne Ihn, und voller Liebe werden wir dich aufnehmen als den wahren Vorläufer Seiner Wiederkunft in Herrlichkeit (38).

Das Bekenntnis zur Inkarnation, zur Menschwerdung Gottes in Jesus Christus, das ist das entscheidende Bekenntnis. Für den Staretz Johannes, der seinen Freimut mit dem Leben bezahlt, für Papst Petrus, der daraufhin seine Stelle einnimmt und gleichermaßen getötet wird, und schließlich für Professor Pauli, der die Reste der christlichen Gemeinschaft in die Wüste führt »um dort die nun gewiß eintretende Wiederkunft unseres wahren Herrn Jesus Christus zu erwarten« (40). Ich glaube, dass man das Anliegen von Papst Benedikt nicht versteht, wenn man diese Erzählung nicht kennt und nicht den Platz, den sie ganz offensichtlich in seinem Denken einnimmt. Die entscheidende Bekenntnisfrage ist einzig und allein, ob wir in der Lage sind, in Jesus den Mensch gewordenen Sohn Gottes zu sehen. Für Ratzinger ist das Wesentliche an Jesus Christus nicht, »daß er bestimmte Ideen verkündet hat«, sondern dass Gott durch ihn »in die Welt hereingetreten« ist.[33]

Die Aussage des Staretz Johannes, »Wir wissen, daß in ihm die ganze Fülle der Gottheit leibhaftig wohnt«, sieht Ratzinger bedroht von der Unterwerfung

---

diese Vorbedingung noch einmal in seinem Essay: Ein Bewusstsein von dem, was fehlt: Über Glauben und Wissen und den Defätismus der modernen Vernunft, in: Knut Wenzel (Hg.), Die Religionen und die Vernunft: Die Debatte um die Regensburger Vorlesung des Papstes, Freiburg i. Br. 2007, 47–56 (48.54f.).

33 Joseph Ratzinger, Salz der Erde, 21.

der Glaubenstraditionen unter einen säkularistischen Utilitarismus sowie einer Art babylonischer Gefangenschaft der modernen Leben-Jesu-Forschung, die sich in den Grenzen des Aufklärungsparadigmas bewegt. Beide Bedrohungen sind eng miteinander verwandt. Denn wenn Gott in der Person von Jesus *nicht* in der Geschichte gegenwärtig war, dann besteht keine Notwendigkeit, sich in der Gegenwart oder Zukunft Gedanken über Gottes Wirken in der Welt zu machen.[34] Wenn aber Gott wirklich ein für allemal in Jesus gehandelt hat, dann besteht aller Grund, anders über die Gegenwart und die Zukunft zu denken. Im Einleitungsabschnitt des Auferstehungskapitels im zweiten Band macht er dies noch einmal deutlich: »Ob Jesus nur *war* oder ob er auch *ist* – das hängt an der Auferstehung« (*Jesus* II, 267), und die Auferstehung ist mit dem Bekenntnis verknüpft, dass Gott Christus auferweckt hat (1 Kor 15,15). Dies ist die Kernüberzeugung, die Ratzinger wieder zur Geltung bringen möchte – zuallererst für die Christenheit selbst, und hier insbesondere in den theologischen Disziplinen. Der naheliegende Ausgangspunkt dafür sind die Bibelwissenschaften. Kurz gesagt: Es war sozusagen unvermeidbar für ihn, ein Jesus-Buch zu schreiben.[35]

Im Licht seines Werkes, das ein halbes Jahrhundert umspannt, ist dies keine Überraschung, da das Problem des Verhältnisses von Glaube und Geschichte, oder von Offenbarung und Geschichte, sein wissenschaftliches und geistliches Ouevre von Anfang an durchzieht.

3 Die Nichtablösbarkeit des Glaubens von der Geschichte im Werk Joseph Ratzingers

Bevor auf die ganz unterschiedlichen Reaktionen auf das Jesus-Buch des Papstes eingegangen werden soll, lohnt es sich, sich die Grundüberzeugungen seines Werkes anzusehen, konkret die Überzeugung, dass Gottes Handeln in dieser Welt erkennbar und folglich beschreibbar ist. Avery Kardinal Dulles charakterisiert das Werk und Denken von Ratzinger in einer Weise, die zu

---

34 Vgl. Joseph Ratzinger, Jesus I, 257: Das Bestreben der Moderne ist es, Gott los zu werden. Dieses insgesamt sehr negative Bild der Moderne, das nur die Schattenseiten, aber nicht die Errungenschaften im Hinblick etwa auf individuelle Freiheitsrechte sieht, wird zu Recht von einigen Rezensenten kritisiert, vgl. z. B. M. Striet, Subtext Neuzeitkritik. Zur Jesus-Wahrnehmung Joseph Ratzingers, in Jan-Heiner Tück (Hg.), Annäherungen an »Jesus von Nazareth«, 129–142 (besonders 135–139).

35 Vgl. Joseph Ratzinger, Aus meinem Leben: Erinnerungen (1927–1977), München 1998, 58: »Exegese ist für mich immer Zentrum meiner theologischen Arbeit geblieben.« Zum evangelischerseits oft übersehenen Zusammenhang von Liturgie und Exegese s. Roland Deines, The Pope's Challenge, 24 Anm. 35.

erklären hilft, warum dieser Papst solch eine dringende Notwendigkeit sah, ein historisches Buch über Jesus zu schreiben:

»Whereas Rahner found revelation and salvation primarily in the inward movements of the human spirit, Ratzinger finds them in historical events attested by Scripture and the Fathers.«[36]

Die für unsere Fragestellung entscheidenden Satzelemente sind – in deutscher Übersetzung – »historische Ereignisse« und »bezeugt durch die Schrift«. Niemand, nicht einmal die radikalsten atheistischen Leserinnen und Leser der Bibel würden bestreiten, dass die Bibel historische Ereignisse bezeugt (auch wenn solche Leser vielleicht eine so theologisch aufgeladene Bezeichnung wie die »(Heilige) Schrift« ablehnen würden). Natürlich gibt es eine Diskussion über die Historizität der einzelnen Ereignisse und über die Genauigkeit ihrer Wiedergabe, aber der Sachverhalt als solcher wird *a priori* von niemand ernsthaft bestritten. So kann auch der säkulare Historiker Ratzinger in diesem Punkt ohne große Schwierigkeiten zustimmen. Gleichwohl – und das Gewicht dieses gleichwohl dürfte kaum zu überschätzen sein – sind diese »historischen Ereignisse, bezeugt von der Schrift« für Ratzinger das unveräußerliche und daher nicht verhandelbare Fundament von »Offenbarung und Erlösung«. Um diesen Punkt noch deutlicher zu machen: Wenn die »historischen Ereignisse, bezeugt von der Schrift« nicht »wirklich« geschehen sind, steht die Erlösung auf dem Spiel und jeder Bezug auf die Offenbarung ist verstellt. Thomas Söding macht dies unmissverständlich deutlich, wenn er schreibt: »Müsste die Exegese an einem wesentlichen Punkt seiner Darstellung Jesu widersprechen, hinge auch seine Dogmatik in der Luft.«[37] Im zweiten Band bestätigt der Papst diesen Gedanken noch einmal ausdrücklich:

> Vom Geschichtlichen her ist zu sagen: Wenn die Geschichtlichkeit der wesentlichen Worte und Ereignisse wirklich wissenschaftlich als unmöglich erwiesen werden könnte, hätte der Glaube seinen Boden verloren. Umgekehrt darf man absolute Gewissheitsbeweise über jede Einzelheit, wie gesagt, vom Wesen historischer Erkenntnis her nicht erwarten. Wichtig ist daher für uns, ob die Grundüberzeugungen des Glaubens auch bei vollem Ernst heutiger exegetischer Erkenntnisse historisch möglich und glaubwürdig sind.[38]

---

36 Zitiert und positiv aufgenommen bei Tracy Rowland, Ratzinger's Faith, 47. Die Beschäftigung mit der Geschichte als Ermöglichungsgrund des Heils kann bei Ratzinger von Anfang an beobachtet werden, vgl. seine Habilitationsschrift: Die Geschichtstheologie des heiligen Bonaventura, München/Zürich 1959 (die vollständige Arbeit erschien erst vor kurzem zum ersten Mal im Rahmen der Werkausgabe Ratzingers als: Offenbarungsverständnis und Geschichtstheologie Bonaventuras, Gesammelte Schriften Bd. 2, Freiburg i. Br. 2009); vgl. dazu Rowland, Ratzinger's Faith, 1.7, Roland Deines, The Pope's Challenge, 25 Anm. 36, sowie seine eigene Rückschau in: Joseph Ratzinger, Aus meinem Leben, 78–84.
37 Thomas Söding, Auf der Suche nach dem Antlitz des Herrn, 141.
38 Joseph Ratzinger, Jesus II, 123.

Mit anderen Worten, wenn das Meiste von dem Berichteten nicht passiert ist, ist der christliche Glaube eine Illusion, mehr noch: eine vorsätzliche Täuschung, und seine einzig bewahrenswerte Form wäre was man im Englischen (nicht aber im Deutschen) als »Jesus*anity*« (als Wortspiel mit »Chris*tianity*«) bezeichnet, womit eine Art fromme Verehrung des Vorbilds, das der Mensch Jesus darstellt, gemeint ist, unter gleichzeitigem Verzicht auf die dogmatischen Formulierungen die in ihm den Christus, den Sohn Gottes und als Folge davon als Person der Trinität sehen:

> Wenn man dies wegnimmt, dann kann man aus der christlichen Überlieferung zwar immer noch eine Reihe bedenkenswerter Vorstellungen über Gott und den Menschen, über dessen Sein und Sollen zusammenfügen – eine Art von religiöser Weltanschauung –, aber der christliche Glaube ist tot. Dann war Jesus eine religiöse Persönlichkeit, die gescheitert ist; die auch in ihrem Scheitern groß bleibt, uns zum Nachdenken zwingen kann. Aber er bleibt dann im rein Menschlichen, und seine Autorität reicht so weit, wie uns seine Botschaft einsichtig ist.[39]

Ratzingers Insistieren auf die Historizität der biblischen Grunddaten ist nicht im fundamentalistischen Sinn als Plädoyer für die Irrtumslosigkeit der Schrift zu verstehen, die alle – also auch historische, kosmologische, biologische usw. – Aspekte der biblischen Überlieferung einschließt. Papst Benedikt ist gewiss kein Fundamentalist,[40] aber er begnügt sich auch nicht damit, die biblischen Texte lediglich als Ausdruck eines gefühlten Glaubens zu verstehen. Auf der Suche nach dem historisch Tragfähigen gilt es jedoch die Spannung zwischen historischem Geschehen und der Zuverlässigkeit seiner erzählerischen Deutung und Überlieferung auszuhalten, um einem Fundamentalismus zu entgehen, der alle Texte und Gattungen gleichermaßen auf einer Ebene sehen will und keine Widersprüche zwischen den Quellen zu ertragen oder gar theologisch zu würdigen weiß. Diese Unterscheidung zwischen der Wahrheit einer bestimmten Geschichte und der historischen Zuverlässigkeit ihrer Über-

---

39 Ebd., 266 (das ist im übrigen eine gute Beschreibung dessen, was mit »Jesusanity« gemeint ist). Positiv wird Ratzingers Anliegen unter anderem aufgenommen von Magnus Striet, Geliebt bis ins Äußerste: Über ein soteriologisches Motiv im Jesus-Buch Joseph Ratzingers, in: Helmut Hoping/Michael Schulz (Hg.), Jesus und der Papst, 101–112 (besonders 107f.).
40 Ergänzend zu den Hinweisen in Roland Deines, The Pope's Challenge, 26 Anm. 39, s. auch Rudolf Voderholzer, Die biblische Hermeneutik Joseph Ratzingers, MThZ 56 (2005), 400–414; Birgitta Kleinschwärzer-Meister, Schrift, Tradition, Kirche – theologisches Denken im hermeneutischen Dreieck, MThZ 59 (2009), 50–68, sowie die Würdigung Benedikts als Vertreter einer wahrhaft biblischen Theologie durch Scott W. Hahn, Covenant and Communion: The Biblical Theology of Pope Benedict XVI, Grand Rapids, 2009.

lieferung, gerät bei Ratzinger in einigen Abschnitten aus dem Blick,[41] wenn er etwa die Zuverlässigkeit des Johannesevangeliums an die Hypothese bindet, dass der Jünger Johannes als Augenzeuge der Autor dieses Evangeliums gewesen sei. Dieser Umstand ist in vielen Besprechungen und Erwiderungen bereits kritisch erwähnt worden. Weniger Beachtung wurde dagegen dem Problem zuteil, in welcher Weise der »Realitätsbezug der Texte« behauptet werden kann, wenn die historische Zuverlässigkeit der verfügbaren Quellen in Frage gestellt oder sogar ausdrücklich verneint wird. Sängers diesbezüglichen Optimismus, dass die nachösterliche Christologie in der Jesusforschung zunehmend in Kontinuität mit dem historischen Jesus gesehen wird, teilt Ratzinger jedenfalls nicht (obwohl Sänger für seine Behauptung sich auf namhafte Teile der jüngeren Jesusforschung berufen kann), aber ihm dürfte auch nicht genügen, dass »der Glaube keinen Objektbezug hat« und braucht, weil er »einzig in dem *Extra nos* des Handelns Gottes begründet« sei. Was bei Sänger theologisches Bekenntnis ist, nämlich das glaubenbegründende Handeln Gottes im Subjekt des Glaubenden, wird bei Ratzinger mit Gottes Handeln im Leben, Tod und Auferstehen Jesu objektiv und historisierbar verbunden. Ratzingers Anliegen ist also nicht, wie Sänger befürchtet und wogegen er den Papst zu verteidigen sucht, eine »Rehistorisierung der Christologie« (so der Titel des Beitrags), sondern eine Grundlegung des historischen Charakters der Christologie im Leben Jesu von Anfang an. Damit rückt Gottes Handeln in den Aufgabenbereich des historisch arbeitenden Theologen, und die häufig praktizierte Trennung zwischen dem »rein« Historischen auf der einen und der »dogmatischen« Interpretation auf der anderen Seite ist so nicht mehr möglich.[42]

---

41 Vgl. Rudolf Pesch, »Der Jesus der Evangelien ist auch der einzig wirkliche historische Jesus«. Anmerkungen zum Konstruktionspunkt des Jesus-Buches, in Jan-Heiner Tück (Hg.), Annäherungen an »Jesus von Nazareth«, 31–56 (43); Dieter Sänger, Rehistorisierung der Christologie? Anmerkungen zu einem angestrebten Paradigmenwechsel, in: Thomas Söding (Hg.), Das Jesus-Buch des Papstes, 110–120 (117). Sänger insistiert mit Recht auf die notwendige Unterscheidung zwischen »dem in den Evangelien Berichteten und den tatsächlich geschehenen Ereignissen«.
42 Dieter Sänger, Rehistorisierung der Christologie, 118f. Die Diskussion erinnert an den von Martin Kähler (1835–1912) vor über 100 Jahren vorgeschlagenen Weg: Kähler überließ bekanntlich den historischen Jesus dem historisch-kritischen Seziermesser und ermutigte die Kirche, sich mit dem Christus des Glaubens zu begnügen, dessen Gestalt unberührt bleibe von dem, was seinem historischen Abbild angetan wird. Kählers Ansatz wirkte für eine Zeit wie ein Befreiungsschlag im Hinblick auf die »First Quest« und bereitete den Weg zu dem, was gelegentlich als »No Quest« Epoche bezeichnet wird, die jedoch in einer Sackgasse endete. Es war Ernst Käsemanns berühmte Vorlesung über »Das Problem des historischen Jesus« (1953), die erneut daran erinnerte, dass der Christus des Glaubens bedeutungslos ist, wenn er nicht in der Geschichte verankert und mit dem historischen Jesus identifiziert werden kann. Manche Rezensenten sehen Ratzinger in einer Kählerschen Perspektive, was meines

Die vom Papst vorgeschlagene Lösung des Problems mag nicht in jedem Punkt überzeugen, doch die Betonung, die er darauf legt, kann von einem theologischen Standpunkt her nur begrüßt werden. Die Heilige Schrift setzt mit dem Handeln Gottes ein und beginnt sachgemäß mit der Schöpfungsgeschichte. Von seinem hermeneutischem Verständnis her ist deutlich, dass auch Ratzingers Schöpfungsverständnis sich nicht mit einem existenzialistischen Zugang zufrieden gibt, bei dem die Bedeutung des Geschaffenseins auf das je eigene Selbstverständnis reduziert wird. Schöpfung als ernsthafte theologische Voraussetzung basiert darauf, dass Gott wirklich die eine einzigartige Kraft hinter allem ist, das ist. Die Vergangenheit (im Unterschied zu und noch vor jeder Geschichte), und darin eingeschlossen die menschliche Erfahrung, kann darum nicht ohne Gott als Schöpfer und Ermöglicher der menschlichen Existenz, ihres Bewusstseins und des Fragens danach, was es heißt, ein menschliches Wesen in dieser geschaffenen Welt zu sein, verstanden werden. Ohne Gott gäbe es nichts, gäbe es keine Vergangenheit und gewiss auch keine Gegenwart oder Zukunft. Aber weil es Gott gibt, gibt es eine Vergangenheit, eine Gegenwart und eine Zukunft, und dank des Selbsterschließungswillens Gottes gibt es auch die Möglichkeit, eine Geschichte des Handelns Gottes von der Vergangenheit bis zur Gegenwart nachzuverfolgen. Gottes umfassende, bis in das Leben des Einzelnen hineinreichende Führung bildet eine grundlegende Überzeugung Ratzingers, auf die er nicht zuletzt in seinen zahlreichen autobiographischen Reflexionen immer wieder hinweist.[43]

Ratzinger besteht zu Recht darauf, dass dem Nachdenken über Gott und der betenden Hinwendung an ihn als Ausdruck des Glaubens die Erfahrung des in dieser Welt handelnden Gottes vorausgeht. Der Glaube erfindet also nicht einfach Ereignisse, um sich darin selbst Ausdruck zu verschaffen. Vielmehr entsteht Glaube als Reaktion auf Gottes Handeln und ist selbst Ausdruck dieser Reaktion auf ein ihm voraus- und zugrundeliegendes Ereignis. Diese historische Initialerfahrung ist »wirklich« in dem Sinne, dass etwas im Leben derer geschehen ist, die ihrer solcherart geschichtlichen Erfahrung als Glaubens-

---

Erachtens unzutreffend ist; vgl. zum Beispiel Georg Pfleiderer, Reduziertes Problempotential, in: Ulrich Ruh (Hg.), Das Jesusbuch des Papstes 138–147.205f. (Anmerkungen); Eberhard Jüngel, Der hypothetische Jesus. Anmerkungen zum Jesus-Buch des Papstes, in Jan-Heiner Tück (Hg.), Annäherungen an »Jesus von Nazareth«, 94–103 (99). Kählers Lösung war die resignierende Trennung des »historischen Jesus« vom »Christus des Glaubens«, wohingegen Ratzinger für ein offeneres Verständnis von Geschichte und Historizität eintritt, um Glaube und Geschichte wieder neu miteinander zu verbinden, vgl. dazu die Überlegungen des Erzbischofs von Grenada, Francisco Javier Martínez, Christ of History, Jesus of Faith, in Adrian Pabst/Angus Paddison (Hg.), The Pope and Jesus of Nazareth, 21–49, und ferner Roland Deines, The Pope's Challenge, 27 Anm. 40.

43 Vgl. Joseph Ratzinger, Salz der Erde, 22.32.44.274–275.

erfahrung Ausdruck verliehen. Dies geschieht in der Regel im nachdenkenden Rückblick auf das Widerfahrene. Der dadurch gegebene Abstand schließt die weitere Möglichkeit ein, dass die spätere Ausdrucksform (z. B. eine Erzählung oder ein Psalm) die Bedeutsamkeit der ursprünglichen Erfahrung noch erhöht, indem sie mit weiteren historischen oder geistlichen Erfahrungen und Einsichten kombiniert werden kann, die zum Zeitpunkt des ursprünglichen Ereignisses noch nicht vorhanden oder noch nicht erkennbar waren.[44]

Zusammenfassend lässt sich sagen, das Herzstück des wissenschaftlichen Programms Ratzingers bestehe in der Überwindung des »garstigen Grabens«, der zwischen der Botschaft des auf einer geschichtlichen Offenbarung gründenden biblischen Glaubens und dem auf dem Paradigma der Moderne basierenden gegenwärtigen Geschichtsverständnisses klafft.[45] Gottes Beteiligung und damit verbunden seine Erkennbarkeit in der und durch die Geschichte kann ohne Übertreibung als eines der Hauptmotive in Ratzingers lebenslanger theologischer Arbeit angesehen werden. In beiden Bänden seines Jesusbuches hat er sich dazu ausdrücklich bekannt:

> [F]ür den biblischen Glauben ist es wesentlich, dass er sich auf wirklich historisches Geschehen bezieht. Er erzählt nicht Geschichten als Symbole über geschichtliche Wahrheiten, sondern er gründet auf Geschichte, die sich auf dem Boden dieser Erde zugetragen hat. Das factum historicum ist für ihn nicht eine auswechselbare symbolische Chiffre, sondern konstitutiver Grund: *Et incarnatus est* – mit diesem Wort bekennen wir uns zu dem tatsächlichen Hereintreten Gottes in die reale Geschichte.[46]

---

44 Vgl. Joseph Ratzinger, Jesus I, 16–18, vgl. ders., Aus meinem Leben, 66; außerdem Markus Söding, Vom Jordan bis zum Tabor, 30; ders., Notwendige Geschichtswahrheiten, 77–78; Jörg Frey, Historisch – kanonisch – kirchlich, 50–52; Karl-Wilhelm Niebuhr, Der biblische Jesus Christus, 104–105; Dieter Sänger, Rehistorisierung der Christologie?, 118f.

45 Vgl. Joseph Ratzinger, Aus meinem Leben, 48f.; Martin Thurner, Haus Gottes und Heilsgeschichte: Die theologischen Anfänge von Papst Benedikt XVI., MThZ 56 (2005), 505–509; Tracey Rowland, Ratzinger's Faith, 5.

46 Joseph Ratzinger, Jesus I, 14, nahezu wörtlich wiederholt in Jesus II, 122. Vgl. auch das Urteil des Althistorikers Alexander Demandt, der in seinem Buch über Pontius Pilatus feststellt: »Das Christentum legitimiert sich durch die Geschichte. Kein anderer antiker Glaube besitzt eine gleich enge Bindung an historische Überlieferung. [...] Die Heilstatsachen des christlichen Glaubens sind [...] großenteils historisch, das heißt Geschehnisse, die an bestimmten Orten zu bestimmten Zeiten stattgefunden haben und von wirklichen Menschen erlebt wurden.« Dieses Zitat steht zustimmend bei Oda Wischmeyer, Der Prozess Jesu aus der Sicht des Papstes, in: Thomas Söding (Hg.), Tod und Auferstehung Jesu, 33–64 (60), die dem Ansatz Benedikts mit kritischer Sympathie begegnet, aber gleichzeitig darauf achtet, zwischen »historische[r] Rekonstruktion« und »theologische[r] Interpretation« (59) sauber zu trennen, weshalb sich der Althistoriker in einer Anmerkung zu seinem Zitat auch belehren lassen muss, dass seine »Diktion [...], die Heilstatsachen seien historisch, [...] unglücklich« ist (64, Anm. 46). Genau diese Diktion ist es jedoch, die der Papst als sachlich angemessen verteidigt.

Da der zweite Band nicht, wie ursprünglich angekündigt, auch die Geburtsgeschichten behandelt, sei hier nur angemerkt, dass der Papst auch da, wie schon bei der Auferstehung, an seinem »skandalösem Realismus« festhalten wird, wie es sich in seiner kleinen Schrift *Skandalöser Realismus?* deutlich abzeichnet. Dort schreibt er über Jungfrauengeburt und die leibliche Auferstehung Jesu, »dass es sich in den beiden genannten Glaubensartikeln nicht um irgendwelche marginalen Mirakel handelt, die man zugunsten eines reineren Glaubens besser beiseite lässt«, sondern dass damit »der Kern des Gottesbildes und der Realismus von Gottes geschichtlichem Handeln in Frage steht. Es geht darum, ob der Glaube wirklich in die Geschichte hineinreicht.«[47] Weil Geschichte nach Ratzinger entscheidend für die Theologie ist, verteidigt er auch den Gebrauch der historisch-kritischen Methode als »von der Struktur des christlichen Glaubens her unverzichtbar«.[48] Seine gelegentlich harsche Kritik an der Methode verdankt sich der Betonung, die er selbst auf das *Et incarnatus est*, auf das »tatsächliche Hereintreten Gottes in die reale Geschichte« legt. Wo diese Einsicht von der Methodentheorie der modernen Geschichtsforschung bedroht wird, sieht Ratzinger offenbar die Notwendigkeit, ihr entgegenzutreten.

4 Der historische Jesus vertritt Gott als in der Geschichte handelnd

Ratzingers Herangehensweise an das Leben Jesu als historisches Ereignis ist daher von entscheidender Bedeutung für seine Überzeugung, wonach die Wirklichkeit dieser Welt unaufhebbar verwoben ist mit Gott als ihrer Erstursache. Dieser theologische Wahrheitsanspruch muss zunächst auf der Ebene des Lebens Jesu als einem gut bezeugten historischen Geschehen formuliert werden; erst dann kann er begründet ausgedehnt werden, zunächst rückwärts auf die biblische Geschichte als Heilsgeschichte, und dann in abgestufter Weise nach vorne auf die Geschichte der Kirche, des jüdischen Volkes, des individuellen Lebens und die Geschichte im Allgemeinen hin. Doch der alles entscheidende Punkt, an dem Glaube und Geschichte ineinandergreifen, ist

---

47 Joseph Ratzinger, Skandalöser Realismus? Gott handelt in der Geschichte, Bad Tölz ³2005, 14.
48 Joseph Ratzinger, Jesus I, 14. Zur Diskussion um Ratzingers Verhältnis zur historisch-kritischen Methode s. Roland Deines, The Pope's Challenge, 29 Anm. 50 und oben Anm. 22f. Weitere kritische, aber durchaus weiterführende Beiträge sehe ich in Ingo Broer, Das Jesus-Buch des Papstes in methodischer Hinsicht: Zur Frage der Ergänzung der historisch-kritischen Methode durch den canonical approach, MThZ 59 (2008), 5–23; Michael Becker, Jesus von Nazareth: Zum Jesus-Buch des Papstes, MThZ 59 (2008), 24–38.

das Leben Jesu, mehr noch als die Schöpfung am Anfang oder die anderen biblischen Erzählungen über Gottes aktives Eingreifen in scheinbar zufälligen historischen Situationen, bei denen Gottes Wirken stärker verborgen ist. In Jesus dagegen ist nach christlicher Überzeugung Gott in unüberbietbarer und einzigartiger Weise gegenwärtig und Teil dieser Welt und ihrer Geschichte geworden. Wenn Gott nicht hier »eine Fußspur in der Geschichte hinterlassen« hat, wo dann?[49]

Als der Journalist Peter Seewald Ratzinger 1996 interviewte, fragte er ihn, was nach seiner Auffassung »auf jeden Fall zur Substanz dieses Glaubens gehört«. Ratzinger antwortete: »Dazu gehört, daß wir Christus als den lebendigen, fleischgewordenen, menschgewordenen Sohn Gottes ansehen; daß wir von ihm her an Gott, den dreifaltigen Gott, Schöpfer des Himmels und der Erde glauben.« Diese theologische Bestimmung ist jedoch nichts Abgehobenes, wie die Fortsetzung des Zitats zeigt, die die unmittelbare Anwendung auf das alltägliche Leben jedes Glaubenden benennt: »... wir glauben, daß dieser Gott sich sozusagen so herunterbeugt, so klein werden kann, daß er sich um den Menschen kümmert und Geschichte mit dem Menschen geschaffen hat, deren Gefäß, deren privilegierter Ausdrucksort die Kirche ist.«[50] Es gibt kein Gottesverhältnis ohne Jesus, und Ratzingers »Christozentrik«[51] basiert auf der Überzeugung, dass in Jesus wirklich der präexistente Gottessohn Mensch wurde.

In dieser Sicht genügt es aber nicht, dass man den historischen und den wirklichen Jesus im theologischen Bekenntnis nach Ostern identifiziert, vielmehr muss man von dieser Einheit *notwendig* schon am Anfang der historischen Frage ausgehen: Der historische Jesus ist von Anfang an der Mensch gewordene Gottessohn und nur dieser war der »wirkliche«. Es gab zu keiner Zeit einen nur menschlichen Jesus, einen Jesus, der Mensch war, wie wir es sind, der dann im Nachhinein als präexistent verstanden, bezeichnet und verkündigt wurde. Die Suche nach dem »historischen« Jesus ist, wenn dieses Prädikat verstanden wird als der »menschliche« im Gegensatz zum himmlischen, präexistenten Jesus, der durch seine Geburt Mensch wurde, die vergebliche Suche nach etwas, das es historisch so niemals gab. Was also Ratzinger sehr zurückhaltend als seinen

---

49 So die Formulierung Ratzingers in seiner abschließenden Zusammenfassung über »Das Wesen der Auferstehung Jesu und ihre geschichtliche Bedeutung«, Jesus II, 300f.
50 Joseph Ratzinger, Salz der Erde, 20. Für Thomas Söding, Einführung, 17, ist es die »Kernfrage« der ganzen Debatte, »ob der ›wirkliche‹, das heißt der historisch reale und der theologisch relevante Jesus der ›Sohn‹ ist, der eins mit dem Vater ist und deshalb das Reich Gottes dem Volk Gottes bringt.« Das ist präzise der Kern von Solowjews Erzählung vom Antichrist, wie oben gezeigt wurde.
51 Zu diesem Begriff vgl. Joseph Ratzinger, Die Geschichtstheologie des heiligen Bonaventura, Index *sub voce* »Christozentrik«.

eigenen Versuch beschreibt, den historischen Jesus neu mit dem Christus des Glaubens zu identifizieren, ist nichts anderes als ein freundlicher, aber drastischer Übergriff auf das Gebiet und Selbstverständnis der Exegese. Er tut dies, weil er der Meinung ist, dass gute Gründe dafür sprechen, dass Gott durch Jesus als in der Geschichte Handelnder angesehen werden kann.

Die wissenschaftliche Argumentation ergänzend, aber von ihr unterschieden, lässt sich in Ratzingers Buch auch ein seelsorgerliches Element ausmachen. Es ist nicht nur *Professor* Ratzinger, der sich an seine Zuhörerschaft wendet, sondern zugleich auch der Nachfolger des Apostels Petrus, dem Jesus einst auftrug, seine Schafe zu weiden (Joh 21,15–17). Von dieser Warte aus macht Ratzinger ohne drohende Geste deutlich, dass ein rein historischer Zugang zu Jesus, der sich darauf festlegt, alles ausschließlich aus einer streng innerweltlichen Perspektive heraus zu betrachten, geistlich und kirchlich gesehen auf der Linie dessen liegt, was der Antichrist tut. Diese Einsicht findet sich nicht erst bei Solowjews Staretz Johannes, sondern schon bei dem ihm als Vorbild dienenden »Ältesten Johannes«, dem Autor des Ersten Johannesbriefes: »Ein jeder Geist, der bekennt, dass Jesus Christus im Fleisch gekommen ist, der ist von Gott; und ein jeder Geist, der Jesus nicht bekennt, der ist nicht von Gott. Und das ist der Geist des Antichrist ... « (1 Joh 4,2–3; vgl. 2,22–23). Selbst Bultmann kam nicht umhin anzuerkennen, dass das Bekenntnis zu Jesus als ἐκ τοῦ θεοῦ die »Behauptung der paradoxen Identität der historischen mit der eschatologischen Gestalt Jesu Christi« beinhaltet.[52]

5 »Ja« – »Nein« – »Ja, aber ... « – Reaktionen auf Ratzingers Jesus-Buch

Die eingangs beleuchtete Reaktion von Vermes auf das Jesus-Buch des Papstes steht, was die darin geäußerte Kritik angeht, in keiner Weise allein da. Viele der von Vermes genannten Punkte lassen sich so oder ähnlich in der immer noch weiter steigenden Zahl von Besprechungen und Bewertungen finden. Für eine zukünftige Untersuchung dessen, was die deutschsprachige Theologie über das Verhältnis zwischen dem historischen Jesus und dem Christus des Glaubens zu Beginn des 21. Jahrhunderts zu sagen hat, stellen diese verschiedenen Reaktionen eine unschätzbare Quelle dar. Ratzingers Herausforderung an die etablierte wissenschaftliche Praxis löste eine Reaktion aus, die weit über die gewöhnlich im Elfenbeinturm der Wissenschaft geführten Diskussionen

---

52 Rudolf Bultmann, Die drei Johannesbriefe (KEK 14), Göttingen ⁷1967, 67. Zu einer Würdigung von Ratzingers pastoralem Anliegen s. Andreas Wohlbold, »Imitatio Christi«: Benedikt XVI. und eine weitblickende Pastoral, MThZ 59 (2008), 83–95.

hinausgeht, nicht zuletzt dank der verständlichen Sprache, mit der der Papst sein Anliegen vorbringt und damit seine Disputantinnen und Rezipienten ermuntert, es ihm gleichzutun. Dazu kommt, dass Ratzingers offenes Benennen der strittigen Punkte auch seine – wenn dieser Ausdruck erlaubt ist – »Mitspieler« nötigte, ihre Karten offen auf den Tisch zu legen.[53]

Einige Verallgemeinerungen in Kauf nehmend, lassen sich die Reaktionen grob in vier Gruppen unterteilen, für die im Folgenden keine erschöpfende Aufzählung, sondern lediglich Beispiele gegeben werden sollen, wobei Überlappungen unvermeidlich sind:

1. Die erste Gruppe repräsentiert die relativ kleine Gruppe jener, die, wenngleich mit Abstufungen, die Position des Papstes unterstützen. Sie sind davon überzeugt, dass die Evangelien ein zuverlässiges Bild des »wirklichen« Jesus zeichnen, so dass keine fundamentale Differenz zwischen dem historischen Jesus und dem Christus des Glaubens angenommen werden muss. Im Gegenteil suchen die Vertreter dieser Gruppe nach neuen und alternativen Wegen, um in begründeter Weise diese für den christlichen Glauben fundamentale Einheit zum Ausdruck zu bringen.[54]

2. Die zweite Gruppe ist ebenfalls relativ klein und besteht aus jenen, die das Unternehmen des Papstes rundweg ablehnen. Für sie ist das Buch des Papstes ein vorzügliches Beispiel für eine nicht hinnehmbare Vermengung des Glaubens mit Geschichte und Vernunft oder, wie Gerd Lüdemann es ausdrückt, »[e]ine peinliche Entgleisung«.[55] Sie repräsentieren eine offensiv säkulare Position, die gelegentlich an persönliche Reaktionen gegen eine früher selbst vertretene religiöse Haltung erinnert. Für ihre Vertreter gehören Vernunft und Glaube

---

53 Thomas Söding, Notwendige Geschichtswahrheiten, 79.
54 Zu dieser Gruppe gehören nach meiner Einschätzung unter anderem Klaus Berger, Jesus – das einzige Foto von Gott, in: Ulrich Ruh (Hg.), Das Jesusbuch des Papstes, 15–21; Manfred Lütz, Nicht Mythos, sondern Wahrheit, in: ebd., 92–98 (dies ist ein interessanter Artikel eines Psychiaters, der zudem katholische Theologie studiert hat; beachtenswert sind insbesondere seine Bewertung der psychologischen Deutungen der Auferstehungserscheinungen [95]); Franz Mußner, Ein Buch der Beziehungen, in: Thomas Söding (Hg.), Das Jesus-Buch des Papstes, 87–98; Rudolf Pesch, Peter Stuhlmacher, Rainer Riesner, Marius Reiser und andere.
55 Gerd Lüdemann, Papst Benedikts Jesus-Buch »Eine peinliche Entgleisung«, Spiegel Online vom 26. April 2007 (http://www.spiegel.de/wissenschaft/mensch/0,1518,479636,00.html); ders., Das Jesusbild des Papstes. Als pure Zeitverschwendung bewertet das Buch Carl-Friedrich Geyer, »So glaubt es nicht ...« (Mt 24,23–26), in: Hermann Häring (Hg.), »Jesus von Nazareth« in der wissenschaftlichen Diskussion, 211–229. Ähnlich ablehnend äußern sich auch Gotthold Hasenhüttl und andere.

zwei gänzlich voneinander geschiedenen Bereichen an. Die Geschichte hat ihre Grundlage allein im Bereich der säkularen Vernunft und Ratzingers Ansatz wird als der Jahrhunderte alte Versuch bewertet, die Vernunft zur Magd des Glaubens zu machen. Bei allem gebotenen Respekt für diese aufrichtige und klare Einstellung ist man dann aber doch immer wieder verblüfft, wenn derselbe Wissenschaftler, der dem Papst eben noch »die willkürlich vorausgesetzte historische Zuverlässigkeit der Evangelien« vorwirft, sich dann seinerseits historischer Hypothesen bedient, die ebenfalls hoch umstritten sind, und auf ihrer Grundlage das Leben und Wirken Jesu und der frühen Christenheit in einer Weise rekonstruiert, die sich über jeden Zweifel erhaben dünkt. Das Ganze liest sich ein wenig wie *Roma locuta causa finita* (»Rom hat gesprochen, die Sache ist erledigt«) *versus* »Die Wissenschaft hat festgestellt, dass . . .«, allerdings mit dem bezeichnenden Unterschied, dass »Lüdemann glaubt, dass er weiß«, während »der Papst weiß, dass er glaubt«.[56] Ratzingers Aufruf zur »Selbstkritik der historisch-kritischen Methode« wird in diesem Lager wohl eher auf taube Ohren stoßen.

3. Die dritte Gruppe verhält sich gegenüber der christologischen Position des Papstes relativ gleichgültig, auch wenn wohl die Mehrheit der unter 4. geschilderten »nein, aber«-Haltung zuneigt, zeigt sich aber gründlich enttäuscht darüber, dass Ratzinger ihren eigenen Vorzugsthemen in Bezug auf Jesus keine besondere Wertschätzung entgegenbringt. So suchen feministische Theologinnen vergeblich nach einer weiblichen Perspektive oder nach der Reflexion von geschlechtsspezifischen Erfahrungen, und Befreiungstheologen fragen nach dem gegen die römische Unterdrückung gerichteten politischen Handeln von Jesus sowie nach den sich daraus für die aktuelle politische Tagesordnung ergebenden Konsequenzen. Die Verfechter einer stärker sozialpolitischen Ausrichtung der kirchlichen Praxis und des Einsatzes für die Kranken, Armen und Unterdrückten bedauern, dass Ratzinger dieses

---

56 Diese herrliche Pointe stammt von Knut Backhaus, Christus-Ästhetik, 24. Auch Benedikt selbst verweist auf das teilweise überhebliche »Gewissheitspathos« der exegetischen Hypothesen, »das schon dadurch widerlegt wird, dass laufend gegensätzliche Positionen mit der gleichen Gebärde wissenschaftlicher Gewissheit vorgetragen werden«, Joseph Ratzinger, Jesus II, 124); vgl. ders., Schriftauslegung im Widerstreit, 93: »In der diachronischen Lektüre der Exegese werden deren philosophische Voraussetzungen von selbst sichtbar. Aus der Distanz stellt der Betrachter mit Erstaunen fest, daß die scheinbar streng wissenschaftlichen, rein ›historischen‹ Interpretationen doch mehr ›der Herren eigenen Geist‹ als den Geist der vergangenen Zeit widerspiegeln. Das muß nicht zur Skepsis führen, wohl aber zur Selbstbegrenzung und zur Reinigung der Methode.« Vgl. dazu weiter 102–5.107.115.

Element der Botschaft Jesu weder in seiner Behandlung der Bergpredigt noch der Reich-Gottes-Verkündigung betont und dass er die Tischgemeinschaft Jesu mit den Sündern sowie die Heilungsgeschichten überhaupt unberücksichtigt lässt. Letzteres ist in der Tat verwunderlich und schwer erklärbar. Wieder andere erwarteten mehr Zugeständnisse hinsichtlich ökumenischer Fragen oder des interreligiösen Dialogs, vor allem aber mehr Sensibilität für jüdische Anliegen.[57] Es ist an dieser Stelle nicht nötig, näher in die Details zu gehen, da die Einwände, die in diesem Zusammenhang vorgetragen wurden, nicht in die Kategorie der grundsätzlichen Fragen fallen. Es mag jedoch angemessen sein, abschließend die Beobachtung zu erwähnen, dass manche Leser dieser Gruppe unglücklich scheinen über Ratzingers Fokussierung auf die *spezifisch religiöse Dimension* des Wirkens Jesu.[58] Jesus wird zu ihrem Bedauern auf seine Lehre von der Beziehung zu Gott, von Sünde und Vergebung sowie von der Vergebungsbedürftigkeit des Menschen reduziert. Jesus wird als Versöhner und Retter, nicht jedoch (oder kaum) als politischer Messias,[59] Sozialreformer oder moralisches Vorbild dargestellt. Das zentrale Problem, das Jesus in der Sicht des Papstes angeht, ist der »garstige Graben«, der Gott und die Menschheit voneinander trennt. Die möglicherweise aufbrechende Kritik vorwegnehmend hatte Ratzinger die Frage gestellt: »Aber was hat Jesus dann eigentlich gebracht, wenn er nicht den Weltfrieden, nicht den Wohlstand für alle, nicht die bessere Welt gebracht hat?« Und er beantwortet diese Frage selbst mit einem einzigen Wort: »Gott. Er hat uns Gott gebracht«.[60] Das ist ein grundlegend wichtiger Satz, insofern er die politische und gesellschaftliche »Vernützlichung« von Jesus zurückweist, mit der sich die Kirchen in der westlichen Welt den säkularen Institutionen meinen anpreisen zu müssen.

Aber was es nun jenseits aller solchen diesseitigen Verzweckung heißt, dass »Gott gebracht« worden ist, wird zu wenig entfaltet, oder viel-

---

57 Für detaillierte Nachweise vgl. Roland Deines, The Pope's Challenge, 33f. Anm. 64–67.
58 Vertreter dieser Position tendieren zu einer eher »praktischen« Apologetik des Christentums, indem sie den sozialen und/oder politischen Nutzen hervorheben, der sich in der Öffentlichkeit besser »verkaufen« lässt als ein für die Sünden der Welt sterbender Gottessohn.
59 Die Vernachlässigung des messianischen Anspruchs in Jesu Werk und Selbstdarstellung gehört ebenfalls zu den ausgesprochenen Schwächen seines Ansatzes, vgl. unter anderem Helmut Hoping, Anfänge der Christologie, 116f.; Peter Stuhlmacher, Joseph Ratzingers Jesus-Buch, 26f. Zwar enthalten die Register der beiden Bände etliche Einträge unter »Jesus, – Messias«, aber diese haben kein konzeptionelles Gewicht.
60 Joseph Ratzinger, Jesus I, 73. Diese Frage erinnert sicher nicht zufällig an das grundlegende Werk des Antichristen bei Solowjew.

leicht müsste man, besonders im Hinblick auf Band 2, besser sagen, es wird zumindest für (manche) protestantische Leser unbefriedigend mit Inhalt gefüllt, indem das Thema Sühne und Sündenvergebung, und damit verbunden das Ertragen des Gerichts stellvertretend für die Sünder, merkwürdig »unterbestimmt« bleibt.[61] Die Erwartungen des ersten Bandes wurden durch den zweiten Band zumindest in dieser Hinsicht enttäuscht und sie geben jenen Kritikerinnen und Kritikern Recht, die dem Papst eine Vernachlässigung des Diesseits vorgeworfen haben. »Gott bringen« bedeutet für den Papst, dass Gott nun in der katholischen Kirche da ist. Jesu Tod am Kreuz ist weniger stark betont im Hinblick auf die eschatologische Rettung im Gericht denn als Vorbedingung für die rechte Verehrung Gottes (vgl. Jesus II, 259). Es ist der bessere Opferkult im Gegensatz zum jüdischen, der durch das gehorsame Opfer Jesu verwirklicht und der von der Kirche gefeiert wird, der hier im Mittelpunkt steht, während Stellen wie Mt 1,21; Mk 2,10 par. Mt 9,6; Lk 5,24; Mk 10,45 par. Mt 20,28; Mt 26,28, aber etwa auch Röm 6–8, entweder gar nicht oder nur gleichsam nebenher behandelt werden.[62] Entscheidend an Jesu Hingabe bis zum Tod am Kreuz ist für Benedikt die Überwindung des menschlichen Ungehorsams gegen Gott (Jesus II, 152f.) als Vorbedingung für die neue Kultordnung der Kirche. Das ganze Kapitel 5 (»Das letzte Abendmahl«) ist dominiert von dem Interesse, die (katholische) Eucharistiefeier und die Kirche selbst nahtlos im Leben und Wollen des irdischen Jesus zu verankern,

---

61 So treffend Uwe Swarat, Das Kreuz Jesu als Gottesdienst vollkommenen Gehorsams? Zum Verständnis der Heilsbedeutung des Todes Jesu im Buch Joseph Ratzingers, in: Thomas Söding (Hg.), Tod und Auferstehung Jesu, 160–178 (171). Dieselben Defizite benennt auch Joachim Ringleben, Lutherische Anfragen an Joseph Ratzingers Darstellung der Passion Jesu, in: ebd., 127–142. Vgl. dazu auch Peter Stuhlmachers Vortrag (»Jesu Opfergang«) vor Papst Benedikt und seinem Schülerkreis und die sich daran anschließende Diskussion um die Bedeutung der Sühnevorstellung in: Peter Kuhn (Hg.), Gespräch über Jesus, 63–85 (Vortrag) und 86–113 (Diskussion). Es sollte aber bei aller Kritik nicht vergessen werden, dass der Papst die »explizite Heilsbedeutung« von Jesu Tod sehr stark betont, was bekanntlich auch rundweg negiert werden kann.

62 Mk 2,10f.; 10,45 werden in Joseph Ratzinger, Jesus I, 381f. kurz behandelt, wobei die Betonung ausschließlich auf der »Vollmacht« und dem »Dienen« des Menschensohnes liegt. In Jesus II, 264 ist Mk 10,45 zwar als »Schlüsselwort des christlichen Glaubens« bezeichnet, aber der Schlüssel für welche Tür das »Lösegeld für viele« eigentlich ist, wird nicht erklärt (auch nicht in Jesus II, 156, wo die Stelle noch einmal kurz erwähnt ist). Auch die Einfügung »für viele zur Vergebung der Sünden« in die Abendmahlsworte in Mt 26,28 wird zwar notiert (Jesus II, 146), bleibt aber für die folgende Darstellung ohne Bedeutung. Im Abschnitt über die Fußwaschung (Jesus II, 89–92) wird die Notwendigkeit der Vergebung sogar völlig anthropologisch gedeutet und psychologisch begründet (91), um so einen Anhalt auch für das Bußsakrament im Wirken Jesu zu finden.

so dass am Ende die Ekklesiologie wichtiger ist als die Soteriologie.[63] Der letzte Abschnitt des achten Kapitels (»Kreuzigung und Grablegung Jesu«) nimmt das Thema »Jesu Tod als Versöhnung (Sühne) und Heil« zwar noch einmal auf, aber auch da ist das Geschehen der Versöhnung durchgängig im Präteritum dargestellt. Der »leibhafte Gehorsam Christi« dient als Anleitung für den Einzelnen, nun ebenfalls unter Aufnahme von Röm 12,1 »worthaft« und »gottgemäß« zu werden (Jesus II, 260). Die vielfach angesprochenen »Auslassungen« in Benedikts Jesusdarstellung erweisen sich hier als spürbares Defizit: Sünde (verstanden als mehr als »das tiefe Empfinden der Unzulänglichkeit« weil »unser Gehorsam [...] immer wieder löchrig ist« Jesus II, 258), Krankheit, die konkrete Not des Einzelnen, und Gericht sind die ausgeblendeten »dunklen« Seiten, und ohne diese kommen auch Vergebung, Heilung, helfende Zuwendung zum Nächsten und vergebungsbereites Miteinander nicht wirklich zum Leuchten in diesen beiden Bänden. Wer alles Licht nur in der einen Kirche sieht, muss sich nicht wundern, wenn ihm die Welt außerhalb dunkel erscheint.

4. Die vierte Gruppe, bei der es sich nach meinem Eindruck um die zahlenmäßig größte handelt, bewegt sich zwischen einem »Ja, aber...« und einem »Nein, aber...«. In dieser Gruppe finden wir weithin die professionellen Exegeten, die allen Grund haben, das Erscheinen dieses Buches im Prinzip zu begrüßen.[64] Eine marginalisierte Disziplin wie die neutestamentliche Wissenschaft, die es kaum jemals in die Schlagzeilen der Tagespresse schafft, erhielt plötzlich durch die Verbindung mit dem Papst öffentliche Aufmerksamkeit. Jede Reaktion auf das Papst-Buch barg das Potential, eine Schlagzeile zu werden, und je kritischer die Reaktion, desto fetter die Schlagzeile. Einladungen in Talk Shows oder zu öffentlichen Vorlesungen – wer könnte der verführerischen Kraft der modernen Infotainment-Industrie widerstehen? Es steht außer Zweifel, dass dasselbe Buch über Jesus, geschrieben von irgendeinem anderen Theologen, niemals ein vergleichbares Maß an Aufmerksamkeit gefunden hätte. Der Inhalt des Buches ist weder bahnbrechend neu noch grundlegend anders als andere Jesus-Bücher, doch ist es außeror-

---

63 Man vergleiche einmal im Register des zweiten Bandes die Anzahl der Einträge unter dem Stichwort »Kult« mit denen zur »Vergebung«; vgl. dazu auch die kritischen Bemerkungen bei Joachim Ringleben, Lutherische Anfragen, 140f. Anm. 29.
64 Vgl. Joachim Kügler, Glaube und Geschichte, 153; Johann Pock, Wissenschaftliche Abhandlung oder Verkündigungsrede, 175; Thomas Söding, Einführung, 11f.

dentlich provozierend, eben weil es von diesem Autor stammt.⁶⁵ Und so nahm die exegetische Zunft dankbar die Gelegenheit wahr, sich nun auch selbst der Öffentlichkeit zu präsentieren, nachdem es dem Papst gelungen war, Jesus in die öffentliche Diskussion zurückzubringen.

Angesichts der Pluralität innerhalb der neutestamentlichen Wissenschaft ist es dann aber doch erstaunlich, dass die Reaktionen vielfach darin übereinstimmen, ein rein »historisches« oder, wie man vielleicht besser sagen sollte, ein rein säkulares Verständnis von Jesus als genuine Aufgabe der Exegese zu verteidigen. Dies bedingt eine gewisse Überschneidung mit der Position des klaren »Nein«, jedoch nur bis zu einem bestimmten Punkt. Entscheidend ist auch hierbei das Verständnis von »historisch« im Zusammenhang mit dem »historischen Jesus«. Es scheint, dass die große Mehrheit der Neutestamentler darauf besteht, die Kategorie »historisch« in einem streng nicht-theologischen und folglich a-theistischen Sinn zu verstehen, was mithin genau auf der Linie der klassischen Definition der historischen Methodologie durch Ernst Troeltsch (1865–1923) liegt.⁶⁶ Bekanntermaßen besteht für Troeltsch ein grundlegender Unterschied zwischen der historischen Methode auf der einen und der dogmatischen bzw. systematischen Methode auf der anderen Seite. Für ihn hat lediglich die erste, die historische Methode, das Prädikat »wissenschaftlich« verdient, während der Begriff »dogmatisch« von ihm synonym mit »supranaturalistisch« verwendet wird, und das bedeutet: auf dem Glauben basierend und folglich *a priori* nicht »wissenschaftlich«. Die erstgenannte Methode ist »die ächte, moderne Historie« und sie ersetzt »die alte dogmatische Methode«, für die es s. E. keine Zukunft mehr gibt.⁶⁷

Aus gutem Grund ist dieser *rein* historische Ansatz⁶⁸ zurückhaltend, irgendwelche Elemente als »historisch« anzuerkennen, die nicht mit den Mitteln der »historischen Kritik«, charakterisiert durch die »Allmacht der Analogie«

---

65 Vgl. Ludger Schwienhorst-Schönberger, Mystik und Rationalität. Zum Jesus-Buch von Papst Benedikt XVI., In: Bibel und Kirche 62 (2007) 185–188 (185); Gerd Lüdemann, Eine peinliche Entgleisung (letzter Abschnitt).

66 Ueber historische und dogmatische Methode der Theologie, in: Ernst Troeltsch, Zur religiösen Lage, Religionsphilosophie und Ethik, Tübingen ²1922, 729–753 (ebenfalls in F. Voigt [Hg.], Ernst Troeltsch Lesebuch, Tübingen 2003, 2–25). Ich zitiere nach letztgenannter Ausgabe.

67 Ueber historische und dogmatische Methode, 3. Troeltschs Artikel löste damals eine Debatte über atheistische Methoden in der Theologie aus, die bis heute aktuell ist; vgl. als erste Einführung die knappe Textsammlung: Adolf Schlatter, Atheistische Methoden in der Theologie. Mit einem Beitrag von Paul Jäger, hrsg. von Heinzpeter Hempelmann, Wuppertal 1985.

68 Diese Qualifizierung ist notwendig, da in Ratzingers Terminologie »historisch« das Wirken Gottes einschließt (bzw. einschließen kann und sollte), was dem üblichen wissenschaftlichen Sprachgebrauch widerspricht.

und die »zwischen allen historischen Vorgängen stattfindende Correlation«, in gleicher Weise zugänglich und zu analysieren sind.[69] Dieser historische Ansatz schließt – mit dem ausdrücklichen Wunsch, interdisziplinäre Akzeptanz und Diskussion zu ermöglichen – jede Bezugnahme auf »transempirische« Wirklichkeiten, die wie Offenbarung, Wunder, Engel und Gott dem Bereich der Religion zugehören, als Wirkursache aus der *historischen* Untersuchung aus. Die Jesusdarstellungen, die mit einer solchen sich selbst beschränkenden historischen Methodologie gewonnen werden, sind überaus vielfältig und müssen hier nicht im Einzelnen vorgestellt werden. Auf der einen Seite des Spektrums wird Jesus in Parallele zu hellenistischen Kynikern als umherziehender Weisheitslehrer gesehen, der erst im Nachhinein in eine Messias-ähnliche Gestalt verwandelt und schließlich als Gott verehrt wurde, wie es beispielsweise die Mitglieder des Jesus-Seminars in Amerika vertreten. Jesus ist hier nicht mehr als ein Mensch, den viele als ungewöhnlich beeindruckend erlebten, der in der Erinnerung seiner Anhänger fortlebt und in diesen Erinnerungen immer stärker glorifiziert und mythifiziert wird. Am Ende steht das Phänomen, dass ein jüdischer Wanderprediger, der von einem irdischen Vater abstammte und an einem römischen Kreuz starb, als Schöpfungsmittler, präexistenter Sohn Gottes und kommender Weltenrichter verehrt wurde, der Mensch wurde, um die Menschen vor dem kommendem Gericht zu retten. Das ist, mit allerlei Varianten natürlich, die historische Wahrheit über Jesus von Nazareth. Diese Sichtweise entspricht meiner »Nein, aber ... «-Typologie. Die christologischen Bekenntnisaussagen sind eine nachträgliche Überhöhung des Menschen Jesus, aber nichts, was dieser wesensmäßig zu Lebzeiten war. Sehr plastisch und provokativ hat Wolfgang Stegemann diese Position benannt:

> Dies ist gerade ein Teilaspekt des kritischen Ehrgeizes der historischen Jesusforschung, dass sie voraussetzt, nur vom *Menschen* Jesus von Nazareth zu handeln.

Die historische Jesusforschung kann aber deshalb nur »vom Menschen Jesus von Nazareth« handeln, weil alles andere vor dem »Gerichtshof der Vernunft« (Immanuel Kant) nicht bestehen kann. Daraus folgt als methodische Konsequenz:

> Die Biographie eines göttlichen Wesens ist säkularer, empirischer Geschichtsforschung per definitionem nicht zugänglich. Der Christus des Glaubens, der

---

69 Ernst Troeltsch, Ueber historische und dogmatische Methode, 4f. Es wird oft übersehen, dass auch innerhalb eines theistischen historischen Theorierahmens die kritische Applikation der Troeltschen Trias Analogie, Korrelation und Kausalität (zu Letzterem vgl. ebd., 24)

»wahrhafter Gott und wahrhafter Mensch«, also ein Wesen ist, in dem in einer Person (*una persona*) zwei Naturen (*duae naturae*) auf geheimnisvolle Weise miteinander verbunden sind, wie das berühmte Glaubensbekenntnis von Chalcedon 451 n. Chr. formuliert, geht die historische Jesusforschung nichts an. Im Gegenteil: sie hat sich von Anfang an in einem kritischen Verhältnis zur Kirche und zu ihren Lehrtraditionen gesehen.

Entsprechend wird dann auch das Programm der historischen Jesusforschung formuliert:

> Reden, Handeln und Schicksal Jesu am Kreuz werden in der Jesusforschung im Kontext kultureller, sozialer und politischer Verhältnisse gedeutet; kurz: der säkularen Geschichte und nicht der Heilsgeschichte. Denn historische Jesusforschung muss ihren Gegenstand den Bedingungen historischer Kontingenz unterwerfen; sie kann nicht ein bisschen historisch sein (so wie es auch ein bisschen schwanger nicht gibt).[70]

Am anderen Ende des Spektrums finden wir Jesus als Messias, der schon zu Lebzeiten sich dessen bewusst ist oder wird, dass in seinem Schicksal Gott selbst sich in abschließender und einzigartiger Weise offenbart. Hier gibt es demzufolge eine historische Verbindung zwischen dem vorösterlichen Jesus und der christologischen Entwicklung, die freilich erst nach Ostern an Schwung gewinnt. Dies entspricht in meiner Typologie der »Ja, aber ...«-Position, insofern hier die christologischen Aussagen als wahr angenommen werden, jedoch »nur« im Sinne eines im Glauben gründenden Bekenntnisses. Ihre Vertreter operieren oft mit einer zusätzlichen Kategorie, die sie den »wirklichen Jesus« oder »the real Jesus« nennen.[71] Das ist zugleich die Versicherung, dass der

---

bedeutsam bleibt, da etwas nicht einfach nur dadurch wahr wird, dass es auf einer Glaubensüberzeugung basiert.

70 Wolfgang Stegemann, Jüdischer Kyniker oder galiläischer Frommer? In: Herder Korrespondenz Spezial: Jesus von Nazareth im 21. Jahrhundert (Mai 2007), 6–10 (7).

71 Vgl. als gutes Beispiel die methodische Zurückhaltung, wie sie bei dem großen katholischen Neutestamentler John P. Meier sichtbar wird, vgl. A Marginal Jew. Rethinking the Historical Jesus, Vol. 1: The Roots of the Problem and the Person, New York 1991, 1. In der Einleitung zu seinem mehrbändigen Werk über Jesus erinnert er daran, dass das von ihm rekonstruierte Jesusbild die volle Wirklichkeit der Person Jesu nicht wiederzugeben vermag: »using the scientific tools of modern research [...] will always remain a scientific construct, a theoretical abstraction that does not and cannot coincide with the full reality of Jesus of Nazareth as he actually lived and worked in Palestine«. Das erste Kapitel, »The Real Jesus and the Historical Jesus«, 21–40, beginnt noch einmal mit der Erinnerung an diesen Sachverhalt: »The historical Jesus is not the real Jesus. The real Jesus is not the historical Jesus« (21). Sein Ziel als Historiker sieht er darin, eine Beschreibung von Jesus zu liefern, die unabhängig vom religiösen oder ideologischen Standort der Leser überzeugend ist. Die Schwierigkeit bleibt jedoch, dieses

historische Jesus und der wirkliche, reale Jesus nicht identisch sind. Damit soll nun positiv gesagt werden: Es ist möglich und kann offen bleiben, ob Jesus in Wahrheit mehr war, als die historische Forschung zu erkennen vermag; aber weil historische Forschung dieses »Mehr« nicht erkennen kann, muss sie sich auf das beschränken, was ihr zugänglich ist. Es ist sozusagen eine positivistische Selbstbeschränkung dessen, was man erkennen und als historisch vertreten kann. Zwischen diesen beiden Enden ist erneut Platz für alle möglichen Jesusbilder (und damit für Überschneidungen mit der zweiten und dritten Gruppe): für das Bild des Revolutionärs, des Befreiers von allen möglichen Formen realer oder vorgestellter Unterdrückung, des Feministen und ersten »echten Mannes«, des Magiers, des Sozialreformers, des galiläischen Wundertäters, des jüdischen, genauer des apokalyptischen oder millenniaristischen Propheten, des Helfers der Armen oder einfach des faulen Schwindlers, der das Glück hatte, Menschen zu finden, die bereit waren, ihn mit ihrem Geld zu unterstützen.

Lässt man einmal diese Unterschiede beiseite, dann lässt sich feststellen, dass allen diesen Darstellungen die Tatsache gemeinsam ist, dass Jesus als reale menschliche Gestalt, und zwar *nur* als reale menschliche Gestalt der Ausgangspunkt ihrer *historischen* Untersuchung ist. Das bedeutet nicht, dass Jesus für alle diese Wissenschaftler nicht mehr war als ein sterbliches menschliches Wesen. Man kann Jesus als »wahren Gott und wahren Menschen« und als Teil der Trinität *bekennen* und dennoch ein historisches Bild von Jesus zeichnen, das frei ist von allen Bezugnahmen auf jene transempirischen Elemente, die den persönlichen Glauben bzw. den Glauben der Kirche, zu der man gehört, ausmachen. Wissenschaftler beschränken sich häufig aus ganz positiven Beweggründen auf das sogenannt »rein-historische«. Sie beabsichtigen damit, gewissermaßen apologetisch im Blick auf Jesus und den christlichen Glauben »abzusichern«, was sich über Jesus mithilfe einer streng immanenten historischen Methodologie begründen lässt. Die Belege dafür sind Legion und man könnte zugespitzt sagen, dass der alte, seit der Aufklärungszeit schwelende Konflikt zwischen Glaube und Vernunft bzw. zwischen Glaube und Geschichte mit einer unausgesprochenen Übereinkunft beigelegt wurde: Die historische Methodentheorie, befreit von allen »dogmatischen« Fesseln, ist verantwortlich für das Verstehen des historischen Jesus (und vielleicht wurde das Resultat zu oft und zu schnell, bewusst oder unbewusst, mit dem »wirklichen« Jesus gleichgesetzt), aber jedem steht es danach frei, dem Resultat historischer Forschung

---

mittels eines positivistischen historischen Naturalismus (»based on purely historical sources and arguments«) gewonnene Bild von Jesus mit den »nur« geglaubten (aber gleichwohl für wahr gehaltenen) Aspekten seiner Person zu verbinden, ohne reduktionistisch zu sein. Bisher scheint mir dies bei Meier noch nicht geglückt zu sein, aber er hat immerhin versprochen, in seinem letzten, noch ausstehenden Band, auf diese Frage noch einmal gesondert einzugehen.

ein eigenes dogmatisches bzw. im Glauben gründendes Verständnis von Jesus hinzuzufügen, sofern dies deutlich als *Gegenstand des Bekenntnisses* ausgewiesen wird und als solches keinen Anspruch auf historische Wahrheit erhebt. Auf diese Weise ist das christologische Bekenntnisgut zwar nicht länger für eine historische Begründung zugänglich, aber damit eben zugleich auch allen möglichen Einwänden oder Bestreitungen aus historischen Gründen entzogen. Diese scheinbare Lösung scheitert jedoch, wenn man Troeltsch darin zustimmt, dass ein solcherart begrenzter Gebrauch der historischen Methode gar nicht möglich ist: »Die historische Methode, einmal auf die biblische Wisssenschaft und auf die Kirchengeschichte angewandt, ist ein Sauerteig, der Alles verwandelt und der schließlich die ganze bisherige Form theologischer Methoden zersprengt«. Das heißt, wer sich für sie entscheidet, muss dann auch alles mit ihr erklären. Weder ist es möglich noch erlaubt, dem Bereich des Supranaturalen irgendein Schlupfloch zu lassen. Die Methode erlaubt also gerade nicht, was man oft von eher konservativen Theologen hört, dass an einem bestimmten Punkt der Historiker schweigen muss (womit impliziert ist: damit Raum bleibt für den Glauben).[72] Diese Lückenfüller-Theologie kann aber auf Dauer nicht funktionieren, weil dann Gott immer mehr zurückgedrängt wird, je mehr auf natürliche Weise erklärt werden kann, und die Geschichte der Exegese belegt mehr als reichlich, dass an »natürlichen« bzw. »historischen« Erklärungen für Jesu Geburt, seine Wunder und seine Auferstehung kein Mangel herrscht.[73] Ich habe Zweifel, ob sich alle Verfechter einer klaren Unterscheidung zwischen der »historischen« und der »dogmatischen« Methode, zwischen historischer und bekennender Aussage, diesem inhärenten Totalitarismus bewusst sind. Hier hat der Dogmatiker Ratzinger klarer als die Exegeten gesehen, wenn er schreibt:

> Die Methode scheint diese Radikalisierungen zu verlangen: Sie kann nicht irgendwo im Ausloten des menschlichen Vorgangs der Heiligen Geschichte stehenbleiben. Sie muß versuchen, den arationalen Rest wegzunehmen und *alles* zu erklären. Glaube ist kein Bestandteil der Methode und Gott kein Faktor historischen Geschehens, mit dem sie rechnet. Weil aber in der biblischen Darstellung der Geschichte alles durchtränkt ist von göttlichem Handeln, muß

---

72 Ernst Troeltsch, Ueber historische und dogmatische Methode, 3; vgl. außerdem 7: »Wer ihr den kleinen Finger gegeben hat, wird von ihr [= der historischen Methode] so energisch ergriffen, dass er ihr die ganze Hand geben muss.« Es ist unmöglich, einzelne Bereiche von diesem methodischen Zugriff auszuschließen, da »eine Herausschälung irgend eines nicht der Historie angehörenden Kernes unmöglich ist« (10).
73 Vgl. schon Troeltschs Spott über »die Bescheidenheit einer Theologie [...], die dahin gekommen ist, ihr Fundament schliesslich in einer Lücke zu sehen«, Ueber historische und dogmatische Methode, 25.

eine komplizierte Anatomie des biblischen Wortes beginnen: Man muß versuchen, die Fäden so auseinanderzunehmen, daß man schließlich das »eigentlich Historische«, d. h. das bloß Menschliche des Geschehens, in Händen hält und andererseits erklärt, wie es zuging, daß dann überall die Idee Gott eingewoben wurde.[74]

Exemplarisch sei hier auf die Rezension des in Bonn lehrenden römisch-katholischen Neutestamentlers Rudolf Hoppe verweisen. Er gesteht zu, dass Ratzinger das Recht hat, die theologische Angemessenheit der historischen Methodologie, die in der Weltsicht der Moderne gründet, in Frage zu stellen, und räumt ein, dass es unsachgemäß wäre, wenn eine Methodologie Gottes Handeln in der Welt *per se* ausschlösse. Doch zeigt sich Hoppe überzeugt davon, dass dies nicht der Fall ist, da Gott gar nicht Gegenstand der historischen Untersuchung sei und folglich theologische Bekenntnisaussagen durch eine solche gar nicht ausgeschlossen werden könnten.[75] In einer zweiten Rezension erklärt er es für möglich »dem Gedanken zuzustimmen [...], dass Gott mit Jesus in die Geschichte eingetreten ist«, aber nur, um sofort dahinter das Warnschild aufzurichten, »was natürlich keine historische Aussage, sondern nur ein Bekenntnis sein kann«.[76] Genau um diesen Punkt geht es: Warum ist es »natürlich«, dass ein solcher Satz, wonach »Gott mit Jesus in die Geschichte eingetreten ist«, nur als Bekenntnis und nicht als Ausgangspunkt historischer Forschung genommen werden darf, wenn es sich dabei um eine wahre Aussage handelt? Wird damit nicht ein atheistischer Geschichtsbegriff für »natürlicher« erklärt als ein theistischer? Dass dies zu bestimmten Zeiten in bestimmten Teilen der Welt von bestimmten Gruppen propagiert wird, ist unbestritten. Ebenso, dass dieses Wirklichkeitsverständnis die öffentliche Diskussion in den westlichen Universitäten und Medien bestimmt. Weniger eindeutig ist dagegen, dass diese Dominanz gleichsam mit Notwendigkeit dazu führt, dass sie

---

74 Joseph Ratzinger, Schriftauslegung im Widerstreit, 84.
75 Rudolf Hoppe, Schriftauslegung und Rückfrage nach Jesus, in: Hermann Häring (Hg.), »Jesus von Nazareth« in der wissenschaftlichen Diskussion, 83–90 (86): »Berechtigt ist indes die Anfrage des Autors, inwieweit sich eine historische Methode, die sich den Gesetzmäßigkeiten der Vernunft und des neuzeitlichen Weltbildes verdankt, *theologisch* vermitteln lässt. Das wäre dann nicht mehr möglich, wenn die historische Methode das Wirken Gottes in der Welt per se ausschließen würde. Das tut sie jedoch keineswegs, weil die Frage nach dem Wirken Gottes kein eigentlicher Gegenstand historischer Untersuchung sein kann, sondern der eruierte historische Ereignisverlauf der Deutung, theologisch gesprochen: dem Bekenntnis, überlassen werden muss.« Ähnlich argumentiert auch Joachim Kügler, Glaube und Geschichte, 160f. 164–8.
76 Rudolf Hoppe, Jesusauslegung zwischen Philosophie und Exegese: Zum Jesusbuch von Joseph Ratzinger/Benedikt XVI., in: Bibel und Kirche 62 (2007) 189–92 (191). Zu einer Kritik an dieser Kritik Ratzingers s. Bertram Stubenrauch, Jesus. Die Umkehr. Der Geist, MThZ 59 (2008), 69–82 (74f.).

auch von der theologischen Wissenschaft als bindend anerkannt wird. Diese muss sich gewiss damit auseinandersetzen und deren Voraussetzungen kennen, weil dieses säkulare Geschichtsverständnis für viele Menschen bindend ist, aber zugleich sollte sie sich damit *kritisch* auseinandersetzen und auf seine Verkürzungen aufmerksam machen. Der methodologische Einspruch des Papstes zielt darum genau auf die Frage, warum der säkulare Geltungsanspruch ohne nähere Klärung von Christen akzeptiert werden sollte.[77] Und er stellt damit zu Recht die Frage, warum Wissenschaftler, die Christen und Theologen sind, hier nichts anderes tun, als ihre säkularen Kollegen? Die genuine Möglichkeit, an einer *theologischen* Fakultät Wissenschaft unter der Voraussetzung zu treiben, dass es den in der Bibel bezeugten Gott als Schöpfer, Erhalter und Vollender dieser Welt wirklich gibt und er sich unter den Bedingungen dieser Welt mitteilt, wird damit zugunsten einer Methodik vertan, für die man kein Theologe zu sein braucht.

Ratzingers methodologische Erwägungen richten sich gegen diese Scheidung der historischen von der dogmatischen Wahrheit. Der »historische« Jesus gemäß der vorherrschenden Begrifflichkeit ist für ihn weder der »wirkliche« Jesus noch ist er – und darüber sollte ernsthaft diskutiert werden – ein gewissermaßen erster Schritt in Richtung eines angemessenen theologischen Verständnisses, bei dem Historisches und Dogmatisches auf einer höheren Ebene versöhnt sind, sondern vielmehr eine letztlich in die Irre führende und schlussendlich falsche Abstraktion. Warum? Weil Jesus hier als *nur* menschliches Wesen beschrieben wird und damit als etwas, das er niemals war.[78]

---

77 Die Auseinandersetzung mit dem positivistischen »akademischen Vernunftverständnis des Westens« in Hinblick »einer Vertiefung und Ausweitung des westlichen Vernunftbegriffs« betrifft alle Vertreter einer Offenbarungsreligion, da sie alle mit der Zumutung umgehen müssen, dass der aufgeklärte, säkulare und liberale Zugang zur Wirklichkeit, zu Politik, Ethik usw. als besser und jenem als überlegen gilt, der auf dem Glauben an Gott basiert. Der Not, dass Religion ein Übel sein kann und die Berufung auf Offenbarung oft der Gewaltlegitimierung diente, sollte theologisch jedoch nicht durch das Negieren von Offenbarung, sondern durch historische und kritische Beurteilung derselben begegnet werden. Zu den Zitaten vgl. Aref Ali Nayed, Ein muslimischer Kommentar zur Regensburger Vorlesung Papst Benedikts XVI., in: Knut Wenzel (Hg.), Die Religionen und die Vernunft, 17–40 (18).

78 Hier wäre dann der Punkt, unter historischen Voraussetzungen die Reichweite der Lehre von der *Kenosis* des Gottessohnes noch einmal zu untersuchen. Inwieweit bedeutet Inkarnation auch den völligen Verzicht des inkarnierten Sohnes auf ein Wissen seiner früheren Gemeinschaft mit dem Vater und was würde dies für Lehre des *vere homo et vere deo* bedeuten? Einige systematisch-theologische Reaktionen auf das Buch zeigen, dass die spannende Frage nach der Einheit und Gemeinschaft von Jesus mit Gott, angegangen mit Glauben und Vernunft, auch historisch noch lange nicht erschöpft ist, vgl. zum Beispiel Thomas Krenski, Steht Jesus über unseren Psychologien? Joseph Ratzinger kommentiert Benedikt XVI., in: Helmut Hoping/Michael Schulz (Hg.), Jesus und der Papst: 13–24; Roman A. Siebenrock, »Denn der Vater ist größer als ich« (Joh 14,28) – »Ich und der Vater sind eins« (Joh 10,20). Anmerkungen

6 Ist es wirklich so einfach? Der Einwand der Simplifizierung

Es bleibt die Frage: Ist Ratzingers Zugang zum historischen Jesus, also die Art und Weise, in der er die Einheit Jesu mit dem Vater versteht, wirklich überzeugend? Selbst diejenigen, die Ratzingers Bemühungen positiv gegenüberstehen, sind da skeptisch. Der Vorwurf »einer recht weitgehenden Komplexitätsreduktion«[79] hinsichtlich der historischen Probleme ist noch einer der freundlicheren Kommentare, die sich in der Literatur finden lassen. Diese Kritik ist durchaus berechtigt, aber sie liegt vielleicht sogar auf einer Linie mit Ratzingers eigenem Denken. Denn er präsentiert sein Buch nicht als die abschließende Lösung und hat wiederholt zum Ausdruck gebracht, dass es das vereinte Bemühen einer ganzen Generation von Theologen und Historikern braucht, um neu den Grund für ein besseres Verständnis des Wechselverhältnisses zwischen Glaube und Geschichte zu legen, und dass sein eigenes Werk lediglich ein Fingerzeig darauf hin sein kann.[80]

Andererseits ist unter Exegeten die Neigung unverkennbar, die Komplexität eines Problems überzubetonen, um selbst als unverzichtbare Spezialisten zu erscheinen, ohne deren Urteil sich nichts Entscheidendes sagen lässt, was das Prädikat »wahr« verdiente.[81] Dabei neigen sie gelegentlich dazu, die Schwierigkeiten einer angemessenen Beschreibung des Ereignisses (was die Faktoren Zeit und Distanz einschließt) und seiner historischen Bedeutung mit dem Ereignis selbst zu verwechseln. Aber ist ein Ereignis oder ein bestimmtes Wissen, das auf der Erfahrung einer Person beruht, weniger wahr oder wirklich, nur weil dessen Beschreibung oder Erklärung nicht dem Schema von logischen, natürlichen oder kausalen Notwendigkeiten folgt? Ist es nicht eigentlich ziemlich »natürlich«, dass sich Gotteserfahrungen, zumal wenn sie einmalig oder erstmalig sind, als äußerst schwierig zu beschreiben erweisen, weil sich in ihnen das im Letzten Unbeschreibbare spiegelt? Diesen Gedanken entfaltet Benedikt

---

zum Thema »Wissen und Selbstbewusstsein Jesu«, in: Hermann Häring (Hg.), »Jesus von Nazareth« in der wissenschaftlichen Diskussion, 37–59; Fergus Kerr, If Jesus Knew He Was God, How Did It Work?, in: Adrian Pabst/Angus Paddison (Hg.), The Pope and Jesus of Nazareth, 50–67. Zur Auseinandersetzung mit Benedikts Auslegung von Jesu Gebet in Gethsemane (vgl. Joseph Ratzinger, Jesus II, 177–184), wo dieser auf die Frage nach den »zwei Willen« in der einen Person Jesu eingeht vgl. Jan-Heiner Tück, Gethsemani – das Drama des menschlichen Willens Jesu, in: Thomas Söding (Hg.), Kreuz und Auferstehung Jesu, 143–159.

79   Knut Backhaus, Christus-Ästhetik, 25. Weniger freundlich schon im Titel ist dagegen Georg Pfleiderer, Reduziertes Problempotential.

80   Joseph Ratzinger, Schriftauslegung im Widerstreit, 90f., vgl. Thomas Söding, Notwendige Geschichtswahrheiten, 77.

81   Zum Problem, »dass nichts von der Kirche gelehrt werden könne, was nicht vor der Instanz der historisch-kritischen Methode bestehen könne« vgl. Joseph Ratzinger, Aus meinem Leben, 106f.128; ders., Salz der Erde, 146.285.

gegen Ende des zweiten Bandes in der Einleitung zum Auferstehungskapitel, wenn er fragt:

> Was ist da geschehen? Das war offenbar für die Zeugen, die dem Auferstandenen begegnet waren, nicht einfach zu sagen. Sie waren mit einer für sie selbst ganz neuen Realität konfrontiert, die ihren Erfahrungshorizont sprengte. So sehr die Realität des Geschehens sie überwältigte und zum Zeugnis nötigte, so andersartig war sie doch zugleich.[82]

Im gleichen Abschnitt heißt es dann noch, dass die Jünger »aus der Begegnung mit der Realität erlernen« mussten, was Auferstehung ist. Das fasst noch einmal eindrücklich die Grundüberzeugung der beiden Bände zusammen, dass am Anfang der christlichen Botschaft ein »Ereignis in der Geschichte steht« (Jesus II, 299), das in den frühchristlichen Texten bezeugt, aber eben nicht erzeugt wird. Ratzingers eigenes Ringen um eine angemessene Sprache für dieses neue Geschehen zeigt aber, auch wie schwer es ist, diesen methodischen Anspruch in die Tat umzusetzen. Für das historische Verstehen der Auferstehung bietet er wenig mehr als den unglücklichen Begriff vom »Mutationssprung« (Jesus II, 268, vgl. 300, wonach »in der Auferstehung ein ontologischer, das Sein als solches berührender Sprung geschah«) und eine Reihe von Suggestivfragen an (271). Zudem wird auch hier wieder, ähnlich wie im ersten Band (s. o. Anm. 24), die Opposition von »wissenschaftlich« und Wissen aufgrund einer Glaubenserfahrung akzeptiert, die es theologisch eigentlich zu überwinden gilt, wenn er schreibt: »Natürlich kann es keinen Widerspruch geben zu dem, was klare wissenschaftliche Gegebenheit ist. In den Auferstehungszeugnissen wird freilich von etwas gesprochen, was in unserer Erfahrungswelt nicht vorkommt« (271). Damit werden dann doch wieder die Auferstehungszeugnisse auf einen

---

82 Joseph Ratzinger, Jesus II, 267, vgl. auch 291: Dass die Erzählungen über die Erscheinungen des auferstandenen Jesus »geradezu unbeholfen« wirken, wird zugunsten ihrer historischen Wahrheit gedeutet, da sich darin die sachlichen Schwierigkeiten widerspiegeln, etwas radikal Neues darstellen zu müssen. Entschieden gegen diese positive Wertung der »verwirrende[n] und dissonante[n] Erscheinungsvielfalt« dagegen Samuel Vollenweider, Ein radikaler Mutationssprung? Annäherungen an das Auferstehungsgeheimnis im zweiten Band des Jesusbuches von Joseph Ratzinger/Benedikt XVI., in: Thomas Söding (Hg.), Jesu Tod und Auferstehung, 113–124 (115). Er betont dagegen die Bedeutung von antiken Epiphanieschilderungen als verfügbares literarisches Werkzeug und kommt zu dem Schluss, »dass die urchristlichen Ezähler die österliche Präsenz des Gottessohns in den für sie ganz selbstverständlichen antiken Kontexten zu artikulieren versuchten« (116). Die Alternative ist also zwischen stammelndem Staunen über das Neue der Auferstehung (Benedikt) und dem routinierten Einsortieren ins religionsphänomenologische Regal nach dem Motto »Hatten wir doch schon mal«. Ich überlasse es dem Leser zu entscheiden, was historisch plausibel ist. Übrigens, auch Benedikt verweist auf die Epiphanieerzählungen des Alten Testaments (vgl. Jesus II, 292–294), aber er besteht darauf, dass Jesus nicht nur eine Erscheinung Gottes, sondern als solche auch wirklich Mensch ist.

Bereich jenseits des der Wissenschaft zugänglichen verschoben, aber zugleich wird ein den Naturwissenschaften entlehnter Begriff (»Mutationssprung«) zur Erklärung herangezogen, was die Sache noch schwieriger macht.[83] Denn ob die Auferstehung wissenschaftlich als historisches Ereignis beschrieben werden kann, hängt zunächst nicht davon ab, wie sie bezeugt ist, sondern davon, ob man einen Wissenschaftsbegriff anwendet, der sie überhaupt als beschreibbares historisches Geschehen zulässt. Theologie müsste aber m. E. genau darum ringen, einen Wissenschaftsbegriff zu formulieren, der es erlaubt, transparent und nachvollziehbar, und dabei historisch und kritisch, derartige transempirische Ereignisse zu erfassen und sie mit anderen Realitätswahrnehmungen sinnvoll zu verknüpfen. Hier sind die Aufgaben mit den Feststellungen des Papstes noch lange nicht erledigt.

Bei der Lektüre der gegen Ratzingers Buch erhobenen Einwände drängt sich dagegen der Eindruck auf, dass die ablehnende Haltung mancher professioneller Exegeten in der Furcht gründet, dass sich ihr eigenes Tun als für die Theologie irrelevant erweisen könnte, wenn der scheinbar »schlichte« Zugang, den Ratzinger vorschlägt, sich als fruchtbar erweist. Die Gefahr ist nicht unbegründet, dass die Errungenschaften des historischen Verständnisses von Jesus von einem orthodoxen Dogmatismus ignoriert oder als irrelevant behandelt werden. Aber Ratzinger spricht dieses Problem in der deutlichen Absicht an, dass die Gefahr *gebannt* werden möge. Der Dogmatiker Ratzinger lädt die Exegeten ein, an einer Aufgabe mitzuwirken, die Systematiker weder alleine ausführen sollten noch könnten. Nach meinem Eindruck handelt es sich um eine Einladung, *gemeinsam* aufs Neue die Möglichkeiten zu bedenken, wie sich Gottes Handeln mit der Welt, zuallererst und vor allem durch Jesus (jedoch nicht auf ihn beschränkt), verstehen und beschreiben lässt. Diese Aufgabe ist so dringlich, dass der Papst sich selbst darum sorgt, weil der christliche Glaube ohne die Geschichte nicht auskommt, da dieser Glaube von sich behauptet, das Resultat von Gottes fortwährender Interaktion mit konkreten Menschen zu bestimmten Zeiten und an konkreten Orten zu sein.[84] Dafür wird es notwendig sein, dass die anhaltende Kritik des Säkularismus, die es bereits in vielen Fachdisziplinen gibt, noch stärker in die exegetische Diskussion einbezogen wird. Mein Eindruck ist, dass diese Kritik noch nicht zu allen historisch arbeitenden Bibelwissenschaftlern, die sonst so stolz auf ihre kritische Grundhaltung sind, durchgedrungen ist. Im Vorwort zu seinem zweiten Band gibt Benedikt zu erkennen, dass er mit Wohlwollen zur Kenntnis genommen hat, dass die Dis-

---

83 In diesem Punkt stimme ich der Kritik Vollenweiders zu, vgl. ders., Ein radikaler Mutationssprung?, 121–123.
84 Zur Notwendigkeit, die wachsende Distanz zwischen Exegese und systematischer Theologie zu überwinden, s. Roland Deines, The Pope's Challenge, 41 Anm. 89f.

kussion »über Exegese als historische und zugleich auch theologische Disziplin trotz mancher Sperren« durch sein Buch angeregt worden ist und er scheut sich nicht, sozusagen am Ende seines Lebens die prophetische Mahnung den Nachkommenden mit auf den Weg zu geben (*Jesus* II, 11):

> Eines scheint mir klar: Die historisch-kritische Auslegung hat in 200 Jahren exegetischer Arbeit ihr Wesentliches gegeben. Wenn die wissenschaftliche Schriftauslegung sich nicht in immer neuen Hypothesen erschöpfen und theologisch belanglos werden soll, muss sie einen methodisch neuen Schritt tun und sich neu als theologische Disziplin erkennen, ohne auf ihren historischen Charakter zu verzichten.

Ich bin überzeugt, dass der Paradigmenwechsel zu einer die christologischen Bekenntnisaussagen integrierenden historischen Untersuchung des Lebens und der Botschaft von Jesus keine leichtere oder weniger kritische Aufgabe darstellt als das Abfassen einer traditionell-kritischen historischen Jesusdarstellung, auch wenn dieser Anschein in der Diskussion um Ratzingers Zugang oft mitschwingt. Die historischen und hermeneutischen Probleme, die in den kritischen Kommentaren zu seinen beiden Bänden zu Recht angesprochen werden, verschwinden nicht einfach in dem Moment, in dem man die Identität des historischen Jesus mit dem vom frühchristlichen Kerygma verkündigten Christus zum Ausgangspunkt oder, wie Ratzinger es nennt, zum »Konstruktionspunkt« der historischen Arbeit macht.[85] Auch dann müssen genau dieselben Fragen angesprochen werden, wie etwa die Unterschiede zwischen den Evangelien und dabei insbesondere die Unterschiede zwischen den Synoptikern und Johannes, die Beziehung zwischen Jesus und den Traditionen seines Volkes und sein Scheitern, größere Teile seines eigenen Volkes von seiner Botschaft zu überzeugen. Auch die vielen historischen Einzelfragen, wie die Frage nach dem Geburtsort Jesu, nach seinem Heranwachsen, seiner geistlichen und intellektuellen Entwicklung, seiner Beziehung zur Torah sowie den religiösen Parteien und Führern seines Volkes, ferner die Fragen nach dem genauen Verständnis des letzten Abendmahls und dem Zeitpunkt seines Todes – diese Problemstellungen werden nicht schon dadurch obsolet, wenn man einen anderen methodologischen Ausgangspunkt wählt. Der tiefgreifende Unterschied besteht vielmehr in der Frage*richtung*, d. h. entscheidend ist, ob man fragt, wie Gott in Jesus zur Welt gekommen ist und dies beschrieben

---

85 Konkret, Jesus als der präexistente und inkarnierte Gottessohn, der Mensch wurde, um Gottes messianische und eschatologische Verheißungen zu erfüllen und damit eine neue Epoche in der Geschichte Gottes mit dieser Welt zu eröffnen.

wurde, oder ob man fragt, wie der Mensch Jesus zum Gottessohn erhoben wurde.[86]

Eine Kritik dagegen wie die von Jens Schröter in der Rezension des ersten Bandes für die Theologische Literaturzeitung, die Ratzinger vorwirft, alle historischen und literarischen Probleme der Evangelien zu ignorieren, weil er von deren Inspiriertheit ausgeht, scheint mir das Problem, um das es dem Papst geht, nicht wirklich zu treffen.[87] Darüber hinaus tut es dem exegetischen Bemühen des Papstes durchaus Unrecht, der auf die Unterschiede zwischen Johannes und den Synoptikern wiederholt eingeht, nicht zuletzt auch im zweiten Band in der Behandlung der Abendmahlschronologie[88], auch wenn man selbstverständlich in der Sache selbst zu einem anderen Ergebnis kommen kann. Allerdings stimme ich Schröter darin zu, dass Ratzinger mit einem anderen Verständnis von »Historizität« arbeitet und dabei auf einen neuen »garstigen Graben« hinweist, nun nicht mehr zwischen Geschichte und Gegen-

---

86 Vgl. Joseph Ratzingers Verweis auf die Heisenbergsche Unsicherheitsrelation, wonach »der Ausgang eines Experiments wesentlich vom Standpunkt des Betrachters mitbestimmt wird«, Schriftauslegung im Widerstreit, 92.
87 Jens Schröter, Theologische Literaturzeitung 132 (2007) 798–800 (798): »Weil der Vf. von deren Inspiriertheit ausgeht, bedarf es keiner Differenzierung zwischen den Jesusbildern der Synoptiker und demjenigen des Johannesevangeliums, auch eine Unterscheidung von älteren und jüngeren Überlieferungen, von ›Tradition‹ und ›Redaktion‹, ist entbehrlich.« Für ihn sind Ratzingers Überlegungen zur Einheit Jesu mit dem Vater zwar bemerkenswert, aber sie »bewegen sich freilich jenseits von Differenzierungen, um die sich die historisch-kritische Forschung seit der Aufklärung bemüht hat« (799). Fast gleichlautend auch in ders., Die Offenbarung der Vernunft Gottes in der Welt: Zum Jesusbuch von Joseph Ratzinger, in: Thomas Söding (Hg.), Das Jesus-Buch des Papstes. Die Antwort der Neutestamentler, Freiburg i. Br. 2007, 121–133 (126f.). Ähnlich auch die Kritik bei Gotthard Fuchs, Eine Osterikone, 53–55, der allerdings das »Martyrium« des kritischen Denkens in seinem Bemühen um Wahrheit so larmoyant beschreibt, dass es schon wieder ans Komische grenzt, wäre es nicht so ernst gemeint: Der kritische Geist ist »durch den ›Feuerbach der Religionskritik‹ geschwommen [...] und daraus siegfriedhaft gestärkt« hervorgegangen (53) und er weicht »der Last ständiger Reflexion, dem Schmerz der Negation und der Not der Differenz« (55) nicht aus wie Ratzinger, dessen »meditative Evangelienharmonie« (53) allzu naiv »Differenzierung und Pluralität« zugunsten des nachaufgeklärten »Hunger nach dem Absoluten« (54) bietet. Für Fuchs nähert sich diese Christusikone dem »Idolischen« (58) an.
88 Joseph Ratzinger, Jesus II, 126–134, widmet ein ganzes Kapitel dem Datum des letzten Abendmahls, weil hier die Synoptiker und Johannes signifikant voneinander abweichen. Vgl. außerdem ebd. 146f.208–210 u. ö., wo die Unterschiede zwischen den Evangelien zumindest berührt werden. So weit ich sehe nimmt Ratzinger an keiner Stelle die Inspiriertheit der Schrift als Argument, um ein historisches Problem zu lösen (am ehesten könnte ders., Jesus I, 276f., vgl. auch 218, so verstanden werden). Er verweist vielmehr sehr zurückhaltend darauf, wo er erklärt, dass im Laufe der Zeit in den biblischen Schriften durch die Einbettung in den Kanon und die Rezeptionsgeschichte in der Kirche ein Mehrwert in diesen Texten über ihren unmittelbaren Anlass hinaus erkannt wurde, und dieser lasse ahnen, »was Inspiration bedeutet«, Jesus I, 19, vgl. ebd. 15).

wart wie bei Lessing sondern zwischen zwei gegenwärtigen Kulturen. Dieser neue »Graben« trennt hermeneutisch und methodologisch bei der Suche nach einem Raum für Gott in der Wirklichkeit dieser Welt »religiöse Kulturen« von Vertretern der »Selbstbeschränkung der positiven Vernunft«.[89] Was Ratzinger hingegen von den Exegeten erwartet, ist eine methodologische Offenheit für das Eintreten Gottes in die menschliche Geschichte:

> Demgemäß darf der Exeget auch nicht mit einer fertigen Philosophie an die Auslegung des Textes herantreten, nicht mit dem Diktat eines sogenannten modernen oder »naturwissenschaftlichen« Weltbildes, welches festlegt, was es geben und was es nicht geben darf. Er darf nicht a priori ausschließen, daß Gott in Menschenworten als er selbst in der Welt sprechen könne; er darf nicht ausschließen, daß Gott als er selbst in der Geschichte wirken und in sie eintreten könne, so unwahrscheinlich ihm dies auch erscheinen mag.[90]

Es ist wiederum Jens Schröter, der deutlich gegen diese mangelnde Unterscheidung »zwischen historischen und dogmatischen Aussagen« protestiert. Er weist zurecht darauf hin, dass Ratzinger dabei »mit einem anderen Verständnis von Geschichte« arbeitet, und er sieht als Folge desselben, dass der historischen Theologie damit ihr Platz im Kreis der »anerkannten« Wissenschaft verloren geht: »Die Problematik des Zugangs liegt darin, dass der historischen Theologie letztlich kein eigenständiges Recht eingeräumt wird, sondern sie ihren Platz innerhalb der dogmatischen Theologie zugewiesen bekommt. Ob sich der Wahrheitsanspruch des christlichen Glaubens auf diese Weise mit den gegenwärtig geltenden Prämissen für Wirklichkeitsdeutungen vermitteln lässt, erscheint fraglich.«[91] Diese Bedenken sind berechtigt, aber mit dieser Feststellung wird nur die bestehende Trennung von Exegese und Dogmatik festgeschrieben und kein Versuch unternommen, auf die Anfrage des Papstes weiterführend zu reagieren. Es ist nach Schröter nur die »Jesusdeutung Joseph Ratzingers«, die sich »sowohl mit der Diskussion über das Verhältnis von Vernunft und Glaube seit der Aufklärung als auch mit den Voraussetzungen der historisch-kritischen Exegese« konfrontieren lassen muss.[92] Gilt diese

---

89 Joseph Ratzinger, Europa in der Krise der Kulturen; ders., Glaube, Vernunft und Universität, 29 (»selbstverfügte Beschränkung der Vernunft«).
90 Joseph Ratzinger, Schriftauslegung im Widerstreit, 107. Ratzingers beschwörende Bitte kann als Versuch gelesen werden, die Bibelwissenschaft aus der historistischen Begrenzung Troeltschs zu befreien, der aus der historischen Methode genau diese Elemente verbannte, die Ratzinger als untrennbar mit der Geschichte verbunden ansieht.
91 Jens Schröter, Offenbarung, 132 (die ersten beiden Zitate ebd., 124 und 122). Vergleichbare Vorbehalte auch bei Michael Theobald, Die vier Evangelien und der eine Jesus von Nazareth, 30–33, und anderen Autoren.
92 Jens Schröter, Offenbarung, 132f.

Diskussionforderung aber nicht auch umgekehrt? Wie soll sich der christliche Wahrheitsanspruch denn bewähren, wenn er in das unangreifbare Refugium des Bekenntnisses verschoben wird, da doch dasselbe Jesus als den fleischgewordenen Gottessohn bekennt? An diesem Punkt über die Aufklärung hinaus zu denken, darin besteht die eigentliche Herausforderung für die Bibelwissenschaften, zumindest für diejenigen ihrer Vertreterinnen und Vertreter, die sich dabei als christliche Theologen angesprochen sehen.[93]

7 Notwendige erste Schritte

Ein Schritt in Richtung einer Exegese, die die vom Papst gestellte Herausforderung anzunehmen bereit ist, bestünde darin, sich auf eine größere Klarheit und Transparenz hinsichtlich der Grundvoraussetzungen zu verständigen, von denen aus die Quellen mit dem Ziel der Rekonstruktion *einer* Geschichte Jesu analysiert werden.[94] Die Diskussion zwischen Habermas und Ratzinger über die *Dialektik der Säkularisierung* eröffnet einen Weg gegenseitigen Respekts, selbst wenn »Vernunft und Religion« (so der Untertitel dieses Gesprächs) in je verschiedener Weise aufeinander bezogen werden. In seinem Beitrag spricht Habermas von einer kritischen »Selbstreflexion auf ihre eigenen religiös-meta-

---

93 Vgl. Frank Meier-Hamidi, »Wer mich gesehen hat, hat den Vater gesehen« (Joh 19,4). Durchblicke auf die Christologie im Hintergrund des Jesus-Buches Joseph Ratzingers/ Benedikts XVI., in: Hermann Häring (Hg.), »Jesus von Nazareth« in der wissenschaftlichen Diskussion, 61–69 (68): »Gleichwohl bleibt die zentrale und aus theologisch-systematischer Sicht schlüssige Herausforderung Ratzingers an die Exegese von der Frage nach dem Sinn von Historizität unberührt: Wenn die theologische Grundwahrheit über Jesus Christus in einer Gott-Mensch-Beziehung liegt, dann kann sich die Exegese nicht der Aufgabe entziehen, auch von ihrer Seite her mit den von ihr zu verantwortenden Methoden diese Grundwahrheit zu erschließen, solange sie sich als eine theologische Disziplin versteht.« Zur Forderung nach einer »Kritik der Kritik« und »der historischen Vernunft in Fortführung und Abwandlung der kantischen Vernunftkriterien« vgl. auch Joseph Ratzinger, Schriftauslegung im Widerstreit, 91.

94 Alle Versuche, Leben und Wirken von Jesus auf Grundlage der zur Verfügung stehenden Quellen zu verfassen, müssen als Annäherungen an dieses Leben gewertet werden, über deren Plausibilität jeweils im Einzelnen aufgrund der methodischen und philosophischen Vorentscheidungen zu urteilen ist. Hier hat Troeltsch ohne Zweifel Recht, wenn er konstatiert, »dass es auf historischem Gebiet nur Wahrscheinlichkeithsurteile gibt« (4), aber das ist auch nicht strittig, vgl. Joseph Ratzinger, Jesus I, 16; Jesus II, 122f. Dabei ist ferner darauf zu achten, dass Darstellungen, die akzeptierte und bewährte Glaubensüberzeugungen in ihre Darstellung integrieren, nicht aus diesem wissenschaftlichen Diskurs ausgeschlossen werden. Am Ende bleibt es der kritischen Öffentlichkeit überlassen, welche Darstellung am besten mit dem verfügbaren Wissen kongruiert. Für Ratzinger, und offensichtlich nicht nur für ihn, gilt, dass eine die Traditionen des Glaubens integrierende Darstellung der Gestalt von Jesus »viel logischer und auch historisch betrachtet viel verständlicher ist als die Rekonstruktionen, mit denen wir in den letzten Jahrzehnten konfrontiert wurden«. (Jesus I, 21)

physischen Ursprünge«, die es der Vernunft erlaubt »ihren Ursprung aus einem Anderen, dessen schicksalhafte Macht sie anerkennen muss«, zu entdecken.[95] Die ihrer Grenzen bewusste Vernunft transzendiert diese Grenzen in einer notwendigen Bewegung hin zur möglichen religiösen Erfahrung. Daraus folgt, so Habermas, dass religiös formulierte Wahrheitsansprüche aus philosophischen Gründen denselben Respekt und dieselbe Hörbereitschaft erwarten dürfen wie säkulare. Religiöse Wahrheitsbehauptungen, die auf Offenbarung oder religiöser Sprache beruhen, sind nicht in gleicher Weise allgemein zugänglich wie säkulare. Habermas sieht darin eine Differenz der Art, aber nicht des Wesens. Als Konsequenz fordert Habermas, dass die im Gegensatz zu säkularen Behauptungen oftmals abwertende Bezeichnung religiöser Wahrheitsbehauptungen aufgegeben werden sollte (30). Auch die säkulare Erwartung, wonach Anhänger religiöser Weltbilder diese schrittweise zugunsten einer säkularen Weltsicht aufgeben und sich dem säkularen Paradigma angleichen, ist aufzugeben (vgl. 35f.). Eine religiöse Sichtweise widerspricht nicht *a priori* dem säkularen Wissen, sondern kann durchaus in der Lage sein, sich als vernünftig und einsichtig auszuweisen. Soweit die Einsicht eines säkularen Philosophen.[96]

Was Habermas für den philosophischen Diskurs beschreibt, sollte auch für den Umgang mit der Geschichte wiedergewonnen werden, zumindest insofern religiöse Überzeugungen darin mit Gründen (über die gestritten werden darf und muss) ein Wirken Gottes erkennen. Entscheidend dafür ist die Bereitschaft zu einer größeren Transparenz auf beiden Seiten über die Voraussetzungen, die der Analyse und dem Verständnis der Vergangenheit zu Grunde gelegt werden. Das schließt ein, dass in einem Wettstreit der Erklärungsmodelle Anhänger einer jeweils anderen Sichtweise in die Lage versetzt werden, die Notwendigkeit bzw. Möglichkeit einer konkurrierenden Erklärung innerhalb der von ihr abgesteckten Grenzen zu verstehen, zu beurteilen und vielleicht sogar wertzuschätzen. Wenn jedoch ein Erklärungsmodell in Widerspruch zu den eigenen Grundvoraussetzungen steht, dann wird eine solche Erklärung nicht als vernünftig oder »wahr« anerkannt werden können.[97] Für die christliche Seite bedeutet dies, dass sie einsehbar und begründet darzulegen hat, warum und unter welchen Bedingungen die aktive Teilnahme Gottes an der Wirklichkeit dieser Welt als wahre und vernünftige Voraussetzung angenommen wird. Dabei hat sie zu erklären, wie unter dieser Voraussetzung Gott (und in der christlichen Glaubenstradition ist dies ein – wenn auch in Grenzen – präzise

---

95 Jürgen Habermas/Joseph Ratzinger, Dialektik der Säkularisierung, 29.
96 Vgl. außerdem Jürgen Habermas, Bewusstsein, 48–51, und Ratzingers Antwort in: Dialektik der Säkularisierung, 54f.
97 »Wahr« ist hier gebraucht in dem Sinn, dass eine Beschreibung das gegebene Phänomen so fair, genau und detailliert wie möglich repräsentiert.

erkennbarer und beschreibbarer Gott) als die Ursache spezifischer Ereignisse in Vergangenheit oder Gegenwart verstanden und beschrieben werden kann.[98] Es ist ferner darzustellen, wie die Proposition eines an der Geschichte teilhabenden Gottes[99] für diejenigen, die sie vertreten, eine Haltung (Disposition) hinsichtlich bestimmter Fragen impliziert, die losgelöst davon nicht wahrhaftig angesprochen werden können. D.h, wer an den in der Bibel bezeugten Gott glaubt, kann und braucht nicht so zu tun – insofern für diese Weltsicht ein »epistemischer Status« reklamiert wird –, als könne das Leben Jesu ohne das Handeln dieses Gottes beschrieben werden. Dazu sollte auch niemand unter Berufung auf das allgemeine Wahrheitsbewusstsein verpflichtet werden, sondern es gilt mit Habermas und Ratzinger »die faktische Nichtuniversalität der beiden großen Kulturen des Westens, der Kultur des christlichen Glaubens wie derjenigen der säkularen Rationalität«, zu respektieren.[100] In einem solchen epistemischen Dual müssen die Grenzen des glaubensbasierten Zugangs nicht identisch sein mit den Beschränkungen des säkularen Paradigmas wissenschaftlicher Erkenntnis.[101] Die transempirischen Elemente in Jesu Wirken können auf dieser Voraussetzung erklärt und in die Traditions- und Glaubensgeschichte der biblischen Überlieferung eingebettet werden, sodass sie als Ereignisse sinnvoll und »wahr« im besten Sinne des Wortes sind.

Dies braucht nicht die einzige Weise sein, sich mit der historischen Frage des christlichen Glaubens auseinanderzusetzen, aber es ist ein wichtiger Weg, der nicht aufgegeben werden sollte, nur weil er nicht allgemein akzeptiert ist (was immer nur ein Ideal der Naturwissenschaften, nicht aber der Geis-

---

98 Oder eben auch nicht. Der Bezug auf Gott hat immer ein kritischer zu sein, weil die Behauptung einer Manifestation Gottes auch auf Fälschung, Irrtum oder Übertreibung beruhen kann. Bei einem solchen Unterfangen ist es nötig, generelle biblische Aussagen über Gott als Schöpfer und Erhalter von allem, was ist (z. B. Hebr 1,2f.), zu unterscheiden von seinem zeitlich, räumlich und personal begrenzten Eingreifen im Leben seines Volkes, der Kirche oder einzelner Personen. Die traditionelle dogmatische Unterscheidung zwischen Gottes allgemeiner Fürsorge und seiner speziellen Führung ist hier nach wie vor eine hilfreiche Leitlinie, die beständig im Gespräch mit gegenwärtigen Verständnissen des Seins weiter zu entwickeln ist.
99 Als Umkehrung des Grunddogmas des modernen Weltbildes »dass Gott in der Geschichte gar nicht handeln kann«, Joseph Ratzinger, Jesus I, 64. Hilfreich dazu Holger Zaborowski, »Historische Vernunft«.
100 Jürgen Habermas/Joseph Ratzinger, Dialektik der Säkularisierung, 54.
101 Es wäre schon viel gewonnen, wenn auch von denen, die Gott *a priori* als Kausalität in der Vergangenheit und Gegenwart ausschließen, anerkannt würde, dass es sich dabei ebenfalls um einen – bewusst oder unbewusst – quasi-dogmatischen Zugang zur Wirklichkeit handelt, d. h. um eine Proposition in Bezug auf die historische Realität, die alle nachfolgende Analyse normiert. Vgl. dazu als erste Anregung Catherine Bell, Paradigms Behind (and Before) the Modern Concept of Religion, in: History and Theory 45 (2006) 27–46; Brad S. Gregory, The Other Confessional History. On Secular Bias in the Study of Religion, in: History and Theory 45 (2006) 132–149.

teswissenschaften sein kann). Es geht also darum, dass Theologie das von Habermas zugestandene Recht wahrnimmt, »in religiöser Sprache Beiträge zu öffentlichen Diskussionen zu machen« (36), anstatt den quasi-dogmatischen, monoperspektivischen historischen Zugang, der gegenwärtig dominiert, unkritisch fortzusetzen. Dabei wird es nötig sein, die verschiedenen Kommunikationszusammenhänge, in denen sich Bibelwissenschaftler äußern, zu differenzieren. Ihre intellektuelle und geistliche Verantwortung für einen weiteren Adressatenkreis über die Gemeinschaft der Kirche hinaus darf nicht durch unverständliche Binnendiskurse verloren gehen, und das gilt um so mehr, wenn man davon überzeugt ist, dass der Inhalt des christlichen Glaubens nicht nur in einem existentiellen, subjektiven, auf das Bewusstsein bezogenen Sinn wahr ist, sondern es sich dabei um einen ontologischen Wahrheitsanspruch handelt, der auch für andere Wirklichkeitsdiskurse relevant ist. Aber gerade dabei gilt es, hinausgehend über das, was andere Wissenschaften auch sagen können, sorgfältig zu erklären, warum Christen bestimmte Dinge so und nicht anders sehen. Das ist es schließlich, wofür Theologie und theologische Fakultäten da sind, und ich sehe keinen Grund, warum diese Aufgabe den systematischen Kollegen überlassen bleiben sollte. Bibelwissenschaftler, die zugleich mit Überzeugung auch Theologen sind, sollten daran keinen Zweifel aufkommen lassen. So bleibt am Ende der Dank an den Papst für die Herausforderung, die große Frage von Glaube und Geschichte noch einmal neu zu durchdenken.

Dieser Beitrag entstand für eine Konferenz im Juni 2008 an der Universität Nottingham (GB) über den ersten Band des Jesusbuches von Papst Benedikt und erscheint hier in bearbeiteter Fassung erstmals auf Deutsch. Die Übersetzung verdanke ich zu großen Teilen dem Herausgeber dieses Bandes, wofür ihm herzlich gedankt sei. Hinweise auf den zweiten Band und die auf ihn folgenden Reaktionen wurden in begrenztem Umfang ergänzt. Die Nottinghamer Konferenz ist dokumentiert in: The Pope and Jesus of Nazareth. Christ, Scripture and the Church, *hg. v. Adrian Pabst u. Angus Paddison, London 2009 (mein Beitrag 199–232; eine etwas ausführlichere englische Fassung erschien unter dem Titel:* Can the »Real« Jesus be Identified with the Historical Jesus? A Review of the Pope's Challenge to Biblical Scholarship and the Various Reactions it Provoked, *in der Zeitschrift Didaskalia: Revista da Faculdade de Teologia/Lisboa 39 (2009), 11–46. Auf die ausführlichen Literaturangaben in diesem Zeitschriftenbeitrag wird hier bei Bedarf verwiesen, um unnötige Wiederholungen zu vermeiden und so Raum für Nachträge zu schaffen. Im Voranstehenden bezieht sich der Verweis auf Deines,* The Pope's Challenge, *immer auf den Aufsatz in Didaskalia. Gekürzt wurden außerdem Hinweise auf englischsprachige Veröffentlichungen.*

Das Christuszeugnis in den Jesus-Büchern des Papstes. Anmerkungen eines evangelischen Neutestamentlers[1]

Rainer Riesner

1 Der Papst und die historisch-kritischen Exegeten

»Ist Jesus Christus eines Wesens mit dem Vater? Hier verläuft die theologische Lebensschlacht Ratzingers«.[2] Man muss nicht allem zustimmen, was Christian Geyer kenntnisreich und publikumswirksam über das Christentum im Allgemeinen und den Katholizismus im Besonderen schreibt, aber hier hat er gewiss Recht. Es sagt viel über die christozentrische Theologie und Frömmigkeit von Papst Benedikt XVI. aus, wenn er als Leiter einer Weltkirche die Last auf sich genommen hat, ein mehrbändiges Jesus-Buch zu schreiben.[3] Dabei handelt es sich nicht, wie er selbst betont, um eine lehramtliche Veröffentlichung. Dieses Buch wurde nicht von theologischen Kommissionen mit vorbereitet, sondern Benedikt XVI. legt seine persönliche Jesus-Darstellung vor. Damit ist er durchaus ein Wagnis eingegangen. Bei der Präsentation des ersten Bandes im Vatikan prägte der Wiener Kardinal Christoph Schönborn dafür einen treffenden Vergleich. Wie der Apostel Paulus in Athen (Apg 17,16–34) hat sich der Papst auf die Agora begeben, auf den Marktplatz der widerstreitenden Meinungen.[4]

---

1   Eine Vorform dieses Aufsatzes geht auf Vorträge in Mailand und Padua im März 2011 zurück (Die Trennlinie verläuft zwischen Vertrauen und Skepsis, 30 Tage 29/3 [2011] 42–47). Für eine kritische Durchsicht danke ich Dr. Emmanuel Rehfeld (Dortmund). Vgl. auch Rainer Riesner, Der Papst und die Jesus-Forscher. Notwendige Fragen zwischen Exegese, Dogmatik und Gemeinde, ThBeitr 39 (2008) 329–345; Der Papst und die Evangelien-Forschung, in: Thomas Pola/Bert Roebben, Die Bibel in ihrer vielfältigen Rezeption. Vorträge zu Ehren von Detlev Dormeyer (DBThR 4), Münster 2010, 35–49.
2   Christian Geyer, Es gibt keine Hellenisierung des Christentums, FAZ 88 (14.4.2012) 33.
3   Jesus von Nazareth. Erster Teil: Von der Taufe am Jordan bis zur Verklärung, Freiburg 2007; Jesus von Nazareth. Zweiter Teil: Vom Einzug in Jerusalem bis zur Auferstehung, Freiburg 2011. Jesus von Nazareth. Prolog: Die Kindheitsgeschichten, Freiburg 2012. Im Folgenden nur mit Bandnummer bzw. als Prolog und mit Seitenzahl zitiert.
4   Der Papst auf der Agora, in: »Jesus von Nazareth« kontrovers. Rückfragen an Joseph Ratzinger, Berlin 2007, 9–17 (auch in: Thomas Söding, Ein Weg zu Jesus. Schlüssel zu einem tieferen Verständnis des Papstbuches, Freiburg 2007, 37–52).

Auf diesem Marktplatz stehen heute nicht bloß die Philosophen, sondern auch die historisch-kritischen Exegeten. Wie es zur Zeit des Paulus mit Stoikern und Epikuräern gegensätzliche philosophische Schulen gab (Apg 17,18), so bildet auch die historisch-kritische Exegese keine Einheit, wie manchmal suggeriert wird. Wenn es heute unüberbrückbare Gegensätze in der neutestamentlichen Wissenschaft gibt, so sind diese kaum noch konfessionell begründet. Die Trennlinie verläuft eher zwischen solchen Exegeten, die dem Neuen Testament mit einem grundsätzlichen Vertrauen oder mit einer prinzipiellen historischen Skepsis begegnen. Benedikt XVI. weiß das und deshalb beruft er sich nicht nur auf katholische Forscher. Es spricht für die souveräne Demut dieses Papstes, dass er im Jahr 2008 die evangelischen Neutestamentler Martin Hengel und Peter Stuhlmacher nach Castelgandolfo eingeladen hatte, um mit ihnen über Fragen der historischen Jesus-Forschung zu sprechen.[5] Mit seiner Einladung hat Benedikt XVI. ein unübersehbares ökumenisches Zeichen dafür gesetzt, dass Christen verschiedener Konfessionen sich im ernsthaften Hören auf die Heilige Schrift näher kommen können.[6] Wenn Eberhard Jüngel die Jesus-Darstellung des Papstes »dieses durch und durch katholische Buch« nennt,[7] so kann man entgegnen: Manches Katholische ist zwar nicht neuprotestantisch, wohl aber evangelisch.

Das Jesus-Buch des Papstes hat nicht nur in der säkularen und kirchlichen Öffentlichkeit, sondern auch unter Neutestamentlern starke Beachtung gefunden. Eine Wissenschaft, die sonst nicht gerade im Brennpunkt des allgemeinen Interesses steht, sah sich plötzlich aufs Stärkste herausgefordert. Und so gibt es kaum Fachkollegen, die sich dazu nicht vernehmlich geäußert hätten. Die Reaktionen deutschsprachiger Neutestamentler auf das Jesus-Buch des Papstes reichten in der Regel von respektvoll-verhaltener Würdigung[8] über eine

---

5   Peter Kuhn (Hg.), Gespräch über Jesus. Papst Benedikt XVI. im Dialog mit Martin Hengel und Peter Stuhlmacher, Tübingen 2010.

6   Vgl. Rainer Riesner, Das Jesus-Buch des Papstes – ein ökumenisches Ereignis, Diakrisis 28 (2007) 157–165. Es sei hier an eine kleine Episode aus einer Zeit erinnert, als die katholisch-evangelische Ökumene noch nicht so selbstverständlich war wie heute. Im Vorwort zur 10. Auflage seines frühen Bestsellers *Einführung in das Christentum* schrieb Joseph Ratzinger im Blick auf die Korrektur kleinerer Versehen: »Für freundliche Hinweise habe ich dabei vor allem Herrn Kirchenrat Stroh/Freudenstadt und Herrn Pastor Hans Joachim Schmidt/Goslar zu danken. [...] Ich nehme diese Hilfe mit besonderer Dankbarkeit an als ein Zeichen für die Verbundenheit katholischer und evangelischer Christen in dem apostolischen Glauben, dem die ›Einführung‹ zu dienen versucht« (München [1968] [10]1969, 9).

7   Eberhard Jüngel, Der hypothetische Jesus. Anmerkungen zum Jesus-Buch des Papstes, in: Jan-Heiner Tück (Hg.), Annäherungen an »Jesus von Nazareth«. Das Buch des Papstes in der Diskussion, Mainz 2007, 94–103 (95).

8   Beispiele: J. Frey, Historisch – kanonisch – kirchlich. Zum Jesus-Bild Joseph Ratzingers, in: Thomas Söding (Hg.), Das Jesus-Buch des Papstes. Die Antwort der Neutestamentler,

sehr reservierte Aufnahme[9] bis hin zu deutlicher Ablehnung.[10] Als zwei der bemerkenswerten Ausnahmen unter der jüngeren Generation von Exegeten, die weitgehend positiv reagierten, sind der Katholik Marius Reiser[11] und der Evangelische Roland Deines[12] zu nennen.[13] Beide stimmen darin überein, dass sich nicht bloß Benedikt XVI. den Einwänden von Neutestamentlern stellen muss, sondern auch die Exegeten den kritischen Fragen des Papstes. Deines und Reiser pflichten Benedikt XVI. weiter darin bei, dass die oft behauptete Diskontinuität zwischen dem so genannten »historischen Jesus« und dem Jesus der Evangelien keineswegs ein unbestreitbares Ergebnis moderner Exegese darstellt. Die Position des Papstes wird nicht schon allein dadurch erschüttert, dass man ihm bei historischen und exegetischen Einzelfragen widersprechen kann und nach seinen eigenen Worten auch darf (Jesus I, 22). Ob sein Unternehmen, »einmal den Jesus der Evangelien als den wirklichen Jesus, als den ›historischen Jesus‹ im eigentlichen Sinn darzustellen« und als »historisch sinnvolle und stimmige Figur« zu erweisen (Jesus I, 20–21), grundsätzlich möglich ist, entscheidet sich an geschichtsphilosophischen und hermeneutischen Prämissen.[14]

Freiburg 2007, 43–53; Karl-Wilhelm Niebuhr, Der biblische Jesus Christus. Zu Joseph Ratzingers Jesus-Buch, ebd., 99–109.

9 Beispiele: Dieter Sänger, Rehistorisierung der Christologie? Anmerkungen zu einem angestrebten Paradigmenwechsel, in: Thomas Söding (Hg.), Das Jesus-Buch des Papstes, 110–120; Jens Schröter, Die Offenbarung der Vernunft Gottes in der Welt. Zum Jesus-Buch von Joseph Ratzinger, ebd., 121–133; Klaus Berger, Kant sowie ältere protestantische Dogmatik, in: »Jesus von Nazareth« kontrovers, 27–40.

10 Beispiele: Stefan Schreiber, Der Papst und der Teufel. Ein Exeget liest Joseph Ratzingers Jesus-Buch, ThRev 103 (2007) 355–362; Gerd Lüdemann, Das Jesusbild des Papstes. Über Joseph Ratzingers kühnen Umgang mit den Quellen, Springe 2007; Martin Ebner/Rudolf Hoppe/Thomas Schmeller, Der »historische Jesus« aus der Sicht Joseph Ratzingers. Rückfragen von Neutestamentlern zum päpstlichen Jesusbuch, BZ 52 (2008) 64–81.

11 Marius Reiser, Der Papst als Interpret Jesu. Eine kritische Würdigung, TThZ 121 (2012) 24–42.

12 Roland Deines, Can the »Real« Jesus be Identified with the Historical Jesus? A Review of the Pope's Challenge to Biblical Scholarship and the Various Reactions it Provoked, Didaskalia 39 (2009) 11–46. Dieser Artikel berücksichtigt auch viele Reaktionen im englischsprachigen Bereich.

13 Von Exegeten der älteren Generation: Franz Mußner, Ein Buch der Beziehungen, in: Thomas Söding (Hg.), Das Jesus-Buch des Papstes, 87–98; Peter Stuhlmacher, Joseph Ratzingers Jesus-Buch – ein bedeutsamer geistlicher Wegweiser, in: Jan-Heiner Tück (hg.), Annäherungen an »Jesus von Nazareth«, 21–30; Rudolf Pesch, »Der Jesus der Evangelien ist auch der einzig wirkliche historische Jesus«. Anmerkungen zum Konstruktionspunkt des Jesus-Buches, ebd., 31–56.

14 Vgl. Joseph Ratzinger, Schriftauslegung im Widerstreit. Zur Frage nach Grundlagen und Weg der Exegese heute, in: Ders. (Hg.), Schriftauslegung im Widerstreit (QD 117), Freiburg 1989, 15–44. Vgl. weiter Hansjürgen Verweyen, Joseph Ratzinger – Benedikt XVI. Die Entwicklung seines Denkens, Darmstadt ²2010, 84–98.

Der seit Lessing in der protestantischen und mittlerweile auch in der katholischen Theologie immer stärker akzeptierten Diastase von historischer und theologischer Wahrheit hält der Papst entgegen, dass es zumindest einige theologisch notwendige Geschichtswahrheiten gibt.[15] Schon Adolf Schlatter hatte gegenüber Adolf von Harnack eine prinzipiell atheistische Geschichtsbetrachtung abgelehnt[16] und der Papst zitiert hier den großen Tübinger Theologen ausdrücklich zustimmend.[17] Auch Reiser und Deines verweigern sich der Forderung, Gott aus der Geschichte auszusperren. Reiser geht dabei in der Kritik an der eigenen Zunft noch etwas weiter als Deines. Reiser empfiehlt die Rückkehr zu einer stärker theologisch ausgerichteten Exegese, wie sie vor allem vor der Aufklärung geübt wurde, und er macht sich sogar für eine Wiederaufnahme allegorischer Schriftauslegung stark.[18] Der Ruf nach einer theologisch verantworteten Exegese ist äußerst berechtigt und der Hinweis auf den Wert auch älterer Auslegungen sehr notwendig. Allerdings hat die voraufklärerische Bibelauslegung nicht nur Schätze gehoben, sondern auch manchmal Kies für Gold gehalten. Die Wahrnehmung biblischer Texte kann nicht nur durch Skeptizismus, sondern auch durch Dogmatismus gestört oder getrübt werden. Die positiven Ergebnisse moderner Bibelwissenschaft scheinen in der grundsätzlichen Kritik von Reiser eher unterbewertet, während er in seiner eigenen, bemerkenswerten Jesus-Darstellung entsprechende Erkenntnisse durchaus einbringt.[19] Deines betont mit Recht, dass man weder den exegetischen Diskurs noch ein historisch-methodisches Vorgehen aufgeben muss, auch wenn man wesentliche hermeneutische Voraussetzungen des Paps-

---

15 Vgl. Thomas Söding, Notwendige Geschichtswahrheiten. Ratzingers Hermeneutik und die exegetische Jesusforschung, in: Jan-Heiner Tück (Hg.), Annäherungen an »Jesus von Nazareth«, 57–79; Holger Zaborowski, »Historische Vernunft«. Jesus von Nazareth – jenseits der Dialektik vom »Kampf gegen die Geschichte« und »Auslieferung an die Geschichte«, ebd., 143–154. Wenn Eberhard Jüngel (Der hypothetische Jesus, in: Jan-Heiner Tück (Hg.), Annäherungen an »Jesus von Nazareth«, 99) wie andere Autoren das Unternehmen des Papstes in Parallele zum Ansatz von Martin Kähler (Der sogenannte historische Jesus und der geschichtliche biblische Christus [1892], hrsg. E. Wolf, ThB 2, München ²1956) sieht, so scheint mir ein zentrales Anliegen von Benedikt XVI. gerade verkannt.

16 Vgl. Adolf Schlatter, Rückblick auf meine Lebensarbeit [1952, hrsg. von Theodor Schlatter], Stuttgart ²1977, 160–161. Grundlegend: Adolf Schlatter, Atheistische Methoden in der Theologie [1905], in: Ulrich Luck (Hg.), Zur Theologie des Neuen Testaments und zur Dogmatik. Kleine Schriften (ThB 41), München 1969, 134–150. Neu hrsg. von H. Hempelmann (ThD 43, Wuppertal 1985, 5–30).

17 Joseph Ratzinger, Skandalöser Realismus. Gott handelt in der Geschichte, Bad Tölz ³2005, 8.24.

18 Marius Reiser, Bibelkritik und Auslegung der Heiligen Schrift. Beiträge zur Geschichte der biblischen Exegese und Hermeneutik (WUNT 217), Tübingen 2007.

19 Marius Reiser, Der unbequeme Jesus (BTS 122), Neukirchen-Vluyn 2011.

tes teilt.[20] Im Folgenden soll ein solcher Ansatz im Blick auf einige wesentliche Züge der Jesus-Darstellung des Papstes illustriert werden.

2 Die Einheit von Wort und Weg Jesu

Der Papst hat schon im ersten Band angekündigt (Jesus I, 23) und im zweiten bekräftigt, »noch einen kleinen Faszikel« über die Kindheitsgeschichten zu schreiben (Jesus II, 14). Benedikt war durchaus gut beraten, seine Darstellung nicht mit einer Behandlung der Kindheitsgeschichten zu beginnen. Es ist ein weiser methodischer Grundsatz, bei äußerst schwierigen historischen Fragen vom Unbestrittenen über das zumindest weitgehend Akzeptierte zum Umstrittenen zu kommen. So folgt der erste Band im Wesentlichen dem Aufriss des Markus-Evangeliums von der Taufe Jesu über seine Versuchung und das Petrus-Bekenntnis bis hin zur Verklärung. Als selbständige Unterkapitel werden die Bergpredigt und das Vaterunser (Jesus I, 93–160.161–203), also Matthäus und Lukas teilweise gemeinsame Stoffe, drei Gleichnisse aus dem Lukas-Sondergut (Jesus I, 221–258) sowie »Die großen johanneischen Bilder« (Jesus I, 259–331) behandelt. Der Papst ist offenkundig bestrebt, der Geschichte und der Verkündigung Jesu gleichermaßen gerecht zu werden und dabei verschiedene Überlieferungsströme zu berücksichtigen. Im Gespräch mit dem bekannten jüdischen Forscher Jacob Neusner versucht Benedikt XVI., bei seiner Auslegung der Bergpredigt deutlich zu machen, dass der hier sichtbare Umgang mit der Torah auf mehr hinweist als »die Autorität eines Gelehrten« (Jesus I, 152). Neusner selbst hatte herausgearbeitet, dass Jesu Stellung zum Sabbat nicht bloß eine etwas liberalere Auffassung demonstriert, sondern die Frage provoziert: »›Ist Dein Meister, der Menschensohn, wirklich Herr über den Sabbat?‹ [Mk 2,28]. Und wieder frage ich: ›Ist Dein Meister Gott?‹«.[21] Der Papst wagt es, in diesem mit großem gegenseitigen Respekt geführten jüdisch-christlichen Dialog zu antworten: »Damit ist der eigentliche Kernpunkt des Streites bloßgelegt. Jesus versteht sich selbst als die Tora – als das Wort Gottes in Person. Der gewaltige Prolog des Johannes-Evangeliums ›Im Anfang war das Wort und das Wort war bei Gott und das Wort war Gott‹ [Joh 1,1] sagt nichts anderes, als was der Jesus der Bergpredigt und der Jesus der synopti-

---

20 Zur möglichen ideologischen Beeinflussung selbst wissenschaftlicher Jesus-Darstellungen vgl. Roland Deines, Galiläa und Jesus. Anfragen zur Funktion der Herkunftsbezeichnung »Galiläa« in der neueren Jesusforschung, in: Carsten Claußen/Jörg Frey (Hg.), Jesus und die Archäologie Galiläas (BTS 87), Neukirchen-Vluyn 2008, 271–320.
21 Jacob Neusner, Ein Rabbi spricht mit Jesus. Ein jüdisch-christlicher Dialog, München 1997, 92.

schen Evangelien‹ sagt. Der Jesus des vierten Evangeliums und der Jesus der Synoptiker ist ein und derselbe: der wahre ›historische‹ Jesus« (Jesus I, 143).[22]

Man hat dem Papst vorgehalten, dass im ersten Band seines Jesus-Buches ein Kapitel über die Wunder fehlt, die doch für Jesus Zeichen des anbrechenden Reiches Gottes waren (Mt 12,28/Lk 11,20). Marius Reiser bemerkt dazu in seiner sonst weitgehend zustimmenden Würdigung: »Dieses Fehlen ist mir umso unverständlicher, als die Wunder Jesu traditionell als Hauptausweis seiner Gottheit gelten«.[23] Dabei wäre dem Papst der Umstand entgegengekommen, dass es bei diesem Thema in der neutestamentlichen Wissenschaft eine etwas offenere Gesprächssituation gibt als über lange Zeit hinweg.[24] Allerdings kann man Benedikt nicht vorwerfen, dass er sich der Diskussion ganz entzieht, wenn er darauf beharrt, dass es sich bei den Versuchungen Jesu und der Verklärung auf dem hohen Berg nicht bloß um nachösterliche christologische Interpretamente, sondern um ein Erleben des vorösterlichen Jesus handelte (Jesus I, 53–74. 353–365). Im Zusammenhang mit der Taufe Jesu stellt der Papst sich einem grundlegenden christologischen Problem, welches Gerd Theißen wie viele Neutestamentler so löst, dass sich »wegen der mit der Taufe verbundenen Sündenvergebung [Mk 1,4]... auf ein Sündenbewußtsein Jesu schließen läßt«.[25] Benedikt XVI. hingegen versteht die Taufe durch Johannes als ein erstes stellvertretendes Handeln Jesu als des Gottesknechtes von Jesaja 53. Dabei führt der Papst eine Differenzierung ein: »Von Kreuz und Auferstehung her wurde der Christenheit klar, was geschehen war: Jesus hatte die Last der Schuld der ganzen Menschheit auf seine Schultern geladen; er trug sie den Jordan hinunter. Er eröffnet sein Wirken damit, dass er an den Platz der Sünder tritt. Er eröffnet es mit der Antizipation des Kreuzes« (Jesus I, 44). Im Anschluss daran fragt der Papst: »Haben wir uns mit dieser kirchlichen Auslegung und Anwandlung des Geschehens der Taufe zu weit von der Bibel entfernt?« (Jesus I, 47). Er beantwortet diese selbstkritische Frage dann mit dem Hinweis auf das Wort des Täufers über Jesus: »Siehe, das Lamm Gottes, das die Sünde der Welt trägt« (Jesus I, 47–49), wie es im Johannes-Evangelium geboten wird (Joh 1,29). Wenn man dem Vorwurf entgehen will, hier handle es sich nur um johanneische Theologie fern von der geschichtlichen

---

22 Die Antwort von Jacob Neusner, Die Wiederaufnahme des religiösen Streitgesprächs – auf der Suche nach theologischer Wahrheit, in: Jan-Heiner Tück (Hg.), Annäherungen an »Jesus von Nazareth«, 13–20. Vgl. Achim Buckenmaier, Jesus – die Tora in Person. Anmerkungen zum »Gespräch« zwischen Jacob Neusner und Joseph Ratzinger, ebd., 80–93.
23 Marius Reiser, Der Papst als Interpret Jesu. Eine kritische Würdigung, TThZ 121 (2012) 134.
24 Vgl. Rainer Riesner, Jesus – Jüdischer Wundertäter und epiphaner Gottessohn, ZNT 4 (2001) 54–58; Armand Puig i Tárrech, Jesus. Eine Biographie, Paderborn 2011, 377–419; Thomas Söding, Die Verkündigung Jesu – Ereignis und Erinnerung, Freiburg 2011, 377–481.
25 Gerd Theißen (mit A. Merz), Der historische Jesus. Ein Lehrbuch, Göttingen ^{3}2001, 193.

Gestalt Jesu, dann wird man noch weitere Überlegungen anstellen müssen. Dabei könnte uns Paulus bei der historischen Nachfrage zu Hilfe kommen, der mehr Jesus-Überlieferungen kannte, als gemeinhin angenommen wird.[26] Einerseits gibt es Indizien dafür, dass der Apostel von der Taufe Jesu durch Johannes wusste.[27] Andererseits gilt es, die Feststellung von Christian Wolff in Bezug auf 2. Korinther 5,21 »Gott hat den, der von keiner Sünde wusste, für uns zur Sünde gemacht (τὸν μὴ γνόντα ἁμαρτίαν ὑπὲρ ἡμῶν ἁμαρτίαν ἐποίησεν)« zu bedenken: »Paulus übernimmt (vgl. auch Gal 3,14; Röm 8,3) die weit verbreitete christliche Vorstellung von der Sündlosigkeit Jesu (Joh 7,18; 8,46; 1 Joh 3,5; 1 Pt 2,22; Hebr 4,15; 7,26; Mt 3,13–15); das setzt die Kenntnis eines entsprechenden Verhaltens auf Seiten des irdischen Jesus voraus«.[28]

3 Das letzte Abendmahl zwischen historischer Kritik und theologischem Vorurteil

An seiner Behandlung des letzten Abendmahles wird besonders deutlich, wie der Papst die historisch-kritische Exegese durchaus ernst nimmt, aber auf ihre ideologische Engführung bei manchen Forschern hinweist. So erkennt Benedikt an, dass es historische Probleme in den Evangelien gibt, auf die verschiedene wissenschaftliche Antworten möglich sind. Er lässt deshalb die überaus kontroverse Frage offen, in welchem Verhältnis das Abschiedsmahl Jesu zum jüdischen Passahmahl stand (Jesus II, 126–134). Aber bei einer anderen Frage lässt der Papst nichts offen. Viele Exegeten bestreiten heute, dass Jesus die Abendmahlsworte überhaupt gesprochen habe. So schreibt Jens Schröter in einem Jesus-Buch, das für die Unterrichtung von Laien bestimmt ist und in Vielem dem Mainstream der deutschsprachigen Exegese folgt: »Die über Brot und Kelch gesprochenen Worte (die sogenannten ›Einsetzungsworte‹) … stammen offensichtlich nicht aus dem historischen Kontext des letzten Mahles selbst, sondern stellen eine selbständige urchristliche Interpretation dieses Mahles dar. Das zeigt sich schon daran, dass sie vor ihrer Aufnahme in die neutestamentlichen Schriften bereits Überlieferungsprozesse durchlaufen

---

26 Vgl. Rainer Riesner, Paulus und die Jesus-Überlieferung, in: Jostein Ådna/Scott J. Hafemann/Otfried Hofius (Hg.), Evangelium – Schriftauslegung – Kirche. Festschrift für Peter Stuhlmacher zum 65. Geburtstag, Göttingen 1997, 347–365.
27 Vgl. J. Ramsey Michaels, Paul and John the Baptist. An Odd Couple?, TynB 42 (1991) 245–260; David Wenham, Paulus – Jünger Jesu oder Begründer des Christentums?, Paderborn 1999, 309–313.
28 Christian Wolff, True Apostolic Knowledge of Christ: Exegetical Reflections on 2 Corinthians 5.14ff., in: Alexander J. M. Wedderburn, Paul and Jesus: Collected Essays (JSNTS 37), Sheffield 1989, 81–98, hier 96 [Übersetzung R. R.].

haben, in denen Brot- und Kelchwort verschiedentlich aneinander angeglichen wurden«.²⁹ Der genannte kritische Einwand ist nicht ganz leicht nachzuvollziehen. Wenn Brot- und Kelchwort einander angeglichen wurden, bedeutet das ja, dass sie schon vor dieser Angleichung vorhanden waren. Darüber hinaus ist die Frage relevant, ob die Angleichungen die Substanz der Aussage verändert haben. Selbst Nichttheologen können sich anhand einer deutschen Synopse davon überzeugen, dass dies nicht der Fall ist. Das Urteil von Joachim Jeremias, dessen bahnbrechendes Werk zum Abendmahl³⁰ der Papst würdigt (Jesus II, 324), gilt immer noch: »Die Worte, die Jesus beim letzten Mahl gesprochen hat, sind uns fünffach überliefert [1 Kor 11,23–24; Lk 22,19–20; Mk 14,22–24; Mt 26,26–28; Joh 6,51c], ein Hinweis darauf, wie wichtig sie der Urkirche waren. [...] Die fünf Texte [...] weisen beim Vergleich Unterschiede auf, die Rückschlüsse auf die Feier des Herrenmahles in den Gemeinden der Urkirche erlauben. Viel bedeutsamer als diese Unterschiede ist jedoch ein anderes Resultat, das sich beim Vergleich unserer fünf Texte ergibt: daß sie nämlich – trotz mancher Abweichungen im Wortlaut – sämtlich voll und ganz in der Substanz übereinstimmen«.³¹

Eine andere Begründung für die Unechtheit der Abendmahlsworte lautet, dass Jesu Verkündigung des Reiches Gottes sich nicht mit dem Sühnegedanken vertrage, wie er in den Deuteworten zum Ausdruck kommt. Diese Ansicht wird unter anderem von dem Katholiken Peter Fiedler³² und dem Protestanten Klaus-Peter Jörns³³ in einer unglücklichen ökumenischen Koalition vertreten. Als Beleg hat man oft auf das Gleichnis vom verlorenen Sohn hingewiesen, dem der Vater ohne jede Sühneleistung vergibt (Lk 15,11–24). Aber die Abendmahlsworte wurden schon um 50/51 von Paulus der Gemeinde in Korinth als eine fest geprägte Überlieferung weitergegeben, die er selbst, wahrscheinlich schon um 31/32, über die Gemeinde in Damaskus aus der Jerusalemer Urgemeinde empfangen hatte (1 Kor 11,23–25).³⁴ Wenn Paulus schreibt: »Ich habe nämlich vom Herrn empfangen, was auch ich euch überliefert habe (ἐγὼ γὰρ παρέλαβον ἀπὸ τοῦ κυρίου, ὃ καὶ παρέδωκα ὑμῖν)« (1 Kor 11,23a), so wird hier mit der Präposition ἀπό auf den Urheber der Tradition zurückverwiesen,

---

29 Jens Schröter, Jesus von Nazaret. Jude aus Galiläa – Retter der Welt (Biblische Gestalten 15), Leipzig 2006, 288.
30 Joachim Jeremias, Die Abendmahlsworte Jesu, Göttingen ⁴1967.
31 Joachim Jeremias, Jesus und seine Botschaft, Stuttgart 1976, 66.72.
32 Peter Fiedler, Jesus und die Sünder (BET 3), Frankfurt/Bern 1976.
33 Klaus-Peter Jörns, Notwendige Abschiede. Auf dem Weg zu einem glaubwürdigen Christentum, Darmstadt ⁵2010, 246–383.
34 Vgl. Rainer Riesner, From the Messianic Teacher to the Gospels of Jesus Christ, in: Tom Holmén/Stanley E. Porter (Hg.), Handbook of the Historical Jesus I: How to Study the Historical Jesus, Leiden 2011, 405–446 (429–431).

wie ein Vergleich mit dem parallelen rabbinischen Sprachgebrauch (קבל מן) zeigt (mAb 1,1). Der Apostel war also davon überzeugt, dass die Einsetzungsworte auf Jesus selbst zurückgehen. Deshalb hat der Papst völlig Recht, wenn er schreibt: »Vom historischen Befund her kann gar nichts ursprünglicher sein als eben die Abendmahls-Überlieferung. Aber der Sühnegedanke ist dem modernen Empfinden nicht nachvollziehbar. Jesus muss mit seiner Reich-Gottes-Verkündigung der Gegenpol dazu sein. Es geht um unser Gottes- und Menschenbild. Insofern ist die ganze Diskussion nur schein-historisch« (Jesus II, 139).

4 Karfreitag als Großer Versöhnungstag

Eine der Stärken des Papst-Buches besteht in dem Nachweis, dass die Aussagen des Neuen Testaments über den Tod Jesu als Sühne für menschliche Schuld nur auf dem Hintergrund des Alten Testaments verständlich werden, weil Jesus seinen Leidensweg dort vorgezeichnet sah.[35] Es gehört zu den schwer verständlichen Phänomenen, dass manche Exegeten, die Jesu jüdische Frömmigkeit besonders betonen, ihm gleichzeitig fast alle Bezugnahmen auf die Heilige Schrift Israels absprechen wollen. Aber diese Bezüge beschränken sich nicht auf direkte Zitate. Die Worte Jesu sind von alttestamentlichen Anspielungen durchwebt.[36] Wollte man sie alle streichen, bliebe nicht mehr viel übrig. Jesus hat in der Heiligen Schrift Israels gelebt wie übrigens auch der Papst. Nicht alle Entdeckungen alttestamentlicher Bezüge konnte er der exegetischen Literatur entnehmen. Einiges geht offensichtlich auf seine eigene, lebenslange Meditation biblischer Texte zurück. Dieser Ansatz erlaubt es Benedikt, in seiner Darstellung zu zeigen, dass im Ablauf der Ereignisse vom Einzug Jesu in Jerusalem bis zu seiner Kreuzigung auf Golgatha ein innerer Zusammenhang liegt. Dagegen war für Rudolf Bultmann der Tod Jesu nicht »die innerliche Konsequenz seines Wirkens, sondern ein Mißverständnis [...] seines Wirkens als eines politischen« und damit »historisch gesprochen – ein sinnloses Schicksal«.[37] Der vom Papst aufgewiesene Zusammenhang ist sowohl historisch plausibel wie theologisch hoch bedeutsam: Die so genannte Tempelreinigung war nicht bloß ein Akt von Sozialkritik an der hohepriesterlichen

---

35 Vgl. auch Ludger Schwienhorst-Schönberger, Das Alte Testament im Jesus-Buch (2. Band) Papst Benedikts XVI., in: Jan-Heiner Tück (Hg.), Passion aus Liebe. Das Jesus-Buch des Papstes in der Diskussion, Mainz 2011, 37–61.
36 Vgl. Rainer Riesner, Jesus als Lehrer. Eine Untersuchung zum Ursprung der Evangelien-Überlieferung (WUNT II/7), Tübingen ³1988, 357–359.
37 Rudolf Bultmann, Das Verhältnis der urchristlichen Christusbotschaft zum historischen Jesus (SHAW.PH 1960/3), Heidelberg 1962, 1–27, hier 12.

Klasse, die sich durch den Opferbetrieb bereicherte (Jesus II, 15–38). Vielmehr kündigte Jesus in einer begrenzten prophetischen Zeichenhandlung an, dass das Ende des Opferkultes im Jerusalemer Tempel gekommen sei (Joh 2,14–22; vgl. Mk 11,15–18). Das wird durch die synoptische Endzeitrede und die darin enthaltene Ankündigung der Zerstörung des Tempels (Mk 13,14–17) bestätigt (Jesus II, 39–68). Im Hintergrund steht dabei keineswegs die Meinung, dass die alttestamentlichen Opfer schon immer wertlos waren. Sie wiesen aber, unterstützt von der Verkündigung eines Propheten wie Jeremia, über sich hinaus auf die Erfüllung in einem »neuen Bund« hin (Jer 31,31).

An der geheimnisvollen Gestalt des leidenden und sterbenden »Knechtes Gottes« im Jesaja-Buch wird deutlich, dass Sühne nur durch die Stellvertretung eines besonderen von Gott Gesandten möglich ist (Jes 52,13–53,12). Jesus hat die Prophetie vom Gottesknecht bis hinein in die Formulierung der Abendmahlsworte (Mk 14,24; vgl. Jes 53,12) auf sich bezogen (Jesus II, 151–158). Es ist dem Papst sehr bewusst, dass der stellvertretende Sühnetod Jesu eine der größten Verständnisschwierigkeiten, ja Anstöße für die Gegenwart darstellt: »Der Gedanke, dass Gott sich die Vergebung der Schuld, die Heilung der Menschen von innen her, den Tod seines Sohnes hat kosten lassen, ist uns heute sehr fremd geworden: Dass der Herr ›unsere Krankheit getragen und unsere Schmerzen auf sich geladen‹ hat, dass er ›durchbohrt wurde wegen unserer Missetaten, wegen unserer Sünden zermalmt‹, dass wir ›durch seine Wunden geheilt wurden‹ (Jes 53,4–6), will uns heute nicht mehr einleuchten. Dem steht einerseits die Banalisierung des Bösen entgegen, in die wir uns flüchten ... Dem Verstehen des großen Geheimnisses der Sühne steht dann aber auch unser individualistisches Menschenbild im Wege« (Jesus I, 194). Dieser Analyse des Papstes ist uneingeschränkt zuzustimmen. Er will heutigen Menschen einen Zugang zur biblischen Sühnevorstellung erschließen, indem er das Kreuz Jesu ganz von der Liebe Gottes zu den Menschen her verstehen möchte: »Jesus selbst ist die Gegenwart des lebendigen Gottes. In ihm berühren sich Gott und Mensch, Gott und die Welt. In ihm geschieht das, was mit dem Ritus des Versöhnungstages [Lev 16] gemeint war: In seiner Hingabe am Kreuz legt Jesus gleichsam alle Schuld der Welt in die Liebe Gottes hinein und löst sie darin auf. Hintreten zum Kreuz, in Gemeinschaft treten mit Christus bedeutet das Eintreten in den Raum der Verwandlung und der Entsühnung« (Jesus II, 55).

Mit der Liebe Gottes als Grund der Versöhnung weist der Papst auf einen vor allem im Johannes-Evangelium wichtigen Zug (Jesus II, 117) hin: »So hat Gott die Welt geliebt, dass er seinen einziggeborenen Sohn hingab, damit jeder, der an ihn glaubt, nicht zugrunde geht, sondern das ewige Leben hat« (Joh 3,16). Am Ende desselben Kapitels heißt es aber auch: »Wer an den Sohn glaubt, hat das ewige Leben; wer aber dem Sohn nicht glaubt, wird das Leben nicht sehen, sondern der Zorn Gottes bleibt auf ihm (ἡ ὀργὴ τοῦ θεοῦ μένει ἐπ' αὐτόν)« (Joh 3,36). »Zorn« steht in der biblischen Sprache für das Gericht Gottes über Sünder, das also auch Johannes nicht verschweigt. Am Großen Versöhnungstag geschah die Gottesbegegnung Israels nur durch den Tod hindurch, wofür, durch Gott gnädig gewährt, stellvertretend das Blut des reinen Opfertieres stand (Lev 16,15-17).[38] Über den Gottesknecht heißt es, vom Papst in seinem Zitat von Jesaja 53,4–6 (Jesus I, 194) ausgelassen (siehe oben): »Die Strafe liegt zu unserem Frieden auf ihm« (Jes 53,5). Paulus hat das als Weissagung auf das Kreuz Jesu hin verstanden (Röm 4,25–5,1). Die Gerichtsdimension und Jesu Tod als stellvertretendes Strafleiden für menschliche Schuld werden von Benedikt XVI. nicht abgelehnt, aber auch nicht entfaltet.[39] Hier hat eine biblisch-reformatorische Exegese weiter einen wichtigen ökumenischen Beitrag zu leisten.[40] Der Papst ist aber gegenüber großen Teilen der protestantischen Theologie darin im Recht, dass ohne die seinshafte Gottessohnschaft Jesu der Soteriologie einschließlich der Rechtfertigungslehre das christologische Fundament fehlt.

Das so genannte Hohepriesterliche Gebet im Johannes-Evangelium (Joh 17) versteht Benedikt XVI. auf dem Hintergrund der Liturgie des jüdischen Festes Jom Kippur (Jesus II, 93–120). Am Großen Versöhnungstag (Lev 16) betrat der Hohepriester ein einziges Mal im Jahr das Allerheiligste des Tempels und entsühnte das Volk Israel, indem er Blut auf die Bundeslade sprengte (Sir 50,5–21; Philo, Spec Leg I 186–188). Benedikt XVI. folgt hier der Auslegung des seinerzeit sehr bekannten katholischen Exegeten André Feuillet,[41]

---

38 Vgl. Hartmut Gese, Die Sühne, in: Zur biblischen Theologie. Alttestamentliche Vorträge, Tübingen ²1983, 85–106; Peter Stuhlmacher, Jesu Opfergang, in: Peter Kuhn, Gespräch über Jesus, 63–85. Zusammenfassung von Peter Stuhlmacher, Was geschah auf Golgatha? Zur Heilsbedeutung von Kreuz, Tod und Auferweckung Jesu, Stuttgart 1998; Ders., Biblische Theologie des Neuen Testaments I. Grundlegung: Von Jesus zu Paulus, Göttingen ³2005, 124–155.

39 Vgl. Uwe Swarat, Das Kreuz Jesu als Gottesdienst vollkommenen Gehorsams? Zum Verständnis der Heilsbedeutung des Todes Jesu im Buch Joseph Ratzingers, in: Thomas Söding, Tod und Auferstehung Jesu. Theologische Antworten auf das Buch des Papstes, Freiburg 2011, 160–178 (174); Rainer Riesner, Joseph Ratzinger/Benedikt XVI.: Jesus von Nazareth, Diakrisis 32 (2011) 170–177; Peter Stuhlmacher, Joseph Ratzingers Jesus-Buch (Teil II). Eine kritische Würdigung, in: Jan-Heiner Tück (Hg.), Passion aus Liebe, 62–75.

40 Vgl. Heinzpeter Hempelmann, Warum *musste* Jesus sterben?, ThBeitr 41 (2010) 296–313; Ulrich Eibach, »Gestorben für unsere Sünden nach der Schrift«. Zur Diskussion um die Heilsbedeutung des Todes Jesu Christi, in: Volker Hampel/Rudolf Weth, Für uns gestorben. Sühne – Opfer – Stellvertretung, Neukirchen-Vluyn 2010, 155–189; Klaus Haacker, Was Jesus lehrte. Die Verkündigung Jesu – vom Vaterunser aus entfaltet, Neukirchen-Vluyn 2010, 188–190.

41 André Feuillet Le sacerdoce du Christ et de ses ministères d'après la prière sacerdotale du quatrième évangile et plusieurs données parallèles du Nouveau Testament, Paris 1972.

die allerdings nicht ohne Kritik geblieben ist, und so widerspricht auch Michael Theobald als ein moderner katholischer Exeget dem Papst weitgehend.[42] Theobald warnt mit Recht davor, in Johannes 17 eine ganze Theologie des Priesteramts hineinzulesen. Aber dass, entgegen einer weit verbreiteten Ansicht, im Johannes-Evangelium zwischen den vorösterlichen Jüngern mit ihrer einmaligen (Augenzeugen)autorität und den späteren Glaubenden unterschieden wird, lässt sich festhalten (Joh 17,18–20; vgl. Joh 20,29; 21,24; 1 Joh 1,1–3). In Qumran scheint es die Erwartung eines eschatologischen Jom Kippur gegeben zu haben (11QMelch 3,4–9; vgl. 11QMiqd 25,10–27,10). Der Große Versöhnungstag spielte für das Verständnis des Todes Jesu im frühen Christentum offenbar eine noch größere Rolle, als bisher gesehen wurde, worauf eine umfangreiche Arbeit von Daniel Stökl Ben Ezra hinweist.[43] Christian Stettler bemerkt zu den vorpaulinischen traditionellen Aussagen in Römer 3,24–25 und Kolosser 1,19–20: »Wie die Anwesenheit der Schekina [Herrlichkeit Gottes] über dem Sühnmal die Voraussetzung für den Sühnekult des Jom Kippur war, so war die Einwohnung der Schekina in Jesus die Voraussetzung dafür, dass sein Tod die Erfüllung des Sühnekultes zur endgültigen Begegnung des Menschen mit Gott sein konnte«.[44] Peter Stuhlmacher bringt der Interpretation von Johannes 17 durch den Papst einige Sympathie entgegen, bemerkt aber einschränkend: »Ratzingers Ausführungen sind höchst eindrücklich. Sie sprechen freilich für die erst nachösterliche Ausformung von Joh 17 durch den Johanneskreis, und die Verwandtschaft des Kapitels mit der Christologie des Hebräerbriefes bestärkt in dieser Sicht«.[45]

Es hat dem Papst überhaupt viel Kritik eingetragen, dass er in seiner Jesus-Darstellung gelegentlich der johanneischen Chronologie folgt und mehrmals Texte des Vierten Evangeliums heranzieht (Jesus I, 260–331.397–407; II 93–119). Das sei in einem Werk, welches einen historisch-wissenschaftlichen Anspruch erhebt, heute nicht mehr möglich. Nun äußert sich der Papst in diesem Zusammenhang aber, was er bei den synoptischen Evangelien leider völlig unterlassen hatte, zu den Einleitungsfragen (Jesus I, 264–269). Seine Lösung versucht, sowohl der altkirchlichen Tradition wie literarkritischen

---

42 Michael Theobald, Das »hohepriesterliche« Gebet Jesu (Joh 17). Ein Eckpfeiler in der sazerdotal-kultischen Wahrnehmung der Passion Jesu durch Joseph Ratzinger, in: Jan-Heiner Tück (Hg.), Passion aus Liebe, 77–109.

43 Daniel Stökl Ben Ezra, The Impact of Yom Kippur on Early Christianity (WUNT 163), Tübingen 2003.

44 Christian Stettler, Der Kolosserhymnus. Untersuchungen zu Form, traditionsgeschichtlichem Hintergrund und Aussage von Kol 1,15–20 (WUNT II/131), Tübingen 2000, 289.

45 Peter Stuhlmacher, Joseph Ratzingers Jesus-Buch (Teil II), in: Jan-Heiner Tück (Hg.), Passion aus Liebe, 67. Zur Nähe zwischen dem Hebräer-Brief und dem Corpus Johanneum vgl. Ceslas Spicq, L'Épître aux Hébreux (SB), Paris 1977, 17–19.

Überlegungen Rechnung zu tragen. Für den Papst ist »der Jünger, den Jesus liebte«, der Urheber der Überlieferung und mit dem Zebedaiden Johannes gleich zu setzen. An der Endgestalt des Evangeliums hatte in Ephesus aber einer seiner Schüler wesentlichen Anteil, der im Zweiten und Dritten Johannes-Brief als »der Älteste« (ὁ πρεσβύτερος) erscheint (2 Joh 1; 3 Joh 1). Seit einigen Jahren gibt es eine erneute Diskussion über den Geschichtswert des Johannes-Evangeliums[46] und es wächst die Zahl der Exegeten, die mit einem höheren Maß an historischer Überlieferung darin rechnen, als das lange Zeit der Fall war.[47] Es geht aber sicher nicht an, das starke Ausmaß johanneischer Sprache im Hohepriesterlichen Gebet zu leugnen und es zur Gänze den *ipsissima verba* Jesu zuzurechnen. Hier hätte man sich etwas klarere Ausführungen des Papstes gewünscht. Aber es könnten mehr in Johannes 17 verarbeitete Motive auf Jesus zurückgehen, als oft angenommen wird.[48] Durch die Qumran-Funde kennen wir die doppelte Erwartung der Essener eines priesterlichen und eines davidischen Messias (1QS 9,11; CD 12,23–13,1; 1QS^a 2,12 usw.). Der Hebräer-Brief zeigt, wie virulent für manche der frühesten Gläubigen die Frage war, ob Jesus auch eine messianisch-hohepriesterliche Erwartung erfüllt hat (Hebr 4,14–5,10; 6,20–8,6; 9,11–28). Es mehren sich die Stimmen dafür, dass schon Jesus selbst eine entsprechende Erfüllung für sich in Anspruch nahm.[49] In der Tat hat er sich bei seiner Antwort auf die Messiasfrage des Hohepriesters Kaiphas durch die Ankündigung seines zukünftigen »Sitzens zur Rechten Gottes« (Mk 14,62; vgl. Ps 110,1) als »Priester nach der Ordnung des Melchisedek« (Ps 110,4) bekannt.[50]

---

46 Das zeigen die Sammelbände von John Lierman (Hg.), Challenging Perspectives on the Gospel of John (WUNT II/219), Tübingen 2006; Paul N. Anderson/Felix Just/Tom Thatcher (Hg.), John, Jesus, and History I: Critical Appraisals of Critical Views (SBL Symposion Series 44), Atlanta/Leiden 2007; II: Aspects of Historicity in the Fourth Gospel, Atlanta/Leiden 2009. Vgl. Paul N. Anderson, Das »John, Jesus, and History«-Project, ZNT 12 (2009) 12–26.

47 Vgl. Paul N. Anderson, The Fourth Gospel and the Quest for Jesus: Modern Foundations Reconsidered (LNTS 321), London 2007; James H. Charlesworth, The Historical Jesus in the Fourth Gospel: A Paradigm Shift?, JSHJ 8 (2010) 3–46; F. Manns, The Historical Character of the Fourth Gospel, LA 61 (2011) 127–210.

48 Vgl. Craig L. Blomberg, The Historical Reliability of John's Gospel: Issues and Commentary, Downers Grove 2001, 218–227.

49 Vgl. Thomas Pola, Die Gethsemane-Perikope Markus 14,32–42 im Lichte des Mischnatraktates Joma (mYom I 4.6f), ThBeitr 25 (1994) 31–44; Anna Maria Schwemer, Jesus Christus als Prophet, König und Priester, in: Martin Hengel/Anna Maria Schwemer, Der messianische Anspruch Jesu und die Anfänge der Christologie (WUNT 138), Tübingen 2001, 165–230; Crispin H. T. Fletcher-Louis, Jesus as the High Priestly Messiah, JSHJ 4 (2006) 155–175; 5 (2007) 57–79.

50 Vgl. Darrell. L. Bock, Blasphemy and Exaltation in Judaism and the Final Examination of Jesus (WUNT II/106), Tübingen 1998; Martin Hengel/Anna Maria. Schwemer, Jesus und das Judentum (Geschichte des frühen Christentums I), Tübingen 2007, 597–598.

5 Gethsemane und die zwei Naturen Jesu

Die Formulierung des Konzils von Chalcedon (451), die Jesus als »wahren Menschen und wahren Gott« bekennt, ist Katholiken, Orthodoxen, Anglikanern und Evangelischen gemeinsam. Dagegen haben koptische und syrische Kirchen diese so genannte Zweinaturenlehre nicht übernommen. Sie schreiben Jesus allein eine göttliche Natur zu. Neben diesem alten Monophysitismus gibt es auch die viel weiter verbreitete moderne Variante, wonach Jesus nur eine rein menschliche Natur besaß. Hier steht der Papst in einer lebenslangen Auseinandersetzung mit dem großen Liberalen Adolf von Harnac, der den Spitzensatz formulierte: »Nicht der Sohn, sondern allein der Vater gehört in das Evangelium, wie es Jesus verkündigt hat, hinein«.[51] An der synoptischen Erzählung von der Anfechtung und dem Gebet Jesu im Garten Gethsemane (Mk 14,32–42) macht Papst Benedikt deutlich, warum alter und moderner Monophysitismus Jesus nicht gerecht werden. Gethsemane zeigt Jesus, besonders in der Darstellung des Lukas-Evangeliums (Lk 22,44) und des Hebräer-Briefes (Hebr 5,7–8), in seiner ganzen verletzlichen und geängsteten Menschlichkeit. Trotzdem mutet ihm der himmlische Vater zu, »den Kelch« zu trinken (Mk 14,36b), der hier in alttestamentlicher Redeweise das vernichtende Zorngericht Gottes meint (Jes 51,17). Das weist darauf hin, dass Jesus mehr sein muss als ein bloßer Mensch. Mit voller Absicht hat Markus gerade hier die intime Gebetsanrede »Abba, Vater« in ihrer semitischen Form weitergegeben (Mk 14,36a), so wie sie im Mund Jesu erklang. Der Evangelist wusste, dass vor Jesus kein jüdischer Frommer Gott so angerufen hatte, auch kein Prophet. So konnte nur der reden, der selbst im wirklichen Sinn der Sohn Gottes ist (Jesus II, 183–184). Benedikt XVI. schreibt dazu: »Gerade weil er der Sohn ist, empfindet er zutiefst das Grauen, all den Schmutz und das Gemeine, das er in

---

51 Adolf Harnack, Das Wesen des Christentums ([1900, ²1929] neu hrsg. T. Rendtorff), Gütersloh 1999, 154. Eine frühere Neuauflage war 1950 von Rudolf Bultmann herausgegeben worden. Vgl. schon die Auseinandersetzung mit Harnack bei Joseph Ratzinger, Einführung in das Christentum. Vorlesungen über das Apostolische Glaubensbekenntnis, München 1968, 153–184. Zum Ganzen vgl. Jan-Heiner Tück, Auch der Sohn gehört in das Evangelium. Das Jesus-Buch Joseph Ratzingers als Anti-These zu Adolf von Harnack, in: Ders. (Hg.), Annäherungen an »Jesus von Nazareth«, 155–181. Michael Wolter schreibt: »Jesus verstand sich nicht lediglich als Prophet der Gottesherrschaft« und weiter, der Papst befinde »sich damit im Konsens nicht nur mit dem Verfasser dieser Zeilen, sondern auch mit großen Teilen der historisch-kritischen Jesusforschung«. Wolter stellt dann aber weiter bedauernd fest: »Dass Ratzinger selbst das anders sieht, hat seinen Grund einfach darin, dass er die moderne Jesusforschung nicht wirklich zur Kenntnis genommen hat und ihr auf Schritt und Tritt mit Voreingenommenheit begegnet« (Joseph Ratzinger, Benedikt XVI., Jesus von Nazareth, EvTh 68 [2008] 305–309 [305–306]). Diese Bemerkungen sind mindestens aus einem doppelten Grund problematisch. Die zitierte Einschätzung des Selbstanspruches Jesu dürfte eher in der Minderheit sein. Das zeigt zugleich, wie wenig es »die« moderne Jesusforschung gibt.

dem ihm zugedachten ›Kelch‹ trinken muss; die ganze Macht der Sünde und des Todes. All dies muss er in sich hineinnehmen, damit es in ihm entmächtigt und überwunden werde« (Jesus II, 176). Gethsemane stellt aber auch die Frage: Gibt es mehr als das göttliche Gericht über menschliche Schuld? Dies ist zugleich die Frage nach der Wirklichkeit und Bedeutung der Auferstehung Jesu.

6 Die Realität der Auferstehung Jesu

Auch bei diesem Thema zeigt der Papst, dass er durchaus mit den historischen und exegetischen Problemen der neutestamentlichen Texte vertraut ist. Er unterscheidet wiederum weise zwischen sekundären Detailfragen und der primären Frage, von der alles abhängt: »Nur wenn Jesus auferstanden ist, ist wirklich Neues geschehen, das die Welt und die Situation des Menschen verändert. Dann wird er der Maßstab, auf den wir uns verlassen können. Denn dann hat Gott sich wirklich gezeigt. Insofern ist bei unserer Suche nach der Gestalt Jesu die Auferstehung der entscheidende Punkt. Ob Jesus nur *war* oder ob er auch *ist* – das hängt an der Auferstehung. Im Ja oder Nein dazu geht es nicht um ein einzelnes Ereignis neben anderen, sondern um die Gestalt Jesu als solche« (Jesus II, 267). Bei diesem unausweichlichen Entweder – Oder hat der Papst den Apostel Paulus auf seiner Seite, der im ersten Brief an die Christengemeinde in Korinth schrieb: »Ist aber Christus nicht auferweckt worden, dann ist unsere Verkündigung (κήρυγμα) leer und euer Glaube sinnlos. Wir werden dann auch als falsche Zeugen (ψευδομάρτυρες) Gottes entlarvt, weil wir im Widerspruch zu Gott das Zeugnis abgelegt haben: Er hat Christus auferweckt« (1 Kor 15,14–15).

Aber wie glaubhaft ist das apostolische Zeugnis von der Auferstehung Jesu? Der Papst stellt sich sowohl der historischen wie der philosophischen Frage. Er bestreitet zu Recht, dass es sich bei der Formulierung »Christus wurde am dritten Tag auferweckt (Χριστός ... ἐγήγερται τῇ ἡμέρᾳ τῇ τρίτῃ)« in der vorpaulinischen Glaubensformel (1 Kor 15,4) ausschließlich um eine Ableitung aus dem Alten Testament (Gen 22,4; Hos 6,2 usw.) handelt (Jesus II, 282–284). Es geht auch um eine historische Datumsangabe, denn am »dritten Tag« nach der Kreuzigung Jesu wurde sein Grab leer aufgefunden (Mk 15,42; 16,1–6).[52] Der Papst bemerkt dazu, »dass das leere Grab als solches gewiss die Auferstehung nicht beweisen kann, dass es aber eine notwendige Bedingung

---

[52] Vgl. Detlef Häußer, Christusbekenntnis und Jesusüberlieferung bei Paulus (WUNT II/210), Tübingen 2006, 118–126; Eckhard J. Schnabel, Der erste Brief des Paulus an die Korinther (HTA), Wuppertal/Gießen 2006, 883–884.

für den Auferstehungsglauben ist, der sich ja gerade auf den Leib und durch ihn auf die Person in ihrer Ganzheit bezieht« (Jesus II, 279–280). Am »dritten Tag« begegnete Jesus auch als Lebender namentlich bekannten Zeugen wie Petrus (Lk 24,34) oder dem Herrenverwandten Kleopas (Lk 24,18; vgl. Eusebius, HE III 11)[53] und Zeuginnen wie Maria Magdalena (Mt 28,1–10; Joh 20,11–18). Dabei, so stellt der Papst fest, »ist wichtig, dass die Begegnungen mit dem Auferstandenen etwas anderes sind als innere Ereignisse oder als mystische Erfahrungen – sie sind wirkliche Begegnungen mit dem Lebenden, der auf neue Weise Leib hat und leibhaft *bleibt*« (Jesus II, 293).

Auch auf den philosophischen Einwand, dass die Auferstehung Jesu den herrschenden Naturgesetzen widerspreche, geht der Papst ein. Er plädiert dafür, sich neuen Erfahrungen in der Geschichte nicht zu verschließen, die über das bisher Gewohnte hinausgehen,[54] wenn er sagt: »In den Auferstehungszeugnissen wird freilich von etwas gesprochen, was in unserer Erfahrungswelt nicht vorkommt. Es wird von etwas Neuem, bis dahin Einmaligem gesprochen – von einer neuen Dimension der Wirklichkeit, die sich zeigt. Das Bestehende wird nicht bestritten. Es wird uns vielmehr gesagt: Es gibt eine Dimension mehr, als wir sie bisher kennen. Steht das im Widerspruch zur Wissenschaft? Kann es wirklich nur das geben, was es immer gab? ... Wenn es Gott gibt, kann er dann nicht auch eine neue Dimension des Menschseins, der Wirklichkeit überhaupt schaffen?« (Jesus II, 271). So ist die Frage nach der Realität der Auferstehung Jesu die Frage nach der Realität Gottes.

Der protestantische Systematiker Notger Slenczka widerspricht den Ausführungen des Papstes nachdrücklich, indem er schreibt: »Die Rede von der Auferstehung Jesu fasst die von den Jüngern in der Mahlgemeinschaft, die sie offensichtlich fortgesetzt haben, erfahrene Gegenwart des vergangenen Lebens zusammen. Die Rede von der Auferstehung spricht nicht von der ›objektiven‹ Voraussetzung einer erneuten Begegnung mit Jesus, sondern gibt phänomengerecht eine Eigentümlichkeit dieser bestimmten Erinnerung wieder: Diese Erinnerung stellt sich unwillkürlich ein, erschöpft sich aber nicht in einer sich überfallartig einstellenden Episode, sondern ist so geartet, dass sie das Leben des Jesus von Nazareth als lebensbegründend erschließt: Die Vergangenheit des Lebens Jesu wird gegenwärtig, indem es Grund des eigenen

---

53 Vgl. Rainer Riesner, Die Emmaus-Erzählung (Lukas 24,13–35). Lukanische Theologie, judenchristliche Tradition und palästinische Topographie, in: Karl-Heinz Fleckenstein/Mikko Louhivuori/Rainer Riesner, Emmaus in Judäa. Geschichte – Exegese – Archäologie (BAZ 11), Gießen 2003, 150–207.
54 Vgl. auch G. Essen, »Worum es bei der Auferstehung Jesu geht«. Das christliche Auferstehungsbekenntnis und der Geltungsanspruch der Geschichtswissenschaften, in: Jan-Heiner Tück (Hg.), Passion aus Liebe, 218–233.

Lebens wird«.⁵⁵ Wenn Worte einen Sinn haben, dann bedeuten diese Aussagen doch wohl, dass der Auferstandene außerhalb des Inneren der Jünger keine eigene Wirklichkeit hat, er ist Vergangenheit. Auch kann man die Überschrift »Auferstehung als Gegenwart der Erinnerung« kaum anders verstehen, als dass nun die neueste theologische Erkenntnis lautet, Jesus sei nicht wie bei Rudolf Bultmann ins Kerygma,⁵⁶ sondern in die Erinnerung auferstanden. Slenczkas Konstrukt scheitert schon allein am Selbstzeugnis des ehemaligen Verfolgers Paulus (Gal 1,13–16; 1 Kor 15,8–9). Angesichts solcher nicht exegetisch, sondern vielmehr weltanschaulich bedingter Umdeutungen erweist sich der Papst als kraftvoller Verteidiger der Wahrheit des apostolischen Osterzeugnisses vor dem Forum des modernen Zweifels.⁵⁷ Als evangelischer Neutestamentler kann ich hier den deutlichen Worten des katholischen Kollegen Thomas Söding uneingeschränkt zustimmen: »In der Exegese der Erscheinungsgeschichten knickt Benedikt XVI. nicht unter dem Erklärungsballast ein, den die protestantische Kerygmatheologie mit ihrer massiven Entmythologisierung aufgebaut hat, um jede Konkretion auszuschalten und nur die pure Konfession gelten zu lassen. Aber wie kann es ein Bekenntnis ohne Jesus selbst geben und den Erweis seiner Lebendigkeit? [...] Es gibt kein Bekenntnis, ohne dass etwas passiert wäre – nicht nur in den Köpfen der Frauen und der Apostel, sondern nach ihrem Bekenntnis vor ihren Augen und in ihren Herzen, mit ihren Ohren und durch ihre Seele, unter ihren Händen und jenseits ihres Begreifens«.⁵⁸ Es ist nur anzufügen, dass hinsichtlich der Auferstehung Jesu leider auch allzu viele katholische Theologen Neoprotestanten geworden sind.

Durch die Auferstehung Jesu bleibt die Gottesfrage nicht bloß intellektuelle Spekulation, sondern sie rückt uns Menschen als Frage der geschichtlichen Wirklichkeit auf den Leib. Mit Recht verweist der Papst darauf, dass die Erscheinungen des auferstandenen Jesus »in dem geheimnisvollen Zusammen von Andersheit und Identität« ihre nächsten Parallelen in Theophanie-Erzählungen

---

55   Notger Slenczka, »Wahrhaftig« auferstanden? Ein kritischer Dialog mit Joseph Ratzinger, in: Thomas Söding (Hg.), Tod und Auferstehung Jesu, 179–201, hier 197.
56   Rudolf Bultmann, Das Verhältnis der urchristlichen Christusbotschaft zum historischen Jesus, 27.
57   Vgl. weiter Ulrich Wilckens, Theologie des Neuen Testaments I/2: Jesu Tod und Auferstehung und die Entstehung der Kirche aus Juden und Heiden, Neukirchen-Vluyn 2003, 107–160; Peter Stuhlmacher, Biblische Theologie des Neuen Testaments I, 161–178; Martin Hengel, Das Begräbnis Jesu bei Paulus und die leibliche Auferstehung aus dem Grabe, in: Studien zur Christologie. Kleine Schriften IV (WUNT 201), Tübingen 2006, 386–450; Heinzpeter Hempelmann, Wirklich auferstanden! Historische und philosophische Argumente für den Osterglauben, Witten ⁴2011.
58   Thomas Söding, Brückenbau über dem Abgrund. Der Passionsweg in der Sicht des Pontifex, in: Thomas Söding (Hg.), Tod und Auferstehung Jesu, 77–99 (93–94).

des Alten Testaments haben (Jesus II, 292–293). Hier liegt einer der Gründe dafür, warum schon seit Ostern deutlich wurde, dass Jesus der Seinsweise Gottes angehört (Joh 20,28). Auch die monumentale Untersuchung von Larry W. Hurtado zur göttlichen Verehrung Jesu kommt zu dem Ergebnis, dass sie bis zu den jüdischen Zeugen der Osterereignisse zurückverfolgt werden kann.[59] Abschließend schreibt der Papst: »Die Auferstehung Jesu führt über die Geschichte hinaus, aber sie hat eine Fußspur in der Geschichte hinterlassen. Deshalb kann sie von Zeugen als Ereignis einer ganz neuen Qualität bezeugt werden« (Jesus II, 300–301). Und weiter heißt es: »Nur ein wirkliches Ereignis von radikal neuer Qualität konnte die apostolische Predigt ermöglichen, die nicht mit Spekulationen oder inneren, mystischen Erfahrungen zu erklären ist. Sie lebt in ihrer Kühnheit und Neuheit von der Wucht eines Geschehens, das niemand erdacht hatte und das alle Vorstellungen sprengte« (Jesus II, 301).

7 Die vor- und nachösterliche Geschichte Jesu

Eine bemerkenswerte Kritik, die vornehme Würdigung des Papst-Buches mit einer völligen Ablehnung seines Hauptanliegens verbindet, stammt von Martin Bauspieß.[60] Er weist zu Recht darauf hin, dass es eine große Nähe zu Oscar Cullmanns Konzept der Heilsgeschichte gibt,[61] wenn der Papst in der grundlegenden Einleitung zu seinem Werk schreibt: »Für den biblischen Glauben ist es wesentlich, dass er sich auf wirkliches historisches Geschehen bezieht. Er erzählt nicht Geschichten als Symbole über geschichtliche Wahrheiten, sondern er gründet auf Geschichte, die sich auf dem Boden dieser Erde zugetragen hat« (Jesus I, 14). Richtig ist auch der Hinweis, dass sich in der Art, wie der Papst das Alte Testament auf das Neue Testament bezieht, Parallelen zur traditionsgeschichtlichen Methode von Hartmut Gese zeigen. Bauspieß will die

---

59 Larry W. Hurtado, Lord Jesus Christ. Devotion to Jesus in Earliest Christianity, Grand Rapids/Cambridge 2003, 64–78. Vgl. auch William Horbury, Jewish Messianism and the Cult of Christ, London 1989; Oskar Skarsaune, Incarnation: Myth or Fact?, St. Louis 1991; Richard J. Bauckham, God Crucified. Monotheism and Christology in the New Testament, Carlisle 1998; Larry W. Hurtado, How on Earth Did Jesus Become a God? Historical Questions about Earliest Devotion to Jesus, Grand Rapids/Cambridge 2005; Simon J. Gathercole, The Pre-Existent Son: Recovering the Christologies of Matthew, Mark, and Luke, Grand Rapids/Cambridge 2006.

60 Martin Bauspieß, Auf der Grenze von Theologie und Geschichte. Joseph Ratzingers »Jesus von Nazareth« (Band I+II), in: Paul Metzger (Hg.), Die Konfession Jesu, Göttingen 2012, 101–130.

61 Oscar Cullmann, Heil als Geschichte. Heilsgeschichtliche Existenz im Neuen Testament, Tübingen 1965. Vgl. auch Martin Hengel, Heilsgeschichte, in: Ders., Theologische, historische und biographische Skizzen. Kleine Schriften VII (WUNT 253), Tübingen 2010, 1–33.

historische Frage nach Person und Verkündigung des vorösterlichen Jesus strikt von der hermeneutischen Frage trennen, wie Jesus als der Sohn Gottes erkannt werden kann. Dabei macht Bauspieß dem Papst ein wichtiges Zugeständnis, denn ihm ist »gegen einige seiner Kritiker darin Recht zu geben, dass der in den Evangelien erhobene Anspruch für Jesus darin besteht, dass in Jesu Person die Wirklichkeit Gottes selbst als Mensch unter die Menschen getreten ist. Der Glaube an Jesu ›Gottheit‹ ist keineswegs eine Erfindung späterer Jahrhunderte, sondern gehört zu den Grundüberzeugungen des Urchristentums«.[62] Trotzdem erfolgt eine grundsätzliche Ablehnung: »Anders als die Kritik an Ratzingers Skepsis gegenüber der historischen Forschung nahelegt, traut er der historischen Forschung theologisch nicht zu wenig, sondern *zu viel* zu. Denn ihr wird aufgebürdet, den Glauben an Jesu ›Gottheit‹ historisch plausibel zu machen. Damit wird der historischen Forschung etwas zugemutet, was diese nicht leisten kann und auch gar nicht leisten muss. Denn der Gedanke der Inkarnation des Gottessohnes in dem Menschen Jesus von Nazareth bedeutet keineswegs, dass dessen ›Gottheit‹ historisch einsichtig werden müsste. Der erhobene Anspruch für Jesus ist vielmehr allein im *Zeugnis* von Jesus Christus greifbar, das zum Glauben an Jesus aufruft«.[63] Wir haben es hier mit einer Variante der Bultmannschen Diastase von Glaube und Geschichte zu tun, die nur hinsichtlich der Zeit der Entstehung des Glaubens an die Gottheit Jesu historisch konservativer ist und statt vom Kerygma vom Zeugnis spricht.

Bauspieß formuliert seinen eigenen Zugang in großer Offenheit: »Gegen einen breiten Trend der gegenwärtigen Forschung bin ich der Meinung, dass sich die in den Evangelien bewusst eingenommene nachösterliche Perspektive auf die Gestalt des irdischen Jesus nicht mit einer sinnvollerweise als ›historisch‹ zu bezeichnenden Darstellungsweise verbinden lässt. Denn der Anspruch, dass der irdische Jesus mit dem im nachösterlichen Bekenntnis bezeugten Sohn Gottes identisch ist, wird in diesen Texten nicht durch *historische* Argumentation, deren Merkmale etwa im Verweis auf historische Augenzeugenschaft oder auf allgemein zugängliche Quellen bestehen, einsichtig gemacht«.[64] Nach Bauspieß geschieht das nicht einmal in Lukas 1,1–4, aber hier genügt es eigentlich, diesen Abschnitt in einer einigermaßen wörtlichen Übersetzung zu zitieren: »Nachdem viele es unternommen haben, einen Bericht über die unter uns zur Erfüllung gekommenen Ereignisse/Tatsachen (πράγματα) zusammen zu ordnen, wie es uns die überliefert haben (παρέδοσαν), die von Anfang an Augenzeugen (αὐτόπται) und Diener des Wortes waren, schien es auch mir

---

62 Martin Bauspieß, Auf der Grenze von Theologie und Geschichte. 129.
63 Ebd., 128 [Kursiv vom Verfasser].
64 Ebd., 127–128 [Kursiv vom Verfasser].

(gut), nachdem ich allem von Anfang an genau (ἀκριβῶς) nachgegangen bin, es dir der Reihe nach aufzuschreiben, hochverehrter Theophilos, damit du die Zuverlässigkeit (ἀσφάλεια) der Worte erkennst, in denen du unterwiesen bist«. Die nächsten Parallelen zu diesem Vorwort bilden die Prologe antiker Historiker,[65] und Augen- und Ohrenzeugenschaft waren für den ganzen Prozess der Jesus-Überlieferung bis hin zur Evangelien-Schreibung konstitutiv.[66] Weil der Papst so großen Wert auf die Auferstehung legt, hält Bauspieß sein Anliegen einer Verankerung des nachösterlichen Glaubens in der vorösterlichen Geschichte Jesu für konterkariert. Das Korn Wahrheit in der Kritik von Bauspieß liegt darin, dass der Papst die vorösterliche Christus-Erkenntnis der Jünger gelegentlich etwas zu hoch einschätzt (Jesus I, 342–346). Aber beim entscheidenden Punkt, nämlich dem unaufhebbaren und unaufgebbaren Zusammenhang zwischen der vorösterlichen Geschichte Jesu und den Osterereignissen, behält der Papst gegenüber diesem Wiederbelebungsversuch von Bultmanns Kerygmatheologie Recht.[67]

Wie wenig der Ansatz von Bauspieß über ein existentiales Verständnis Jesu hinauskommt, zeigt ein zustimmend wiedergegebenes Zitat von Hans-Georg Geyer: »[Die] Immanenz der Offenbarung Gottes in der Geschichte Jesu Christi hatte und hat nicht, weder prinzipiell noch faktisch, die historische Erkennbarkeit zur Konsequenz, sondern die Wortverkündigung, das Kerygma, das die dem ›Geschick Jesu von Nazareth‹ selbst eignende ›Tatsache, daß Gott in ihm offenbar ist‹ verheißt, und nicht einfach als Faktum der Vergangenheit berichtet«.[68] Die philologische Verstehbarkeit dieses Satzes ist faktisch nicht ganz leicht. Aber wenn sich nach normalem Sprachgebrauch das Wort »verheißen« auf die Zukunft bezieht, dann scheint hier doch ausgesagt zu sein, dass »die dem ›Geschick Jesu von Nazareth‹ selbst eignende ›Tatsache, daß Gott in ihm offenbar ist‹«, sich je und je in der »Wortverkündigung«, im »Kerygma«, ereignen kann. Hier wird eine falsche Alternative aufgestellt, denn natürlich

---

65 Vgl. Armin D. Baum, Lk 1,1–4 zwischen antiker Historiografie und Fachprosa. Zum literaturgeschichtlichen Kontext des lukanischen Prologs, ZNW 101 (2010) 33–54.

66 Vgl. Richard Bauckham, Jesus and the Eyewitnesses: The Gospels as Eyewitness Testimony, Grand Rapids/Cambridge 2006.

67 Dazu sei noch einmal nachdrücklich hingewiesen auf: Roland Deines, Can the »Real« Jesus be Identified with the Historical Jesus? (siehe Anm. 12). Mit beachtlichen philosophischen und theologischen Argumenten plädieren statt einer »naturalistic« für eine »open historical-critical method« P. R. Eddy/G. A. Boyd, The Jesus Legend: A Case for the Historical Reliability of the Synoptic Jesus Tradition, Grand Rapids 2007, 37–90.

68 Martin Bauspieß, Auf der Grenze von Theologie und Geschichte, 129. Zitiert wird aus: Hans-Georg Geyer, Geschichte als theologisches Problem. Bemerkungen zu Wolfhart Pannenbergs Geschichtstheologie, in: Andenken. Theologische Aufsätze (hrsg. Hans Theodor Goebel u. a.), Tübingen 2003, 39–52 (49).

ist die Offenbarung Gottes in Jesus nicht bloß Vergangenheit, sondern es gilt neutestamentlich gesprochen: »Jesus Christus gestern und heute und derselbe auch in Ewigkeit« (Hebr 13,8). Nun belässt auch der Papst Jesus nicht bloß in der Vergangenheit, sondern stellt sich der Frage, wie das von Gott durch ihn bewirkte Heilsgeschehen Menschen im 21. Jahrhundert erreicht.

Besondere Verständnisschwierigkeiten bieten heutigen Menschen die Geburtsgeschichten des Matthäus- und Lukas-Evangeliums. Die Mehrheit sowohl der evangelischen wie der katholischen Exegeten sieht in ihnen weitgehend Legenden, die theologische Überzeugungen erzählerisch darstellen wollen. Inzwischen wurde diese Sicht durch breite Medienkampagnen popularisiert. Der Papst kommt im dritten Teil seines Jesus-Buches mit dem Untertitel »Prolog: Die Kindheitsgeschichten« zu einem anderen Urteil: »Matthäus und Lukas wollten in ihrer je eigenen Art nicht ›Geschichten‹ erzählen, sondern Geschichte schreiben, wirkliche, geschehene Geschichte, freilich gedeutete und vom Wort Gottes her verstandene Geschichte. Das bedeutet auch, dass es nicht um ein vollständiges Erzählen ging, sondern um das Aufzeichnen dessen, was im Licht des Wortes und für die werdende Gemeinde des Glaubens als wichtig erschien. Die Kindheitsgeschichten sind gedeutete und von der Deutung her geschriebene, konzentrierte Geschichte« (Prolog 29). Die Vorzüge der ersten beiden Bände prägen auch diesen schmalen, aber gewichtigen Faszikel. Die Sprache ist trotz des nicht einfachen Gegenstandes bei aller gedanklichen Tiefe fast noch zugänglicher geworden. Auch diesmal versteht es der Papst, die neutestamentlichen Berichte durchweg mit Blick auf das Alte Testament auszulegen. Bei den hier besonders schwierigen historischen Fragen beschränkt sich Benedikt wieder auf das Wesentliche und er verzichtet darauf, jede historische Teilfrage zu einer Klärung zu bringen. An der Geschichtlichkeit der Geburt in Bethlehem, dem Besuch der Sterndeuter, dem Kindermord durch Herodes und der durch Gottes schöpferischen Geist gewirkten Geburt Jesu durch die Jungfrau Maria hält Benedikt aber mit guten Gründen fest. Er wird dabei durch eine respektable Minderheit von Exegeten unterstützt. Als Beispiel sei der zeitweilige Präsident der internationalen Neutestamentler-Vereinigung »Studiorum Novi Testamenti Societas« Arman Puig i Tárrech genannt.[69] An manchen Stellen mag der Historiker sich Verbesserungen wünschen wie bei der Frage des Zensus unter Augustus (Lk 2,1–6). Hier könnte es den Anschein haben, dass der Papst der überholten These von einer zweimaligen syrischen Statthalterschaft des Quirinius folgt (Prolog 72).[70] Katholische Mariologie

---

69 Jesus. Eine Biografie, Paderborn 2011, 162–192.
70 Vgl. Werner Eck, Rom und Judaea. Fünf Vorträge zur römischen Herrschaft in Palaestina (Tria Corda 2), Tübingen 2007, 37f.

kommt in der Darstellung nur sehr verhalten zum Ausdruck. Diese ökumenische Zurückhaltung wird hoffentlich die Verbreitung des dritten Bandes auch im protestantischen Bereich und darüber hinaus fördern.

8 Christuszeugnis und Neuevangelisierung

Bei seiner Auslegung des Jesus-Wortes »Vor dem Ende muss allen Völkern das Evangelium verkündet werden« (Mk 13,10) erinnert Papst Benedikt an eine bemerkenswerte Episode aus der Kirchengeschichte (Jesus II, 60). Bernhard von Clairvaux musste dem damaligen Papst Eugen III. ins Gewissen reden. Bernhard schrieb an ihn: Du bist »auch der Schuldner der Ungläubigen, der Juden, der Griechen und Heiden. Zugegeben, hinsichtlich der Juden entschuldigt dich die Zeit, für sie ist ein bestimmter Zeitpunkt festgelegt, dem man nicht vorgreifen kann. Die Heiden müssen in voller Zahl vorausgehen [Röm 11,25–27]. Doch was sagst du bezüglich der Heiden selbst? [...] Was kam deinen Vorgängern in den Sinn, dass sie [...] die Glaubensverkündigung unterbrachen, solange der Unglaube noch verbreitet ist? Aus welchem Grund [...] ist das rasch dahineilende Wort zum Stillstand gekommen?« (De cons III/1,2–3 [Winkler I 707]). Benedikt XVI. braucht man beim Thema Evangelisierung nicht ins Gewissen zu reden. Wie unter anderem der Interview-Band *Licht der Welt* zeigt, hat er eine sehr realistische Sicht der Dinge.[71] Der Papst weiß, dass in weiten Teilen von Europa und Nordamerika der christliche Glaube dramatisch zurückgegangen ist, und er erkennt klar die Notwendigkeit der Neuevangelisierung. Deshalb kann auch Ulrich Parzany, der wie kaum ein anderer in Deutschland für das Anliegen einer Glauben weckenden Verkündigung steht, an Benedikt XVI. schreiben: »In Ihren Jesus-Büchern haben Sie die Autorität der Heiligen Schrift stärker betont, als das heute in den Kirchen der Reformation geschieht, für die doch eigentlich das ›sola scriptura‹ grundlegend war und auch heute sein sollte. Die Stärkung des Glaubens der Christen in einer Zeit der Verunsicherung ist die eine große Aufgabe. Genauso wichtig, wenn nicht wichtiger ist aber der Auftrag der Kirche, das Evangelium von Jesus Christus den vielen Menschen zu sagen, die Gott verdrängt oder vergessen haben. [...] Ich gestehe, ich hätte nicht gedacht, dass ich als evangelischer Christ einmal den Papst bitten würde, die Evangelisation in Europa stärker voranzutreiben«.[72]

---

71 Joseph Ratzinger/Benedikt XVI., Licht der Welt. Der Papst, die Kirche und die Zeichen der Zeit. Ein Gespräch mit Peter Seewald, Freiburg 2010, 75–79.
72 Ulrich Parzany, Kämpfen Sie gegen ein Christentum ohne Christus!, in: Dominik Klenk (Hg.), Lieber Bruder in Rom! Ein evangelischer Brief an den Papst. München 2011, 143–147 (145–146).

Benedikt XVI. erweist sich als »Mitarbeiter der Wahrheit«, indem er mit seinem Jesus-Buch einen sehr persönlichen Beitrag zur Verbreitung des Glaubens an den leistet, der nach dem Zeugnis des Neuen Testaments die Wahrheit in Person ist (1 Kor 1,19–20; Offb 3,14; Joh 14,4–6). Eine besondere Stärke der Darstellung des Papstes liegt darin, dass sie zwei Dinge miteinander verbindet: Leser und Leserinnen erhalten ein historisch glaubwürdiges und für ihr Leben relevantes Bild von Jesus Christus. Sie bekommen aber auch einen deutlichen Eindruck vom persönlichen Glauben Papst Benedikts. Im ersten Band nannte er als den »eigentlichen Bezugspunkt« des christlichen Glaubens »die innere Freundschaft mit Jesus, auf die doch alles ankommt« (Jesus I, 11). Schon die bisherige Wirkungsgeschichte des Werkes spricht dafür, dass ein Wunsch in Erfüllung gehen wird, den Benedikt XVI. im Vorwort zum zweiten Band zum Ausdruck gebracht hat: Er »hoffe«, dass ihm »eine Annäherung an die Gestalt unseres Herrn geschenkt worden ist, die allen Leserinnen und Lesern hilfreich sein kann, die Jesus begegnen und ihm glauben wollen« (Jesus II, 14).

»Leidenschaft für die Wahrheit«. Wahrheitsbegriff und Augustinus-Rezeption bei Joseph Ratzinger/ Papst Benedikt XVI.

Ulrike Treusch

»Rückblickend kann ich nur tiefe Dankbarkeit empfinden, dass mir die ›Preisarbeit‹ von damals nicht nur die Tür zu einer lebenslangen Freundschaft mit dem heiligen Augustinus geöffnet hat, sondern mich auf die Spur der eucharistischen Ekklesiologie führte und mir so ein Verstehen der Realität Kirche geschenkt hat, das mit den tiefsten Intentionen des II. Vatikanischen Konzils übereinstimmt und zugleich in die spirituelle Mitte christlicher Existenz hineinführt«.[1] Dies schreibt Papst Benedikt XVI. am Sonntag Laetare (3. April) 2011 als Vorwort zum ersten der auf 16 Bände angelegten Edition seiner Gesammelten Schriften.[2] Es ist kein Zufall, dass der erste Band seiner Gesammelten Werke nicht nur mit der Dissertation Joseph Ratzingers zum Kirchenverständnis Augustins beginnt, sondern auch seine Studien zu Augustinus und der Theologie der Kirchenväter zusammenstellt.[3] Die Qualifikationsschrift zu Augustinus steht am Anfang seiner theologischen Publikationen, und Ekklesiologie wie Augustinus-Rezeption bleiben zentral in allen späteren wissenschaftlichen und lehramtlichen Texten Ratzingers.[4]

---

1 Joseph Ratzinger, Volk und Haus Gottes in Augustins Lehre von der Kirche. Die Dissertation und weitere Studien zu Augustinus und zur Theologie der Kirchenväter (Gesammelte Schriften 1), hrsg. v. Gerhard Ludwig Müller u. a., Freiburg i. Br. 2011, 5–9, hier 9.
2 Die Bandzählung folgt inhaltlichen Kriterien und entspricht »nicht unbedingt dem tatsächlichen Zeitpunkt des Erscheinens«; ebd., 763. Dem Erscheinen des ersten Bandes gingen bereits mehrere Bände der Gesammelten Schriften zwischen 2008 und 2011 voraus.
3 Der erste Band der Gesammelten Schriften nimmt dabei nur eine Auswahl der Publikationen Ratzingers, in denen er sich mit augustinischen Themen befasst, auf. Einen fast aktuellen Überblick über diese Publikationen geben Cornelius Petrus Mayer, Augustinus im Denken von Joseph Ratzinger/Papst Benedikt XVI. (*1927), in: Norbert Fischer (Hg.): Augustinus. Spuren und Spiegelungen seines Denkens, Bd. 2: Von Descartes bis in die Gegenwart, Hamburg 2009, 309–320, hier 314, und Joseph Ratzinger/Papst Benedikt XVI., Das Werk. Bibliographisches Hilfsmittel zur Erschließung des literarisch-theologischen Werkes von Joseph Ratzinger bis zur Papstwahl, Augsburg 2009.
4 Vgl. zur Bedeutung der Ekklesiologie in Ratzingers theologischer Arbeit exemplarisch die Selbstaussage: »Ich bin vom Thema Kirche ausgegangen, und es ist in allem präsent«; Joseph Ratzinger, Salz der Erde. Christentum und katholische Kirche an der Jahrtausendwende. Ein Gespräch mit Peter Seewald, Stuttgart 8. Aufl. 1997 (1. Aufl. 1996), 69.

Unbestritten ist daher die Bedeutung des Kirchenvaters Augustinus für Joseph Ratzinger, was er selbst, z. B. in seiner Autobiographie, betont.[5] Keinen anderen Kirchenvater und Autor zitiert er so oft wie Augustinus. Auf die Bedeutung, die Leben und Schriften des Kirchenvaters für Biographie und Werk Ratzingers haben, ist in den letzten Jahren in einzelnen, grundlegenden Forschungsbeiträgen hingewiesen worden.[6]

Wer aber die neueren Schriften des Kardinals und Papstes betrachtet, findet dort ein weiteres Leitmotiv, das sich aus der Begegnung mit den Religionen wie aus seiner Kritik an Relativismus und Partikularismus der gegenwärtigen Gesellschaft entwickelte: die Wahrheit – als Wahrheitssuche und als christlicher Wahrheitsanspruch, als alle Menschen betreffende Wahrheitsfrage: »Der christliche Glaube, der aus dem Glauben Abrahams gewachsen ist, dringt unerbittlich auf die Wahrheitsfrage und so auf das, was auf jeden Fall alle Menschen angeht und sie miteinander verbindet. Denn Pilger der Wahrheit müssen wir alle sein«.[7]

Der Plausibilisierung christlicher Wahrheit für den zeitgenössischen Menschen gilt Ratzingers Bemühen in Wort und Schriften insbesondere seit den 90er Jahren. Was Joseph Ratzinger unter Wahrheit versteht, wie er diese systematisch-theologisch erschließt und pastoraltheologisch in den Diskurs der Gegenwart vermittelt, hat er selbst in zahlreichen Beiträgen und Predigten thematisiert. Dem Thema *Glaube – Wahrheit – Toleranz* hat er zudem einen Aufsatzband gewidmet, der sein Wahrheitsverständnis, besonders an die nichtchristliche Welt adressiert, formuliert. So soll in diesem kleinen Beitrag gefragt werden, wie sich Augustinus-Rezeption und Wahrheits-Motiv zueinander verhalten: Spielt Augustinus in Werk und Person auch für Ratzingers Verständnis der christlichen Wahrheit eine Rolle, und wenn ja, welche?

Wahrheitsbegriff und Augustinus-Rezeption werden in drei Schritten skizziert: Ich werde (1) den Wahrheitsbegriff bei Ratzinger im Rekurs auf Augustinus systematisch-theologisch entfalten und (2) die Bedeutung der Person Augustinus als Wahrheitszeuge erläutern, wie sie insbesondere die Augustinus-Katechesen und pastoralen Ansprachen Ratzingers zeigen. Von hier aus soll (3) in einem dritten Abschnitt der postulierten biographischen

---

5   Vgl. Joseph Ratzinger, Aus meinem Leben. Erinnerungen (1927–1977), München 1998, 69.131.179f.
6   Vgl. Mayer, Augustinus im Denken von Joseph Ratzinger, 309–320; Joseph Lam Cong Quy, Theologische Verwandtschaft. Augustinus von Hippo und Joseph Ratzinger/Papst Benedikt XVI., Würzburg 2009; dort (12f.) auch ein Überblick über die Forschungsbeiträge zur Augustinus-Rezeption bei Ratzinger.
7   Joseph Ratzinger, Glaube – Wahrheit – Toleranz. Das Christentum und die Weltreligionen, Freiburg i. Br. 3. Aufl. 2004, 68.

Parallelität von Augustinus und Ratzinger nachgegangen werden. Eine kurze Würdigung in protestantischer Perspektive beschließt die Überlegungen.

1 Die Entfaltung des Wahrheitsbegriffs bei Joseph Ratzinger im Rekurs auf Augustinus

Wer sich der Augustinus-Rezeption im Werk Ratzingers zuwendet, muss neben den direkten Zitaten und Verweisen auf den Kirchenvater auch die impliziten Parallelen im Denken berücksichtigen, die freilich nur dem zugänglich sind, der gleichermaßen das umfassende Œuvre beider Theologen kennt. Daher legt sich die thematisch begrenzte Untersuchung, hier des Wahrheitsverständnisses, und der Schwerpunkt auf die ausdrücklichen Verweise Ratzingers auf Augustinus nahe, wobei exemplarisch auch implizite Bezüge erschlossen werden.

Auf die christliche Wahrheit und deren Wahrheitsanspruch kommt Ratzinger seit den 90er Jahren immer wieder zu sprechen. So schreibt er 2002 rückblickend: »Als ich meine Vorträge aus dem letzten Jahrzehnt zu diesem Themenkreis sichtete, zeigte sich, daß von verschiedenen Ausgangspunkten her sich doch so etwas wie ein Ganzes geformt hatte – sehr fragmentarisch und unvollkommen gewiß, aber als Wortmeldung zu einer großen, uns alle tief betreffenden Sache vielleicht doch nicht ganz unnütz«.[8] Die alle betreffende Sache ist nichts anderes als die Wahrheitsfrage. Der 2002 in erster Auflage veröffentlichte Band *Glaube – Wahrheit – Toleranz* fasst unter dem Aspekt *Das Christentum und die Weltreligionen* Aufsätze und Vorträge zusammen, die Ratzinger mit Ausnahme eines bereits 1964 erschienenen Beitrags zwischen 1992 und 1999 geschrieben und gehalten hat. Nicht nur die von ihm ergänzten Überleitungen, sondern auch das Vorwort, das Ratzinger dieser Zusammenstellung im August 2002 voranstellte, zeigen seine bleibende Identifizierung mit den darin getroffenen Aussagen und die Gültigkeit dieser Gelegenheitsschriften.

Steht der Textband unter der dreifachen Bestimmung von Glaube, Wahrheit und Toleranz, ist doch die Wahrheit das zentrale Thema, das als Glaubenswahrheit ins Gespräch der Religionen und den Pluralismus hinein entfaltet wird. In Inclusio zeigen dies Anfangsworte und Schlusssatz des Buches. »So zeigt es sich, daß die eigentliche Problematik hinter all den Einzelfragen in der Frage nach der Wahrheit besteht. Kann Wahrheit erkannt werden? Oder ist die Wahrheitsfrage im Bereich von Religion und Glaube schlichtweg unangebracht?«[9] Diese Ausgangsfrage führt Ratzinger, die Überlegungen zum

---

8   Ebd., 12.
9   Ebd., 11.

Verhältnis von Wahrheit und Freiheit beschließend, zur programmatischen Schlussthese: »Wenn es keine Wahrheit vom Menschen gibt, hat er auch keine Freiheit. Nur die Wahrheit macht frei«.[10]

Die Wahrheitsfrage als Leitfrage hinter allen Einzelfragen von Glaube, Religion und Kultur stellt Ratzinger hier zusammenfassend vor, mit dem Ziel, die Wahrheitsfrage im öffentlichen Diskurs zu Gehör zu bringen. Sein Wahrheitsverständnis umfasst die Aspekte (a) der Wahrheitserkenntnis, (b) des daraus folgenden Wahrheitsanspruchs, (c) der Wahrheit als Weg in der Geschichte sowie (d) der Wahrheit in ekklesiologischer Entfaltung. In unterschiedlichem Maße integriert Ratzinger dabei die Schriften Augustins sowie Augustinus als Person in seine Argumentation.

1.1 Die zweifache Wahrheitserkenntnis

Ratzinger entfaltet sein Wahrheitsverständnis auf zwei voneinander zu unterscheidende, aber bei ihm zugleich untrennbare Ansätze: zum einen die Möglichkeit der vernünftigen Einsicht eines jeden Menschen in die Wahrheit und zum anderen die damit verbundene christologisch erschlossene Wahrheit. Für beide Argumentationslinien ist ihm Augustinus Zeuge und Garant.

Ausgangspunkt ist für Ratzinger seine gegen allen modernen Relativismus nachdrücklich vertretene Überzeugung, dass es »tatsächlich Wahrheit, die verbindliche und gültige Wahrheit in der Geschichte selbst, in der Gestalt Jesu Christi und des Glaubens der Kirche« gibt.[11] Wahrheit ist damit für Ratzinger nichts anderes als christliche Wahrheit, als Gott. Damit kann der Wahrheitsbegriff bei Ratzinger an die Stelle des Gottesbegriffs treten, besonders da, wo er sich nicht primär im innerkirchlichen Raum äußert, sondern den christlichen Glauben im nicht mehr nur christlichen Kontext der heutigen Gesellschaft und im Dialog der Religionen plausibilisieren möchte. Dieses Verständnis des Wahrheitsbegriffs als Gottesprädikation, mithin die Identität von Wahrheit und Gott, ist Ratzinger nicht nur durch Jesu Selbstprädikation als »der Weg, die Wahrheit und das Leben« (Joh 14,6) vorgegeben und biblisch begründet, sondern auch durch die theologische Tradition, wie sie exemplarisch der Kirchenvater Augustinus formulierte.[12]

---

10 Ebd., 208.
11 Ebd., 97. Vgl. Benedikt XVI., Predigten, Ansprachen und Grußworte im Rahmen der Apostolischen Reise [...] nach Sydney [...], 8. Dezember 2008 (Verlautbarungen des Apostolischen Stuhls 182), Bonn 2008, 71: »Tatsächlich erlebt die Gesellschaft heute eine Zersplitterung durch eine Denkweise, die in sich kurzsichtig ist, weil sie den Gesamt-Horizont der Wahrheit außer Acht lässt – die Wahrheit über Gott und uns«.
12 Vgl. Markus Enders, »Wahrheit« von Augustinus bis zum frühen Mittelalter: Stationen einer Begriffsgeschichte, in: ders./Jan Szaif (Hg.), Die Geschichte des philosophischen Begriffs

Nach Ratzinger hat jeder Mensch kraft seiner Natur die Möglichkeit vernünftiger Wahrheitserkenntnis. Er fragt: »Gibt es Wahrheit für den Menschen, Wahrheit, die als solche allen zugänglich ist und allen gehört [...]?«[13] und beantwortet diese Frage anthropologisch mit der allen Menschen »gemeinsamen Hinordnung auf die Wahrheit«.[14] Wahrheit ist somit fundamental jedem Menschen zugänglich. »Es gibt die in jedem Menschen liegende gemeinsame Wahrheit des einen Menschseins, die von der Überlieferung als ›Natur‹ des Menschen bezeichnet wurde«.[15] Deshalb liegt die Einheit aller Menschen im Angerührtsein von der Wahrheit.[16] Die anthropologische Hinordnung auf die Wahrheit zeigt sich in einer (gewissen) Wahrheitsfähigkeit des menschlichen Gewissens[17] und begründet zugleich die gemeinsame Würde aller Menschen.[18]

Sowohl in der Bestimmung des Menschen als wahrheitsfähig als auch in der Möglichkeit der philosophischen Wahrheitserkenntnis durch die Vernunft knüpft Ratzinger an augustinisches Denken an. Der Gedanke der Hinordnung auf die Wahrheit entspricht dem, was Ratzinger, z. B. in der dritten Augustinus-Katechese, im Zitat expliziert: »Denn du hast uns auf dich hin geschaffen, und unser Herz ist unruhig, bis es Ruhe findet in dir«.[19] Augustinus in seiner Biographie ist ihm Beispiel für die philosophische Wahrheitssuche: Augustinus sucht und findet Wahrheit zuerst im vernünftigen philosophischen Denken; er hatte »die Schönheit der Wahrheit in Ciceros *Hortensius* entdeckt und lieben gelernt.«[20] »Die Lektüre von Ciceros Buch *Hortensius* hatte in ihm Sehnsucht nach der ewigen Schönheit, die Sehnsucht nach der Begegnung und Berührung mit Gott zum Durchbruch gebracht«.[21]

Diese erste, natürliche und vernünftige Erkenntnis der Wahrheit führt nach Ratzinger zur Erschließung der Wahrheit in Jesus Christus. Die vollkommene Wahrheitserkenntnis wird damit christologisch und als Offenbarungsgeschehen bestimmt. Hier zeigt sich, dass Ratzinger, wo er den Begriff Wahrheit

---

      der Wahrheit, Berlin/New York 2006, 65–101, hier 85, resümiert: »Augustins zweite große wahrheitstheoretische Leistung besteht in seiner definitorischen Bestimmung des Wahrheitsbegriffs unter Berücksichtigung seines christlichen Vorverständnisses von Wahrheit als eines Gottesprädikats und in Anlehnung an die geistmetaphysische Wahrheitstheorie Plotins«.

13 Ratzinger, Glaube – Wahrheit – Toleranz, 48.
14 Ebd., 50.
15 Ebd., 205.
16 Vgl. ebd., 53f. 65.
17 Vgl. ebd., 78. 166f.
18 Vgl. ebd., 156.
19 Augustinus, Confessiones I,1,1; zitiert in der 3. Augustinus-Katechese (30. Januar 2008), in: Benedikt XVI., Leidenschaft für die Wahrheit. Augustinus, Augsburg 2009, 58–66, hier 61.
20 Ratzinger, Glaube – Wahrheit – Toleranz, 34. Vgl. die 1. Augustinus-Katechese (9. Januar 2008), in: Benedikt XVI., Leidenschaft für die Wahrheit, 37–48, hier 40.
21 Ratzinger, Glaube – Wahrheit – Toleranz, 71.

verwendet, immer die Wahrheit des christlichen Glaubens, die Wahrheit Jesu Christi meint. So kann er *absolut* von Wahrheit sprechen, aber auch im Genitivus subjectivus von der Wahrheit *Jesu Christi* oder im Genitivus objectivus von der Wahrheit *über und von* Jesus Christus, entsprechend von der Wahrheit Gottes. Als ins Fleisch hinabgestiegener Gott und als schöpferisches Gotteswort ist Jesus Christus in Person »die Wahrheit aller Dinge und Menschen«.[22] Erkenntnis der Wahrheit bedeutet Erkenntnis Jesu Christi.

Für das christologische Wahrheitsverständnis dient Ratzinger Augustins Bekehrung, wie sie die *Confessiones* bezeugen, in seinen pastoraltheologischen Äußerungen als Erläuterung und Beispiel.[23] Theologisch teilt Ratzinger damit das christologische Wahrheitsverständnis Augustins, das dieser nach dem Vorbild des geistmetaphysischen Wahrheitsverständnisses Plotins in seinen Schriften, z. B. in *De vera religione*, entwickelte und vertrat.[24]

Die christologische Wahrheitserkenntnis überbietet nach Ratzinger nicht nur die natürliche Wahrheitserkenntnis, sondern schließt sie mit ein. Denn in der Person Jesus Christus verbinden sich nach Ratzinger vernünftige Erkenntnis und offenbarte Erkenntnis der Wahrheit. Christus ist als Logos zugleich Vernunft und Offenbarung. Diese Verbindung von philosophischem Logos und Christus als inkarniertem Logos stellt Ratzinger oft anhand von Augustins Wahrheitssuche nach den *Confessiones* dar: Augustinus »schildert uns, wie er durch die platonische Philosophie erlernt und erkannt hatte, daß am Anfang das Wort war – der Logos, der schöpferische Sinn. Aber die Philosophie, die ihn erkennen ließ, daß der Ursprung von allem der schöpferische Sinn ist, diese Philosophie zeigte ihm keinen Weg dahin; dieser Logos blieb fern und unberührbar. Erst im Glauben der Kirche fand er dann die zweite wesentliche Wahrheit: Das Wort – der Logos – ist Fleisch geworden. Und so rührt es uns an, rühren wir es an«.[25]

Die christologisch offenbarte Wahrheit, die die Erkenntnis durch die philosophische Vernunft in sich aufnimmt, ist Kerngedanke im Wahrheitsverständnis Ratzingers. Hierfür ist ihm die Biographie Augustins das Beispiel, die augustinischen *Confessiones* die Quelle. Dagegen betont Ratzinger die vernünftige Wahrheitserkenntnis da stärker, wo er sich im Gespräch nach »außen«,

---

22 Ebd., 66.
23 Vgl. 1. Augustinus-Katechese, in: Benedikt XVI., Leidenschaft für die Wahrheit, 40.
24 Vgl. die grundlegenden Ausführungen mit Quellenbelegen und Literatur bei Enders, »Wahrheit« von Augustinus, 65–93.
25 Benedikt XVI., Pastoralbesuch in Vigevano und Pavia (22. April 2007), in: ders., Leidenschaft für die Wahrheit, 12–22, hier 17. Vgl. 1. Augustinus-Katechese, ebd., 43: Augustinus begriff »die Synthese zwischen Philosophie, Rationalität und Glaube im ›Logos‹, in Christus, dem ewigen Wort, das Fleisch geworden ist«.

letztlich in einer apologetischen Haltung, sieht. Hier ist es der Apologet und Theologe Augustinus, den er zitiert, insbesondere mit dessen Schrift *De civitate Dei*, die er als »vielleicht das größte Buch des hl. Augustinus und von bleibender Wichtigkeit« bezeichnet.[26]

Die hier angedeuteten Akzente in der Augustinus-Rezeption sollen an drei weiteren Aspekten des Wahrheitsverständnisses Ratzingers verdeutlicht werden: am christlichen Wahrheitsanspruch, am prozessualen Verständnis von Wahrheit als Weg und an den ekklesiologischen Implikationen des Wahrheitsverständnisses.

1.2 Der christliche Wahrheitsanspruch

Wahrheits*erkenntnis* verbindet sich bei Ratzinger zwingend mit dem Wahrheits*anspruch* des Christentums. Die erkannte Wahrheit muss allen Menschen zugänglich gemacht werden, womit Ratzinger auch den Missionsauftrag begründet. »Wenn uns aber in Christus eine neue Gabe, die wesentliche Gabe – Wahrheit – geschenkt ist, dann ist es Pflicht, sie auch dem anderen anzubieten«.[27] Doch Ratzinger sieht auch, dass der Anspruch des Christentums, religio vera zu sein, unter dem Vorzeichen des gegenwärtig herrschenden Relativismus bleibend in Frage gestellt ist. Daher gilt es einerseits den christlichen Wahrheitsanspruch durch Plausibilisierung zu verteidigen. Andererseits fordert Ratzinger dazu auf, eine »Gesamtvision der Frage nach dem wahren Wesen des Christentums, nach seiner Stellung in der Geschichte der Religionen und nach seinem Ort in der menschlichen Existenz«[28] zu entwickeln. Für beides rekurriert Ratzinger auf Augustins Schrift *De civitate Dei*.

Die Wahrheit in der Religion wird nach Ratzinger vom modernen Wahrheits-Relativismus fundamental hinterfragt. Dagegen verteidigt er die christliche Wahrheit sowohl gegenüber einer religionsgeschichtlichen Infragestellung

---

26 Benedikt XVI., 4. Augustinus-Katechese (20. Februar 2008), in: ders., Leidenschaft für die Wahrheit, 58–77, hier 72.
27 Ratzinger, Glaube – Wahrheit – Toleranz, 86. Konsequenz der gemeinsamen christlichen Wahrheit ist für Ratzinger die Überwindung von kulturellen Differenzen: »Wenn Wahrheit sich schenkt, bedeutet dies Herausführung aus den Entfremdungen und damit aus dem Trennenden; Aufleuchten des gemeinsamen Maßstabs, der keiner Kultur Gewalt antut, sondern jede zu ihrer eigenen Mitte führt, weil jede letztlich Erwartung von Wahrheit ist. [...] Das ist der hohe Anspruch, mit dem der christliche Glaube in die Welt getreten ist. Aus ihm folgt die innere Verpflichtung, alle Völker in die Schule Jesu zu schicken, weil er die Wahrheit in Person und damit der Weg des Menschseins ist« (ebd., 55f). Zu Missionsverständnis und Dialog der Religionen bei Ratzinger vgl. Horst Bürkle, »Den Originalton in den Religionen wahrnehmen«. Benedikts XVI. theologische Orientierungen im Religionsdiskurs, in: Internationale Katholische Zeitschrift Communio 35 (2006) 573–594.
28 Ratzinger, Glaube – Wahrheit – Toleranz, 133.

der Wahrheit in der Religion durch den Ägyptologen und Kulturwissenschaftler Jan Assmann als auch gegen die philosophische Absage an die Wahrheit in der Religion, z. B. bei Ludwig Wittgenstein.[29] Hat Assmann die religionsgeschichtliche These aufgestellt, dass erst mit der Einführung des Monotheismus die Unterscheidung von wahr und falsch in die Religionen kam, stellte Wittgenstein philosophisch die Wahrheit einer Religion in Frage und forderte den Abschied vom religiösen Wahrheitsanspruch. Ratzinger skizziert diese beiden Anfragen als Hintergrund für seine Apologie des christlichen Wahrheitsanspruchs, in der er eine religionsgeschichtliche und eine philosophische Antwort formuliert und in beiden mit Augustinus argumentiert. So betont Ratzinger gegenüber Assmanns These von der mosaischen Unterscheidung, dass die Wahrheitsfrage nicht von Mose erfunden worden sei, sondern sich notwendig anthropologisch ergebe: »Die Wahrheitsfrage ist unausweichlich. Sie ist dem Menschen notwendig und betrifft gerade die Letztentscheidungen seines Daseins«.[30] Religionsgeschichtlich wurde daher, so Ratzinger, der Polytheismus von der vorsokratischen und sokratischen philosophischen Aufklärung kritisiert und »der Frage nach seiner Wahrheit ausgesetzt, die ihn allmählich auflöst und [...] zerfallen läßt«.[31] So ist der Monotheismus, religionsgeschichtlich betrachtet, die Lösung und Versöhnung zwischen Aufklärung und Religion, Vernunft und Offenbarung. »Die Gottheit, auf die die Vernunft zugeht, ist identisch mit dem Gott, der sich in der Offenbarung zeigt. Offenbarung und Vernunft korrespondieren einander. Es gibt die ›wahre Religion‹ [...]«.[32] Damit weist Ratzinger die religionsgeschichtliche Infragestellung des Wahrheitsanspruchs bei Assmann zurück und erläutert zugleich apologetisch die Verbundenheit von philosophisch-vernünftiger und christologischer Wahrheitserkenntnis. Diesen Argumentationsgang und den Gedanken der »Synthese von Vernunftreligion und biblischer Offenbarung« führt Ratzinger ausdrücklich zurück auf die »Leitidee der Kirchenväter, der Augustinus in *De civitate Dei* im Streitgespräch mit Plotin und Porphyrius eine abschließende systematische Gestalt gegeben hat«.[33]

Die philosophische Absage an die Wahrheit in der Religion widerlegt Ratzinger, viel kürzer, mit Verweis auf die Väter und Heiligen. Zwar könne

---

29 Vgl. ebd., 170–208.
30 Ebd., 180.
31 Ebd., 181.
32 Ebd.
33 Ebd., 181 Anm. 180. Hansjürgen Verweyen, Joseph Ratzinger – Benedikt XVI. Die Entwicklung seines Denkens, Darmstadt 2. Aufl. 2010, 30–34, weist kritisch darauf hin, dass Ratzinger sich für das Verhältnis von Theologie und Philosophie zwar auf Augustinus beruft, Augustinus aber verkürze und Ratzingers Verständnis der philosophischen Vernunft letztlich nicht konsistent formuliert sei.

der Wahrheitsanspruch des christlichen Glaubens dem empirischen Wahrheitsanspruch der modernen Wissenschaft nicht entsprechen, »weil die Form der Verifizierung nun einmal hier ganz anderer Art ist als im Bereich des Experimentierbaren«.[34] Doch sind es für ihn gerade die Heiligen, die das Experiment in ihrem Leben vollzogen haben und damit als Garanten der Wahrheit dienen können.[35] Fehlt an dieser Stelle der explizite Verweis auf Augustinus (Ratzinger greift den Gedanken in den Augustinus-Katechesen auf), so sind es doch in der zweifachen Verteidigung des Wahrheitsanspruchs die Väter, unter ihnen Augustinus als primus inter pares, mit denen Ratzinger die *gegenwärtigen* Anfragen an den christlichen Wahrheitsanspruch beantwortet. Die Bedeutung der Väter für die gegenwärtige Theologie ist ein theologischer Grundzug, der sich auch in Ratzingers Entfaltung von Wahrheitserkenntnis und -anspruch zeigt.

Offenkundig wird dies an seiner konsequent geschichtstheologischen Beantwortung der erwähnten »Frage nach dem wahren Wesen des Christentums, nach seiner Stellung in der Geschichte der Religionen und nach seinem Ort in der menschlichen Existenz«.[36] Wiederum rekurriert Ratzinger auf Augustins Schrift *De civitate Dei* und zeigt, wie der Kirchenvater und mit ihm das antike Christentum den christlichen Wahrheitsanspruch apologetisch vertrat. Er stellt dies für unsere Gegenwart anhand der Auseinandersetzung Augustins mit dem Römer Varro nach *De civitate Dei* vor und bemerkt dazu: »Mir ist kein Text der alten Christenheit bekannt, der für diese Frage ähnlich erhellend wäre«.[37] Im Rückgriff auf die Ausarbeitungen in seiner Dissertation *Volk und Haus Gottes* entwickelt er mit Augustinus den Gedanken, dass das Christentum der philosophischen Aufklärung, nicht dem Mythos, zugehörig war und sich selbst als Erkenntnis und Wahrheit verstand. So kann Augustinus – und mit ihm Ratzinger – das Christentum als »vollkommene, das heißt zur Wahrheit durchgestoßene Philosophie«[38] bestimmen. Die Vernünftigkeit des christlichen Glaubens erwies ihn gegenüber den heidnischen Religionen als religio vera. Augustinus bruchlos folgend, sieht Ratzinger darin auch heute das apologetische Potential des christlichen Glaubens und, einen zweiten augustinischen Gedankengang aufnehmend, in seinem Ethos: »Das Christentum, könnten wir vereinfachend sagen, überzeugte durch die Verbindung des Glaubens mit

---

34 Ratzinger, Glaube – Wahrheit – Toleranz, 182.
35 Vgl. ebd., 183.
36 Ebd., 133.
37 Ebd.
38 Ebd., 138.

der Vernunft und durch die Ausrichtung des Handelns auf die Caritas, auf die liebende Fürsorge für die Leidenden, Armen und Schwachen«.[39]

In der Synthese von Glauben und Vernunft, von Logos und Liebe, von Orthodoxie und Orthopraxie sieht Ratzinger die historische Überzeugungskraft des christlichen Glaubens, die es wiederzugewinnen gilt, wobei er besonders an den Primat der Vernunft im christlichen Glauben anknüpft. Damit betont er apologetisch die vernünftige Wahrheitserkenntnis und schließt sich darin Augustinus an. »In principio erat Verbum – am Anfang aller Dinge steht die schöpferische Kraft der Vernunft. Der christliche Glaube ist heute wie damals die Option für die Priorität der Vernunft und des Vernünftigen«.[40]

In der Verteidigung des christlichen Wahrheitsanspruchs zeigt sich, wie stark Ratzinger an das Denken Augustins anknüpft und sich dessen Gedanken zu eigen macht. Er aktualisiert Augustinus – pars pro toto für die Väter-Theologie – für zeitgenössische theologische Fragestellungen, und dies nicht erst in den in den 90er Jahren entstandenen Texten, sondern, wie der Rückverweis auf seine Dissertation beweist, als durchgehenden Grundzug seines theologischen Denkens. Dabei ist ihm Augustinus nicht ein zeitloser Denker der Wahrheit, was Ratzinger schon im Schlusssatz seiner Dissertation postulierte: »Man könnte Augustin kein größeres Unrecht tun als ihn zum zeitlosen Denker zu stempeln. Bei ihm ist etwas ganz anderes Ereignis geworden: Das Begreifen der einen Wahrheit Jesu Christi mitten aus der Lebendigkeit der eben gelebten Gegenwart heraus. Und darin freilich steht Augustin für alle Zeiten«.[41] Entfaltet Ratzinger sein Wahrheitsverständnis im Rückgriff auf die Väter und Augustinus, so zeigt sich darin ein geschichtstheologisches Denken, das die Wahrheit und Lebendigkeit der Tradition für die gegenwärtige Theologie fruchtbar machen möchte.

1.3 Wahrheit als Weg

Nach Ratzinger ist der christliche Glaube »ein Weg, und dem Weg ist es eigen, daß er nur durch das Eintreten in ihn, das Gehen darauf erkennbar wird. Dies gilt in einem doppelten Sinn: Jedem einzelnen erschließt sich das Christliche nicht anders als im Experiment des Mitgehens, in seiner Ganzheit läßt es sich nur erfassen als geschichtlicher Weg«.[42] Damit ist die Erschließung

---

39 Ebd., 140.
40 Ebd., 146.
41 Joseph Ratzinger, Volk und Haus Gottes in Augustins Lehre von der Kirche, Münchener Theologische Studien. II. Systematische Abteilung. Bd. 7, München 1954 (unveränderter Nachdruck St. Ottilien 1992), 328. Nachdruck auch in: Ratzinger, Gesammelte Schriften 1, 418.
42 Ratzinger, Glaube – Wahrheit – Toleranz, 118.

der christlichen Wahrheit individuell und historisch-kollektiv kein einmaliges, sondern ein prozessuales Geschehen und ein Experiment, wobei nicht an das neuzeitliche Verständnis eines (wissenschaftlichen oder ergebnisunsicheren) Versuchs, sondern im Anschluss an die lateinische Wurzel (experiri) an die Erfahrung von Glaubenswahrheit zu denken ist.

Die Wahrheit des Christentums offenbart sich in der Geschichte, die ein wahrheitserschließender Weg für den einzelnen Menschen wie für die Menschheit ist, der mit Abraham beginnt und sich über die ersten Christen und die altkirchlichen Väter, im Glauben der Kirche, in die Gegenwart fortsetzt. Geschichtstheologisch sieht Ratzinger in den alttestamentlichen Gestalten Abel, Abraham, Isaak u. a. »eine durchlaufende Linie in der Geschichte des Glaubens und der Gottesverehrung«.[43] Denn »Christus ist in diesen Gestalten unterwegs in der Geschichte«.[44] Die verbindliche und gültige Wahrheit offenbart sich in der Geschichte und zwar in der Gestalt Jesu, der sich als Logos in die Geschichte hinein inkarnierte, *und* in der Gestalt des Glaubens der Kirche.

Mit dem Verweis auf den Glauben der Kirche ist der Zusammenhang von Wahrheit und Vätertheologie angesprochen. Die Wahrheit als Weg schließt die Tradition der Kirche ein, für die exemplarisch die Väter, darunter Augustinus, stehen. Auch im Wahrheitsverständnis zeigt sich der geschichtsbetonte (und -theologische) Zug von Ratzingers Denken, der sich schon in seiner Dissertation andeutete und, auch aufgrund des gewählten Themas, in der Habilitationsschrift zur Geschichtstheologie Bonaventuras vertiefte.[45] Die besondere Rolle der Väter für die Theologie formulierte Ratzinger bereits 1968 in seinem Aufsatz *Die Bedeutung der Väter für die gegenwärtige Theologie*: Heilige Schrift und Väter, die theologischen Lehrer der noch ungeteilten Kirche, gehören für ihn zusammen wie »Wort und Antwort. Beides ist nicht dasselbe, nicht gleichen Ranges, nicht gleicher normierender Kraft: Das Wort bleibt das Erste, die Antwort das Zweite«.[46] Doch als Antwort gewinnt die geschichtliche Gestaltung des christlichen Glaubens zentrale Bedeutung.

Ratzinger kann (und tut dies in vielen Schriften) christliche Wahrheit auch ohne Zitate aus den Vätern erläutern. Exemplarisch dafür seien die beiden Bücher *Jesus von Nazareth* genannt. Hier wird Augustinus in der Exegese zwar wiederholt herangezogen, die Entfaltung des Wahrheitsbegriffs erfolgt aber im

---

43 Ebd., 79.
44 Ebd., 80, vgl. 78.81.
45 Joseph Ratzinger, Die Geschichtstheologie des heiligen Bonaventura, München 1959 (unveränderter Nachdruck St. Ottilien 1992). Während der Wahrheitsbegriff in dieser Arbeit keine bedeutende Rolle spielt, bleibt Augustinus der am häufigsten genannte Kirchenvater.
46 Joseph Ratzinger, Die Bedeutung der Väter für die gegenwärtige Theologie, in: Theologische Quartalschrift 148 (1968) 257–282, hier 275.

unmittelbaren Anknüpfen an die biblischen Texte, z. B. des Johannesevangeliums, die die Wahrheit in Jesus Christus bezeugen.⁴⁷ Die Väter aber sind es, die nach Ratzinger in der Integration der Vernunft in den Glauben die Theologie im heutigen Verständnis geschaffen haben: »Die Väter haben, indem sie den Glauben als eine ›Philosophia‹ begriffen und ihn unter das Programm des Credo ut intelligam stellten, sich zur rationalen Verantwortung des Glaubens bekannt und damit Theologie geschaffen, wie wir sie bis heute verstehen [...] So wird Theologie einfach dadurch, daß sie ist, immer wieder den Vätern tributpflichtig sein und Grund haben, neu und neu bei ihnen in die Schule zu gehen«.⁴⁸ Ratzinger übernimmt nicht nur das augustinische »credo ut intelligam«, sondern zitiert Augustinus gerade da, wo er den Aspekt der Vernunft im christlichen Wahrheitsverständnis betont.

Die Wahrheit des christlichen Glaubens erschließt sich auch dem Einzelnen als ein selbst zu erfahrender Weg. Für diesen Weg steht bei Ratzinger exemplarisch Augustinus in seiner biographischen Erfahrung (experimentum), seinem Lebensweg. Mit Augustins *Confessiones* kann Ratzinger aber auch am Beispiel des Marius Victorinus den Weg eines Philosophen von der (neu)platonischen Erkenntnis von Wahrheit zur christlichen Wahrheit beschreiben: »Wenn Platonismus eine *Idee* von der Wahrheit gibt, so gibt christlicher Glaube die Wahrheit als *Weg*, und erst indem sie zum Weg wird, ist sie des *Menschen* Wahrheit geworden. Wahrheit als bloße Erkenntnis, als bloße Idee bleibt ohne Kraft; des Menschen Wahrheit wird sie erst als Weg, der ihn beansprucht, den er betreten kann und muß«.⁴⁹ An diesem Beispiel zeigt Ratzinger, Augustinus folgend, auch die Konsequenzen der christlichen Wahrheitserkenntnis auf: Sie führt Marius Victorinus zwingend in die Gemeinschaft der Christen, in die Kirche hinein. »Der große Platoniker hatte begriffen, [...] daß Christentum nicht ein System von Erkenntnissen ist, sondern ein Weg. Das Wir der Glaubenden ist nicht eine sekundäre Zutat für kleine Geister, es ist in gewissem Sinn die Sache selbst«.⁵⁰

1.4 Wahrheitsverständnis und Ekklesiologie

Der Weg der Wahrheit führt nach Ratzinger in die Gemeinschaft der Kirche; Wahrheit ist damit bei ihm zugleich christozentrisch und ekklesiologisch

---

47 Joseph Ratzinger/Benedikt XVI., Jesus von Nazareth, 2 Bde., Freiburg i. Br. 2007/2011.
48 Ratzinger, Die Bedeutung der Väter, 280f.
49 Joseph Ratzinger, Einführung in das Christentum. Vorlesungen über das Apostolische Glaubensbekenntnis, München 1968, 69, nach Augustinus, Confessiones VIII 2, 3–5 (Kursiv mit Ratzinger).
50 Ebd.

bestimmt. Führt die Erkenntnis der Wahrheit, Gottes, zur Hinwendung zur Kirche, so ist dies ein Gedanke, den Augustinus und Ratzinger teilen und betonen.[51] Christlicher Glaube hat somit neben der individuellen immer die soziale, kirchliche Dimension. Christus ist als Logos Quelle der Wahrheit und die Kirche ist dem Logos mystisch und sakramental verbunden. Die Kirche hat dann auch die Aufgabe, für die Wahrheit einzutreten und sie, auch durch das Lehramt, zu bewahren. Diese ekklesiologischen Konsequenzen des Gottes- und Wahrheitsverständnisses entfaltet Ratzinger in vielen seiner Schriften. Unter dem Aspekt der Augustinus-Rezeption ist entscheidend, dass Ratzinger die ekklesiologische Dimension der Wahrheit besonders an der Bekehrung des Kirchenvaters Augustinus und seinem Lebensweg exemplifiziert.[52]

Gerade in der ekklesiologischen Entfaltung der Wahrheit zeigt sich jedoch, inwiefern Ratzingers Augustinus-Rezeption auch Impulse anderer Theologen aufnimmt.[53] So hat sich sein Lehrer und Doktorvater Gottlieb C. Söhngen in seiner Habilitationsschrift u. a. mit Augustins *Confessiones* befasst und darin eine methodische Offenheit konstatiert, ein radikales Fragen Augustins, das nicht in eine Schlussfolgerung, sondern – in diesem Sinne offen – ins Gebet als Antwort führt. »Joseph Ratzinger hat über seinen Lehrer die theologische Methode gelernt, die Gottlieb Söhngen mit Augustinus als eine ›offene Systematik‹ bzw. ›offene Form‹ beschrieben hatte. Diese wirkte bei seiner Arbeit über den ›Kirchenbegriff bei Augustinus‹ nach«.[54] Beeinflusste Söhngen Ratzinger methodisch, so ist sein Verständnis augustinischer Ekklesiologie und Anthropologie auch von dem französischen Jesuiten Henri de Lubac geprägt. Lubac entfaltete in seiner 1938 erstmals veröffentlichten Studie *Le Catholicisme* den sozialen Charakter des christlichen Glaubens.[55] »Auf den Spuren Lubacs sich befindend stellte Joseph Ratzinger darum unermüdlich die ›Wir-Struktur‹, also die soziale Dimension, als das fundamentale Prinzip des Glaubens und

---

51 Ausgehend von der Dissertation Ratzingers wurde in mehreren Forschungsbeiträgen auf die augustinische Ekklesiologie bei Ratzinger hingewiesen, vgl. Cong Quy, Theologische Verwandtschaft, 27–97; Mayer, Augustinus im Denken von Joseph Ratzinger, 310–313.
52 Vgl. die Rede von den drei Bekehrungen in: Benedikt XVI., Leidenschaft für die Wahrheit, 12–22.
53 Hier sei auf Cong Quy, Theologische Verwandtschaft, 27–48.50.82f. passim, verwiesen, der die Bedeutung Söhngens, Lubacs und Newmans als Vermittler augustinischer Ekklesiologie an Ratzinger ausführlich darstellt. Quy thematisiert das Wahrheitsverständnis Ratzingers nicht, gibt aber wichtige Impulse für die Parallelen zwischen Ratzinger und Augustinus in Ekkesiologie, Christologie und Eschatologie.
54 Cong Quy, Theologische Verwandtschaft, 38, vgl. 34f.
55 Vgl. Henri de Lubac, Le Catholicisme. Les aspects sociaux du dogme, Paris 1938 (dt. 1943); Henri de Lubac. Glauben aus der Liebe. »Catholicisme«. Übertragen und eingeleitet von Hans Urs von Balthasar, Einsiedeln/Freiburg 3. Aufl. 1992.

der Kirche heraus«.[56] John Henry Newmans Gedanken einer nicht abgeschlossenen Bekehrung Augustins, möglicherweise vermittelt durch Söhngen,[57] spiegeln sich schließlich in Ratzingers wiederholten Äußerungen zur Prozesshaftigkeit der Hinwendung zur Wahrheit wie zur dreifachen Bekehrung Augustins wider.

Ratzinger bezeichnet Söhngen, Newman und Lubac als Theologen, denen er wichtige Einsichten verdankt, so ist ihm z. B. im Rückblick Lubacs *Le Catholicisme* »zu einer Schlüssellektüre geworden«.[58] Wo er aber Augustins Schriften zitiert und auf dessen Denken verweist, greift Ratzinger direkt auf die Quellen zurück, so dass zu vermuten ist, dass ihn diese Interpreten wie die eigene wissenschaftliche Arbeit zwar zum tieferen Verständnis augustinischen Denkens führten, er sich im eigenen theologischen Denken aber bewusst unmittelbar an Augustinus anschließt.

1.5 Ein Zwischenergebnis

Wo Ratzinger den Wahrheitsbegriff entfaltet, kann und tut er dies oft im Rekurs auf Augustins Schriften und Person. Er verbindet dabei stets Wahrheitserkenntnis und -anspruch des christlichen Glaubens und knüpft in beidem explizit und implizit an augustinisches Denken an. Für die Wahrheitserkenntnis ist es oft der biographische Weg Augustins nach den *Confessiones*, der ihm als Beispiel dient. In der Apologie des christlichen Wahrheitsanspruchs sind es die augustinischen Auseinandersetzungen, z. B. mit Varro, die Ratzinger nach *De civitate Dei* aufnimmt. Zwar interpretiert Ratzinger, der historisch-kritischen Methodik entsprechend, Augustinus auch im historischen Kontext. Doch dieser Kontext weist nach Ratzinger, z. B. in der notwendigen Apologie des Christentums gegenüber einer nicht-christlichen Umwelt und deren Wahrheits-Relativismus, Parallelen auf, die ihm Augustinus zum Zeugen für die Gegenwart des 20. und 21. Jahrhunderts werden lassen. In Analogie zu seiner Kritik an der ausschließlich historisch-kritischen Fragestellung nach Jesus, die allein den historischen Jesus, nicht dessen Bedeutung für den Menschen heute zeigen kann, fragt Ratzinger mit dem Recht des systematischen Theologen nicht nur nach dem historischen Augustinus, sondern nach dessen aktueller Bedeutung für die Wahrheitsfrage heute. Er verbindet die Frage nach dem ursprünglichen Sinn augustinischer Aussagen mit der nach ihrer Bedeutung für die gegenwärtige Situation des Menschen.

---

56   Cong Quy, Theologische Verwandtschaft, 48.
57   So Cong Quy, Theologische Verwandtschaft, 31. Ratzinger, Aus meinem Leben, 63, nennt Newman einen der Lieblingsautoren Söhngens.
58   Ratzinger, Aus meinem Leben, 69.

Ratzinger rekurriert in seiner Darstellung christlicher Wahrheit nicht nur auf Augustinus als biographischen Zeugen und auf einzelne Gedankengänge Augustins, sondern vielmehr ist sein theologisches Denken auch da, wo er augustinische Bezüge nicht durch Zitat expliziert, stets von der Theologie Augustins geprägt. Seine Rezeption Augustins entspricht seinem Verständnis der Kirchenväter als lebendige und verbindliche theologische Tradition der Kirche, in die Ratzinger sich stellt. In diesem Sinne ist Augustinus ihm ein bleibender Wahrheitsgarant.

Kann die Augustinus-Rezeption von seiner Dissertation (1954) bis zu den jüngsten Augustinus-Katechesen (2008) als roter Faden im theologischen Denken Ratzingers postuliert werden, so ist in der Perspektive der Augustinus-Rezeption und der Wahrheitsfrage kein Bruch zwischen dem frühen und reifen Theologen Ratzinger festzustellen.[59] Die Wahrheitsfrage findet sich bereits in den frühen Schriften, entwickelt sich aber erst in seiner Auseinandersetzung mit dem Relativismus und im Dialog der Religionen auch begrifflich zu einem Leitmotiv. So sind wohl die kirchlichen Aufgaben Ratzingers seit seiner Wahl zum Bischof (1977) und die damit verbundenen Anfragen an ihn als Repräsentanten des christlichen Wahrheitsanspruchs ein Grund für das stärkere begriffliche Aufgreifen der Wahrheit, die freilich in allen seinen Schriften als Gotteserkenntnis vorhanden ist.[60]

2 Augustinus der Wahrheitszeuge

In den homiletischen und pastoraltheologischen Texten, aber auch in autobiographischen Äußerungen Ratzingers zeigt sich ein weiterer Aspekt der Augustinus-Rezeption: Die Person Augustinus ist für Ratzinger Vorbild und Wahrheitszeuge für den Menschen heute, die es als Prototyp des die Wahrheit suchenden, findenden und sie lebenden Menschen homiletisch und seelsorgerlich zu vermitteln gilt.

---

59 Zur anhaltenden Diskussion um Bruch und/oder Kontinuität im theologischen Denken vgl. Thorsten Maaßen, Das Ökumeneverständnis Joseph Ratzingers (Kirche – Konfession – Religion 56), Göttingen 2011, 134–136. 353–358.

60 Bei der hier zitierten Auswahl aus Ratzingers theologischen Publikationen werden Entstehungszeit, Adressaten und die Alleinautorschaft Ratzingers bzw. die Verfasserschaft eines Kollegiums (mit Unterschrift Ratzingers) berücksichtigt. Doch sind Widersprüche zwischen den privat-theologischen und lehramtlichen Dokumenten Ratzingers weitgehend auszuschließen. Maaßen, Das Ökumeneverständnis, 53, verweist mit Recht auf eine Äußerung Ratzingers gegenüber dem Metropoliten Damaskinos Papandreou (20. Februar 2001): »daß ich nichts als Präfekt vertrete, was ich nicht auch persönlich als Weisung sowohl für mich selbst wie als Wort an die Kirche und für die Kirche vertreten kann«.

Das Vorbild Augustins bezeugen neben zahlreichen päpstlichen Ansprachen, z. B. während seines Pastoralbesuchs in Pavia im April 2007, in herausragender Weise die fünf Augustinus-Katechesen in den päpstlichen Generalaudienzen (Januar bis Februar 2008), aber auch die Enzyklika *Spe Salvi* über die christliche Hoffnung (November 2007).[61] Diese Ansprachen und Texte zeigen, dass der Kirchenvater nach Ratzinger als ein Vorbild (a) in seiner Wahrheitssuche, (b) seiner Wahrheitserkenntnis und (c) seinem »wahrhaftigen« Lebensweg zu verstehen ist.

2.1 Ein Vorbild der Wahrheitssuche

Ratzinger wird nicht müde, dem modernen Menschen, Zuhörer seiner Ansprachen, den wahrheitssuchenden Augustinus vor Augen zu führen: »Was nun den hl. Augustinus betrifft, so war sein ganzes Leben eine leidenschaftliche Suche nach der Wahrheit. [...] Durch einen mühevollen Weg jedoch [...] öffnete sich Augustinus immer mehr der Fülle der Wahrheit und der Liebe bis hin zu seiner Bekehrung, die in Mailand unter der leitenden Hand des heiligen Bischofs Ambrosius erfolgte. Augustinus wird deshalb stets ein Vorbild des Weges zu Gott, der höchsten Wahrheit und dem höchsten Gut, bleiben«.[62]

Augustinus, wie ihn die *Confessiones* bezeugen, ist nach Ratzinger für jeden Menschen das Vorbild des Wegs zur Wahrheit, zum christlichen Glauben. Dabei betont er die bewusste, willentliche Wahrheitssuche Augustins. Zu dieser eigenen Anstrengung der Gottessuche fordert Ratzinger die Zuhörer und Leser auf. Verweist Ratzinger darauf, dass Augustinus durch seine Mutter Monika in der Kindheit Grundzüge des christlichen Glaubens vermittelt wurden,[63] trifft dies wohl auch auf die Situation der meisten seiner Zuhörer zu, deren Kinderglauben sich nicht fortsetzte und die sich neu auf die Suche nach Gott begeben sollen – wie das Vorbild des wahrheitssuchenden Augustinus.

---

61 Die Bedeutung der Augustinus-Katechesen zeigt sich auch in ihrer mehrfachen Publikation, als Erstveröffentlichung in der Übersetzung von Claudia Reimüller: Benedikt XVI., Ein leidenschaftlicher Wahrheitssucher. Fünf Katechesen über den heiligen Augustinus, in: Die Tagespost 12.1./19.1./2.2./23.2./1.3.2008, sowie in: ders., Kirchenväter und Glaubenslehrer. Die Großen der frühen Kirche, Augsburg 2008, 176–206, und ders., Leidenschaft für die Wahrheit, 37–87. In Ratzinger, Gesammelte Schriften 1, finden sich zwar Predigten zu Augustinus, nicht aber die Katechesen.
62 Benedikt XVI., Leidenschaft für die Wahrheit, 9f. Ebd., 27: »Der hl. Augustinus war ein Mensch, der beseelt war vom unermüdlichen Wunsch, die Wahrheit zu finden«; vgl. die fast gleichlautenden Aussagen in der 2. und 5. Augustinus-Katechese (ebd., 49.79.85).
63 Vgl. ebd., 8–10.

2.2 Ein Vorbild der Wahrheitserkenntnis

Auch für den Weg der Wahrheitserkenntnis ist Augustinus Vorbild für den suchenden Menschen heute. So betont Ratzinger, dass der Herr »uns in der Geschichte der Christenheit Leitbilder der Umkehr geschickt hat, an denen wir uns orientieren können«.[64] Ein solches Leitbild der Umkehr ist die dreifache Bekehrung Augustins, wie er sie in den *Confessiones* bezeugt sieht. Augustins Wahrheitserkenntnis oder, wie Ratzinger hier formuliert, seine Bekehrung, war »nicht ein punktuelles Ereignis, sondern eben ein Weg«.[65] Wo Ratzinger in der Predigt von der einen großen Bekehrung spricht, die sich in drei Schritten des Bekehrungswegs, damit pluralisch als Bekehrungen, vollzieht, nimmt er den in anderen Schriften systematisch-theologisch entfalteten prozessualen Weg der Wahrheitserkenntnis wieder auf. Stärker als in diesen Schriften, wie z. B. *Glaube – Wahrheit – Toleranz*, expliziert Ratzinger in seinen Predigten und pastoralen Ansprachen die ekklesiologischen Aspekte der Wahrheitserkenntnis: Denn die erste Bekehrung ist nicht nur, »diesen Jesus Christus wirklich kennenzulernen und mit allen Konsequenzen zu ihm ja zu sagen«,[66] sondern damit verbunden das Hineingeführtwerden in die Kirche: »Der Demut der Menschwerdung Gottes muß – das ist der große Schritt – die Demut unseres Glaubens antworten, der [...] sich in die Gemeinschaft des Leibes Christi hineinbeugt; mit der Kirche lebt und so erst wirklich in konkrete, ja, leibliche Gemeinschaft mit dem lebendigen Gott kommt«.[67] Wie Ratzinger den Gedanken der Kirche als *Volk und Haus Gottes* mit Augustinus in seiner Dissertation erarbeitete, so wird ihm Augustinus als Person zum Vorbild für den Weg des christlichen Glaubens in die und in der Kirche.

Für Augustinus wie Ratzinger ist nicht nur die Wahrheitssuche eine lebenslange Aufgabe, sondern auch die Wahrheitserkenntnis kein Schluss-, sondern bleibender Ausgangspunkt in diesem Prozess des Suchens und Findens. Zugleich, dafür stehen die folgenden Bekehrungsschritte, dient die Erkenntnis christlicher Wahrheit nicht sich selbst, sondern führt immer in die ekklesiale Teilhabe und diese in das sozial-karitative Handeln der Nächstenliebe. Der individuellen Erkenntnis der Wahrheit folgt die Erkenntnis universaler Wahrheit in Jesus Christus in Gestalt der Kirche und ihres Handelns. Zugleich sind Wahrheitserkenntnis und Ethos verbunden. Diese Gedanken führt Ratzinger in den beiden folgenden Bekehrungsschritten Augustins aus, als Schritte des Lebens angesichts der Wahrheit.

---

64 Benedikt XVI., Pastoralbesuch in Vigevano und Pavia, in: ebd., 12–22, hier 14.
65 Ebd., 15.
66 Ebd., 17.
67 Ebd., 17f.

2.3 Ein Vorbild des Lebens angesichts der Wahrheit

Der ersten Bekehrung zur leiblichen Gemeinschaft mit Gott in der Kirche folgen nach Ratzinger zwei weitere Bekehrungsschritte Augustins, die wiederum Vorbildfunktion für den Menschen heute haben: So ist die zweite Bekehrung die von den eigenen Lebensplänen, bei Augustinus dem Wunsch nach einem kontemplativen Leben, hin zum Dienst am Nächsten: »Dies war die zweite und immer wieder neu zu erringende Bekehrung dieses ringenden und leidenden Menschen: Immer neu für alle da sein und nicht für die eigene Vollkommenheit, immer neu mit Christus sein Leben weggeben, damit andere Ihn, das wahre Leben finden konnten«.[68] Die dritte Bekehrung Augustins war »die Demut anzuerkennen, daß er und die ganze pilgernde Kirche immerfort der barmherzigen und täglich vergebenden Güte Gottes bedürfen und daß wir dann Christus, dem einzig Vollkommenen, am meisten ähnlich werden, wenn wir wie er zu Menschen der Barmherzigkeit werden«.[69] Der Dienst am Nächsten und das Erlernen der Demut des Angewiesenseins auf Gott sind für Ratzinger mit Augustinus die Charakteristika eines der Wahrheitserkenntnis entsprechenden wahrhaftigen Lebens. Für ein von Dienst und Demut geprägtes Christsein in der Imitatio Christi dient Augustinus dem modernen Menschen als Beispiel und Vorbild.

Augustinus ist für das der Wahrheit entsprechende Leben noch in zwei weiteren Aspekten vorbildlich: in der Verbindung von Glauben und Vernunft und als Beter. Betont Ratzinger, dass Christus als Logos Vernunft und Offenbarung verbindet, so steht für ihn die Person Augustinus für diese Synthese von Vernunft und Glauben, »in der die katholische Kirche ihren Weg formuliert findet«.[70] Augustinus kann darin »gerade auch der akademischen Welt, Vorbild für einen Dialog zwischen Vernunft und Glauben sein [...], der allein die Wahrheit und somit auch den Frieden suchen kann«.[71] Die vernunftgemäße Verantwortung der Glaubenswahrheit ist dabei für Ratzinger nicht weniger als »die Voraussetzung für das Überleben des Christentums heute und morgen«.[72]

Schließlich ist es das Gebet, das Augustins Leben in der Wahrheit kennzeichnet.[73] Ratzinger verweist damit auf nichts anderes als das Beten als grund-

---

68 Ebd., 20.
69 Ebd., 21.
70 Benedikt XVI., 3. Augustinus-Katechese, ebd., 58–66, hier 60.
71 Benedikt XVI., Pastoralbesuch in Vigevano und Pavia, ebd., 23–29, hier 29.
72 Ratzinger, Die Bedeutung der Väter, 279.
73 Vgl. zu Augustinus als Beter und Ratzingers Rezeption: Cong Quy, Theologische Verwandtschaft, 123–129.132–147. Zu Ratzingers Gebetsverständnis vgl. auch Helmut Hoping, Gemeinschaft mit Christus. Christologie und Liturgie bei Joseph Ratzinger, in: Internationale Katholische Zeitschrift Communio 35 (2006) 558–572, hier 560: »Den Schlüssel zur Chris-

legende Ausdrucksform des christlichen Glaubens. Doch indem er Augustinus als Beter vorstellt, spricht er die Zuhörer persönlich, auch emotional an und gibt ihnen ein menschliches Vorbild. Der Beter Augustinus tröstet mit dem Gebet sich und die Gläubigen, er betet noch als sterbender Bischof mit großer Intensität[74] und lehrt auch das Gebet als »Übung der Sehnsucht« nach Gott.[75]

Dementsprechend kann Ratzinger Monika, die Mutter Augustins, für ihre »Gebete und Tränen« loben und alle Frauen zur Nachahmung ihres Gebets einladen: »Monika, eine weise und im Glauben gefestigte Frau, lädt sie ein, den Mut nicht zu verlieren, sondern ihre Sendung als Ehefrauen und Mütter unbeirrt fortzuführen, indem sie stets festes Vertrauen zu Gott haben und beharrlich am Gebet festhalten«.[76] Die pastorale Ermahnung kann Ratzinger dann wiederum mit seinen Zuhörern ins Gebet führen: »Die hl. Monika und der hl. Augustinus laden uns ein, uns vertrauensvoll an Maria, Sitz der Weisheit zu wenden«.[77] Mit der Aufforderung zu beten als Ausdruck der erkannten Wahrheit leitet Ratzinger in dieser Katechese zum Gebet über – mag das durch die pastorale Situation bedingt sein, so sind doch in der ins Gebet überführenden Darstellung der Wahrheit Parallelen zu Augustins *Confessiones*, die ebenfalls ins Gebet münden, zu erkennen.

In seiner Vorbildrolle entspricht Augustinus dem Heiligenverständnis Ratzingers, sind doch Heilige für ihn, in ausdrücklicher Aufnahme augustinischer Gedanken, jene Menschen, die uns an Gott erinnern: »Durch die Heiligen erinnert uns Gott an sich selbst. [...] Damit dieser Anruf jederzeit gegenwärtig bleibe, kommt Christus durch die Heiligen auf uns zu, Menschen, die von dieser Erinnerung her gelebt haben und dadurch selbst Erinnerung an Gott geworden sind«.[78] Augustinus ist für Ratzinger einer, der solche Erinnerung in seiner Bekehrung und seinem Leben erfahren hat und darin Vorbild ist.[79] Dem Heiligenverständnis entsprechend, kann Ratzinger Augustinus um seine Fürbitte anrufen.[80]

---

tologie aber bilden für Ratzinger das Gebet Jesu und die Gemeinschaft mit seinem Beten, weshalb für ihn Christologie nur als eine ›Theologie der Erfahrung‹ durchführbar ist«.

74 Vgl. Benedikt XVI., 2. Augustinus-Katechese, in: ders., Leidenschaft für die Wahrheit, 49–57.
75 Benedikt XVI., Enzyklika Spe salvi [...] über die christliche Hoffnung, 30. November 2007 (Verlautbarungen des Apostolischen Stuhls 179), Bonn 2007, §§ 32–34, hier § 33; vgl. § 11.
76 Benedikt XVI., Angelus (27. August 2006), in: ders., Leidenschaft für die Wahrheit, 9.
77 Ebd., 10f.
78 Joseph Ratzinger, Was bedeuten eigentlich die Heiligen für uns? – Die Antwort Augustins, in: ders., Gesammelte Werke 1, 729–733, hier 729f.
79 Ebd.
80 Benedikt XVI., Pastoralbesuch in Vigevano und Pavia, in: ders., Leidenschaft für die Wahrheit, 29. Vgl. Benedikt XVI., Licht der Welt. Der Papst, die Kirche und die Zeichen der Zeit. Ein Gespräch mit Peter Seewald, Freiburg i. Br. 2010, 32: »Aber ich rufe auch die Heiligen

Augustinus ist für Ratzinger damit in dreifacher Weise Wahrheitszeuge: als ein Mensch auf dem Weg zu und mit Gott, als Wahrheitssuchender und -findender. So fordert Ratzinger dazu auf, diesem exemplarischen Weg zu folgen, sowohl als Einzelner[81] als auch als Gemeinschaft: »Auf den Spuren von Augustinus sollt auch ihr eine Kirche sein«.[82]

Mit der Betonung der Vorbildrolle Augustins stellt sich Ratzinger ausdrücklich in die Tradition seiner Vorgänger im Amt. Er zitiert deren Ausführungen zu Augustinus in seinen Ansprachen: Mit Papst Johannes Paul II. in der Enzyklika *Fides et ratio* stellt Ratzinger Augustinus als »erste große Synthese des philosophischen und theologischen Denkens«[83] vor, mit Papst Paul VI. als einen Menschen von herausragender Geistesgröße.[84] Ratzinger schließt sich dieser Haltung an, wo er Augustinus als »den größten Vater der lateinischen Kirche« rühmt und von »seiner einzigartigen Bedeutung« spricht.[85] Ratzinger kann Augustinus aber auch bezeichnen als »einen Menschen von heute: einen Freund, einen Zeitgenossen, der zu mir spricht«.[86] Darin zeigt sich seine persönliche Verehrung des Kirchenvaters.

2.4 Die persönliche Verehrung Augustins

Betont Ratzinger, dass seine Enzykliken *Deus caritas est* und *Spe Salvi* der augustinischen Theologie viel verdanken,[87] so bekennt er sich zugleich zu Augustinus als seinem persönlichen geistlichen Vorbild: »Mein Besuch in Pavia nimmt in diesem Augenblick, in dem er zu seinem Abschluß kommt, die Form einer Pilgerreise an. In dieser Form hatte ich ihn anfangs geplant, in dem Wunsch, hierherzukommen und die sterblichen Überreste des hl. Augustinus zu verehren, um so die Huldigung der ganzen katholischen Kirche an einen ihrer größten ›Väter‹ zum Ausdruck zu bringen und auch meine persönliche Verehrung und Dankbarkeit gegenüber demjenigen, der so sehr teilhatte an

---

an. Ich bin mit Augustinus, mit Bonaventura, mit Thomas von Aquin befreundet. Man sagt dann auch zu solchen Heiligen: ›Helft mir!‹«
81 Vgl. Benedikt XVI., 5. Augustinus-Katechese, in: ders., Leidenschaft für die Wahrheit, 78: »Noch heute ist es möglich, dem inneren Weg des hl. Augustinus nachzugehen«.
82 Benedikt XVI., Pastoralbesuch in Vigevano und Pavia, ebd., 34.
83 Ebd., 29.
84 Vgl. Benedikt XVI., 1. Augustinus-Katechese, ebd., 38. Vgl. auch die Aufnahme des Apostolischen Schreibens *Augustinum Hipponensem* von Papst Johannes Paul II. in der 3. Augustinus-Katechese, ebd., 58.
85 Benedikt XVI., 1. Augustinus-Katechese, ebd., 37.
86 Benedikt XVI., 2. Augustinus-Katechese, ebd., 55.
87 Vgl. Benedikt XVI., Pastoralbesuch in Vigevano und Pavia, ebd., 32; 5. Augustinus-Katechese, ebd., 85.

meinem Leben als Theologe und als Hirte – aber davor noch, so würde ich sagen, als Mensch und als Priester«.[88]

Ratzingers Verehrung des Kirchenvaters, das Betonen der Vorbildrolle Augustins und vor allem seine inhaltlich-theologischen Übernahmen augustinischer Gedanken, Augustinus-Zitate und -Verweise, hier nur unter dem Aspekt der Wahrheitsfrage betrachtet, sind Zeichen einer großen theologischen Nähe, einer »theologischen Verwandtschaft«[89] zwischen Ratzinger und Augustinus. Doch ist Ratzinger damit ein »Augustinus redivivus – ein zweiter Augustinus«, wie der Augustinist C. Mayer 2006 in einem Zeitungsbeitrag anlässlich des Papstbesuchs in Deutschland fragte?[90]

3 Biographische Parallelen – Ratzinger als Augustinus redivivus?

Um Joseph Ratzinger das Prädikat eines »wiedererstandenen« Augustinus zuzuweisen, bedarf es eindeutiger Parallelen in Leben und Werk. Für das theologische Denken von Augustinus und Ratzinger sind diese evident. Biographische Parallelen können sich in der Persönlichkeit, der Lebensgestaltung oder dem gesellschaftlichen Kontext, in dem beide zu verorten sind, erweisen. So hat C. Mayer auf eine Parallelität in den »geistigen Anlagen« von Augustinus und Ratzinger hingewiesen: Beiden eigne eine rasche Auffassungsgabe, ein scharfer Verstand, Sprach- und rhetorische Begabung und das aus diesen Gaben resultierende umfangreiche theologische Werk.[91] Als Ausdruck seiner Spiritualität hat Ratzinger selbst, als er 1977 Muschel und Bär für sein Wappen als Erzbischof von München-Freising wählte, Augustinus gewissermaßen ikonographisch zitiert.[92] Unter der Leitfrage nach dem Wahrheitsverständnis sind zwei Beobachtungen zu Parallelen zwischen Augustinus und Ratzinger zu

---

88 Benedikt XVI., Pastoralbesuch in Vigevano und Pavia, ebd., 30. Fast wörtlich wiederholt in der 5. Augustinus-Katechese, ebd., 78.
89 So Titel der Studie und Fazit von Cong Quy, Theologische Verwandtschaft, 232.
90 Cornelius Petrus Mayer, Papst Benedikt XVI. und der Kirchenvater Augustinus, in: Die Tagespost (Würzburg), Nr. 105, 2.9.2006, 23; online verfügbar über das Zentrum für Augustinus-Forschung in Würzburg, http://www.bistum-wuerzburg.de/bwo/dcms/sites/bistum/extern/zfa/texteueber/vortragbeitrag/index.html (zuletzt aufgerufen am 1.5.2012).
91 Vgl. ebd.; auf weitere biographische Parallelen zwischen Augustinus und Ratzinger weist Cong Quy hin, Theologische Verwandtschaft, 14–23.37f.160–166.197. Er sieht aber auch biographische Unterschiede, ebd., 233: Ratzingers »Werdegang ist ein anderer. Er wuchs im Gegensatz zu Augustins Jugendzeit in einer sehr religiösen Familie auf. Er musste nicht den intensiven Grad religiöser Anfechtungen und des suchenden Zweifelns eines Augustinus durchleiden«.
92 Vgl. Ratzinger, Aus meinem Leben, 179f.

ergänzen: (a) die mediale Inszenierung und (b) autobiographische Äußerungen Ratzingers zu seinem Verhältnis zu Augustinus.

3.1 Die mediale Inszenierung der Augustinus-Rezeption

Die Zusammenstellung von Ratzingers Augustinus-Katechesen und -Ansprachen in dem bereits zitierten, 2009 veröffentlichten Buch *Leidenschaft für die Wahrheit* legt eine solche Parallelisierung von Ratzinger und Augustinus selbst jenem nahe, der nur des Covers ansichtig wird: Auf dem weißen Schutzumschlag ist im Profil Joseph Ratzingers Kopf zu sehen.[93] Im mittelblauen Hintergrund ist, nach links versetzt, ein weiteres Profil zu erkennen. Etwas größer, aber bis in die Neigung des Kopfes hinein parallelisiert ist hier das Profil des Kirchenvaters Augustinus nach einem Gemälde Botticellis abgebildet.[94] Über diesem Doppelprofil findet sich in goldenem Schriftzug der Name »Benedikt XVI.«, darunter in gleicher Farbe und Schriftgröße »Augustinus«. Die verbindende, farblich dunklere Zwischenzeile lautet: »Leidenschaft für die Wahrheit«. Hier suggeriert bereits die Umschlaggestaltung, dass Ratzinger nicht nur in der Tradition des großen – und größer abgebildeten – Augustinus steht, sondern auch, dass beide Theologen die Wahrheitsfrage verbindet. So wird die öffentliche Wahrnehmung gezielt durch diese, von Ratzinger wohl nicht intendierte, mediale Inszenierung auf eine Parallelität von Werk und Person gelenkt.[95]

3.2 Autobiographische Äußerungen

Im Vergleich der autobiographischen Aussagen Ratzingers, z. B. in seinen Lebenserinnerungen und in Interviews,[96] mit den pastoralen Ansprachen, in

---

93 Die Umschlaggestaltung verantwortet die uv media werbeagentur (Augsburg), die jedoch keine Angaben zu den Bildquellen macht. Eigener Recherche zufolge handelt es sich um eine Aufnahme von Stefano Spaziani (http://www.stefanospaziani.com) vom 22. Mai 2008 während der Corpus-Domini-Prozession in Rom.
94 Es handelt sich wohl um einen Ausschnitt aus Sandro Botticellis Fresko »Der hl. Augustinus im betrachtenden Gebet« (1480).
95 Bei dem ein Jahr zuvor veröffentlichten Buch: Benedikt XVI., Kirchenväter und Glaubenslehrer. Die Großen der frühen Kirche, Augsburg 2008, verfolgt die uv media werbeagentur die gleiche ikonographische Parallelisierung: Hier findet sich im Vordergrund ein Ganzkörperbild Benedikts (von Stefano Spaziani, während einer Generalaudienz im November 2007), im dunklen Hintergrund, wiederum nach links versetzt und an Größe den Papst überragend, die Statue des Apostels Paulus vor dem Petersdom (1838, Adamo Tadolini). Wäre hier, dem Titel entsprechend, die Abbildung eines Kirchenvaters zu erwarten gewesen, ist doch die Intention erkennbar, den Papst in die Reihe der herausragenden Vertreter des Christentums zu stellen.
96 Vgl. Ratzinger, Aus meinem Leben; ders., Salz der Erde,; Benedikt XVI., Licht der Welt.

denen Ratzinger Augustinus als Vorbild vor Augen stellt, drängen sich zwei biographische Parallelen zwischen dem Kirchenvater und dem Theologen und Papst auf: der nicht freiwillige Weg in den pastoralen Dienst und die Wahrheitssuche als ein biographisches Leitmotiv.

Ratzinger erwähnt wiederholt die drei Bekehrungen Augustins. Seine zweite Bekehrung war die von der ersehnten vita contemplativa zur vita activa, bei Augustinus die erzwungene Bischofswahl, die ihn lebenslang in den aktiven Dienst am Nächsten führte.[97] So fasst Ratzinger Augustins Berufung zum Dienst zusammen: »Er wollte nur im Dienst der Wahrheit stehen, er fühlte sich nicht zum pastoralen Leben berufen, begriff aber dann, daß der Ruf Gottes genau darin bestand, Hirt unter den anderen zu sein und so das Geschenk der Wahrheit den anderen zu bringen«.[98] Ratzinger folgert daraus: »Es war also für ihn nützlicher, den Glauben in verständlicher Weise allen mitzuteilen als große theologische Werke zu schreiben«.[99] In dieser biographischen Wende gilt Augustinus Ratzinger als Beispiel für die Zusammengehörigkeit von »Gottesliebe und Verantwortung für die Menschen«.[100]

Die Charakterisierung Augustins zeigt deutliche Parallelen zu Ratzingers Verständnis seiner Berufung in den Dienst der Kirche. So erläutert er, dass er bei der Wahl des Bären für sein bischöfliches Wappen an eine Meditation Augustins zu Psalm 72 dachte: »Mich erinnerte der mit der Last des Heiligen beladene Bär an eine Psalmenmeditation des heiligen Augustinus. In den Versen 22 und 23 des Psalmes 72 (73) hat er die Last und die Hoffnung seines Lebens ausgedrückt gefunden. Was er in diesen Versen findet und dazu kommentiert, ist wie ein Selbstporträt [...]«.[101] Mit diesem Selbstporträt des beladenen Heiligen identifiziert sich Ratzinger: »Was Augustinus da schreibt, wurde mir nun zur Darstellung meines eigenen Geschicks«.[102]

Auch eine zweite Metapher Augustins in dieser Psalmenmeditation wendet Ratzinger auf sein eigenes Leben an, das eines Zug- und Lasttiers. Augustinus »hatte das Leben eines Gelehrten gewählt und war von Gott zum ›Zugtier‹ bestimmt worden, zum braven Ochsen, der den Karren Gottes in dieser Welt zieht«.[103] Bekennt Ratzinger in abschließender Hinwendung zu Gott »Dein Packesel bin ich geworden«,[104] so versteht er seinen Dienst in Parallele zum

---

97 Vgl. Benedikt XVI., Pastoralbesuch in Vigevano und Pavia, in: Leidenschaft für die Wahrheit, 18–20; Spe salvi, §§ 28–29.
98 Benedikt XVI., 1. Augustinus-Katechese, in: Leidenschaft für die Wahrheit, 44f.
99 Benedikt XVI., 4. Augustinus-Katechese, ebd., 73f.
100 Benedikt XVI., Spe salvi, a. a. O., § 28.
101 Ratzinger, Aus meinem Leben, 179f.
102 Ebd., 180.
103 Ebd., 180.
104 Ebd., 180.

Kirchenvater und Augustinus als Vorbild für die Hingabe an diesen Dienst.[105] Ratzinger sieht seine Berufung zum Bischof und seine bischöflichen Aufgaben in Analogie zu Augustinus und steht wie dieser im nicht frei gewählten, aber im Glauben bejahten »Dienst der Wahrheit«.[106]

Dass er als bischöflichen Leitspruch »Mitarbeiter der Wahrheit« (cooperatores veritatis) wählte, führt sein Wirken wiederum in Parallelität zu Augustinus, den Ratzinger als Wahrheitssucher und Wahrheitsvermittler rühmt. Verweist Ratzinger schließlich auf die Parallelität der Zeiten, der gesellschaftlichen Krisensituation zur Zeit Augustins und in der Gegenwart des 20. und 21. Jahrhunderts,[107] so dient Augustinus in dieser Situation der Wahrheit durch ihre Vermittlung gegenüber den Gläubigen ebenso wie durch seine apologetischen Schriften. In diesem Bemühen um die christliche Wahrheit und deren Apologie kann Ratzinger als ein Mitstreiter »an der Seite Augustins [...] für eine wirkliche Befreiung, die nur durch die Begegnung mit der Wahrheit, mit Gott erfahrbar wird«,[108] charakterisiert werden.

Gilt Ratzingers »erste Liebe«[109] dem Theologen Augustinus und ist eine theologische Verwandtschaft[110] zwischen beiden unbestreitbar, scheint doch die Bezeichnung als »redivivus« zu eindimensional für Person und Theologen Ratzinger. So ist die Selbstbezeichnung Ratzingers als eines Schülers in der Schule Augustins vielleicht am treffendsten: »In der Schule des hl. Augustinus wiederhole ich als Bischof von Rom diese Wahrheit für euch«.[111]

4 Ergebnis und (protestantische) Würdigung

Joseph Ratzinger gebührt das Verdienst, Wahrheitsbegriff und christlichen Wahrheitsanspruch in besonderem Maße immer wieder in die nicht nur wissenschaftliche, sondern auch öffentliche Diskussion einzubringen. Darin ist

---

105 Vgl. Ratzinger, Salz der Erde, 64: »Insofern ist er auch ein Vorbild, weil er, obwohl er so große Sehnsucht nach Meditation, nach geistiger Arbeit hatte, sich so ganz dem täglichen Kleinkram ausgeliefert hat und für die Menschen dasein wollte«.
106 Benedikt XVI., 1. Augustinus-Katechese, in: ders., Leidenschaft für die Wahrheit, 44.
107 Ratzinger sieht Augustinus als »eine Persönlichkeit, die nicht von einem Kontext sprach, der sich von dem unseren völlig unterscheidet, sondern, da sie in einem recht ähnlichen Kontext lebte, auf die Probleme, die auch unsere Probleme sind, wenn auch auf ihre Weise, eine Antwort gab«. Ratzinger, Vorstellung des Buchs *30 Tage*, 29, zitiert nach Mayer, Augustinus im Denken von Joseph Ratzinger, 320.
108 Cong Quy, Theologische Verwandtschaft, 233.
109 Vgl. Mayer, Augustinus im Denken von Joseph Ratzinger, 317: Die Dissertation »gleicht der ersten Liebe und prägt ein Gelehrtenleben aufs nachhaltigste«.
110 Vgl. Cong Quy, Theologische Verwandtschaft, 232f.
111 Benedikt XVI., Pastoralbesuch in Vigevano und Pavia, in: ders., Leidenschaft für die Wahrheit, 33.

Augustinus für Ratzinger ein Wahrheitszeuge und Beispiel. Das augustinische Wahrheitsverständnis mit seinen christologischen, soteriologischen und ekklesiologischen Aspekten findet sich in Ratzingers Schriften und Äußerungen wieder, wie sich Ratzinger bewusst in die Tradition der Kirche stellt und die Väter als normative Überlieferung rezipiert: »Der Ausgangspunkt ist zunächst einmal das Wort. Daß wir das Wort Gottes glauben, daß wir versuchen, es wirklich kennenzulernen und zu verstehen und dann eben mitdenken mit den großen Meistern des Glaubens. Von daher hat meine Theologie eine etwas biblische Prägung und eine Prägung von den Vätern, besonders von Augustinus«.[112] – Inwiefern lassen sich in Augustinus-Rezeption und Wahrheitsverständnis Ratzingers Anknüpfungspunkte für die protestantische Theologie finden?[113]

(a) Ratzinger entfaltet seinen Wahrheitsbegriff im Rückgriff auf Augustinus als vernünftige und christologische Wahrheitserkenntnis. Dem Postulat der Wahrheitsfähigkeit des Menschen und der vernünftigen Einsicht in die Wahrheit kann die, im Vergleich zur römisch-katholischen Kirche plurale, protestantische Theologie unter Umständen folgen, je nach anthropologischer Grundbestimmung von Sündenverfallenheit und menschlicher Willensfreiheit. Protestantische Theologie teilt und akzentuiert Ratzingers christologische Entfaltung des Wahrheitsbegriffs, nämlich die in Jesus Christus gipfelnde Wahrheitserkenntnis.

Kann protestantische Theologie die Wahrheit in Jesus Christus mit Ratzinger vertreten, so wird sie den normativen Zeugnisgehalt der kirchlichen Tradition zurückhaltend beurteilen, was Konsequenzen für die Augustinus-Rezeption hat: In seiner Gewichtung der Väter und damit der Überlieferung der Kirche als einem »Überhang von Offenbarung über Schrift«[114] folgt Ratzinger römisch-katholischer Lehre, die die kirchliche Tradition als Fortsetzung und Erschließung des biblisch bezeugten Offenbarungs- und Christusgeschehens versteht. Protestantisches Schriftverständnis vertritt diese Normativität der Tradition nicht. Das erklärt zugleich, warum kein zeitgenössischer evangelischer Theologe den Kirchenvater Augustinus in Ratzinger vergleichbarer Quantität wie Qualität rezipiert. So kannte Martin Luther, als vielleicht bedeutendster Vertreter protestantischer Augustinus-Rezeption, die Schriften des Kirchenvaters und schätzte ihn als höchste nichtbiblische Autorität: »Es hat die

---

112 Ratzinger, Salz der Erde, 70.
113 Vertiefend befasst sich die Dissertation von Maaßen, Das Ökumeneverständnis, mit der Möglichkeit ökumenischer Anknüpfungspunkte und kommt, wobei seine Arbeit leider nur die Schriften Ratzingers vor der Wahl zum Papst (2005) berücksichtigen konnte, zum Ergebnis, dass Ratzinger ein »überzeugter römisch-katholischer Ökumeniker« (366) sei.
114 Ratzinger, Aus meinem Leben, 130.

heilige Christenheit nach den Aposteln keinen besser lerer (meins verstands) denn S. Augustin«.[115] Doch zitierte und verwendete er die Schriften Augustins letztlich als Hilfe und Materialsammlung zur Auslegung der Heiligen Schrift, nicht als ein theologisches Gesamtkonzept. »Die Hochachtung, die Luther dem Kirchenvater zeitlebens gezollt hat, nährte sich aus dem beiden gemeinsamen Prinzip des *sola scriptura*«.[116]

Teilt protestantische Theologie weder das Väter- noch das Heiligenverständnis der katholischen Kirche und Ratzingers, so bleibt im Blick auf die Augustinus-Rezeption das gemeinsame biographische Vorbild Augustins als eines Menschen, der die Wahrheit sucht, in Jesus Christus findet und dieser Wahrheit entsprechend lebt. In seiner Wahrheitssuche kann Augustinus auch protestantischerseits zum Lehrer werden: Augustins »Größe als Lehrer, der zum Denken anregt, liegt aber darin, daß er ein *Suchender* war, daß er ›discipulus veritatis‹ geblieben ist und seine Leser auf den *Weg des Suchens* führt«.[117]

(b) Auch die Entschiedenheit, mit der Ratzinger den christlichen Wahrheitsanspruch in einer pluralen, durch Relativismus charakterisierten westlichen Gesellschaft vertritt, kann ein Denkanstoß für die protestantische Theologie sein. Die unaufgebbare Wahrheit des christlichen Glaubens ist Ratzingers Leitthema und damit, apologetisch gewendet, nichts anderes als der Wahrheitsanspruch des Christentums heute.

Überlegt und oft überlegen bringt Ratzinger Wahrheitsbegriff und Wahrheitsanspruch in den zeitgenössischen Diskurs ein, sowohl in wissenschaftlicher Auseinandersetzung als auch in katechetisch-homiletischer Vermittlung. Der Plausibilisierung christlicher Wahrheit für den zeitgenössischen Menschen gilt sein Bemühen in Wort und Schriften; der Wahrheit dienen ist sein Selbstverständnis.[118] So kann seine theologische Arbeit unter dem Leitmotiv verstanden werden, das Ratzinger rühmend dem Kirchenvater Augustinus zuschreibt: »Die Leidenschaft für die Wahrheit ist das eigentliche Stichwort seines Lebens«.[119]

---

115 Martin Luther, Predigten und Schriften 1527, WA 23, 215, 6f.
116 Albrecht Beutel, Art. Luther, in: Volker Henning Drecoll (Hg.): Augustin Handbuch, Tübingen 2007, 615–622, hier 621; dort weitere Literatur zur Augustinus-Rezeption bei Luther (621f.) (Kursiv mit Beutel).
117 Norbert Fischer, Iudex Ratio. Einleitung, in: ders., Augustinus. Spuren und Spiegelungen seines Denkens, Bd. 2, 21 (Kursiv mit Fischer).
118 Vgl. Ratzinger, Salz der Erde, 124: »Der Wahrheit dienen ist ein großes Wort und ist der ›oberste Wille‹, der in diesem Beruf da ist. [...] Der Wille zur Wahrheit bleibt grundlegend, aber faktisch muß ich Korrespondenz bearbeiten, Akten lesen, Gespräche führen und so weiter«.
119 Benedikt XVI., Pastoralbesuch in Vigevano und Pavia, in: ders., Leidenschaft für die Wahrheit, 16f.

Heil in allen Religionen? Das Zeugnis von der alleinigen Erlösung durch Jesus Christus in der Religionstheologie Joseph Ratzingers

Werner Neuer

Es gehört zu den besonderen Merkmalen der Theologie Joseph Ratzingers, dass sie von Anfang an eine bemerkenswerte und in mancher Hinsicht ungewöhnliche Weite der Fragestellungen und Perspektiven aufwies. Dies gilt – was immer noch viel zu wenig bekannt ist – für seine explizite Behandlung *ökumenischer* Themen, die bereits 1958/59 – also vier Jahre vor Beginn des Zweiten Vatikanischen Konzils – in Freising mit einem Seminar über die *Confessio Augustana* begann.[1] Diese Feststellung gilt aber auch für die Erörterung *religionstheologischer* Fragen, die er – ebenfalls bereits im Wintersemester 1958/59 – mit seiner fundamentaltheologischen Vorlesung »Wesen und Wahrheit der Religionen« eröffnete.[2] Seit dieser Zeit begleiteten ökumenische und religionstheologische Themen sein theologisches und kirchliches Wirken.[3] Was die Religionstheologie anbetrifft, so war die im Jahr 2000 erschienene Erklärung der Glaubenskongregation *Dominus Iesus* im Grunde nichts anderes als die lehramtliche Fixierung jener religionstheologischen Überzeugungen, die er sich in über vier Jahrzehnten erarbeitet und gelehrt hatte. Bedenkt man die Tatsache, dass Ratzinger zunächst Präfekt der Glaubenskongregation und dann sogar Oberhaupt der römischen Weltkirche wurde, erscheint seine intensive Beschäftigung mit der Religionstheologie rückblickend als glückliche Fügung, da es in der gegenwärtigen globalen Situation eines faktischen Pluralismus der Religionen und des immer stärker von Politikern und auch Theologen als Nötigung empfundenen »Friedens der Religionen« zu den besonderen Herausforderungen der Christenheit gehört, eine dogmatisch und ethisch gleichermaßen fundierte Antwort auf den religiösen Pluralismus zu geben. Die Wirksamkeit Ratzingers als Präfekt der Glaubenskongregation und als Papst war bzw. ist zutiefst von seinen religionstheologischen Einsichten bestimmt und hat während seines bisherigen Pontifikates dazu geführt, im Verhältnis zu

---

1 Joseph Ratzinger/Benedikt XVI., Das Werk. Bibliographisches Hilfsmittel zur Erschließung des literarisch-theologischen Werkes von Joseph Ratzinger bis zur Papstwahl, hrsg. vom Schülerkreis, Augsburg 2009, 401.
2 Ebd.
3 Eine Durchsicht seiner Lehrveranstaltungen ergibt insgesamt *neun* religionsphilosophische und religionstheologische Lehrveranstaltungen, die Ratzinger in den Jahren 1958 bis 1969 durchführte; vgl. ebd., 401–406.

den nichtchristlichen Religionen und zum interreligiösen Dialog eine m. E. theologisch fundiertere und empirisch realistischere Haltung einzunehmen als die seines Vorgängers Johannes Paul II.[4]

Der folgende Aufsatz kann den auf vieljährigen Studien beruhenden Reichtum der Religionstheologie Ratzingers und die Vielfalt ihrer Aspekte allenfalls andeuten. Er konzentriert sich auf die – allerdings entscheidende – Frage nach der *christologischen und soteriologischen Ausrichtung seiner Theologie der Religionen* verbunden mit der heute in der christlichen Theologie äußerst strittig gewordenen Frage nach der *Heilsbedeutung der nichtchristlichen Religionen*. Die nicht minder umstrittene Frage nach dem evangeliumsgemäßen *Verhältnis von Kirche und Israel* bzw. *Judentum*, zu der Ratzinger sich immer wieder in profilierter Weise geäußert hat, soll dabei nicht in unsere Darstellung einbezogen werden, da dies den vorgegebenen Rahmen sprengen würde.

1 Das alleinige und endgültige Heil in Christus als Fundament und Mitte von Ratzingers Theologie der Religionen

Für Ratzinger ist der methodische »Ausgangspunkt« aller christlichen Theologie – und damit auch aller »Theologie der Religionen« – das »Wort Gottes«: Die Theologie muss »immer zuerst vom Wort Gottes ausgehen«.[5] Wie das Beispiel Karl Rahner zeigt, ist diese gut evangelische Devise keineswegs selbstverständlich, denn Rahner hat bei seiner (vor allem wegen der These »anonymer Christen«) berühmt gewordenen inklusiven Theologie der Religionen kaum biblische Belege angeführt, sondern sich hauptsächlich auf dogmatische Axiome und Spekulationen über deren Konsequenzen gestützt.[6] Das Ausgehen von der Heiligen Schrift beinhaltet für Ratzinger freilich nicht einen gewissermaßen biblizistischen Ansatzpunkt, der religionswissenschaftliche oder philosophische Befunde ausklammert: Da das Wort Gottes »Wahrheit ist«, muss die Theologie »es in Beziehung setzen zur menschlichen Wahrheitssuche«.[7] Es ist eine der Stärken von Ratzingers Religionstheologie, dass sie die religionsphänomenologischen Befunde nicht einfach überspringt, sondern im Lichte der biblischen Offenbarung zu beleuchten sucht.

---

4   Vgl. dazu Werner Neuer, Die theologische Neufundierung des interreligiösen Dialoges durch Papst Benedikt XVI., in: Mitteilungen. Institut Papst Benedikt XVI. 3 (2010) 43–57.
5   Joseph Ratzinger, Glaube – Wahrheit – Toleranz. Das Christentum und die Weltreligionen, Freiburg i. Br. 2003, 168.
6   Siehe unten den in Anm. 17 zit. grundlegenden Aufsatz Rahners, der auf über 20 Seiten mit nur einer Bibelstelle (Apg 17) auszukommen meint.
7   Ebd.

Der von Ratzinger gewählte biblische Ausgangspunkt führt ihn mit innerer Folgerichtigkeit zum christologisch-soteriologischen Zentrum der Schrift. Gegen die sog. Pluralistische Religionstheologie John Hicks mit ihrer poetisch-mythologischen Christologie[8] betont er den unaufgebbaren »Realismus des biblischen Glaubens«, der sich im nizänischen »Homoousios« ausdrücke: »Christus [...] ist nicht eine ›Erscheinung‹ des Göttlichen, sondern er ist Gott. In ihm hat Gott sein Gesicht gezeigt. Wer ihn sieht, hat den Vater gesehen (Joh 14,9). Hier kommt es wirklich auf das ›Ist‹ an – es ist die eigentliche Unterscheidungslinie der Religionsgeschichte und gerade so auch die Kraft ihrer Vereinigung«.[9] Es ist Ratzinger wichtig zu betonen, dass Christus als der ewige inkarnierte Sohn Gottes nicht nur die Menschen und Religionen polarisiert, sondern zugleich zum Erlöser und damit zum »Stifter der geeinten Menschheit« wird, weil er durch seine Erlösung »die ›Mauer der Feindschaft‹ zwischen uns aufgerissen hat (Eph 2,14) und uns in der Selbstenteignung des Kreuzes zueinander führt«.[10] Im »Christusereignis« hat sich daher das »Schicksal der ganzen Welt entschieden«, weil in ihm »*das Ziel der Geschichte Wirklichkeit geworden*« ist. Gott gibt »in Christus der Welt, was sie von sich aus nie erreichen könnte«:[11] »In Christus ist [...] Gott selbst in die Geschichte eingetreten, in ihm haben die letzten Dinge schon begonnen, die Endzeit ist schon da«.[12] Der universale und definitive Sühnetod Jesu für die Sünden der Welt hat zur Folge, dass Christus als »das geopferte Lamm (Offb 5,6)« im »Mittelpunkt« des christlichen Kultus steht[13], weil damit die Zeit der »alten Tempelopfer« endgültig überholt« ist.[14]

Zusammenfassend lässt sich sagen, dass Joseph Ratzinger keinen Zweifel daran lässt, dass »der Glaube an Jesus Christus als den einzigen Retter« unverzichtbare »Grundlage« und Voraussetzung jeder biblisch begründeten und kirchlich akzeptablen »Theologie der Religionen« ist.[15] Es liegt auf der Hand, dass bereits damit – von zahlreichen weiteren Aspekten ganz abgesehen – impli-

---

8   Vgl. zu Hicks Christologie Werner Neuer, Heil in allen Weltreligionen? Das Verständnis von Offenbarung und Heil in der pluralistischen Religionstheologie John Hicks, Gießen/Neuendettelsau, 106ff.
9   Joseph Ratzinger, Glaube – Wahrheit – Toleranz, 85f.
10 Ebd., 161.
11 Joseph Ratzinger, Kirche – Zeichen unter den Völkern. Schriften zur Ekklesiologie und Ökumene. 2. Teilband (Joseph Ratzinger Gesammelte Schriften 8/2), Freiburg i. Br. 2010, 1032f.
12 Ebd., 1046.
13 Joseph Ratzinger, Glaube – Wahrheit – Toleranz, 80.
14 Joseph Ratzinger, Jesus von Nazareth. Zweiter Teil: Vom Einzug in Jerusalem bis zur Auferstehung, Freiburg i. Br. 2011, 254.
15 Joseph Ratzinger, Glaube – Wahrheit – Toleranz, 44.

zit eine unzweideutige Abgrenzung von der pluralistischen Religionstheologie gegeben ist – eine Abgrenzung, die Ratzinger dann auch explizit in aller Deutlichkeit vollzogen hat.[16] Ebenso klar ist, dass Ratzingers Überzeugung von der Zentralstellung Jesu als wahrhaftiger Gott und Mensch und als alleiniger Erlöser dem apostolischen Glauben ebenso entspricht wie dem reformatorischen Bekenntnis, so dass hier eine fundamentale *ökumenische Gemeinsamkeit* vorliegt, die angesichts der vorhandenen Spaltungen des Leibes Christi und der vielfältigen religionstheologischen Unsicherheiten in der gegenwärtigen christlichen Theologie Hervorhebung verdient. Denn da die Herausforderung durch den faktischen und normativen Pluralismus der Religionen die *ganze* Christenheit betrifft, ist das gemeinsame theologische Zeugnis möglichst aller christlichen Kirchen anzustreben.

2 Die Notwendigkeit der Heilsmittlerschaft der Kirche, der Heilsaneignung durch den Glauben und der Mission

Mit der von Ratzinger vollzogenen Abgrenzung gegenüber der Pluralistischen Religionstheologie sind freilich viele umstrittene Fragen noch nicht geklärt, die insbesondere von Seiten einer inklusivistischen Theologie der Religionen gestellt werden. Diese hält zwar (wie man an Karl Rahner sehen kann) vorbehaltlos an der Einzigkeit des Erlösungswerkes Christi dogmatisch fest,[17] sieht aber dennoch in den nichtchristlichen Religionen mindestens »außerordentliche«, wenn nicht sogar »ordentliche« Heilswege (Schlette),[18] deren sich der kosmische Christus bedient, um seine erlösende Gnade universal allen Menschen guten Willens zukommen zu lassen, auch wenn sie lebenslang bewusste Anhänger ihrer Religionen bleiben und nie mit dem Evangelium in Berührung gekommen sind oder kommen werden.[19] Dass mit einer derartigen inklusivistischen Theologie die in der traditionellen katholischen, aber auch reformatorischen Theologie vorausgesetzte *Heilsmittlerschaft der Kirche*[20] und die Notwendigkeit einer bewussten *Heilsaneignung durch Glaube*, Bekehrung und Bereitschaft zur Nachfolge Jesu zwar nicht ausgeschlossen, aber stark relativiert ist, liegt auf der Hand.

---

16 Vgl. dazu ebd., 43, 96–100, 102, 106f., 110.
17 Vgl. Karl Rahner, Das Christentum und die nichtchristlichen Religionen, in: ders., Schriften zur Theologie, Bd. 5, Einsiedeln/Zürich/Köln 1962, 136–158.
18 Heinz Robert Schlette, Die Religionen als Thema der Theologie. Überlegungen zu einer Theologie der Religionen, Freiburg/Basel/Wien 1964, 85.
19 Vgl. Werner Neuer, Heil in allen Weltreligionen, 43.
20 Vgl. ebd., 34ff.

Interessant ist nun, dass und wie Ratzinger bewusst einen ganz anderen Weg beschreitet als Rahner und die Vertreter der inklusivistischen Position. Zunächst einmal betont er »die Untrennbarkeit von Christus und Kirche«, die für ihn denselben axiomatischen Rang hat wie »der Glaube an Jesus Christus als den einzigen Retter«[21]. Ratzinger scheut sich nicht, an dieser Stelle den *exklusiven* und gegenüber den vorhandenen Religionen *antithetischen* Charakter des christlichen Glaubens in den Vordergrund zu stellen: Es gehört »von Anfang an zum Wesen des christlichen Glaubens, dass er sich als den *einzigen von Gott verfügten Zugang zum Heil* versteht [...]. Der christliche Glaube hat von Anfang an einen universalen Anspruch erhoben, mit dem er sich der ganzen Welt der Religionen entgegenstellte; das Wort von der *Heilsausschließlichkeit* der Kirche ist nur die kirchliche Konkretisierung dieses Anspruchs [...]. Ohne diesen Universalitätsanspruch wäre der christliche Glauben nicht mehr er selbst«.[22] Wenn »der lebendige Gott« uns Menschen ruft, dann tut er dies auf eine Weise, »die *Gehorsam* und eben *Bekehrung* verlangt«.[23] Ratzinger betont freilich nicht nur die dogmatische »Notwendigkeit« des antwortenden Glaubens an Christus, sondern die innere Logik dieser zutiefst *im Wesen der Liebe Gottes* begründeten Tatsache, die keinem Menschen aufgezwungen werden darf, aber jedem angeboten werden soll: »Von Rechts wegen wären wir Verurteilte, ja, aber Christus deckt mit dem Überschuss seiner stellvertretenden Liebe das Defizit unseres Lebens. Nur eins ist nötig: dass wir die Hände aufmachen und uns beschenken lassen von seiner Huld. Diese Bewegung des Sichöffnens für das Geschenk der stellvertretenden Liebe des Herrn nennt Paulus ›Glaube‹.«[24] Der Glaube an Jesus als liebende Antwort auf seinen stellvertretenden Liebestod ist für Ratzinger zugleich die angemessene Antwort auf das Kommen Jesu in die Welt, der nicht nur die »Wahrheit«, sondern zugleich die »schöpferische Liebe« in Person ist.[25]

Vergleicht man Ratzingers Plädoyer für die Heilsmittlerschaft der Kirche und die Heilsaneignung durch den Glauben mit der reformatorischen Auffassung, dann wird man auch hier gegenüber neueren Positionen in der katholischen Kirche und in den evangelischen Kirchen eine bemerkenswerte Übereinstimmung feststellen dürfen, denn auch die Reformatoren haben den altkirchlichen Grundsatz »Extra ecclesiam nulla salus« uneingeschränkt bejaht.[26] Dass sie mit ihrer Rechtfertigungslehre »allein aus Glauben« ähnlich

---

21 Joseph Ratzinger, Glaube – Wahrheit – Toleranz, 44.
22 Joseph Ratzinger, Kirche – Zeichen unter den Völkern, 1052 (Hervorhebung W.N.)
23 Joseph Ratzinger, Glaube – Wahrheit – Toleranz, 86 (Hervorhebung W.N.).
24 Joseph Ratzinger, Kirche – Zeichen unter den Völkern, 1070.
25 Joseph Ratzinger, Glaube – Wahrheit – Toleranz, 125f.
26 Vgl. dazu Werner Neuer, Heil in allen Weltreligionen, 34f.

wie Ratzinger auch die Notwendigkeit des heilsaneignenden Glaubens vertreten haben, gehört zum theologiegeschichtlichen Grundwissen und bedarf hier keines Beweises. Vielmehr ist aus reformatorischer Sicht außerordentlich erfreulich, wie einfach und klar Ratzinger in dem oben angeführten Zitat den Glauben als den *alleinigen* Akt des Heilsempfanges auf Seiten des Menschen beschreibt: »*Nur* [vgl. das reformatorische *solus*; W.N.] eins ist nötig: dass wir die Hände aufmachen und uns beschenken lassen von seiner Huld«.[27] Diese schöne – für den Ratzinger-Kenner freilich keineswegs überraschende – Formulierung macht verständlich, dass es Ratzinger als Präfekt der Glaubenskongregation war, dem es angesichts von nicht geringen Widerständen in der eigenen Kirche maßgeblich zu verdanken ist, dass 1999 die »Gemeinsame Erklärung zur Rechtfertigungslehre« von der römischen Kirche und von den Kirchen des Lutherischen Weltbundes unterzeichnet werden konnte[28] und dass er fast 20 Jahre vorher den Vorschlag seines Schülers Vinzenz Pfnür grundsätzlich positiv aufnahm, die Confessio Augustana als Ausdruck katholischen Glaubens anzuerkennen.[29]

Ähnlich eindringlich wie die Heilsmittlerschaft der Kirche und die Heilsaneignung durch den Glauben betont Ratzinger die Unverzichtbarkeit der *Mission*: Die Christen haben nicht nur ein Recht, sondern die *Pflicht* zur Mission, »weil die anderen ein Recht auf die Botschaft haben, die uns geworden ist«. Daraus folgt »unsere Pflicht zum Zeugnis«, »ohne dass wir damit das Heil der anderen vom Ergebnis unserer Bemühungen abhängig machen dürften, die dennoch unsere Pflicht bleiben«.[30] Gottes »Einladung ständig weiterzugeben, gehört unerlässlich zum Heilsdienst der Kirche; auch wenn sie weiß, dass Gottes Erbarmen ohne Grenzen ist, gilt für sie das Wort: ›Weh mir, wenn ich das Evangelium nicht verkünden würde‹ (1 Kor 9,16)«.[31] Auch im Hinblick auf die Mission betont Ratzinger die wesenhafte Liebe Gottes als tiefsten Grund für ihre Notwendigkeit und Dringlichkeit: Weil »Gott als die Güte in Person [...] zugleich Mitteilen, Überströmen, Übersichhinausgehen, Sichverschenken« ist, bleibt die Kirche »ihrem Sinn nur treu, sie erfüllt ihre Aufgabe nur, indem sie die ihr geschenkte Botschaft nicht für sich behält, sondern sie weiterträgt in die

---

27 Joseph Ratzinger, Kirche – Zeichen unter den Völkern, 1070.
28 Vgl. dazu Heinz Schütte, Vom Streit zur Versöhnung. Der schwierige Weg der Gemeinsamen Rechtfertigungserklärung, in: Eine Heilige Kirche. NF 5, Bochum 1999, 157–179, hier 161–164.
29 Joseph Ratzinger, Klarstellungen zur Frage einer »Anerkennung« der Confessio Augustana durch die Katholische Kirche, in: ders., Theologische Prinzipienlehre. Bausteine zur Fundamentaltheologie, München 1982, 230–241 (=GS 8/2 879–891); vgl. auch 909–913.
30 Joseph Ratzinger, Kirche – Zeichen unter den Völkern, 1049.
31 Ebd., 1077.

Menschheit hinein«.³² Wenn der Kirche in Christus tatsächlich »die wesentliche Gabe – Wahrheit – geschenkt ist, dann ist es Pflicht, sie auch dem anderen anzubieten, in Freiheit natürlich, denn anders kann Wahrheit nicht wirken und Liebe nicht sein«.³³ Daraus folgt die *universale* Reichweite der Mission, die eine Einschränkung auf partikulare Gruppen nicht zulässt: Nichts darf »unseren Einsatz für die Verkündigung Christi an *alle* Menschen in Frage stellen«.³⁴ Die zitierten Äußerungen machen deutlich, dass für Ratzinger die Notwendigkeit der weltweiten Mission nicht eine bloße *necessitas praecepti* ist, sondern eine *necessitas caritatis*, die im Wesen des dreieinigen Gottes selbst gründet, der alle Menschen liebt und erlöst hat. Ratzinger hat diese Einsicht in dem prägnanten Satz zusammengefasst: Für die Kirche ist der »Dienst am Evangelium [...] eine Notwendigkeit jener Liebe (2 Kor 5,14), aus der sie kommt und der zu dienen ihre einzige Rechtfertigung ist«.³⁵

Ratzingers Plädoyer für die dogmatische Notwendigkeit der weltweiten Mission der christlichen Kirche ist aus evangelischer (und erst Recht aus evangelikaler!) Sicht uneingeschränkt zu bejahen. Die evangelische Theologie sollte sich bei dieser Zustimmung freilich daran erinnern, dass die der Kirche auferlegte dogmatische Nötigung zur *Welt*mission bei den Reformatoren insgesamt (von Martin Bucer abgesehen) noch nicht hinreichend deutlich war und erst ab dem 18. Jahrhundert die nötige theologische Klärung, praktische Umsetzung und schließlich allgemeine kirchliche Anerkennung gefunden hat.³⁶

Angesichts der von Ratzinger betonten Unverzichtbarkeit der Mission, die sich mit Notwendigkeit aus der wesenhaften Liebe Gottes und aus der rettenden Wahrheit des Evangeliums ergibt, ist es nur konsequent, dass für Ratzinger der *interreligiöse Dialog* unmöglich die christliche Mission und die Bekehrung zu Christus *ersetzen* (sondern allenfalls ergänzen) kann. Deshalb lehnt er jede Vorstellung eines interreligiösen Dialoges ab, der die Wahrheit des Evangeliums zu relativieren oder gar preiszugeben bereit ist. Ein solcher (als »Gegenbegriff gegen ›Konversion‹ und Mission« verstandener) »Dialog im relativistischen Verständnis« würde bedeuten, die eigene Position bzw. den eigenen Glauben auf eine Stufe mit den Überzeugungen der anderen zu setzen, ihm prinzipiell nicht mehr Wahrheit zuzugestehen als der Position des anderen.³⁷ Ein solcher Dialogbegriff würde auf eine Selbstpreisgabe des christlichen

---

32 Ebd.
33 Joseph Ratzinger, Glaube – Wahrheit – Toleranz, 86.
34 Ebd., 90 (Hervorhebung W.N.).
35 Joseph Ratzinger, Kirche – Zeichen unter den Völkern, 1077.
36 Vgl. dazu Werner Raupp (Hg.), Mission in Quellentexten. Von der Reformation bis zur Weltmissionskonferenz 1910, Erlangen/Bad Liebenzell 1990, 13–59.
37 Joseph Ratzinger, Glaube – Wahrheit – Toleranz, 97.

Glaubens hinauslaufen, denn dieser steht und fällt mit der Überzeugung, dass es »die verbindliche und gültige Wahrheit in der Gestalt Jesu Christi und des Glaubens der Kirche« gibt.[38] Es kann daher nach Ratzinger *keine Versöhnung der Religionen durch interreligiösen Dialog* geben: »Wer auf eine Vereinigung der Religionen als Ergebnis des Religionsdialogs setzen würde, kann nur enttäuscht werden [...]. Begegnung der Religionen ist nicht durch Verzicht auf Wahrheit [...] möglich [...]. Der Verzicht auf Wahrheit und auf Überzeugung erhöht den Menschen nicht, sondern liefert ihn dem Kalkül des Nutzens aus«.[39]

Ratzinger beanstandet zu Recht, dass der beschriebene relativistische Dialogbegriff eine Neuerung gegenüber dem Dialogbegriff der »platonischen« und »christlichen Tradition« darstelle.[40] Tatsächlich zielte der Dialog in der platonischen und in der christlichen Tradition nicht auf Relativierung oder gar auf Preisgabe von Wahrheit, sondern auf ihre Darlegung und Erkenntnis. Ratzinger sieht daher keinen prinzipiellen Gegensatz zwischen Mission und interreligiösem Dialog. Solange der Dialog wirklich »auf Überzeugung, auf Wahrheitsfindung« zielt, sieht Ratzinger in ihm sogar eine Analogie zur Verkündigung, denn die Verkündigung des Evangeliums darf kein Monolog sein, sondern »muss [...] notwendig ein dialogischer Vorgang werden«.[41] Bei einem solchen Verständnis von Dialog und Verkündigung können und »müssen sich« beide gegenseitig durchdringen.[42]

Ratzingers Ablehnung eines die eigene Überzeugung relativierenden interreligiösen Dialoges ist aus dem Blickwinkel evangelischer Theologie meines Erachtens völlig überzeugend.[43] Gerade die dem Glaubenden geschenkte, beispielsweise von Luther stets stark betonte Gewissheit des Evangeliums würde durch ein derartiges Verständnis von Dialog konterkariert.[44] So sehr die

---

38 Ebd.
39 Joseph Ratzinger, Kirche – Zeichen unter den Völkern, 1134.
40 Joseph Ratzinger, Glaube – Wahrheit – Toleranz, 97.
41 Joseph Ratzinger, Kirche – Zeichen unter den Völkern, 1136.
42 Ebd.
43 Vgl. dazu weiter Werner Neuer, Interreligiöser Dialog als Notwendigkeit, Chance und Gefahr, in: Ralph Pechmann/Martin Reppenhagen (Hg.), Zeugnis im Dialog der Religionen und der Postmoderne, Neukirchen-Vluyn 1999, 156–181 und ders., Der ökumenische und der interreligiöse Dialog. Gemeinsamkeiten und Unterschiede, in: Kerygma und Dogma 57 (2011) 140–162.
44 Vgl. Luthers Mahnung in seiner Schrift *Vom unfreien Willen*: »Laß uns Menschen sein, die feste Meinungen haben, sich darum bemühen und an ihnen Freude haben [...] Der heilige Geist ist kein Skeptiker, er hat nicht Zweifelhaftes oder unsichere Meinungen in unsere Herzen geschrieben, sondern feste Gewißheiten, die gewisser und fester sind als das Leben selbst und alle Erfahrung«; zit. nach Martin Luther, Vom unfreien Willen, 160 (Nr. 605), in: Luther Deutsch. Die Werke Martin Luthers in neuer Auswahl für die Gegenwart, hrsg. von Kurt Aland, Bd. 3, Göttingen 1983, 151–334.

Glaubensgewissheit des Christen schon aufgrund ihres absoluten Geschenkcharakters sich nie mit einer arroganten Haltung verbinden darf, so wenig darf sie relativiert oder gar verleugnet werden. Auch Ratzingers Weigerung, die der Kirche gebotene Mission durch den interreligiösen Dialog zu *ersetzen*, kann von einer schriftgebundenen evangelischen Theologie daher nur begrüßt werden.

3 Die nichtchristlichen Religionen in der Ambivalenz von Heilsvorbereitung und Heilshindernis

Im Unterschied zum religionstheologischen Inklusivismus, der den nichtchristlichen Religionen ähnlich wie der Kirche (wenn auch nicht in derselben Potenz) durch den kosmischen Christus und die von ihm vollbrachte Erlösung heils*vermittelnden* Charakter zuerkennt, sieht Ratzinger in den außerchristlichen Religionen aus theologischen und phänomenologischen Gründen *keine Heilswege*. Eine solche Theorie, die den nichtchristlichen Religionen pauschal Heilscharakter zuspricht, übersieht seiner Ansicht nach die theologisch und phänomenologisch gleichermaßen offenkundige »Ungleichheit der Religionen und ihre Gefährdungen«.[45] Der Offenbarungsanspruch Christi beinhaltet nämlich »das Stehen dazu«, dass »der schweigende Gott in Jesus Christus wirklich ›Wort‹, Rede an uns geworden ist – nicht bloß Symbol *unseres* Suchens, sondern Antwort, die *Er* uns gibt«.[46] Damit aber ist eine nicht aufhebbare Asymmetrie zwischen Evangelium und nichtchristlichen Religionen gegeben, die von keiner nivellierenden Theorie beseitigt werden kann, ohne die Sachverhalte schwer zu verzeichnen. Auf die Heilsfrage bezogen ergibt sich daraus der prinzipielle Unterschied zwischen dem *Fragen* und der *Suche* nach dem Heil auf der einen und der *Antwort* und dem *Empfangen* des Heils auf der anderen Seite. Diese Gegenüberstellung entspricht der traditionellen katholischen (und auch der reformatorischen) Gegenüberstellung von Evangelium und nichtchristlichen Religionen. Im Unterschied zu Karl Rahner nimmt Ratzinger in der Frage des heilsvermittelnden Charakters der nichtchristlichen Religionen keine Änderung der Lehrtradition seiner Kirche vor. Damit steht er auch in Übereinstimmung mit dem Zweiten Vatikanischen Konzil, das zur Enttäuschung Rahners in diesem Punkt ebenfalls keine Korrektur vorgenommen und die Religionen nicht als Heilswege anerkannt hat.[47]

---

45 Joseph Ratzinger, Glaube – Wahrheit – Toleranz, 165f.
46 Joseph Ratzinger, Kirche – Zeichen unter den Völkern, 1064.
47 Vgl. dazu Mikka Ruokanen, The Catholic Doctrine of Non-Christian Religions. According to the Second Vatican Council, Rom 1984; vgl. weiter Werner Neuer, Heil in allen Weltreligionen, 58f.

Abgesehen davon, dass die pauschale Etikettierung der nichtchristlichen Religionen als *Heilswege* eine durch das Evangelium nicht begründbare Idealisierung darstellen würde, die den nicht nur universalen, sondern auch exklusiven Heilsanspruch Christi nicht wirklich ernst nähme, würde sie die großen Unterschiede, Gegensätze und Widersprüche der Religionen nivellieren. Für Ratzingers Ansatz einer Theologie der Religionen aber gilt die Devise: »Religion verlangt Unterscheidung«,[48] das heißt zum Beispiel den offenen Blick auch für das Zerstörerische und Abgründige, was sich in den Religionen – neben den ihnen eigenen Wahrheiten und Werten – eben auch findet: »Tatsächlich gibt es degenerierte und kranke Religionsformen, die den Menschen nicht aufbauen, sondern entfremden«.[49] Ratzinger gesteht durchaus zu, dass dies auch für das Christentum gilt. Dies bestätigt aber nur die Nötigung zur Unterscheidung zwischen den Religionen und innerhalb der Religionen und die Vermeidung jedweder Nivellierungen! Der Verzicht auf wertende Unterscheidungen ist Ausdruck des »Relativismus«. Der Relativismus aber ist »gefährlich«: »Die Absage an die Wahrheit heilt den Menschen nicht«.[50] Ratzinger erinnert an die heute oft übersehene Tatsache, dass viele Praktiken in den Religionen ethisch verwerflich oder fragwürdig sind. Als Beleg verweist Ratzinger auf den Apostel Paulus: »Paulus sagt nicht: Wenn Heiden sich an ihre Religion halten, ist es gut vor dem Gericht Gottes. Im Gegenteil, er verurteilt den Großteil der religiösen Praktiken jener Zeit«.[51] Eine biblisch orientierte Theologie der Religionen darf also nie die Augen verschließen vor den dunklen Seiten der Religionen. Diese vielleicht selbstverständlich erscheinenden Sätze Ratzingers scheinen mir gerade heute angesichts der weitverbreiteten Neigung zu idealisierenden Darstellungen der Religionen und zu optimistischen Hoffnungen auf ihre Versöhnung wichtig und unverzichtbar zu sein.

Die Mahnung zu konkreten Unterscheidungen und Werturteilen gegenüber der Empirie der Religionen schützt Ratzingers Theologie einerseits vor einer Idealisierung der Religionen, bewahrt ihn andererseits aber auch vor einer pauschal negativen Bewertung, welche die in den Religionen befindlichen Wahrheiten und Werte ignoriert. Das Ergebnis seiner Überlegungen in Bezug auf die Heilsbedeutung der Religionen ist daher ambivalent. Ihre positive Heilsbedeutung liegt nicht (wie fälschlicherweise Inklusivismus und Pluralismus behaupten)[52] in der Heils*vermittlung*, sondern in der *Vorbereitung* des Heils, das durch das Evangelium von Jesus Christus verkündet und ver-

---

48 Joseph Ratzinger, Glaube – Wahrheit – Toleranz, 165.
49 Ebd.
50 Ebd.
51 Ebd., 166.
52 Vgl. dazu Werner Neuer, Heil in allen Weltreligionen, 54f.

mittelt wird. Ganz im Sinne des Zweiten Vatikanums sieht Ratzinger die potentielle Heilsbedeutung der Religionen in der Möglichkeit einer *praeparatio evangelica*:[53] »Sie retten nicht sozusagen als geschlossene Systeme und durch Systemtreue, sondern sie tragen zu Rettung bei, wo sie den Menschen dahin bringen, ›nach Gott zu fragen‹ [...], sein Angesicht zu suchen [...]«.[54] Die von Ratzinger angesprochene Heils*vorbereitung* erfolgt allerdings nicht automatisch, da sich die Religionen auch als Heils*hindernis* erweisen können! Kriterium ist für Ratzinger, inwieweit die Religionen eine Haltung fördern, die Jesu Ruf zum »Glauben« und zur »Liebe« gegenüber Gott folgt.[55] Für Ratzinger gibt es eine solche Öffnung zum Glauben und zur Liebe hin in einer *impliziten* Form durchaus auch für Nichtchristen und er sieht diese Möglichkeit zum Beispiel durch Mt 25,31–46 biblisch bezeugt, wo Nichtchristen vom Weltenrichter aufgrund ihrer Liebe zu den Hilfsbedürftigen das Heil zugesprochen wird.[56] Angesichts dieses Kriteriums zieht Ratzinger das ambivalente Fazit: »Die Religionen helfen soweit zum Heil, soweit sie in diese Haltung [des Glaubens und der Liebe; W.N.] hineinführen; sie sind Heilshindernisse, soweit sie den Menschen an dieser Haltung hindern«.[57]

Ratzingers Verneinung der nichtchristlichen Religionen als Heilswege entspricht ganz einer reformatorisch fundierten Theologie der Religionen. Es kann keine Frage sein, dass in der Heiligen Schrift die vor- und außerchristlichen Religionen insgesamt doch eine recht negative Wertung erfahren, nämlich als Glaubensgestalten, die in vieler Hinsicht von Sünde und Irrtum durchsetzt sind und letztlich unter dem Zorn Gottes stehen (vgl. z. B. Jes 44,6–20; Röm 1,18–32; 1 Kor 8,5–7). Auch dort, wo direkt oder indirekt das Vorhandensein von Wahrheit und Ethos in den Religionen zugestanden wird (z. B. 1 Mo 14,18–24; Joh 1,1–5; Apg 14,15–17; 17,16–34; Röm 2,14f.), sind die biblischen Texte weit davon entfernt, diesen Religionen heils*vermittelnden* Charakter zuzugestehen. Ratzingers recht zurückhaltende ambivalente Sicht der Religionen als Heils*hindernis* oder allenfalls Heils*vorbereitung* kann aus dem Blickwinkel einer biblisch-reformatorischen Sicht daher prinzipiell bejaht werden, zumal die nichtchristlichen Religionen als Religionen »unter dem Gesetz« (Röm 2,14f.) in einer gewissen Analogie zur alttestamentlichen Gesetzesreligion stehen und damit *ad bonam partem* wie diese (in einer bestimmten Hinsicht

---

53 Die dogmatische Konstitution über die Kirche »Lumen Gentium«, § 16.
54 Joseph Ratzinger, Glaube – Wahrheit – Toleranz, 163.
55 Joseph Ratzinger, Kirche – Zeichen unter den Völkern, 1073.
56 Ebd., 1069. Ratzinger nennt außerdem Mt 22,35–40 und Röm 13,9f., vgl. ebd.
57 Ebd., 1072.

und unter Vorbehalt) als »Erzieher auf Christus hin« (Gal 3,24) gedeutet werden können.[58]

4 Die individuelle Heilsmöglichkeit für Nichtchristen außerhalb des durch die Kirche verkündigten Evangeliums

Wie das letzte Kapitel gezeigt hat, vertritt Ratzinger zwar keine Heilsmöglichkeit des Nichtchristen *durch* die Religionen, aber eine solche *in* den Religionen. Diese Sicht entspricht der des Zweiten Vatikanischen Konzils und ist in der römisch-katholischen Kirche spätestens seit dem 17. Jahrhundert dogmatisch unstrittig, seit gegen die Jansenisten die Möglichkeit eines göttlichen Gnadenhandelns auch außerhalb der Kirche ausdrücklich dogmatisiert wurde.[59] Dass der allmächtige Gott, der in Christus alle Menschen erlöst hat und das ewige Heil aller Menschen will, nicht *absolut* an die von ihm gestifteten sichtbaren Heilsmittel (Kirche, Ämter, Sakramente) und auch zeitlich nicht an die (für den Menschen unbedingte) Todesgrenze gebunden ist, um den Sünder zu retten, ist auch in der lutherischen Reformation (z. B. von Martin Luther selbst) bejaht worden.[60] Man wird dies dogmatisch auch nicht bestreiten können, wenn man den biblisch klar bezeugten universalen Heilswillen Gottes und seine im Dienste dieses Heilswillens stehende Allmacht bedenkt. Gottes Selbstbindung an den von ihm gestifteten *ordo salutis* schließt ein *außerordentliches* Heilshandeln Gottes zugunsten der allen Menschen zugedachten Erlösung nicht aus. Schwieriger ist die Frage, *ob* und *wie* Gott diese ihm zur Verfügung stehenden außerordentlichen Möglichkeiten der Rettung des Menschen auch *de facto* realisiert. Bei Ratzinger finden sich zu dieser Frage zwei Aussagereihen:

Einerseits wehrt er die Nötigung ab, eine spekulative Theorie über dieses außerordentliche Rettungshandeln Gottes zu konstruieren: Es gehe »nicht um Spekulationen über das ewige Geschick aller Menschen, die irgendwann und irgendwo gelebt haben«[61], denn die »prinzipielle Möglichkeit« eines außerordentlichen Gnadenhandelns Gottes sei »ungefragt sicher«.[62] Das »Problem, ob und wie die ›Anderen‹ gerettet werden können – das mögen wir getrost

---

58 Luther und Melanchthon haben in den nichtchristlichen Religionen Religionen »unter dem Gesetz« gesehen. Vgl. Carl Heinz Ratschow, Die Religionen, Gütersloh 1979, 17–19 (zu Luther) und 23f. (zu Melanchthon).
59 Vgl. Heinrich Denzinger, Kompendium der Glaubensbekenntnisse und kirchlichen Lehrentscheidungen, hrsg. von Peter Hünermann, 39. Aufl. Freiburg i. Br. 2001, §§ 2429, 2866, 3821, 3869–3872.
60 Vgl. dazu die Belege in Werner Neuer, Heil in allen Weltreligionen, 34f.
61 Joseph Ratzinger, Kirche – Zeichen unter den Völkern, 1058.
62 Ebd., 1052.

Gottes Sache sein lassen«.[63] Ratzinger geht also zuversichtlich davon aus, dass Gottes Rettungshandeln aufgrund seines universalen Heilswillens auch die Menschen erreichen wird, die in ihrem irdischen Leben nie mit der christlichen Verkündigung in Berührung kommen.

Allerdings ist Ratzinger mit der in der katholischen Theologie lange Zeit vertretenen Theorie unzufrieden, dass die unerreichten Heiden schon dadurch gerettet würden, dass sie ihrem empirischen Gewissen folgen und sich so als »gutwillig« bzw. als »Menschen guten Willens« erweisen. Ohne diese Theorie völlig zu verwerfen, wendet Ratzinger ein, dass sie in dieser Form »in die Nähe pelagianischen Denkens« gerate, »wonach schließlich doch der gute Wille genügen würde, den Menschen zu erlösen.«[64] Mit diesem Einwand trägt Ratzinger der Befürchtung reformatorischer Theologie Rechnung, dass auf diese Weise dann doch neben dem ordentlichen Heilsweg der Rechtfertigung »allein aus Gnaden« eine Art Werkgerechtigkeit theologisch sanktioniert würde. Demgegenüber stellt Ratzinger zunächst einmal klar, dass nur ein Leben nach dem »wirklichen« Gewissen (das mit Gottes objektiven Willen und Gebot in Übereinstimmung steht), nicht aber subjektive »Gewissenhaftigkeit« als solche den Menschen retten könne.[65] Wie schon erwähnt, fasst er das »wirkliche« Gewissen dann in die Begriffe »Glaube« und »Liebe«, die seiner Ansicht nach auch in einer nicht spezifisch christlichen, aber für Christus offenen und auf ihn (unbewusst) hinzielenden Gestalt lebbar sind.

Auch in der Frage einer Heilsmöglichkeit für Nichtchristen, die in ihrem irdischen Leben keine Begegnung mit dem Evangelium und dem lebendigen Christus hatten, kommt Ratzinger zwar mit einer streng calvinistischen, aber nicht notwendig mit einer biblisch-lutherischen Theologie in Konflikt. Zwar pflegt diese – ähnlich wie Ratzinger – aufgrund des weitgehenden diesbezüglichen Schweigens der Schrift eine prinzipielle Zurückhaltung gegenüber spekulativen Theorien über die außerordentlichen Heilsmöglichkeiten der Nichtchristen, sie würde sich aber von der Schrift und der lutherischen Tradition entfernen, wenn sie eine solche Heilsmöglichkeit vor (vgl. z. B. Lk 18,14 und die Glaubensgerechten des Alten Testaments in Hebr 11) oder nach dem Tod (vgl. z. B. Mt 25,31–46; 1 Petr 3,19f.; 4,6) rundweg bestreiten würde. Ob Ratzingers Voraussetzungen von nicht bewusst auf Christus hinzielenden und dennoch heilbringenden Akten des »Glaubens« und der »Liebe« hinreichend begründet sind, kann man allerdings bezweifeln, sollte sie aber angesichts seines Verweises auf Mt 25,31ff. auch nicht vorschnell verwerfen, sondern

---

63 Ebd., 1067.
64 Ebd., 1068
65 Ebd., 1072.

unvoreingenommen im Lichte der neutestamentlichen und gesamtbiblischen Offenbarung prüfen. Dies aber bedürfte einer speziellen Analyse und würde den Rahmen dieses Aufsatzes sprengen.

5 Die lehramtliche Konkretisierung und Fixierung von Ratzingers Theologie der Religionen in der Erklärung *Dominus Iesus*

Am 6. August 2000 veröffentlichte Joseph Kardinal Ratzinger zusammen mit Erzbischof Bertone die religionstheologische Erklärung *Dominus Iesus* »Über die Einzigkeit und die Heilsuniversalität Jesu Christi und der Kirche.« Diese Erklärung stellt eine Art Zusammenfassung der für den Glauben wesentlichen Aspekte der Religionstheologie Ratzingers dar mit dem ausdrücklichen Ziel, angesichts »einiger problematischer oder auch irriger Ansätze« zeitgenössischer Theologie »den Glauben der Kirche neu zu bekräftigen«.[66] Es geht ihr darum, mit eindringlichen und unzweideutigen Formulierungen den *apostolischen Glauben* zu bekennen und in seinen religionstheologischen Konsequenzen zu verdeutlichen. Um diesen grundlegenden Charakter zu unterstreichen, beginnt die Erklärung auf der ersten Seite mit dem vollständigen Abdruck des Konstantinopolitanischen Glaubensbekenntnisses. Insgesamt sechzehnmal schärft das Dokument biblische Grundwahrheiten ein, die entgegen allen heute verbreiteten Bestreitungen »fest zu glauben« sind[67] bzw. an denen unbedingt festgehalten werden »muss«.[68] Die oben bereits herausgearbeiteten Merkmale von Ratzingers Religionstheologie finden sich in dieser Erklärung in sehr markanten und eindringlichen Formulierungen, die im Haupttext mit vielen Bibelzitaten belegt und untermauert werden. Wir wollen im Rahmen dieses Aufsatzes das Dokument *nur in religionstheologischer Hinsicht* beleuchten und die in der Erklärung auch angesprochene ökumenische Frage nach der Einzigkeit der Kirche und nach dem Status der nichtrömischen Kirchen außer Acht lassen, die in der öffentlichen Debatte leider fast ausschließlich zum Thema gemacht wurde. Das Dokument bestätigt mit paränetischer Zuspitzung alle wesentlichen Aussagen, die unsere Analyse ergeben hat (siehe oben 1–4):

---

66 Kongregation für die Glaubenslehre, Erklärung über die Einzigartigkeit und die Heilsuniversalität Jesu Christi und der Kirche. Antworten auf Fragen zu einigen Aspekten bezüglich der Lehre über die Kirche, Bonn 2000/2007 (Verlautbarungen des Apostolischen Stuhls 148), Nr. 23.
67 Ebd., Nr. 5, 10, 11, 13, 14, 20.
68 Ebd., Nr. 5, 7, 14, 15, 16, 20 [2mal], 22 [3mal].

5.1 Das Dokument bekräftigt das alleinige und endgültige Heil in Christus als Fundament christlicher Religionstheologie (vgl. oben 1)

Die Eindringlichkeit und biblische Breite, mit der die Erklärung *Dominus Iesus* die Zentralität und Exklusivität Jesu Christi, seiner Offenbarung und seiner Erlösung betont, lässt an Klarheit und Eindeutigkeit auch aus biblisch-reformatorischer Sicht nichts zu wünschen übrig. Dies mögen die folgenden Feststellungen verdeutlichen:

- Die Erklärung betont den *definitiven* Charakter der Heilsoffenbarung in Christus, indem sie gleich zu Beginn »den endgültige[n] und vollständige[n] Charakter der Offenbarung Jesu Christi« betont und sich zum fleischgewordenen Sohn Gottes bekennt, der »der Weg, die Wahrheit und das Leben« (Joh 14,6) ist.[69]

- Sie lässt keinen Zweifel daran, dass die Offenbarung Christi in »*Fülle*« vorliegt und keiner weiteren Ergänzung oder Vervollständigung bedarf: In Christus ist »die Fülle der göttlichen Wahrheit geoffenbart: ›Niemand kennt den Sohn, nur der Vater, und niemand kennt den Vater, nur der Sohn und der, dem es der Sohn offenbaren will‹ (Mt 11,27)«.[70]

- Auch die *Einzigkeit* Christi und seiner Offenbarung wird im Dokument bekräftigt: Es verweist ausdrücklich darauf, »dass Jesus von Nazaret, der Sohn Marias, und *nur* er, der Sohn und das Wort des Vaters ist. Das Wort, das ›im Anfang bei Gott war‹ (Joh 1,2), ist dasselbe, das ›Fleisch geworden ist‹ (Joh 1,14). Jesus ist ›der Messias, der Sohn des lebendigen Gottes‹ (Mt 16,16); ›in ihm allein wohnt wirklich die ganze Fülle Gottes‹ (Kol 2,9). Er ist ›der *Einzige*, der Gott ist und am Herzen des Vaters ruht‹ (Joh 1,18)«.[71] Er ist der »Mittler der göttlichen Gnade in der Schöpfungs- und in der Erlösungsordnung (vgl. Kol 1,15–20), in dem alles vereint ist (vgl. Eph 1,10), ›den Gott für uns zur Weisheit gemacht hat, zur Gerechtigkeit, Heiligung und Erlösung‹ (1 Kor 1,30)«.[72] Die hier sichtbare Kompilation von acht Schriftzitaten, die sich in vergleichbarer Dichte auch an anderen Stellen des Dokumentes zeigt, macht das Bemühen deutlich, die theologisch unantastbaren biblischen Grundlagen einer kirchlich akzeptablen Theologie der Religionen einzuschärfen.

- Die Einzigkeit der Offenbarung beinhaltet auch die *alleinige Heilsmittlerschaft* Jesu, »des Mittlers der göttlichen Gnade in der Schöpfungs- und

---

69 Ebd., Nr. 5.
70 Ebd.
71 Ebd., Nr. 10.
72 Ebd., Nr. 11 (Hervorhebung W.N.)

in der Erlösungsordnung (vgl. Kol 1,15–20), in dem alles vereint ist (vgl. Eph 1,10)«, die »Einzigkeit« seines »Erlösungsopfers« und der von Gott gestifteten »*Heilsordnung*«.⁷³

- Gegenüber jedem Zweifel am universalen Heilswillen Gottes betont das Dokument, dass mit der »einzigen Mittlerschaft Christi« der »*universale Heilswille Gottes*« verknüpft ist, und »dass der universale Heilswille des einen und dreifaltigen Gottes ein für allemal im Mysterium der Inkarnation, des Todes und der Auferstehung des Sohnes Gottes angeboten und Wirklichkeit geworden ist.«⁷⁴ Jesus ist »für das Heil aller Mensch geworden«.⁷⁵

5.2 Das Dokument betont die Notwendigkeit der Heilsmittlerschaft der Kirche, der Heilsaneignung durch den Glauben und der Mission (vgl. oben 2)

- Die Betonung der *Heilsmittlerschaft der Kirche* war für die katholische Dogmatik immer ein wichtiges Anliegen, während sie im gegenwärtigen protestantischen Glaubensbewusstsein – gerade auch in evangelikalen oder charismatischen Gruppen – häufig zugunsten einer rein pneumatisch-individuellen Aneignung des Heils (ohne institutionelle Implikationen!) zurücktritt. Dies darf freilich nicht darüber hinwegtäuschen, dass noch für die Reformatoren die Heilsmittlerschaft der (nicht nur pneumatisch, sondern *auch* institutionell gedachten) Kirche unstrittig war.⁷⁶ Im Grunde setzt die biblisch-reformatorische Überzeugung, dass der heilsaneignende Glaube an Jesus Christus Frucht des Wortes Gottes ist (vgl. Gal 3,2), voraus, dass die Kirche durch die Verkündigung des Evangeliums Glauben und damit Heil in Christus bewirkt. Das Dokument begründet die Heilswirksamkeit der Kirche mit mehreren biblischen Hinweisen, deren Überzeugungskraft man sich schwerlich entziehen kann: »Der Herr Jesus, der einzige Erlöser, hat [...] die Kirche als *Heilsmysterium* gegründet: Er selbst ist in der Kirche und die Kirche ist in ihm (vgl. Joh 15,1ff.; Gal 3,28; Eph 4,15–16; Apg 9,5); deswegen gehört die Fülle des Heilsmysteriums Christi auch zur Kirche, die untrennbar mit ihrem Herrn verbunden ist. Denn Jesus Christus setzt seine Gegenwart und sein Heilswerk in der Kirche und durch die Kirche fort (vgl.

---

73 Ebd.
74 Ebd. Nr. 14
75 Ebd. Nr. 15
76 Vgl. Werner Neuer, Heil in allen Weltreligionen, 34f.

Kol 1,24–27), die sein Leib ist (vgl. 1 Kor 12,12–13,27; Kol 1,18)«.[77] Deshalb ist die »pilgernde Kirche zum Heile notwendig [...]. Der eine Christus ist Mittler und Weg zum Heil, der in seinem Leib, der Kirche, uns gegenwärtig wird«.[78]

- Auch die *Notwendigkeit des Glaubens* zur Aneignung des Heils wird im Dokument in einer Klarheit bekundet, die gerade in evangelischer Sicht nur erfreulich ist: In Nr. 7 des Textes wird erklärt: »Die der Offenbarung Gottes entsprechende Antwort ist der ›Gehorsam des Glaubens‹ (Röm 1,5; vgl. Röm 16,26; 2 Kor 10,5–6). Darin überantwortet sich der Mensch Gott als ganzer in Freiheit, indem er sich ›dem offenbarenden Gott mit Verstand und Willen voll unterwirft‹ und seiner Offenbarung willig zustimmt«.

- Dass dieser Glaube nach reformatorischem Verständnis ein Geschenk ist, das nur »sola gratia« empfangen werden kann, wird auch im Text des Dokumentes deutlich: Der Glaube ist ein »Geschenk der Gnade«: »Dieser Glaube kann nicht vollzogen werden ohne die zuvorkommende und helfende Gnade Gottes und ohne den inneren Beistand des Heiligen Geistes, der das Herz bewegen und Gott zuwenden, die Augen des Verstandes öffnen und ›es jedem leicht machen muss, der Wahrheit zuzustimmen und zu glauben‹«.[79]

- Das reformatorische Glaubensverständnis hat freilich nicht nur den Geschenk- und Gnadencharakter des Glaubens betont, sondern auch seine personale Dimension als *Vertrauen* (lat. *fiducia* oder *fides qua*). Doch auch dieser – für reformatorisches Glaubensverständnis grundlegende Aspekt – kommt in dem Dokument zur Sprache: »Der Glaube ist eine persönliche Bindung des Menschen an Gott und zugleich, untrennbar davon, freie Zustimmung zu der ganzen von Gott geoffenbarten Wahrheit‹ [...] wegen des *Vertrauens*, das der offenbarenden Person entgegengebracht wird. Deshalb sollen wir ›an niemand anderen glauben als an Gott, den Vater, den Sohn und den Heiligen Geist‹«.[80]

- Schließlich wird in *Dominus Iesus* die unabdingbare *Notwendigkeit der Mission* mit unmissverständlichen Formulierungen bekundet: In Treue zum Missionsbefehl (Mt 28,19f.) des Herrn und aus »Liebe zu allen Men-

---

77 Dominus Iesus, Nr. 16.
78 Ebd., Nr. 20.
79 Ebd., Nr. 7.
80 Ebd. (Hervorhebung W. N.).

schen« ist die Kirche verpflichtet, Christus »unablässig« zu verkünden: »Weil die Kirche an den allumfassenden Heilsratschluss Gottes glaubt, muss sie missionarisch sein. [...] Die Pflicht und die Dringlichkeit, das Heil und die Bekehrung zum Herrn Jesus Christus zu verkünden, wird durch die Gewissheit des universalen Heilswillens Gottes nicht gelockert, sondern verstärkt.«[81] Auch der interreligiöse Dialog kann die Mission der Kirche nie ersetzen, sondern allenfalls ergänzen.[82]

5.3 Das Dokument bewertet die nichtchristlichen Religionen nicht als Heilswege, sondern in der Ambivalenz von Heilsvorbereitung und Heilshindernis (vgl. oben 3)

Auch *Dominus Iesus* lehnt explizit und mit Nachdruck die inklusivistische und pluralistische Vorstellung der nichtchristlichen Religionen als *Heilswege* ab. Es widerspräche dem katholischen Glauben, »die Kirche als *einen Heilsweg* neben jenen in den anderen Religionen zu betrachten, die komplementär zur Kirche, ja im Grunde ihr gleichwertig wären, insofern sie mit dieser zum eschatologischen Reich Gottes konvergierten«.[83] Stattdessen sieht sie die nichtchristlichen Religionen in der Spannung von Heils*vorbereitung* und Heils*hindernis*:

- *Dominus Iesus* sieht die Möglichkeit der Heils*vorbereitung* in den Religionen dort gegeben, wo sie und soweit sie »Elemente der Religiosität« enthalten, »die von Gott kommen«.[84] Wenn dies der Fall ist, dann können »[e]inige« »Gebete und Riten« tatsächlich »die Annahme des Evangeliums vorbereiten, insofern sie Gelegenheiten bieten und dazu erziehen, dass die Herzen der Menschen angetrieben werden, sich dem Wirken Gottes zu öffnen«.[85] Eine solche *praeparatio evangelica* ist freilich kein Automatismus, dessen Wirksamkeit »ex opere operato« erfolgte.

- Auch darf die potentiell heilsvorbereitende Wirkung mancher Gebete und Riten nicht darüber hinwegtäuschen, »dass andere Riten, insofern sie von abergläubischen Praktiken oder anderen Irrtümern abhängig sind (vgl. 1 Kor 10,20–21), eher ein *Hindernis für das Heil* darstellen«.[86] Das Dokument verschließt also nicht den Blick davor, dass es in den Religionen zerstörerische Praktiken (z. B. Magie, Aberglauben aller Art

---

81 Ebd., Nr. 22.
82 Ebd.
83 Ebd., Nr. 21.
84 Ebd.
85 Ebd.
86 Ebd. (Hervorhebung W. N.).

oder ethisch fragwürdige Praktiken wie Genitalverstümmelung o. ä.) gibt, die in keiner Weise theologisch hingenommen oder gar gebilligt werden können.

Auch in der theologischen Wertung der nichtchristlichen Religionen entspricht *Dominus Iesus* also dem, was wir als Religionstheologie Ratzingers festgestellt haben.

5.4 Das Dokument bezeugt eine individuelle Heilsmöglichkeit für Nichtchristen jenseits des durch die Kirche verkündigten Evangeliums (vgl. oben 4)

Das Dokument bezeugt klar eine individuelle Heilsmöglichkeit der Nichtchristen außerhalb der Kirche:

- Das »Heilswirken Jesu Christi« erstreckt sich »mit und durch seinen Geist über die sichtbaren Grenzen der Kirche hinaus *auf die ganze Menschheit*«.[87] *Dominus Iesus* nimmt mit dieser Behauptung Bezug auf das Zweite Vatikanische Konzil, das in der Pastoralen Konstitution *Gaudium et Spes* (Nr. 22) lehrte, dass »Christus schon jetzt mit dem Glaubenden eine Lebensgemeinschaft im Geist bildet und ihm die Hoffnung auf die Auferstehung schenkt«.[88] Diese neutestamentlich unanfechtbare Feststellung wird nun in der Konzilserklärung überraschend auf die ganze Menschheit ausgedehnt: »Dies gilt nicht nur für die Christgläubigen, sondern für alle Menschen guten Willens, in deren Herzen die Gnade unsichtbar wirkt. Da nämlich Christus für alle gestorben ist, [...] müssen wir festhalten, dass der Heilige Geist allen die Möglichkeit anbietet, diesem Paschamysterium *in einer Gott bekannten Weise* verbunden zu sein«.[89] Der hier ausgesprochene Gedanke eines auch in Nichtchristen zwar nicht automatisch, aber *potentiell* wirksamen »Paschamysteriums« soll den Gedanken der Heilsmöglichkeit für Nichtchristen christologisch und pneumatologisch begründen.[90] Aus der Heiligen Schrift lässt sich das Theologoumenon eines unter Nichtchristen wirksamen »Paschamysteriums« aber weder explizit noch implizit begründen, sodass eine biblisch-

---

87 Ebd., Nr. 12 (Hervorhebung W.N.).
88 Ebd.
89 Zit. in ebd., Nr. 12.
90 Vgl. zum Begriff den Vortrag von Jürgen Bärsch, Paschamysterium. Ein »Leitbegriff« für die Liturgietheologie des Westens aus östlichem Erbe (www.gsco.info/pdf/baersch_paschamysterium.pdf).

reformatorische Theologie der Religionen sich zwar aufgrund mancher biblischer Hinweise für den Gedanken an eine Heilsmöglichkeit außerhalb der Kirche öffnen, nicht aber die diese begründende Vorstellung eines in der ganzen Menschheit wirksamen »Paschamysteriums« aneignen kann.

- Das Dokument macht freilich ebenfalls deutlich, dass jene für möglich gehaltene Anteilhabe von Nichtchristen an der göttlichen Erlösungsgnade *nicht* mit dem Heilsstand von Christen *gleichgesetzt* werden darf, weil hier signifikante Unterschiede bestehen, sodass der Missionsbefehl an Dringlichkeit nicht verliert: »Wenn es auch wahr ist, dass die Nichtchristen die göttliche Gnade empfangen können, so ist doch gewiss, dass sie sich *objektiv* in einer schwer defizitären Situation befinden im Vergleich zu jenen, die in der Kirche die Fülle der Heilsmittel besitzen. ›Alle Söhne der Kirche sollen [...] dessen eingedenk sein, dass ihre ausgezeichnete Stellung nicht den eigenen Verdiensten, sondern der besonderen Gnade Christi zuzuschreiben ist; wenn sie ihr im Denken, Reden und Handeln nicht entsprechen, wird ihnen statt Heil strengeres Gericht zuteil‹«.[91] Diese Feststellung ist eine wichtige Ergänzung zu unserer bisherigen Rekonstruktion von Ratzingers Theologie der Religionen. Denn sie zeigt nicht nur sein Bemühen, außerordentliche Heilsmöglichkeiten für Nichtchristen aufzuzeigen, um dem universalen Erlösungswillen Gottes Rechnung zu tragen, sondern auch das Bestreben, diese Heilsmöglichkeiten nicht mit jenem bewussten Heilsempfang und seinen Konsequenzen gleichzusetzen, den das Neue Testament allen Gläubigen zuspricht, die das Evangelium gehört und angenommen haben.

Zieht man ein Fazit, so ist offensichtlich, dass *Dominus Iesus* ganz jener Theologie der Religionen entspricht, die Ratzinger in einer beachtlichen Kontinuität zunächst als Theologieprofessor und dann als Präfekt der Glaubenskongregation erarbeitet und vertreten hat. Man spürt seiner Religionstheologie ab, dass sie einerseits die vielfältigen Entwürfe heutiger Theologie der Religionen kennt, andererseits aber die Treue zum apostolischen Evangelium zu wahren sucht und daher – folgerichtig und biblisch überzeugend – zu einer klaren Ablehnung der inklusivistischen und der pluralistischen Theologie gelangt.

6 Ergebnis

Joseph Ratzingers Theologie der Religionen zeichnet sich über einen Zeitraum von gut 50 Jahren durch eine große *Kontinuität* aus. Eine Änderung von Positio-

---

91 Dominus Iesus, Nr. 22.

nen oder gar ein Bruch zwischen den Anfängen seiner Lehrtätigkeit und seiner Wirksamkeit als Präfekt der Glaubenskongregation ist nirgendwo feststellbar. Dass in seinen Publikationen als Leiter der Glaubenskongregation die fragliche oder irrige Positionen abwehrende Tendenz stärker als in früheren Zeiten im Vordergrund steht, ist kein Bruch, sondern eine seinem Amt geschuldete und insofern in der Natur der Sache liegende Zuspitzung.

In evangelischer Sicht wird man den »Eckpunkten« seiner Theologie der Religionen (alleiniges Heil in Christus, Heilsmittlerschaft der Kirche, Heilsaneignung durch den Glauben, Notwendigkeit der Mission, Ambivalenz der Religionen als Vorbereitung oder Hindernis der Heilsfindung, Heilsmöglichkeit der Nichtchristen) weitgehend zustimmen können, weil diese dem biblischen Zeugnis entsprechen, auch wenn man seine Reflexion bezüglich der Heilsmöglichkeit von Nichtchristen nicht in allen Punkten für plausibel oder biblisch begründet hält.

Auch die religionstheologische Position von Papst Benedikt XVI. ist keine andere als die des Theologieprofessors und Präfekten der Glaubenskongregation. Sie hat allerdings in seinem bisherigen päpstlichen Wirken – wie ich an anderer Stelle gezeigt habe – zu einer bemerkenswerten Neuakzentuierung und sogar Kurskorrektur gegenüber Papst Johannes Paul II. geführt[92], die aus

---

92 Vgl. dazu: Werner Neuer, Die theologische Neufundierung des interreligiösen Dialoges durch Papst Benedikt XVI., in: Mitteilungen. Institut Papst Benedikt XVI. 3 (2010) 43–57. Die in meinem Aufsatz aufgezeigte Neuorientierung des Vatikans wird nicht dadurch infrage gestellt, dass Papst Benedikt XVI. 25 Jahre nach dem umstrittenen Friedensgebet von Papst Johannes Paul II. mit Vertretern der Weltreligionen am 27. Oktober 2011 Vertreter der christlichen Kirchen, der Weltreligionen und der nichtglaubenden Menschheit(!) überraschend zu einem erneuten Friedenstreffen nach Assisi lud. Denn im Gegensatz zum Friedensgebet 1986 fanden die Gebete diesmal gerade nicht an einem Ort und in einer Versammlung statt (was 1986 in Assisi zu begründeten Irritationen führte)! Vielmehr trafen sich diesmal in der Basilika von Assisi nur die Vertreter der christlichen Kirchen zum Gebet, während sich die Vertreter der nichtchristlichen Religionen und der keiner Religion angehörigen Teilnehmer in anderen Räumen versammelten – all dies, um dem Eindruck einer vom Papst strikt abgelehnten »Vermischung der Religionen« wirksam entgegenzutreten, wie der Papst zuvor schon in einem Brief an den evangelischen Missionstheologen Peter Beyerhaus betont hatte: »Jedenfalls werde ich alles tun, damit eine synkretistische oder relativistische Auslegung des Vorgangs unmöglich wird und klar bleibt, daß ich weiterhin das glaube und bekenne, was ich als Schreiben Dominus Jesus der Kirche in Erinnerung gerufen hatte.« [zit. nach: www.verumperegrinantes.blogspot.com/GuiseppeNardi]. In der Tat hat Benedikt XVI. in einer Ansprache vor allen Teilnehmern ein kurzes, aber klares Bekenntnis zum gekreuzigten Jesus Christus und zum dreieinigen Gott abgelegt: »*Das Kreuz Christi ist für uns das Zeichen des Gottes*, der an die Stelle der Gewalt das Mitleiden und das Mitlieben setzt. *Sein Name ist ›Gott der Liebe und des Friedens‹ (2 Kor 13,11)*« [zit. nach: rv 27.10.2011 ord)]. Einen guten Einblick in die theologischen Motive des Papstes für das Friedenstreffen in Assisi 2011 gibt Kurt Kardinal Koch in: Unterwegs nach Assisi (in: www.kath.net/detail.php?id=32252). Vgl. zum Ganzen auch die kontroversen Publikationen Weltfriedenstreffen Assisi 2011: Unnötige Auf-

einer biblisch-reformatorischen Sicht freilich nur lebhaft begrüßt werden kann. An einem ganz entscheidenden Punkt freilich hat Benedikt XVI. ein biblisches Kernanliegen seines Vorgängers aufgegriffen und mit nicht geringerer Leidenschaft fortgesetzt als dieser: das Anliegen der missionarischen Weitergabe des Evangeliums in der *Weltmission* »ad gentes« und in der *Neuevangelisierung* jener Völker, die das Evangelium schon gehört haben, aber angesichts moderner und postmoderner Herausforderungen wieder zu verlieren drohen. Dieses Kernanliegen ist zugleich eine Echtheitsprobe jeder Theologie der Religionen, die beansprucht, das apostolische Evangelium zu bezeugen. Benedikt XVI. hat ihn am Weltmissionstag 2011 mit Worten bekräftigt, die an Eindringlichkeit kaum zu überbieten sind und eine wohlbegründete Ermutigung und zugleich Mahnung nicht nur an die römische Kirche, sondern an die ganze Christenheit auf Erden darstellen:

Die »Verkündigung des Evangeliums unter allen Menschen [...] ist *der kostbarste Dienst, den die Kirche an der Menschheit und an jedem einzelnen Menschen auf der Suche nach den tiefen Gründen für ein Leben in Fülle leisten kann* [...] Die unermüdliche Verkündigung des Evangeliums erneuert auch die Kirche selbst, ihre Begeisterung, ihren apostolischen Geist. [...] *Die Weltmission betrifft alle, alles und zu jeder Zeit*. Das Evangelium gehört nicht ausschließlich denen, die es empfangen haben, sondern es ist ein Geschenk, das wir weitergeben sollen, eine gute Nachricht, die wir mitteilen müssen. Und dieses verpflichtende Geschenk ist nicht nur einigen wenigen anvertraut, sondern allen Getauften«.[93]

---

regung um Friedensgebet (in: Muenchener-kirchenradio.de v. 27.10.2011) und N. Sommer, Das Assisi-Dilemma. Warum das »Weltfriedenstreffen der Religionen« eine Kapitulation und ein Armutszeugnis ist (www.dradio.de/kultur/sendungen/religionen/1584871/22.10.2011).

93 Botschaft zum Weltmissionssonntag 2011, zit. nach Radio Vatikan (23.10.2011) [Hervorhebungen W.N.].

Begründung und Bewährung christlicher Ethik bei Joseph Ratzinger/Benedikt XVI.

Christoph Raedel

> »Die wahre Vernunft ist die Liebe, und die Liebe ist die wahre Vernunft. In ihrer Einheit sind sie der wahre Grund und das Ziel alles Wirklichen.«
>
> *Joseph Ratzinger*[1]

Die Fraglichkeit einer gemeinsamen Begründung christlicher Ethik

In der öffentlichen Debatte um bedrängende ethische Fragen hat sich der Eindruck verfestigt, dass der Uniformität einer vom Lehramt verkündeten Auffassung der römisch-katholischen Kirche ein mehrstimmiger Chor evangelischer Positionierungen gegenüber steht, wobei nicht immer ganz klar ist, ob dieser Chor tatsächlich ein mehrstimmiges Stück oder nicht doch unterschiedliche Lieder zugleich vorträgt. Die römisch-katholische Auffassung wirkt für viele Betrachter autoritär und wenig um das Ergehen des Einzelnen bemüht, während der evangelische Pluralismus aus Prinzip so unterschiedlichen, auch widersprüchlichen Überzeugungen Raum gibt, dass hier letztlich jede und jeder eine Herberge findet. Die Freiheit, deren Wurzel im Glauben an das Evangelium in Jesus Christus gesehen wird, löst sich in eine Beliebigkeit hinein auf, der jeder Orientierungswert abgeht.

Diese auch für die gesellschaftliche Öffentlichkeit wahrnehmbare Grunddifferenz wird regelmäßig mit den unterschiedlichen Begründungsansätzen christlicher Ethik in Verbindung gebracht, mit denen die genannten theologischen Traditionen arbeiten. Auf römisch-katholischer Seite ist es die traditionell naturrechtliche Grundlegung der Ethik, in der die Grundstrukturen menschlichen Handelns aufgesucht werden. Dieser Ansatz impliziert die Bereitschaft, sich in der Diskussion »auf Argumente zu beschränken, die vor dem Forum der Vernunft verhandelt werden können«,[2] was es erforderlich macht,

---

1 Joseph Ratzinger, Glaube – Wahrheit – Toleranz. Das Christentum und die Weltreligionen, 4. Aufl. Freiburg i. Br. 2005, 147.
2 Eberhard Schockenhoff, Grundlegung der Ethik. Ein theologischer Entwurf, Freiburg i. Br. 2007, 29.

»das Offenbarungswissen der Theologie vorläufig einzuklammern«.[3] Die Einsicht in den Anspruch moralischer Normen setzt somit »weder den Glauben noch die Annahme der Offenbarung voraus; sie ist vielmehr aufgrund jener ersten Prinzipien möglich, die von der praktischen Vernunft auf eigenständige Weise erfasst werden«[4] und damit dem natürlichen Vermögen jedes Menschen zugänglich sind.

Die Theologie in reformatorischer Tradition hat grundlegende Zweifel nicht an der Existenz, wohl aber an der Leistungsfähigkeit der dem Menschen aufgrund der Sünde verbliebenen Vernunft geübt. Unter der Signatur der Sünde ist eine »vollständige, eindeutige, unparteiische und somit endgültige Erkenntnis der ethischen Entscheidungssituation« nicht möglich.[5] Der Glaube löst die Mehrdeutigkeit der Entscheidungssituation nicht auf, sondern er wird selbst »zum Prinzip rationaler Kritik an jeder religiösen Überhöhung fragwürdiger, weil der Strittigkeit alles Weltlichen und der Rechenschaftspflicht entzogener, ethischer Appelle und Strategien«.[6] Der Glaube gibt in der Freiheit des menschlichen Gewissens die Vernunft frei zum instrumentellen Gebrauch. Die hier angelegte These von der unhintergehbaren Perspektivität des ethischen Urteils hat im 20. Jahrhundert Karl Barth dahingehend verschärft, dass diese Perspektive des Urteils ihren Primärbezug nicht in der Wahrnehmung des Allgemein-Menschlichen, sondern in der Offenbarung Gottes in Jesus Christus hat. Damit stellt sich sehr grundsätzlich die Frage, ob die obersten Prinzipien der christlichen Ethik »neutral« im Sinne der praktischen Vernunft des Menschen oder aber partikular christlich im Sinne der speziellen Gottesoffenbarung sind, die allein im Glauben empfangen wird.

In der folgenden Untersuchung möchte ich die moraltheologischen Überlegungen Joseph Ratzingers nachzeichnen und dabei nach seinem Beitrag für das Zeugnis der Kirchen in den ethischen Auseinandersetzungen der Zeit fragen. Konkret wird zu prüfen sein, wie Ratzinger die Leistungsfähigkeit der Vernunft in Hinsicht auf das Erfassen letzter ethischer Prinzipien beurteilt (1), in welchem Begründungsverhältnis Kirche und Ethik zueinander stehen (2) und wie sich die Prinzipien des natürlichen Sittengesetzes zum Proprium biblisch-christlicher Ethik verhalten (3). Dabei wird immer auch zu bedenken sein, inwiefern Ratzinger die Grundfragen der Ethik auf gesellschaftliche Herausforderungen der Gegenwart bezieht, weshalb sich Fragen der Begründung und der Bewährung der christlichen Ethik miteinander verschränken müssen. Ich schließe mit einer von kritischer Sympathie getragenen Würdigung der

---

3   Ebd.
4   Ebd., 533.
5   Dietz Lange, Ethik in evangelischer Perspektive, 2. Aufl. Göttingen 2002, 252.
6   Ebd.

Überlegungen Ratzingers, die hier aus der Wahrnehmung eines evangelischen, freikirchlichen (in concreto: methodistischen) Theologen erfolgt (4).

1 Das natürliche Sittengesetz – der metaphysisch-ontologische Grund christlicher Ethik

Untersucht man die Texte Joseph Ratzingers zu Fragen der Moraltheologie, dann lassen sich zwei Momente seiner Überlegungen zur Grundlegung einer kirchlichen Soziallehre bzw. zur Begründung einer christlichen Ethik erkennen. Einerseits stellt Ratzinger sich in die Tradition der römisch-katholischen Moraltheologie mit ihrer starken Betonung des Naturrechts hinein. Das ist unübersehbar und auch nicht überraschend. Und dennoch: Die Zuversicht, dass die naturrechtlichen Prinzipien des menschlichen Gutseins *de jure* der Vernunfterkenntnis jedes Menschen zugänglich sind, verbindet sich bei Ratzinger mit der grundlegenden Einsicht, dass sich *de facto* die auf das Berechenbare reduzierte Vernunft der Neuzeit der Einsicht in den moralischen Kosmos verschließt. Diese Dualität bedarf einer näheren Analyse, könnte sie sich doch als Anschlusspunkt für die evangelische Betonung der – radikalen – Verdunkelung der menschlichen Vernunft aufgrund der Sünde erweisen.

1.1 Bedeutung und Funktion des natürlichen Sittengesetzes

Ratzinger sieht sehr früh die Herausforderung, die darin liegt, dass die katholische Soziallehre sich auf *zwei* Säulen stützt: nämlich auf das Naturrecht und auf die Bibel.[7] Das Anliegen, den Selbststand und die Verbundenheit dieser beiden Elemente zu bestimmen, zieht sich durch die Jahrzehnte seines Wirkens hindurch, wobei sein diesbezügliches Erkenntnisinteresse stets im Dienst konkreter theologischer und gesellschaftlicher Wahrnehmungen steht.

Ratzingers Aufnahme der (christlichen) Lehre vom Naturrecht – bzw. natürlichen Sittengesetz – erfolgt von der Grundeinsicht her, dass der Rekurs auf das Naturrecht unter den Bedingungen des gesellschaftlichen Pluralismus in seiner Leistungsfähigkeit zwar begrenzt, für die christliche Ethik gleichwohl unverzichtbar ist. Ratzinger zufolge bleibt es grundlegend für die Soziallehre, mithin die Morallehre der römisch-katholischen Kirche, dass sie »von der Vernunft und vom Naturrecht her, das heißt von dem aus, was allen Men-

---

[7] Vgl. Joseph Ratzinger, Naturrecht, Evangelium und Ideologie in der katholischen Soziallehre. Katholische Erwägungen zum Thema, in: Klaus von Bismarck (Hg.), Christlicher Glaube und Ideologie, Berlin/Mainz 1964, 24–30.

schen wesensgemäß ist«, argumentiert.⁸ Als das – erste – konstitutive Prinzip kirchlicher Morallehre ist hier die allen Menschen gemeinsame Wahrheit des Menschseins bestimmt.⁹ Sie liegt im Selbstverständnis des Menschen als moralisches Wesen, genauer: im Antwortcharakter allen menschlichen Daseins, und das heißt: im natürlichen Vernunftvermögen des Menschen, die obersten Prinzipien der sittlichen Wahrheit in seinem Gewissen zu vernehmen. Die kirchliche Soziallehre geht insofern von der prinzipiellen Zugänglichkeit der obersten Prinzipien menschlichen Gutseins aus. Ihren Grund hat sie in einer – letztlich freilich theologisch interpretierten – Anthropologie, also einer bestimmten Sicht von dem auf Gott hin geschaffenen Menschen.

Es gehört zu den bleibenden Prägungen seiner Beschäftigung mit dem Kirchenvater Augustin und dem mittelalterlichen Theologen Bonaventura, dass Ratzinger die metaphysische Begründung des Menschseins in den Horizont der vom Menschen erfahrenen, erlebten und erlittenen Geschichte einrückt. Die obersten, kontextübergreifenden Prinzipien des Naturrechts verwirklichen sich nämlich nicht anders als in den konkreten geschichtlichen Kulturen der Menschheit, die Einsicht der Vernunft »ist nicht abtrennbar von dem geistigen Standort, den ein Mensch in seinem Leben eingenommen hat«.¹⁰ Die Prinzipien des Naturrechts leuchten in der Geschichte auf und leuchten dem Menschen in der Geschichte seines spezifischen kulturellen Gemeinschaftsgefüges ein. Eine kulturgeschichtliche Analyse der Natur des Menschen ergibt für Ratzinger eine grundlegende Übereinstimmung hinsichtlich eines »Grundbestands an Menschlichkeit« unter den Völkern: »In allen Kulturen«, so erklärt er, »gibt es besondere und vielfältige ethische Übereinstimmungen, die Ausdruck derselben menschlichen, vom Schöpfer gewollten Natur sind«.¹¹ Der »Grundbestand an Menschlichkeit« bezeichnet dabei die unter allen Umständen zu schützenden Grundbedingungen des menschlichen Daseins (wie das Recht auf Leben), wie umgekehrt Verbrechen gegen die Menschlichkeit die Nichtanerkennung dieser Grundbedingungen bezeichnen. Im Stimmengewirr der pluralistisch

---

8   Enzyklika Deus Caritas Est von Papst Benedikt XVI. an die Bischöfe, an die Priester und Diakone und an alle Christgläubigen über die christliche Liebe, 25. Dezember 2005 (Verlautbarungen des Apostolischen Stuhls 171), Köln 2006, § 28a.
9   Vgl. Ansprache von Benedikt XVI. an die Teilnehmer an dem von der Päpstlichen Lateranuniversität veranstalteten internationalen Kongress über das natürliche Sittengesetz, http://www.vatican.va/holy_father/benedict_xvi/speeches/2007/february/documents/hf_ben-xvi_spe_20070212_pul_ge.html [aufgerufen am 13.02.2012].
10 Joseph Ratzinger, Theologische Prinzipienlehre. Bausteine zur Fundamentaltheologie, München 1982, 75.
11 Joseph Ratzinger, Glaube – Wahrheit – Toleranz, 203. Die Wendung »Grundbestand an Menschlichkeit« findet sich in Joseph Ratzinger, Werte in Zeiten des Umbruchs. Die Herausforderungen der Zukunft bestehen, Freiburg i. Br. 2005, 46.

verfassten Gesellschaft ist es wichtig, auf die damit bezeichneten Übereinstimmungen in den Grundüberlieferungen der Menschheit zu hören.[12] Wie immer man im Einzelnen diese Gemeinsamkeiten auch bestimmen mag – mehr dazu weiter unten –, Ratzingers Hinweis zielt darauf, dass sich die alten religiösen Überlieferungen der Menschheit dem Diktat einer rein technischen Vernunft widersetzen. Damit klingt auch hier seine Auseinandersetzung mit der »Diktatur des Relativismus« an, die uns noch genauer beschäftigen wird.

Das universale natürliche Sittengesetz ist für Ratzinger die Grundlage eines jeden kulturellen, religiösen und politischen Dialogs. Der Suche nach dem Wahren und Guten und letztlich nach Gott in der Vielfalt der Kulturen ist hier ein gemeinsamer Bezugspunkt gegeben. »Die Zustimmung zu diesem in die Herzen eingeschriebenen Gesetz ist die Voraussetzung für jede konstruktive soziale Zusammenarbeit«.[13] Mag auch der Naturrechtsgedanke seine für das Abendland maßgebliche Gestalt in der Philosophie des antiken Griechenlands gefunden haben, seinen Worten nach handelt es sich bei ihm um die Geschichte gewordene Gestalt der die (sittliche) Wahrheit vernehmenden Vernunft.

Was genau leistet der Rekurs auf das natürliche Sittengesetz in der Auseinandersetzung der Kirche mit der Moderne, wie Ratzinger sie sieht? Ich sehe vier Aspekte.

Der Rekurs auf das Naturrecht unterstreicht (1) die (sittliche) Wahrheitsfähigkeit des Menschen überhaupt. Jede sittliche Ordnung einer Gesellschaft muss voraussetzen, dass das Gute dem Menschen zugänglich ist, ja dass er – wie Thomas von Aquin sagt – danach hinstrebt, das »Gute zu tun und das Böse zu meiden«.[14] Das Gewissen des Menschen ist nicht lediglich eine subjektive Urteilsinstanz, sondern an die objektive Wirklichkeit zurückgebundene »*Ur-Erinnerung an das Gute und an das Wahre*«.[15] Theologisch ist mit diesem Gewissensbegriff ausgedrückt, dass »es eine innere Seinstendenz des gottebenbildlich geschaffenen Menschen auf das Gottgemäße hin gibt«.[16] Der Mensch ist *als*

---

12 Vgl. Joseph Ratzinger, Der Auftrag des Bischofs und des Theologen angesichts der Probleme der Moral in unserer Zeit, in: Internationale Katholische Zeitschrift Communio 13 (1984) 524–538, hier 528ff. An anderer Stelle sagt Ratzinger: »Die Vernunft muss auf die großen religiösen Überlieferungen hören, wenn sie nicht gerade für das Wesentliche menschlicher Existenz taub und stumm und blind werden will«; Joseph Ratzinger, Glaube – Wahrheit – Toleranz, 203.
13 Enzyklika Caritas in Veritate von Papst Benedikt XVI. an die Bischöfe, an die Priester und Diakone, an die Personen gottgeweihten Lebens, an die christgläubigen Laien und an alle Menschen guten Willens über die ganzheitliche Entwicklung des Menschen in der Liebe und in der Wahrheit, 29. Juni 2009 (Verlautbarungen des Apostolischen Stuhles 186), Bonn 2009, § 59.
14 Thomas von Aquin, STh I–II, q. 94 a.2.
15 Joseph Ratzinger, Werte in Zeiten des Umbruchs, 115f. (Kursivschreibung im Original).
16 Ebd., 116.

Mensch, nicht erst als Christ, auf das Gute hin ansprechbar. Das Naturrecht grundiert auf diese Weise die moralische Zurechenbarkeit der Handlungen *aller* Menschen in einer werte-pluralistischen Gesellschaft.

Im Umkehrschluss ist das Naturrecht dann (2) ein »Bollwerk gegen die Willkür der Macht oder die Täuschung der ideologischen Manipulation«.[17] Ratzinger ist bewusst, dass derjenige Grundbestand an Menschlichkeit, den das Naturrecht sichern soll, in der pluralistischen Gesellschaft vielen Menschen nicht mehr als unmittelbar evident einleuchten will. Der Verzicht auf die Annahme der prinzipiellen moralischen Einsichtsfähigkeit des Menschen wäre für ihn jedoch gleichbedeutend mit der Preisgabe der Einsicht, dass es einen an *jedem* Menschen schützenswerten Grundbestand an Menschlichkeit gibt.[18] Das der Natur des Menschen eingeschriebene Gesetz »ist die jedem angebotene Garantie dafür, frei und in seiner Würde geachtet leben zu können«.[19] Die Würde des Menschen gerät in Gefahr, wenn wie auch immer motivierte Gruppeninteressen oder Machbarkeitserwägungen das Urteil über die (Nicht-)Anerkennung der Würde bestimmter Menschen sprechen. Der säkulare Staat ist darauf angewiesen, dass die Frage nach der Begründung von Grundwerten, »die nicht dem Spiel von Mehrheit und Minderheit unterworfen sind«, eine Antwort findet.[20]

In der Naturrechtslehre ist (3) dem Staat bzw. dem menschlichen Recht eine Grenzbestimmung gegeben, insofern sie die Kritikfähigkeit und Kritikbedürftigkeit des positiven Rechts aufzeigt: »Gegenüber dem gesetzten Recht, das Unrecht sein kann, muss es doch ein Recht geben, das aus der Natur des Menschen selbst folgt«.[21] Die natürliche Seinsordnung impliziert »in sich stehende Werte, die aus dem Wesen des Menschseins folgen und daher für alle Inhaber dieses Wesens unantastbar sind«.[22] Dem von Menschen gesetzten Recht liegt ein dem Menschen unverfügbares, im Grundsatz aber einsehbares natürliches Recht voraus, das der Natur, das heißt dem Wesen des Menschen, gemäß ist.

Die Naturrechtslehre als konstitutives Element der kirchlichen Morallehre schützt (4) Kirche und Staat in ihrer wechselseitigen Selbstbegrenzung und damit in ihrer respektiven Freiheit. »Das Erbauen einer gerechten Gesellschafts- und Staatsordnung, durch die jedem das Seine wird, ist eine grundlegende Aufgabe, der sich jede Generation neu stellen muss. Da es sich um eine poli-

---

17 Joseph Ratzinger, Ansprache an die Teilnehmer, 1.
18 Vgl. Joseph Ratzinger, Werte in Zeiten des Umbruchs, 42.
19 Joseph Ratzinger, Ansprache an die Teilnehmer, 1.
20 Joseph Ratzinger, Werte in Zeiten des Umbruchs, 51.
21 Ebd., 34.
22 Ebd., 31.

tische Aufgabe handelt, kann dies nicht der unmittelbare Auftrag der Kirche sein«.[23] Der Glaube anerkennt die der praktischen Vernunft zukommende Freiheit zur Gestaltung der menschlichen Gesellschaft. Der Glaube bedarf für die Beurteilung vieler gesellschaftlicher Fragen der Vernunft und hat sich mittels vernünftiger Überlegungen auszuweisen. Zugleich ist die Kirche der »Lebensraum, in dem glaubensgemäßes Leben als gemeinschaftlicher Akt möglich ist, und damit auch die historische Bedingung dafür, dass die Vernunft die vom Glauben ermöglichte Frage stellen und ihren Anspruch auf Wahrheit durchhalten kann«.[24] Die wechselseitige Selbstbegrenzung von Kirche und Staat schließt also Wechselwirkungen zwischen beiden Bereichen nicht aus. Der christliche Glaube leistet »durch die Reinigung der Vernunft und durch ethische Bildung« einen Beitrag dazu, dass »die Ansprüche der Gerechtigkeit einsichtig und politisch durchsetzbar werden«.[25]

Ratzinger hält, wie wir sehen, an der Unverzichtbarkeit des Rekurses auf ein universales Sittengesetz fest. Der dem Personalismus verpflichteten Interpretation des Naturrechts auf die Grundstrukturen des Menschseins hin steht der – traditionelle – Hinweis auf das Naturrecht als die das *staatliche* Recht begründende und begrenzende Grundordnung zur Seite. Demgegenüber bleibt meines Erachtens die Verbindung von Naturrecht und Völkerrecht eher im Hintergrund. Sie scheint mir angesichts der globalen Verflechtungen der Völkergemeinschaft im 21. Jahrhundert von besonderer Bedeutung zu sein. Gerade im konkreten Zusammensein der Völker wird die Frage virulent, wie ein Grundbestand an Menschlichkeit angesichts der kulturellen und religiös-weltanschaulichen Vielfalt der Kulturen geschützt werden kann.[26]

1.2 Die Strittigkeit des natürlichen Sittengesetzes

Die Vorstellung von einem universalen Sittengesetz leuchtet, wie Ratzinger betont, stets in konkreten geschichtlichen Kontexten auf, auch wenn sich die Gültigkeit des natürlichen Sittengesetzes diesen Kontexten nicht verdankt. Wie verhält sich nun aber die These von der Zugänglichkeit universaler Prinzipien des menschlichen Gutseins zu dessen evidenter Strittigkeit in Gesellschaften, die den »schützenden« Raum der alten religiösen Überlieferungen verlassen haben?

---

23 Deus Caritas Est, § 28a.
24 Joseph Ratzinger, Theologie und Kirchenpolitik, in: IKZ Communio 9 (1980) 430.
25 Deus Caritas Est, § 28a.
26 In seinem Beitrag Naturrecht, Evangelium und Ideologie verweist Ratzinger lediglich in historischer Perspektive darauf, dass sich der »Rückgriff hinter die spezifisch christlichen Normen [...] im konkreten Zusammensein der Völker als Notwendigkeit« erwies, 25.

Ratzingers Reflexionen dieser Frage scheinen von Einsichten her bestimmt, die er in der Beschäftigung mit Bonaventura gewonnen hat. Bonaventura vertrat die Auffassung, dass die Vernunft als eine vom Glauben unabhängige rationale Erkenntnisform des Menschen auch im Stand der Sünde einen ihr zugewiesenen Raum hat, sie für eine *sinnvolle* Betätigung jedoch der Ausrichtung auf den Horizont des Glaubens bedarf. Für Bonaventura ist alles menschliche Erkennen »eingespannt in die Heilsaufgabe des menschlichen Daseins« und von dieser Aufgabe auch nicht ablösbar.[27] Unter den Bedingungen der Moderne ist von daher eine im Menschsein angelegte Hinordnung der Vernunft auf die Wahrheit zu bekräftigen, zugleich jedoch anzuerkennen, dass es eine sich der Hinordnung auf den Glauben verweigernde »Gewalttätigkeit der Vernunft« gibt,[28] das heißt einen sich der Dimension des Moralischen entziehenden Gebrauch der Vernunft, die so zur »halbierten«, zur rein technischen, berechnenden Vernunft wird. Die Einsicht in die von Theodor Adorno und Max Horkheimer beschriebene »Dialektik der Aufklärung« ist also in der Theologie der Kirche, zunächst bei Augustinus und dann später bei Bonaventura, schon vorbereitet. Konkreter und auf die Herausforderungen der westlichen Moderne bezogen lässt sich bei Ratzinger von einer Dialektik der Vernunft und einer Dialektik der Freiheit sprechen, die beide in einem engen Zusammenhang stehen. Von beiden wird zu reden sein.

1.2.1 Dialektik der Vernunft

Beginnen wir mit der Dialektik der Vernunft. Die Vernunft ist – gleich dem Gewissen – das auf das Vernehmen der Wahrheit, auch der sittlichen Wahrheit hin erschaffene Organ. Die Frage nach dem Guten ist die ins Ethische gewendete Frage nach der Wahrheit.[29] Die Vernunft ermöglicht insofern Einigung in der Frage nach dem Guten. Diese Frage ist für Ratzinger nicht abstrakter Natur, sondern hat vor dem Hintergrund der ethischen Herausforderung in der Gesellschaft einen spezifischen materialen Gehalt. Ich nenne exemplarisch drei spezifische Prinzipien (ich bezeichne sie hier als Dimensionen der sittlichen Wahrheit), in denen nach Ratzinger das natürliche Sittengesetz seinen auf die Geschichte bezogenen Ausdruck findet:

---

27 Vgl. Joseph Ratzinger, Wesen und Weisen der Auctoritas im Werk des heiligen Bonaventura, in: Wilhelm Corsten u. a. (Hg.), Die Kirche und ihre Ämter und Stände, Köln 1960, 58–72 (hier 71); zum Ganzen vgl. ders., Die Geschichtstheologie des heiligen Bonaventura, St. Ottilien 1992, 148–162.
28 So Ratzinger unter Rekurs auf Bonaventura in: Glaube, Philosophie und Theologie, in: Internationale Katholische Zeitschrift Communio 14 (1985) 56–66, hier 62.
29 »Die Themen des Wahren und des Guten sind in der Tat nicht voneinander zu trennen«, Joseph Ratzinger, Glaube – Wahrheit – Toleranz, 186.

Die praktische Vernunft steht zuallererst ein für die »Achtung vor dem menschlichen Leben von seiner Empfängnis bis zu seinem natürlichen Ende«.[30] Die Annahme des Geschenks wie auch der Endlichkeit des Lebens zieht sich wie ein roter Faden durch seine Sozialenzyklika *Caritas in Veritate*. Im Eingehen auf Schwerpunktverlagerungen und Ausblendungen der Gegenwart setzt sich der Papst dafür ein, die zu Recht wachsende Aufmerksamkeit für Fragen der Armut und Unterentwicklung auf solche Fragen auszuweiten, »die mit der Annahme des Lebens verbunden sind, vor allem dort, wo dieses in verschiedener Weise behindert wird«.[31] Deutlich spricht er die verschiedenen Formen der »Lebensverweigerung« wie Empfängnisverhütung, Abtreibung und Euthanasie an, die zersetzend auf das Gefüge der Gesellschaft insgesamt einwirken: »Wenn der persönliche und gesellschaftliche Sinn für die Annahme des Lebens verlorengeht, verdorren auch andere, für das gesellschaftliche Leben hilfreiche Formen der Annahme«.[32] Deutlich mahnt der Papst an, dass das Lebensrecht des Menschen allen interessegeleiteten, mithin auch ökonomischen Erwägungen entzogen bleiben müsse. Vielmehr sei der Wirtschafts- und Gesellschaftsordnung ein solches Profil zu geben, das sie einen dem Menschen dienenden Charakter erkennen lässt. Auch hier gilt laut Benedikt XVI.: Das »erste zu schützende und zu nutzende Kapital« ist der Mensch, »die Person in ihrer Ganzheit«.[33] Auch im Blick auf das Verhältnis des Menschen zu seiner natürlichen Umwelt identifiziert er als das Problem, wie der Mensch sich zu sich selbst, genauer zur Annahme des Lebens, stellt: »Wenn das Recht auf Leben und auf einen natürlichen Tod nicht respektiert wird, wenn Empfängnis, Schwangerschaft und Geburt des Menschen auf künstlichem Weg erfolgen, wenn Embryonen für die Forschung geopfert werden, verschwindet schließlich der Begriff Humanökologie [das heißt: die Rücksicht auf das, was der Natur des Menschen gemäß ist] und mit ihm der Begriff der Umweltökologie aus dem allgemeinen Bewusstsein«.[34] In der mit Entschiedenheit vorgetragenen Betonung des uneingeschränkten Lebensrechts des Menschen setzt Benedikt XVI. eine schon bei seinem Vorgänger Johannes Paul II. zu findende Akzentsetzung fort. Kurz: Der Natur des Menschen gemäß ist es, Leben zu bewahren. Dabei kommt dem Schutz der Schwachen besondere Bedeutung zu.

Eine weitere Dimension der sittlichen Wahrheit, auf die Ratzinger wiederholt hinweist, ist der Schutz von Ehe und Familie als grundlegende »innige

---

30 Joseph Ratzinger, Ansprache an die Teilnehmer, 1.
31 Caritas in Veritate, § 28.
32 Ebd.
33 Ebd., § 25 (im Original kursiv).
34 Ebd., § 51.

Gemeinschaft des Lebens und der Liebe«.³⁵ Die Ehe ist kein privater Kontrakt, über deren rechtliche Ausgestaltung der Einzelne frei verfügen könnte. Vielmehr ist sie die »Zelle staatlicher Gemeinschaftsbildung«³⁶ und damit die Grundeinheit der in einer Gesellschaft gelebten Solidarität. Die Menschlichkeit einer Gesellschaft, so Ratzinger, bewährt sich gerade auch darin, dass es ihr gelingt, die in der Ehe von Mann und Frau vorgezeichnete Form von Treue, Verzicht und Hingabe zu leben und so die Verwiesenheit des Menschen auf den je anderen zu bezeugen.³⁷ Weil der Bestand von Ehen und Familien in der Moderne jede Selbstverständlichkeit verloren hat, bedürfen Ehe und Familie der Pflege und Unterstützung. Die Staaten werden daher vom Papst aufgerufen, *»politische Maßnahmen zu treffen, die die zentrale Stellung und die Unversehrtheit der auf die Ehe zwischen einem Mann und einer Frau gegründeten Familie [...] [zu] fördern,* indem sie sich um deren wirtschaftliche und finanzielle Probleme in Achtung vor ihrem auf Beziehung beruhenden Wesen kümmern«.³⁸

Eine dritte Dimension der sittlichen Wahrheit ist die »Ehrfurcht vor dem, was dem anderen heilig ist und die Ehrfurcht vor dem Heiligen überhaupt«.³⁹ Es entspricht nach Ratzinger dem Wesen des Menschen, nach der Wahrheit, nach Gott zu suchen. Die Freiheit zur Religionsausübung ist daher, auch und gerade im öffentlichen Raum, zu schützen. An diese Freiheit ist dort zu erinnern, wo die zentralen Inhalte und Symbole des christlichen Glaubens zum Gegenstand zügellosen Spotts werden; diese Freiheit ist aber auch einzufordern, wo die Religionsausübung z. B. von Muslimen beeinträchtigt wird.⁴⁰

Das sich in diesen Dimensionen der moralischen Wahrheit aussprechende unbedingte Sollen trifft in der Geschichte jedoch auf ein diesem Sollen entgegenstehendes Wollen des Menschen. Obwohl das unbedingte Sollen des natürlichen Sittengesetzes nichts anderes fordert als das, »was dem Menschen, jedem Menschen, ins Herz eingeschrieben ist, so dass er es als das Gute einsieht,

---

35 Ansprache an die Teilnehmer, 1.
36 Joseph Ratzinger, Werte in Zeiten des Umbruchs, 86.
37 In diesem Zusammenhang spricht sich Ratzinger entschieden gegen die Gleichstellung homosexueller Lebensgemeinschaften mit der Ehe aus; vgl. ebd.
38 Caritas in Veritate, § 44 (Kursivschreibung im Original).
39 Joseph Ratzinger, Werte in Zeiten des Umbruchs, 87.
40 »Was die Burka angeht, so sehe ich keinen Grund für ein generelles Verbot. Man sagt, manche Frauen würden die Burka gar nicht freiwillig tragen und sie sei eigentlich eine Vergewaltigung der Frau. Damit kann man natürlich nicht einverstanden sein. Wenn sie sie aber freiwillig tragen wollen, weiß ich nicht, warum man sie ihnen verbieten muss«, Benedikt XVI., Licht der Welt. Der Papst, die Kirche und die Zeichen der Zeit. Ein Gespräch mit Peter Seewald, 2. Aufl. Freiburg i. Br. 2010, 75.

wenn es vor ihn tritt«,[41] verweigert sich der Mensch – darin liegt der Missbrauch seiner Freiheit – dem Anspruch des Guten. In der »Unterentwicklung der moralischen gegenüber der berechnenden Vernunft«[42] verliert er die Kraft zur Aneignung des Guten, indem er seine Vernunft in eine rein quantitative Erfassung der Welt einschließt und sie so um die Welt des Moralischen verkürzt. Auf diese Weise wird das Gute strittig und Ratzinger konzediert: »Das Naturrecht ist – besonders in der katholischen Kirche – die Argumentationsfigur geblieben, mit der sie in den Gesprächen mit der säkularen Gesellschaft und mit anderen Glaubensgemeinschaften an die gemeinsame Vernunft appelliert und die Grundlagen für eine Verständigung über die ethischen Prinzipien des Rechts in einer säkularen pluralistischen Gesellschaft sucht. Aber dieses Instrument ist leider stumpf geworden«.[43]

Die Dialektik der Vernunft liegt für Ratzinger also darin, dass ein Verständnis von moralischer mit einem Verständnis von berechnender Vernunft im Streit liegt.[44] Für die berechnende Vernunft gibt es nur noch die Welt des gegenständlich Erkennbaren, des Verfügbaren und Berechenbaren. Als *methodische* Beschränkung mag dies angehen, im Gewand des wissenschaftlichen Positivismus verbirgt sich jedoch die weltanschaulich, »metaphysisch« zu nennende Grundentscheidung, dass die Sinnfragen der Menschheit, also religiöse und moralische Fragen, »aus dem Bereich der entscheidbaren Probleme ausgeschlossen« sind.[45] Der Alleinerklärungsanspruch der Wissenschaft ist selbst ein mit den Mitteln der berechnenden Vernunft nicht begründbares metaphysisches Postulat. Das Fatale dieser Grundentscheidung liegt nach Ratzinger darin, dass mit den Sinnfragen gerade die nicht allein den Intellekt, sondern den Daseinsgrund und somit die Existenz des Menschen überhaupt betreffenden Fragen aus dem Bereich des Entscheidbaren hinausdefiniert sind. Eine um die Gottesfrage – und das bedeutet um die Wahrheitsfrage – verkürzte Vernunft gefährdet daher die Grundlagen des menschlichen Miteinanders, macht doch gerade das moralische Sollen des Menschen, seine Begabung zur sittlichen Freiheit im Anruf durch Gott, die Würde des Menschen aus.

Um der Würde des Menschen willen ist einer so verkürzten Vernunft entgegenzuhalten: »Auch die praktische Vernunft, auf der die eigentliche sittliche

---

41 Joseph Ratzinger, Der angezweifelte Wahrheitsanspruch. Die Krise des Christentums am Beginn des dritten Jahrtausends, in: Joseph Ratzinger/Paolo Flores D'Arcais, Gibt es Gott? Wahrheit, Glaube, Atheismus, 3. Aufl. Berlin 2006, 12.
42 Joseph Ratzinger, Der Auftrag des Bischofs und des Theologen, 525.
43 Joseph Ratzinger, Werte in Zeiten des Umbruchs, 35.
44 Vgl. dazu die Analyse bei Paolo G. Sottopietra, Wissen aus der Taufe. Die Aporien der neuzeitlichen Vernunft und der christliche Weg im Werk von Joseph Ratzinger, Regensburg 2003, bes. 17–120.
45 Ebd., 41.

Erkenntnis beruht, ist eine wirkliche Vernunft und nicht bloß Ausdruck subjektiver Gefühle ohne Erkenntniswert [...]. [D]ie großen sittlichen Erkenntnisse der Menschheit [sind] genauso vernünftig und genauso wahr, ja wahrer als die experimentellen Erkenntnisse des naturwissenschaftlichen und technischen Bereichs. Sie sind wahrer, weil sie tiefer an das Eigentliche des Seins rühren und entscheidungsvoller für das Menschsein des Menschen sind«.[46] Die sittlichen und religiösen Erkenntnisse der Menschheit abzuschütteln macht den Menschen folglich nicht freier, sondern degradiert ihn zu einem Ding, das allein durch quantitative Analyse erfasst werden soll. Für Ratzinger ist genau diese Verkürzung des Menschseins Unvernunft, die der Heilung – durch den Glauben – bedarf.

Die Dialektik der Vernunft kann nur dadurch überwunden werden, dass der christliche Glaube nicht als »Begrenzung oder Lähmung der Vernunft«[47] aufgefasst wird, sondern seine Befähigung anerkannt wird, die Vernunft zu ihrem eigenen Werk zu befreien. Der christliche Glaube »gibt der praktischen Vernunft den Lebensraum, in dem sie sich entfalten kann. Die Moral, die die Kirche lehrt, ist nicht eine Speziallast für Christen, sondern sie ist die Verteidigung des Menschen gegen den Versuch seiner Abschaffung«.[48] Das bedeutet aber auch, dass die moralischen und religiösen Einsichten des christlichen Glaubens nicht gegen die vom Glauben getragene Zustimmung des einzelnen Menschen durchgesetzt werden können. Folglich muss der Wahrheitsanspruch der praktischen Vernunft auch Widerspruch ertragen können: »Obwohl die Vernunft an sich zwar ausreichend die Möglichkeit besitzt, die natürlichen Wahrheiten zu erkennen, so wird sie doch durch vielfältige Interessen fehlgeleitet [...]. Es ist unmöglich, gemeinsame Grundwerte unmissverständlich zu formulieren, ohne auf die letzten Wahrheiten zurückzugreifen. Aber gerade die selbst durch die bloße Vernunft erkennbaren letzten natürlichen Wahrheiten sind im Gewirr von Theorien und Interessen ungreifbar geworden«.[49] Unter solcherart faktischen Daseinsbedingungen können die letzten Fragen nach dem Wahren und Guten nicht »durch naturwissenschaftliche Argumente entschieden werden, und auch das philosophische Denken kommt hier an seine Grenzen. In diesem Sinne gibt es eine letzte Beweisbarkeit der christlichen Grundoption nicht«.[50] Die Vernunft bedarf – davon unten mehr – der

---

46 Wendezeit für Europa? Diagnosen und Prognosen zur Lage von Kirche und Welt, Einsiedeln 1991, 25.
47 Ebd., 26.
48 Ebd., 27.
49 Arthur F. Utz, Christlicher Glaube und demokratischer Pluralismus. Eine sozialethische Würdigung von Joseph Cardinal Ratzinger anlässlich der Verleihung des Augustin-Bea-Preises 1989, in: Die Neue Ordnung 59 (2005) 164–179, hier 173.
50 Joseph Ratzinger, Glaube – Wahrheit – Toleranz, 146.

Reinigung durch den Glauben, um zu ihrer wesensmäßigen Bestimmung zu gelangen. Der Beweis dafür, dass letztlich nur die im Glauben wurzelnde praktische Vernunft das Menschsein des Menschen zu verteidigen und zu sichern vermag, liegt in der praktischen Bewährung dieses Anspruchs, nicht in seiner theoretischen Herleitung aus jedermann einsichtigen Anfangsgründen.[51]

Halten wir fest: »was für jedermann in gleicher Weise objektiv Gültigkeit besitzt und gut ist, braucht deshalb noch nicht jedermann in gleichem Maße plausibel zu sein und auf Akzeptanz zu stoßen«.[52] Denn das Vernehmen der (sittlichen) Wahrheit hat nicht allein ein objektives Moment (das Sich-Imponieren des Guten in der moralischen Vernunft), sondern auch eine »affektive Seite«,[53] die in der Freiheit des Menschen zum Tragen kommt. Der Dialektik der Vernunft entspricht daher eine Dialektik der Freiheit.

1.2.2 Dialektik der Freiheit

Ist der Widerspruch zwischen der dem Glauben gemäßen moralischen Vernunft einerseits und der dem Geist der Moderne entsprechenden technischen, instrumentellen Vernunft nicht ontologisch gesetzt, dann muss er Folge einer falsch verstandenen Freiheit des Menschen sein. Das Missverständnis dessen, was Freiheit in Wirklichkeit ist, bildet für Ratzinger die Wurzel der von ihm beklagten »Diktatur des Relativismus«. Daher ist es sachgemäß, wenn Ratzinger sich einer Analyse des Freiheitsbegriffs selbst annimmt. Es geht ihm darum zu zeigen, dass Freiheit sich immer an einer gegebenen Ordnung entfaltet und damit von ihrem Wesen her dem Gedanken einer natürlichen Sittenordnung nicht widerspricht. Der Begriff der Freiheit, so argumentiert Ratzinger, ist zunächst einmal eine leere Kategorie, die der materialen Füllung bedarf. Wir fragen: Freiheit wovon? oder: Freiheit wozu? Insofern bedarf der Freiheitsbegriff »seinem Wesen nach der Ergänzung durch zwei weitere Begriffe: das Rechte und das Gute. Wir könnten sagen: zu ihr gehört die Wahrnehmungsfähigkeit des Gewissens für die grundlegenden und jeden angehenden Werte der Menschlichkeit«.[54] Nun gewinnt die Freiheit ihre Gestalt immer schon im Miteinander von Menschen, sie ist daher stets »geteilte Freiheit, Freiheit im Miteinandersein von Freiheiten, die sich gegenseitig begrenzen und sich

---

51 Auch Martin Heiler urteilt: Benedikt betont »deutlicher die Offenbarungsverwiesenheit des theologischen Diskurses und ist an Letztbegründungsfragen durchaus weniger interessiert«, Martin Hailer, Glaube und Vernunft. Evangelische Überlegungen anlässlich der Regensburger Vorlesung Benedikts XVI., in: Kerygma und Dogma 55 (2009) 100–116, hier 103.
52 Martin Rhonheimer, Über die Existenz einer spezifisch christlichen Moral des Humanums, in: Internationale Katholische Zeitschrift Communio 23 (1994) 360–372, hier 362.
53 Vgl. Paolo Sottopietra, Wissen aus der Taufe, 366.
54 Joseph Ratzinger, Werte in Zeiten des Umbruchs, 44.

gegenseitig tragen [...] Wenn Freiheit des Menschen nur im geordneten Miteinander von Freiheiten bestehen kann, dann heißt dies, dass Ordnung – Recht – nicht Gegenbegriff zur Freiheit ist, sondern ihre Bedingung, ja ein konstitutives Element von Freiheit selbst. Recht ist nicht das Hindernis der Freiheit, sondern es konstituiert sie. Die Abwesenheit des Rechts ist Abwesenheit von Freiheit«.[55]

Freiheit erweist sich, so gesehen, als Errungenschaft und nicht als Fluch: Sie schützt die Natur des Menschen. Anders gesagt: Sie zielt auf die Bewahrung eines Grundbestandes an Menschlichkeit, wie er oben als Dimension moralischer Wahrheit skizziert worden war. Wendet sich die Freiheit gegen dasjenige, was dem Menschen von Natur aus gemäß ist, dann zerstört sie sich selbst. Insofern ist das Prinzip der Freiheit selbst Ausdruck, Spezifikation des natürlichen Sittengesetzes. Das bedeutet, dass sie sich nicht von den anderen Prinzipien der natürlichen Seinsordnung, durch die ein Grundbestand an Menschlichkeit geschützt wird, emanzipieren darf. Freiheit vollzieht sich nicht absolut, das heißt losgelöst von den natürlichen Bedingungen, in die der Mensch geschichtlich hineingestellt ist. Vielmehr schließt sie das »Annehmen der je größeren Bindungen [ein], die vom Anspruch des Miteinander[s] der Menschheit, von der Angemessenheit für das Wesentliche des Menschen gefordert werden«.[56] »Freiheit und Gemeinschaftlichkeit, Ordnung und Verwiesenheit auf die Zukunft«[57] bilden somit eine Wertematrix, die sich nicht in ihre Einzelwerte hinein auflösen lässt, weil der eine Wert seinen Bestand am je anderen Wert hat.[58]

Der moralische Relativismus stirbt, so könnte man im Anschluss an diese Überlegungen sagen, an sich selbst. Er erweist sich als nicht leistungsfähig beim Schutz des Menschen als Träger der Vernunft. Im Gegenteil, er geht zu Lasten der Schwächsten und erweist sich – und darin liegt seine besondere Gefahr – *unterschwellig* als Diktatur der diskursiv Stärksten. Bereits in den durch den Relativismus bestimmten Diskurskonfigurationen (z. B. der Orientierung an Interessen, die sich selbst artikulieren können, und der Ausblendung »stum-

---

55 Joseph Ratzinger, Glaube – Wahrheit – Toleranz, 201.
56 Ebd., 202.
57 Ebd., 205.
58 Kritisch gegenüber dem radikalen Freiheitsverlangen der Neuzeit urteilt Ratzinger: »Ganz frei sein, ohne Konkurrenz anderer Freiheit, ohne ein Von und ein Für – dahinter steht nicht ein Gottes-, sondern Götzenbild. Der Urirrtum solch radikalisierten Freiheitswillens liegt in der Idee einer Göttlichkeit, die rein egoistisch konzipiert ist. Der so gedachte Gott ist nicht ein Gott, sondern ein Götze, ja, das Bild dessen, was die christliche Überlieferung den Teufel – den Gegengott – nennen würde, weil darin eben der radikale Gegensatz zum wirklichen Gott liegt: Der wirkliche Gott ist seinem Wesen nach ganz Sein-Für (Vater), Sein-Von (Sohn) und Sein-Mit (Heiliger Geist)«, ebd., 200.

mer« Interessen von z. B. Menschen im Embryonalstadium) manifestiert sich eine moralische Grundentscheidung, nämlich die Weigerung, einen der Natur des Menschen gemäßen Grundbestand an Menschlichkeit anzuerkennen. Die Würde des Menschen ist antastbar geworden. Diese Antastbarkeit der Menschenwürde stellt für Ratzinger die ethische Kernproblematik der von ihm identifizierten »Diktatur des Relativismus« dar, deren Sicht hier knapp umrissen werden soll.

1.3 Die »Diktatur des Relativismus«

Ratzinger spricht erstmals 1987 in einem Vortrag an der Katholischen Universität Eichstätt von der »Diktatur des Relativismus«.[59] Er vertritt hier die These, dass das Experiment Neuzeit in dem Maße zu scheitern drohe, wie es »der Absolutsetzung einer einzigen Weise des Erkennens folgt«. Dies geschieht in der »Reduktion der Welt auf Tatsachen« und in der »Verengung der Vernunft auf die Wahrnehmung des Quantitativen«, also der Überwältigung der moralischen durch die technische Vernunft. Die Welt ist geschieden in den Bereich der technisch-quantitativ erfassbaren Tatsachen und den Bereich der subjektiven Werte. Ratzinger sieht scharf, »dass der radikale Relativismus, dem die modernen Wissenschaften und die ihnen applaudierenden Medien, aber auch viele Träger des ›Fortschritts‹ in Wirtschaft und Politik huldigen, nicht nur das Christentum und die Kirche, sondern die Religion überhaupt in den Bereich der subjektiven Beliebigkeit abzudrängen sucht«.[60] In der Verengung des Vernunftbegriffs auf seine instrumentelle, das Quantitative erfassende Funktion liegt für Ratzinger die Wurzel des alle Bereiche der Gesellschaft durchdringenden Relativismus. Damit aber ist der Lebensnerv religiöser Überzeugungen überhaupt getroffen, vor allem jedoch der Anspruch des Christentums als *religio vera* radikal in Frage gestellt. Die Antwort auf diese Entwicklung kann freilich nicht in der undifferenzierten Zurückweisung des Relativismus liegen. Eine sachgemäße Antwort besteht vielmehr in der Aufklärung der Vernunft über sich selbst durch die dem Glauben gemäße Vernunft. Die Konturen einer solchen Antwort, wie Ratzinger sie geben möchte, können hier nur angedeutet werden.

---

59 Joseph Ratzinger, Abbruch und Aufbruch. Die Antwort des Glaubens auf die Krise der Werte, München 1988, 14 (Eichstätter Hochschulreden 16). Bekannter geworden ist diese Wendung durch Ratzingers Ansprache als Dekan des Kardinalkollegiums am 18. April 2005, vgl. Der Anfang. Papst Benedikt. Joseph Ratzinger. Predigten und Ansprachen April/Mai 2005, Bonn 2005, 14 (Verlautbarungen des Apostolischen Stuhls, 168).

60 Anton Rauscher, Benedikt XVI. und das natürliche Sittengesetz. Auseinandersetzung mit problematischen Zeitströmungen, in: Peter Hofmann (Hg.), Joseph Ratzinger. Ein theologisches Profil, Paderborn 2008, 123–138, hier 135f.

1.3.1 Das Christentum als Aufklärung der Religion

Ratzinger setzt sich mit dem im Begriff der »Diktatur des Relativismus« ausgedrückten Machtanspruch der säkularen Rationalität in zwei Denklinien auseinander. In geistesgeschichtlicher Hinsicht arbeitet er – an Überlegungen Augustins anknüpfend – heraus, dass im Christentum die »Aufklärung Religion geworden und nicht mehr ihr Gegenspieler« ist.[61] Er erinnert daran, dass das Christentum »sich von Anfang an als die Religion des *Logos*, als die vernunftgemäße Religion verstanden« hat.[62] Der christliche Glaube ist somit Reinigung der Religion von allem Trug und Schein sowie Befreiung zum Erfassen der den Glauben tragenden Frage nach dem Wahren und Guten. Ratzinger will sagen, dass das Christentum im Kontext seiner Zeit sich nicht einfach als eine neue neben die bereits bestehenden Religionen stellt, sondern als »Einsicht über die Welt der Religionen« in die Geschichte eintritt.[63] Damit trägt der christliche Glaube, mithin der christliche Wahrheitsanspruch, einen fundamental geschichtlichen Zug: »Die Aufklärung kann Religion werden, weil der Gott der Aufklärung selbst in die Religion eingetreten ist [...] Er ist in die Geschichte eingetreten, dem Menschen entgegengetreten, und so kann der Mensch nun ihm entgegentreten. Er kann sich Gott verbinden, weil Gott sich mit dem Menschen verbunden hat«.[64] Ratzingers von Bonaventura beeinflusstes geschichtliches Denken bereitet konzeptionell den Boden dafür, den metaphysischen Primat des Logos, der Vernunft, mit dem Primat der Liebe, wie sie in der Sendung Jesu Christi aufleuchtet, zu verbinden. Wie wir sehen werden, liegt in dieser Verbindung der Anknüpfungspunkt für eine ökumenische Würdigung von Ratzingers moraltheologischem Begründungsgang.

Spricht sich die Vernunft in die Geschichte hinein aus, dann ist damit auch gesagt: Gott ist von Natur aus Gott, aber Gott geht der Natur als ein von ihr unterschiedenes, ihr Ursprung gebendes Sein voraus. Weil Gott nicht mit der Natur identisch, sondern mehr als Natur ist, deshalb »ist er kein schweigender Gott«.[65] Gott ist Logos, also »Sinn, Vernunft, Wort«, und der Mensch ist der Gott entsprechende Mensch durch die Öffnung seiner Vernunft, »die für die moralischen Dimensionen des Seins nicht blind sein darf«.[66] Gerade diese Offenheit für die moralische Dimension des Seins vermochte, so Rat-

---

61 Joseph Ratzinger, Der angezweifelte Wahrheitsanspruch, 9.
62 Joseph Ratzinger, Europa in der Krise der Kulturen, in: Marcello Pera/Joseph Ratzinger, Ohne Wurzeln. Der Relativismus und die Krise der europäischen Kultur, Augsburg 2004, 62–84, hier 78.
63 Joseph Ratzinger, Glaube – Wahrheit – Toleranz, 137.
64 Ebd., 139.
65 Ebd.
66 Joseph Ratzinger, Werte in Zeiten des Umbruchs, 134.

zinger, im Umfeld der ersten Christen zu überzeugen. Glaube und Vernunft verbanden sich bei ihnen in der »Ausrichtung des Handelns auf die Caritas, auf die liebende Fürsorge für die Leidenden, Armen und Schwachen, über alle Standesgrenzen hinweg«.[67] Die Kraft des Christentums lag somit »in seiner Synthese von Vernunft, Glaube und Leben«.[68] Die Kraft des christlichen Ethos ist hier die Frucht einer Synthese von Glaube und Vernunft. Diese Synthese ist für Ratzinger unwiderruflich. Damit ist auch deutlich, dass der Glaube, der die Religion zur Frage nach dem Wahren und Guten befreit, selbst nicht in Widerspruch zur Vernunft treten kann.[69]

1.3.2 Selbstbegrenzung und Pathologien von Vernunft und Glaube

Die von Ratzinger immer wieder beschworene Krise der europäischen Kultur führt aber offenbar Glaube und Vernunft in den wechselseitigen Widerspruch. Daher scheint es ihm in einer sich wiederholt findenden systematischen Denklinie notwendig, die Reichweite und die Gefährdungen von Glaube und Vernunft eingehend zu prüfen, um so zu einer recht verstandenen Zuordnung beider zu gelangen. In grundsätzlicher Hinsicht spricht Ratzinger von einer notwendigen »Korrelation von Vernunft und Glaube, Vernunft und Religion, die zu gegenseitiger Reinigung und Heilung berufen sind und sich gegenseitig brauchen und das gegenseitig anerkennen«.[70] »Die Vernunft wird ohne den Glauben nicht heil, aber der Glaube wird ohne die Vernunft nicht menschlich«.[71] Was genau ist damit gemeint?

Für Ratzinger steht außer Frage, dass die Vernunft der beständigen Erinnerung an ihre Grenzen bedarf, denn es gibt, wie er es nennt, gefährliche »Pathologien der Vernunft«,[72] die Ausdruck ihrer Selbstentgrenzung und Emanzipation von den großen religiösen Überlieferungen der Menschheit sind. Der nicht geringste Dienst des Glaubens besteht darin, »eine reinigende Kraft für die Vernunft selbst« zu sein.[73] Konkret befreit der Glaube die Vernunft »von der Perspektive Gottes her von ihren Verblendungen und hilft ihr deshalb, besser sie selbst zu sein. Er ermöglicht der Vernunft, ihr eigenes Werk

---

67 Joseph Ratzinger, Glaube – Wahrheit – Toleranz, 140.
68 Ebd., 141.
69 Vgl. zu diesen Überlegungen auch Hanns-Gregor Nissing, »Was ist Wahrheit?« Joseph Ratzingers Einsprüche gegen den Relativismus, in: ders. (Hg.), Was ist Wahrheit? Zur Kontroverse um die Diktatur des Relativismus, München 2011, 9–32.
70 Joseph Ratzinger, Werte in Zeiten des Umbruchs, 39.
71 Joseph Ratzinger, Glaube – Wahrheit – Toleranz, 110.
72 Joseph Ratzinger, Werte in Zeiten des Umbruchs, 39.
73 Enzyklika Deus Caritas Est, a. a. O., § 28.

besser zu tun und das ihr Eigene besser zu sehen«.[74] Das Heilwerden der Vernunft ist gewissermaßen die »Freigabe der Vernunft zu sich selbst«, der Glaube »Öffnung der Vernunft auf Erkenntnis, die sie nicht einfach selbst hervorgebracht hat, die aber gleichwohl – einmal gegeben – wirkliche Erkenntnis ist«.[75] Ihr Gestaltungsraum ist die menschliche Gesellschaft, er wird ihr durch den Glauben bzw. die Kirche nicht streitig gemacht. Im gesellschaftlichen Raum ist der Austausch vernünftiger Argumente zu Sachfragen unverzichtbar, und der Mehrheitsentscheid ist oft der vernünftigste Weg, zu einem Entschluss zu gelangen, der breite gesellschaftliche Akzeptanz erwarten kann. Ratzingers positivste Würdigungen der Leistungen der Vernunft finden sich dort, wo er ihren Beitrag und ihre Bedeutung für das Staatsmodell der westlichen Demokratie herausarbeitet. Ihrer Bestimmung gemäß vermag die Vernunft gerade dann zu wirken, wenn sie sich ihrer Grenzen bewusst bleibt, und diese Grenze wird vor allem darin sichtbar, dass sich nicht alle Frage des Miteinanders in der demokratischen, pluralistisch verfassten Gesellschaft nach dem Prinzip der Mehrheit entscheiden lassen. Der Mehrheitsentscheid kann »kein letztes Prinzip sein«, weil es Werte gibt, »die keine Mehrheit außer Kraft zu setzen das Recht hat«.[76] Die Demokratie, die auf die Einsicht aller setzt, lebt im Tiefsten von ihrem »nichtrelativistischen Kern«, nämlich einem »Grundbestand an Wahrheit«, genauer, »an sittlicher Wahrheit«, der für die Demokratie unverzichtbar ist.[77] Zum Gemeinwohl befreit zu sein bedeutet im Hinblick auf die Vernunft, immer auch die Grenzen ihres instrumentellen Gebrauchs zu reflektieren. Ein um die moralische Dimension der menschlichen Vernunft reduzierter Gebrauch der Vernunft ist gleichbedeutend mit der Selbstverabsolutierung der auf diese Weise »halbierten« Vernunft.

Ratzinger weiß freilich auch um die Instrumentalisierung von Religion für selbstsüchtige menschliche Zwecke. Er erinnert deshalb daran, dass der Glaube seinerseits der Vernunft bedarf, um menschlich, das heißt: der Natur des Menschen gemäß zu sein. Ratzinger bestreitet nicht, dass auch der Glaube sich dämonisieren kann, dass er zu einer »archaische[n] und gefährliche[n] Macht wird, wenn er sich aus Fanatismus und falschen Universalismen speist«.[78] Werden Gewalt, Terror und Zwang mit dem Glauben begründet, wird er unmenschlich und tritt in Widerspruch zur Vernunft, in der sich der Glaube auszusprechen hat. So tritt auch die Vernunft in ein reinigendes Verhältnis zum Glauben, ohne ihn zu unterwerfen. Es ist richtig, dies mit

---

74 Ebd.
75 Joseph Ratzinger, Wendezeit für Europa?, 30f.
76 Joseph Ratzinger, Werte in Zeiten des Umbruchs, 25.
77 Ebd., 51.
78 Ebd., 32.

Blick auf den islamistischen Terror zu sagen, und notwendig, das Schicksal vor allem von Christen, die um ihres Glaubens willen verfolgt werden, zu benennen. Zugleich gehört zur Reinigung des Glaubens auch, die Missstände und Missbräuche in christlichen Kirchen in Buße und Bekenntnis zur Sprache zu bringen. Der Papst hat dies im Blick auf Verfehlungen innerhalb der römisch-katholischen Kirche auch wiederholt getan.[79]

Fassen wir zusammen: Ratzinger sieht die bleibende Bedeutung des Rekurses auf das natürliche Sittengesetz darin, dass damit ein Grundbestand an Menschlichkeit unter Bedingungen des weltanschaulichen Pluralismus zur Geltung gebracht wird. Die Überzeugung von der prinzipiellen Zugänglichkeit der obersten Prinzipien des menschlichen Gutseins schließt jedoch nicht die These ein, dass das für alle Menschen Gute auch *de facto* von allen Menschen eingesehen und angeeignet wird, denn »die Erkenntnis der Wahrheit und deren Annahme oder Ablehnung geschehen nie getrennt voneinander«.[80] Der Raum der Geschichte ist der Raum, in dem sich die Dialektik der Freiheit des Menschen auswirkt. In missverstandener Freiheit zieht der Mensch seine Vernunft von der Dimension des Moralischen ab und verkürzt sie auf einen rein instrumentellen Gebrauch. Er schwächt damit die Kräfte des Guten und den Willen zum Erfassen der Wahrheit. Damit setzt er die Fundamente einer Gesellschaft aufs Spiel, die sich in ihrer Pluralität einem unantastbaren Bestand menschlicher Werte verdankt, ohne diese selbst schaffen zu können.

Die von Ratzinger so bezeichnete Krise der Moderne ist in verborgener Weise ein Ruf nach Erlösung – nach Erlösung von dem Unvermögen, den Ansprüchen des Guten, theologisch gesagt: den Ansprüchen, sein Menschsein als Geschöpf und Ebenbild Gottes zu gestalten, voll und ganz entsprechen zu können. Diese Erlösung ist erfahrbar in der Kirche, dem Leib Jesu Christi, der Gemeinschaft des Gottesvolkes. Hier begegnen wir dem zweiten konstitutiven Element christlicher Ethik bei Ratzinger.

2 Der Weg Jesu Christi – das Leben der Kirche: Der geschichtlich-theologische Grund christlicher Ethik

Was vom Menschen »natürlicherweise« gefordert, erwartet werden kann, wird auch von der Erfahrung des eigenen Könnens bestimmt sein. Damit ist der Horizont einer allgemeinen Ethik aber deutlich enger als der Horizont einer Ethik,

---

79 Vgl. u. a. Hirtenbrief des Heiligen Vaters Benedikt XVI. an die Katholiken in Irland (19.03.2010), http://www.vatican.va/holy_father/benedict_xvi/letters/2010/documents/hf_ben-xvi_let_20100319_church-ireland_ge.html [aufgerufen am 24.02.2012].
80 Paolo G. Sottopietra, Wissen aus der Taufe, 366.

die nicht nur um das sehr begrenzte Vermögen, soteriologisch gesprochen: um das Unvermögen, des Menschen weiß, sondern auch um die menschliches Vermögen transzendierende Wirklichkeit der Gnade Gottes, die in Jesus Christus Mensch geworden und in die Geschichte eingegangen ist. Von der Grunderfahrung der Liebe Gottes, die von jedem Menschen, der sich ihr im Glauben öffnet, empfangen werden kann, muss jetzt im Hinblick auf ihren für die christliche Ethik konstitutiven Charakter gesprochen werden. Dabei soll zuerst aus der Mitte der Christologie und Ekklesiologie Ratzingers heraus danach gefragt werden, was der christliche Glaube als Grund und Quelle der christlichen Ethik bekennt (2.1), weiterhin, inwieweit die Kirche als der Ort sittlicher Wahrheit begriffen werden kann (2.2). Schließlich wird zu prüfen sein, wie Ratzinger das naturrechtlich-metaphysische und das heilsgeschichtlich-christologische Begründungselement der christlichen Ethik miteinander verbindet (2.3).

2.1 Die Geschichte des Christus und der christliche Glaube

Die geschichtliche Wirklichkeit des Menschseins wahrzunehmen, bedeutet für Ratzinger sowohl die *Hinordnung* des Menschen auf das Erfassen des Guten als auch den *Missbrauch* der dem Menschen verliehenen Freiheit anzuerkennen, die ihren Ausdruck in einem um die Kategorie des Moralischen reduzierten Vernunftgebrauch findet. Zur ganzen geschichtlichen Wirklichkeit des Menschseins gehört aber auch, und zwar zentral, dass Gott in Jesus Christus Mensch wird, um die Menschen von der Ohnmacht ihres Willen zum Guten zu erlösen und sie zu einem Leben aus der Liebe zu befreien. Während also die Idee des Naturrechts und damit die Annahme einer Sinnhaftigkeit des Seins »durchaus einer Tendenz der menschlichen Vernunft entspricht, so geschieht in diesem zweiten Artikel [des Glaubensbekenntnisses] des Credo die geradezu ungeheuerliche Verknüpfung von Logos und Sarx, von Sinn und Einzelgestalt der Geschichte«.[81] Die Wirklichkeit der anbrechenden Neuschöpfung Gottes kann vom Menschen abgeblendet werden, der Mensch kann ihr jedoch nur um den Preis entgehen, sich selbst an die Illusion einer vom Menschen selbst gesetzten, deshalb endlichen Freiheit zu verlieren und an ihr zugrunde zu gehen. Der Wirklichkeit des in die Geschichte eingehenden Gottes entspricht auf Seiten des Menschen der Gottes Reden vernehmende Glaube.

Es gehört zu den sich mit der schriftgebundenen evangelischen Theologie tief berührenden Grundmotiven der Theologie Ratzingers, dass sie stark aus dem Hören auf die biblische Überlieferung lebt (freilich auch im Hören auf die

---

81   Joseph Ratzinger, Einführung in das Christentum, Neuausgabe 2000, Augsburg 2005, 181.

Tradition). Die Kraft zu einem befreiten Können, wie es Gottes Gebot fordert, kommt aus der *Begegnung mit Jesus Christus*. Wer dem lebendigen Christus heute begegnen will, so Ratzinger, der muss »auf den Christus gestern hören, wie er in den Quellen, besonders in der Heiligen Schrift, sich zeigt«.[82] Und schärfer noch:

> Diese demütige Unterwerfung unter das Wort der Quellen, diese Bereitschaft, uns unsere Träume entreißen zu lassen und der Wirklichkeit zu gehorchen, ist eine Grundbedingung wahren Begegnens. Begegnung verlangt die Askese der Wahrheit, die Demut des Hörens und Sehens, das zu wirklichem Wahrnehmen führt.[83]

Für Ratzinger entfaltet sich die Gabe des Christus in alle Grunddimensionen menschlicher Lebenswirklichkeit hinein: Der Gottessohn ist die wahre Freiheit des Menschen, er ist die Wahrheit über den Menschen und über Gott, er ist die Liebe Gottes in Person. Ratzinger hat in zahlreichen – fachtheologischen und meditativen – Veröffentlichungen diese Zusammenhänge bedacht, ich kann hier nur die für unsere Frage wichtigen Aspekte herausarbeiten.

Die Grunderfahrung des Glaubens lässt sich für Papst Benedikt XVI. in die Worte fassen: »Wir haben der Liebe geglaubt [...]. Am Anfang des Christseins steht nicht ein ethischer Entschluss oder eine große Idee, sondern die Begegnung mit einem Ereignis, mit einer Person«,[84] die dem Leben eine neue Richtung und Dynamik gibt. Diese Begegnung kann nicht folgenlos bleiben: Die im Glauben empfangene Liebe soll nach Gottes Willen nun das neue Leben des Christen bestimmen. Der Papst betont, dass der christliche Glaube mit der Zentralstellung der Liebe aufgenommen hat, »was innere Mitte von Israels Glauben war, und dieser Mitte zugleich eine neue Tiefe und Weite gegeben« hat.[85] Es ist ihm wichtig zu zeigen, wie die Gottesoffenbarung in Christus die Erwählungsgeschichte Israels nicht negiert, sondern zur Erfüllung bringt.

Schon früher hatte Ratzinger herausgearbeitet, dass die Liebe das ganze Leben des Christen umgreift und durchdringt. Die Liebe Gottes, die den Menschen zur Gottesverehrung befähigt, bevollmächtigt ihn zugleich zu einem

---

82 Joseph Ratzinger, Jesus Christus heute, in: Internationale Katholische Zeitschrift Communio 19 (1990) 56–70, hier 57.
83 Ebd., 56. Mir scheinen hier unverkennbar deutliche Anklänge an den evangelischen Theologen Adolf Schlatter vorzuliegen; vgl. Johannes von Lüpke, Wahrnehmung der Gotteswirklichkeit – Impulse der Theologie Adolf Schlatters, in: Heinzpeter Hempelmann/Johannes von Lüpke/Werner Neuer, Realistische Theologie. Eine Hinführung zu Adolf Schlatter, Gießen 2006, 43–66.
84 Deus Caritas Est, § 1.
85 Ebd.

Leben der Nächstenliebe, die in barmherziger Zuwendung zum anderen ihren konkreten Ausdruck findet. In seinem Buch *Der Geist der Liturgie* setzt Ratzinger mit dem Auszug des Volkes Israel aus der ägyptischen Sklaverei ein, um zu zeigen, dass die Befreiung Israels nach dem Willen Gottes sowohl Befreiung zum rechten Gottesdienst als auch Befreiung zum rechten Leben war. In der Wüste lernt Israel, »Gott auf die von ihm selbst gewollte Weise zu verehren. Zu dieser Verehrung gehört der Kult, die Liturgie im eigentlichen Sinne; zu ihr gehört aber auch das Leben gemäß dem Willen Gottes, das ein unverzichtbarer Teil der rechten Anbetung ist«.[86] Dieser Grundzusammenhang zwischen Gottesdienst und Leben wird im Anschauen und gläubigen Verinnerlichen der Hingabe Jesu Christi für die Menschen vertieft. Das ganze Leben ist »Antwort auf das Geschenk des Geliebtseins, mit dem Gott uns entgegengeht«.[87] Diese Antwort kann nicht aus dem Vermögen einer rein berechnenden Vernunft erwachsen. Sie ist nicht weniger als die Frucht einer Bekehrung, Frucht also der radikalen Hinwendung zu Jesus Christus, in dem Gott sich dem Menschen zugewendet hat. Eindrücklich beschreibt Ratzinger das Wesen der Bekehrung als eine durchs Sterben hindurchgehende Befreiung zum Leben:

> Zum christlichen Exodus gehört die Bekehrung, die die Verheißung Christi in ihrer ganzen Weite aufnimmt und bereit ist, sich mit dem ganzen Leben an sie zu verlieren. Zur Bekehrung gehört also auch die Überschreitung des Selberkönnens und das Sich-Anvertrauen an das Mysterium, an das Sakrament in der Gemeinschaft der Kirche, in dem Gott als Handelnder in mein Leben eintritt und es aus der Vereinzelung löst. Zur Bekehrung gehört mit dem Glauben das Sichverlieren der Liebe, die Auferstehung ist, weil sie ein Sterben ist.[88]

Für Ratzinger ist das zentrale, auch der Ethik ihren inneren Grund gebende Verbindungsglied zwischen der Hingabe des Sohnes für die Menschen und der Hingabe der Glaubenden an Gott – das macht auch dieses Zitat deutlich – die Feier der Eucharistie. Der Kult lebt davon, dass Gott sich zeigt und dem Menschen erfahrbar macht. Hier geschieht die dem Menschen unverfügbare Epiphanie Gottes. Für die Feier des Gottesdienstes folgt daraus: »Am Anfang steht die Anbetung«.[89] In der Anbetung erkennt der Beter an, dass er sein

---

86 Joseph Ratzinger, Der Geist der Liturgie. Eine Einführung, Sonderausgabe Freiburg i. Br. 2006, 15.
87 Deus Caritas Est, § 1.
88 Joseph Ratzinger, Jesus Christus heute, 63.
89 Die Ekklesiologie der Konstitution Lumen Gentium, in: Josef Ratzinger, Kirche – Zeichen unter den Völkern. Schriften zur Ekklesiologie und Ökumene. 1. Teilband, Freiburg i. Br., 573–598, hier 575.

Leben ganz Gott verdankt und allein von Gottes Zuwendung zum Menschen lebt.[90] Das Empfangen der Gnade, das Aufnehmen Gottes in das Leben, wird im Verständnis Ratzingers in dichtester Weise greifbar in der Feier der Eucharistie.[91] In ihr wird die Hingabe Jesu in den Tod vergegenwärtigt. Sein Tod ist die tiefste Entäußerung Gottes den Menschen zugute. Durch die Einsetzung der Eucharistie hat Jesus dem Akt seiner Hingabe »bleibende Gegenwart verliehen ... Nun ist dieser *Logos* wirklich Speise für uns geworden als Liebe. Die Eucharistie zieht uns in den Hingabeakt Jesu hinein«.[92]

Auf letztlich geheimnisvolle Weise stiftet die Eucharistie Gemeinschaft. Die Feier des Sakraments hat sozialen Charakter.[93] Sie zieht den Menschen in die Gemeinschaft mit Gott hinein, sie vereint ihn aber durch die gemeinsame Kommunion auch mit den anderen Christen: »Die Vereinigung mit Christus ist zugleich eine Vereinigung mit allen anderen, denen er sich schenkt«.[94] Der Vorrang des Empfangens gibt dem Dienstauftrag der Christen seine Grundgestalt: »Liebe kann ›geboten‹ werden, weil sie zuerst geschenkt wird«.[95] Das »Zuerst« der Liebe Gottes wird vom Papst immer wieder nachdrücklich unterstrichen. Nächstenliebe und Gottesliebe sind durch das eine Gebot Jesu untrennbar miteinander verbunden.[96] Gerade der Dienst am Nächsten lindert nicht nur dessen Not, sondern öffnet dem, der seinen Dienst tut, die Augen dafür, »was Gott für mich tut und wie er mich liebt«.[97] Und dennoch ist der Zirkel der Liebe zu Gott und der Liebe zum Nächsten umgriffen von der dem Menschen zuvorkommenden Liebe Gottes. Das Lieben ist ein von Gott innerlich entzündetes Lieben, womit auch das Liebesgebot »nicht mehr ›Gebot‹ von außen her [ist], das uns Unmögliches vorschreibt, sondern geschenkte Erfahrung der Liebe von innen her, die ihrem Wesen nach sich weiter mitteilen muss«.[98]

---

90 In diesem Sinne gilt dann durchaus: »Im Primat der Liturgie im Leben der Kirche konkretisiert sich der grundlegende Primat des Logos vor dem Ethos, wobei beide Primate unlösbar zusammengehören«, Kurt Koch, Gott ist Logos und Liebe, 26.
91 Vgl. Joseph Ratzinger, Gott ist uns nah. Eucharistie – Mitte des Lebens, Augsburg 2001.
92 Deus Caritas Est, § 13.
93 Vgl. dazu Joseph Ratzinger, Unterwegs zu Jesus Christus. 2. Aufl. Augsburg 2004, 116ff.
94 Deus Caritas est, § 14.
95 Ebd.
96 »Beide gehören so zusammen, dass die Behauptung der Gottesliebe zur Lüge wird, wenn der Mensch sich dem Nächsten verschließt oder ihn gar hasst ... [Das bedeutet], dass die Nächstenliebe ein Weg ist, auch Gott zu begegnen, und dass die Abwendung vom Nächsten auch für Gott blind macht«, ebd., § 16.
97 Ebd., § 18.
98 Ebd.

2.2 Die Kirche Jesu Christi – Raum der Wahrheit in Liebe

Welcher Grund und welche Gestalt von Kirche entsprechen dieser Zuordnung von Liturgie und Leben, der Einigung der Gottesverehrung im Kult wie im Ethos? Ratzingers Überlegungen dazu folgen der Richtung, die mit der Grundlegung der Kirche in der Hingabe des Gottessohnes vorgezeichnet ist: Die Kirche gibt sich die Gestalt einer Gemeinschaft derer, die sich im Geheimnis der Eucharistie von der Liebe und Wahrheit Gottes entzünden lassen und beides der Welt in authentischer Bezeugung mitteilen.

Der Grund der Kirche ist gelegt in der Gemeinschaft des dreieinigen Gottes, die sich in Jesus Christus zur Welt hin öffnet. Mitarbeiter der Wahrheit werden Christen dadurch, dass sich ihnen durch Christus die Wahrheit und damit Gott erschließt. Gott macht aus unwissenden Menschen Freunde, »indem er uns zu Mitwissern seiner selbst werden lässt«. Freunde Gottes werden wir, so schreibt Ratzinger, dadurch, »daß er uns ins Vertrauen gezogen hat, und der Raum des Vertrauens ist die Wahrheit«.[99] Wahrheit und Liebe begegnen sich, sie werden der Welt zugänglich im glaubwürdigen Leben von Christen: »Nur über Menschen, die von Gott berührt sind, kann Gott wieder zu den Menschen kommen«.[100] Wenn Ratzinger die Gemeinschaft des Gottesvolkes so grundlegend bestimmt als Gemeinschaft von Christen, die durch Wort und Sakrament von der Liebe Gottes berührt sind und dieser Liebe in der Welt Raum geben, dann stellt sich damit die Frage nach der Gestalt von Kirche.

Die Weite einer Volkskirche, so urteilt Ratzinger diesbezüglich, mag in verschiedener Hinsicht etwas Schönes sein, »sie ist aber nicht etwas Notwendiges«.[101] Er hebt in diesem Zusammenhang die bleibende paradigmatische Bedeutung der Anfänge der Kirche hervor: Die Kirche der ersten drei Jahrhunderte war eine kleine und äußerlich machtlose Gemeinschaft. Sie schottete sich jedoch nicht wie eine sektiererische Gruppe von der Außenwelt ab, sondern übernahm Verantwortung für die Gesellschaft, indem sie den Armen und Kranken diente.[102] Das bedeutet gerade auch für das heutige Europa, dass die Kirche getrost Minderheitskirche sein kann. Entscheidend ist, dass »gläubige Christen« sich als »schöpferische Minderheit verstehen«,[103] die missionarisch

---

99 Joseph Ratzinger, Jesus Christus heute, 64.
100 Joseph Ratzinger, Europa in der Krise der Kulturen, 83. In seiner ersten Enzyklika schreibt der Papst: Die Mitarbeiter der Kirche müssen zuallererst »Menschen sein, die von der Liebe Christi berührt sind, deren Herzen Christus mit seiner Liebe gewonnen und darin die Liebe zum Nächsten geweckt hat«, Deus Caritas Est, 49.
101 Joseph Ratzinger/Benedikt XVI., Gott und die Welt. Glauben und Leben in unserer Zeit. Ein Gespräch mit Peter Seewald, Neuausgabe Stuttgart, München 2005, 476.
102 Vgl. ebd.
103 Joseph Ratzinger, Werte in Zeiten des Umbruchs, 88.

in die Gesellschaft hineinwirkt und darin zur Welt hin offen ist, dass sie sich nicht selbst genügt.[104] Das Evangelium von der Liebe Gottes kann authentisch nur von Christen bezeugt und gelebt werden, die sich von der Liebe Gottes berühren und durchglühen lassen. Umgekehrt gilt: »Das negative Zeugnis von Christen, die von Gott redeten und gegen ihn lebten, hat das Bild Gottes verdunkelt und dem Unglauben die Tür geöffnet«.[105]

Noch eine zweite Facette von Kirchengestalt ist hier wichtig. Dabei geht es um die Zeugnisgestalt, die die Kommunikation des christlichen Wahrheitsanspruchs annehmen muss. Die Abhängigkeit des Menschen von Gott, so Ratzinger, ist gleichbedeutend mit seiner Freiheit für Gott. Die Freiheit für Gott verträgt sich aber nicht mit Formen staatlichen Zwangs. Dies gilt es gerade aufgrund gegenläufiger Tendenzen in der Geschichte des Christentums zu betonen. Staat und Kirche müssen getrennt sein, denn zur »Kirche gehört es, nicht Staat oder Teil des Staates, sondern *Überzeugungsgemeinschaft*« zu sein.[106] In letzter Konsequenz stellt für Ratzinger die Trennung von sakraler und staatlicher Autorität »den Ursprung und den bleibenden Grund der abendländischen Freiheitsidee« dar.[107] Die wechselseitige Selbstbegrenzung von Staat und Kirche befreit die Kirche von einer Autorität über staatliche Belange und Mittel, die ihr nicht zustehen, entlässt sie jedoch nicht aus der Verantwortung für das Ganze.

Die Form, in der sich der Wahrheitsanspruch des christlichen Glaubens zu artikulieren hat, ist daher radikal christologisch begründet. Sie hat ihre Ur-Form in der äußeren »Armut und Ohnmacht« des Gekreuzigten. Die Wahrheit »hat sich dem Menschen dadurch erträglich gemacht, ja, zum Weg gemacht, daß sie in der Armut der Machtlosen aufgetreten ist und [auf]tritt [...]. In Christus ist die Armut zum eigentlichen Zeichen, zur inneren ›Macht‹ der Wahrheit geworden [...]. Die Demut Gottes ist die Tür der Wahrheit in die Welt, es gibt keine andere«.[108] Vom gekreuzigten Gottessohn, dem geschichtlichen Grund der Kirche her, hat die Kirche ihre Gestalt zu empfangen. Sie kann nur bestehen in einer »Kreuzesgemeinschaft«, die der Welt Zeugnis von

---

104 Missionarische Verantwortung zu übernehmen heißt für Ratzinger konkret, sich der Aufgabe der Neuevangelisierung Europas anzunehmen; Gott und die Welt, 477.
105 Joseph Ratzinger, Europa in der Krise der Kulturen, 82.
106 Einer Überzeugungsgemeinschaft gehört man aber nicht kraft biologischer Geburt an, sondern dadurch, dass sich einem Menschen im Glauben die Wahrheit als überzeugend erschlossen hat: »Immer kann sich Christentum nur als neue Geburt ereignen. Das Christentum beginnt mit der Taufe, die Tod und Auferstehung ist (Röm 6), nicht mit der biologischen Geburt«, Joseph Ratzinger, Glaube – Wahrheit – Toleranz, 72.
107 Joseph Ratzinger, Theologie und Kirchenpolitik, in: Internationale Katholische Zeitschrift Communio 19 (1980) 425–434, hier 432.
108 Joseph Ratzinger, Jesus Christus heute, 68.

der Wahrheit und Liebe Gottes gibt, ohne die Macht zu haben, der Wahrheit zur Durchsetzung zu verhelfen. Das Gebet ist Ausdruck des Vertrauens auf die Selbstdurchsetzungskraft der Wahrheit, die in der Niedrigkeitsgestalt des Gottessohnes begegnet.[109] Die Selbstdurchsetzung der Wahrheit, der in der Liebe gehorcht wird, geschieht von »unten« her, im Weg der Hingabe, den Christus vorangegangen ist.

Wahrheit und Liebe sind die beiden Ellipsen, um die sich Ratzingers ekklesiologisches Denken bewegt. Wahrheit und Liebe entsprechen einander. Und so darf die Kirche weder im Dienst der Liebe noch im Zeugnis für die Wahrheit nachlassen. Die Praxis der *caritas* muss das Ringen um die Wahrheitsfrage begleiten, sie kann es aber nicht ersetzen. Ratzinger warnt davor, sich der Illusion hinzugeben, in der Kirche sei ein Frieden auf Kosten der Wahrheit möglich: »Nur scheinbar ist der Verzicht auf Wahrheit und die Flucht in die Gruppenkonformität ein Weg zum Frieden. Solche Art von Gemeinschaft ist auf Sand gebaut. Der Schmerz der Wahrheit ist die Voraussetzung für wirkliche Gemeinschaft. Er muss Tag um Tag angenommen werden. Nur in der kleinen Geduld der Wahrheit reifen wir von innen her, werden frei von uns selbst und frei für Gott«.[110] Es ist diese Freiheit vom Zwang, sich selbst genügen zu wollen, und die Freiheit für Gott, die Kirche zur Kirche für andere werden lässt als Gemeinschaft der *caritas in veritate*. Die Autorität des Lehramts ist für Ratzinger nicht Widerpart der Freiheit des Glaubens, sondern deren Garant und Diener. Die Lehrgewalt des Papstes bestehe gerade auch darin, »dass er *Anwalt des christlichen Gedächtnisses* ist«.[111] Es ist und bleibt hier in höchster Autorität das Lehramt, das die grundlegenden Prinzipien der katholischen Soziallehre auf die Beurteilung von sozialen Situationen, Strukturen und Systemen anwendet.

2.3 Gott als Logos und Liebe – die fundamentale Bedeutung der Frage nach Gott

Dem Hinweis auf die Bedeutung der Kirche im Allgemeinen und der Eucharistie im Besonderen fehlt sein tiefster Grund, wenn nicht von Gott als Logos und Liebe gesprochen wird. Wir erreichen damit die Frage, wie im Denken

---

109 Sehr eindrücklich wird dies unterstrichen, wenn Ratzinger seine Sozialenzyklika mit dem Hinweis ausklingen lässt, dass die Kirche in ihrem Dienst an der Welt Christen braucht, »*die die Arme zu Gott erheben* in der Geste des Gebets, Christen, die von dem Bewusstsein getragen sind, dass die von der Wahrheit erfüllte Liebe, *caritas in veritate* [...] nicht unser Werk ist, sondern uns geschenkt wird«; Caritas in Veritate, § 79 (Hervorhebung im Original).
110 Joseph Ratzinger, Ein neues Lied für den Herrn. Christusglaube und Liturgie in der Gegenwart, Neuausgabe Freiburg i. Br. 2007, 223.
111 Joseph Ratzinger, Werte in Zeiten des Umbruchs, 118.

Ratzingers das naturrechtlich-metaphysische und das heilsgeschichtlich-theologische Begründungsmoment der christlichen Ethik verbunden werden. Ihre tiefste Verbindung erhalten beide in der Gotteslehre. Wie ein roter Faden zieht sich durch Ratzingers Gotteslehre die Bezugnahme auf die zwei Benennungen Gottes als Logos und als Liebe.[112] Bereits in seiner *Einführung in das Christentum* von 1968 schreibt er:

> Wenn christlicher Glaube an Gott zunächst einmal Option für den Primat des Logos, Glaube an die vorausgehende und die Welt tragende Realität des schöpferischen Sinnes ist, so ist er als Glaube an die Personhaftigkeit jenes Sinnes zugleich Glaube daran, dass der Urgedanke, dessen Gedachtsein die Welt darstellt, nicht ein anonymes, neutrales Bewusstsein, sondern Freiheit, schöpferische Liebe, Person ist. Wenn demgemäß die christliche Option für den Logos Option für einen personhaften, schöpferischen Sinn bedeutet, dann ist darin zugleich die Option für den Primat des Besonderen gegenüber dem Allgemeinen. Das Höchste ist nicht das Allgemeine, sondern gerade das Besondere, und der christliche Glaube ist vor allem auch Option für den Menschen als das unreduzierbare, auf Unendlichkeit bezogene Wesen.[113]

Es geht Ratzinger nicht allein darum, die allen Menschen gemeinsame Vernunft und den christlichen Glauben als innere Einheit zu erfassen, sondern insbesondere auch darum, diese Einheit von beiden Seiten, von der Vernunft und vom Glauben her fruchtbar zu machen: Wer die Vernunft nicht lediglich als technische, sondern als »schöpferische« Vernunft begreift, der dringt zu dem geschichtlichen Ereignis vor, in dem Gott sich der Welt als Liebe offenbart hat. Wer Jesus Christus als Gottes liebendes Mit-Sein mit dem Menschen erfahren hat, der wird in ihm der schöpferischen Vernunft Gottes gewärtig.

Die Einheit von göttlichem Logos und göttlicher Liebe ist in der biblischen Offenbarung des Christus als Logos (Joh 1,1) begründet. Der Logos, also das göttliche Wort bzw. die göttliche Vernunft, »erschien nicht nur als mathematische Vernunft auf dem Grund aller Dinge, sondern als schöpferische Liebe bis zu dem Punkt hin, dass er Mit-leiden mit dem Geschöpf wird. Primat des Logos und Primat der Liebe erweisen sich als identisch«.[114] Die metaphysische

---

112 Vgl. dazu auch Kurt Koch, Gott ist Logos und Liebe. Versuch eines theologischen Porträts von Papst Benedikt XVI., in: ders., Das Geheimnis des Senfkorns. Grundzüge des theologischen Denkens von Papst Benedikt XVI. (Ratzinger Studien 3), Regensburg 2010, 14–44.
113 Joseph Ratzinger, Einführung in das Christentum, 146.
114 Joseph Ratzinger, Der angezweifelte Wahrheitsanspruch, 17. An anderer Stelle schreibt Ratzinger: Der Inhalt des christlichen Glaubens »wird heute – letztlich wie damals – im Tiefsten darin bestehen müssen, dass Liebe und Vernunft als die eigentlichen Grundpfeiler des Wirklichen in eins gehen: Die wahre Vernunft ist die Liebe, und die Liebe ist die wahre Vernunft. In ihrer Einheit sind sie der wahre Grund und das Ziel alles Wirklichen«; Glaube – Wahrheit – Toleranz, 147.

und die geschichtliche Seite des Logos Christus lassen sich weder aufeinander reduzieren noch voneinander ablösen. Sie bilden die spannungsvolle Einheit, aus der heraus eine christliche Ethik erwächst, die gleichermaßen vernunft- und glaubensgemäß zu sein beansprucht. Der göttliche Logos ist schöpferische Vernunft, insofern Gott sich im gekreuzigten Gottessohn der Menschheit erlösend zuwendet und sich ihr in unüberbietbarer Weise als Liebe offenbart.[115] Die Offenbarung der Gottesliebe in Christus erschließt dem Glaubenden die Einsicht, dass die Mitte der christlichen Botschaft die verwandelnde Kraft der Vergebung ist. Jesus Christus kommt, um die Menschen von der Not der Sündenschuld zu befreien, so dass auch gilt: »*Der Logos*, die Wahrheit in Person, *ist auch die Sühne*«.[116] Im Hören auf das Wort von der Versöhnung entstehen Gehorsam des Glaubens, der Dienst der Dankbarkeit und das Zeugnis für die Wahrheit.

Was bedeutet das für die Grundlegung der Ethik? Liebe, *Caritas*, ist die weltbezogene Gestaltwerdung einer Kraft, »die ihren Ursprung in Gott hat, der ewige Liebe und die absolute Wahrheit ist«.[117] Daher müssen der Dienst der Liebe und das Zeugnis für die Wahrheit, wie Papst Benedikt XVI. in seiner Enzyklika *Caritas in Veritate* betont, beständig in enger Verbindung bleiben. Der Wert dieser Verbindung liegt in zweierlei: Zum einen trägt der Dienst der Liebe, bei dem Menschen sich im Bereich von Gerechtigkeit und Frieden einsetzen, dazu bei, dass sich die Wahrheit als glaubwürdig erweist. Der Einsatz für Gerechtigkeit und Gemeinwohl verdeutlicht die Überzeugungskraft der göttlichen Liebe im konkreten gesellschaftlichen Leben (CIV § 2). Zum anderen befreit die Wahrheit zum Dienst der Liebe. Sie ist »Hüterin und Ausdruck der befreienden Kraft der Liebe in den immer neuen Wechselfällen der Geschichte« (CIV, § 5). Es ist die Wahrheit, die das Gewissen ruft und den Sinn für soziale Verantwortung weckt. Nur im Bündnis mit der Wahrheit entgeht die Liebe der Gefahr, zu einem »Vorrat an guten, für das gesellschaftliche Zusammenleben nützlichen« Empfindungen zu werden (CIV, § 4). Sie würde in den Bereich subjektiver, privater Überzeugungen verbannt und verliert so ihre die Gesellschaft durchdringende und verändernde Kraft. Daher ist notwendig, den Dienst der Liebe zu tun und zugleich die Wahrheit zu lieben und zu bezeugen (CIV, § 5).

Mit der elliptischen Bewegung um Gott als Logos und als Liebe verbindet Ratzinger die geschichtliche und die metaphysische Ebene der Wahrheit aufs Engste miteinander. Die Einigung von Logos und Liebe findet auf der Ebene

---

115 Vgl. Joseph Ratzinger, Europa in der Krise der Kulturen, 80.
116 Joseph Ratzinger, Werte in Zeiten des Umbruchs, 122 (Hervorhebung im Original).
117 Caritas in Veritate, § 1.

des Menschseins ihren Ausdruck in einem Humanismus, »der die Liebe belebt und sich von der Wahrheit leiten lässt, indem er die eine wie die andere als bleibende Gabe Gottes empfängt« (CIV, § 78). Damit ist gesagt: Der wahre, der »christliche Humanismus«, der sich für das Recht des Menschen auf Entwicklung einsetzt, hat seine Kraft nicht aus sich selbst, sondern aus Gott, der sich in Christus durch den Heiligen Geist ein Volk zur Gemeinschaft des Dienstes erbaut.

Die Frage nach der Begründung der christlichen Ethik ist damit nicht lediglich eine Frage der Erkenntnis, sondern zugleich eine Frage der Erlösung. Hier geht es um das natürliche Einsichtsvermögen des Menschen, zugleich aber auch um seine Unfähigkeit, seinen Willen mit dem Willen Gottes zu verbinden. Die Folgen dieser Unfähigkeit sind gravierend und himmelschreiend. Deshalb lassen sich Begründung und Bewährung der christlichen Ethik zwar unterscheiden, aber nicht trennen. Was in Jesus Christus begegnet, ist nicht der »Aufweis neuer oder höherer Motivation für ohnehin allen Menschen einsichtige und nachvollziehbare sittliche Forderungen«, sondern die Eröffnung des – einzigen – Weges, »um die für jeden Menschen guten Willens quälende Kluft zwischen seiner (rational-autonomen) sittlichen Einsicht in das Gute/Gesollte und seinem sittlichen Können zu überbrücken, bzw. demjenigen, der die Einsicht in das Sollen bzw. das Tun des Guten/Gesollten auf sein jeweiliges Können reduziert hat, zu dem einzuladen, was man Bekehrung nennt, und ihm die Versöhnung mit Gott, seinem Vater, anzubieten«.[118] Christliche Ethik anerkennt damit sowohl die in der Schöpfung ausgesprochene Bestimmung des Menschen zur Gemeinschaft mit Gott, der allein gut ist, als auch das faktische Bestimmtsein des Menschen durch die Sünde. Diese Anerkennung weist im Horizont der Gottesoffenbarung über sich selbst hinaus zu Christus, der von der Sünde erlöst.

3 Die Möglichkeit einer gemeinsamen Begründung christlicher Ethik

Am Ende dieser Untersuchung bleibt zu fragen, welchen Beitrag Ratzingers moraltheologische Reflexionen für das Zeugnis von der »gewinnenden Kraft des Guten«, die in Jesus Christus begegnet, leisten. Eine kritische Würdigung in ökumenischer Absicht soll hier abschließend an drei Punkten entfaltet werden.

(1) Ratzinger unterläuft in profunder theologischer Analyse den gegenüber römisch-katholischer Moraltheologie bestehenden Anfangsverdacht, sie

---

118 Martin Rhonheimer, Über die Existenz einer spezifisch christlichen Moral, 370.

sei in offener oder verschleierter Form nichts anderes als Naturrechtsethik. Vielmehr nimmt er die Naturrechtslehre differenziert auf und bewahrt ihren unaufgebbaren Sinn: dass nämlich die Anfangsbedingungen des menschlichen Seins sowohl unverfügbar als auch unveränderlich sind, weil sich in ihnen der Wille des Schöpfers aller Menschen ausspricht. Das Bekenntnis zur natürlichen Wesensart des Menschseins sichert die Möglichkeit ab, auf einen Grundbestand an Menschlichkeit, auf spezifische Dimensionen des Gutseins zu verweisen, die unbedingt schutzwürdig sind. Meines Erachtens gibt es zu einer differenzierten Aufnahme eines solcherart modifizierten Naturrechtsgedankens keine plausible Alternative. Ihn preiszugeben bedeutet, die Behaftung des Menschen bei seiner ethischen Verantwortlichkeit, in welcher Kultur und unter welchen Umständen er auch leben mag, als fundamentales Moral- und Rechtsprinzip aufzugeben. Wolfgang Huber bringt diesbezüglich ganz zutreffend die Perspektive der Opfer von Menschenrechtsverletzungen als die hier entscheidende Perspektive zur Geltung: »Weil die Möglichkeit zu Folter und Gesinnungsterror, zu wirtschaftlicher Ausbeutung und willkürlicher Armut, zu Rassismus und Diktatur auf dieser Erde nicht regional begrenzt ist, kann und darf auch der Gedanke der Menschenrechte nicht regional begrenzt werden«.[119]

Der unbedingte Geltungsanspruch des sittlichen Imperativs, der einen Grundbestand an Menschlichkeit sichert, muss aber, wie Ratzinger auch sieht, mit der *faktisch* nicht universalen Plausibilitätsstruktur solcher Elementarnormen des Gutseins vermittelt werden. Ratzinger tut dies, indem er die geschichtliche Situation des Menschseins als Geschichte missbrauchter Freiheit entfaltet. Vernunft und Freiheit begegnen nur in je zutiefst dialektischer Weise. Diese Einsicht in die Dialektik der Vernunft hat aus evangelischer Sicht etwas Entlastendes. Sie bringt nämlich zur Darstellung, dass die »halbierte« Vernunft sich in einem verengten Horizont bewegt, dass sie die ohnmächtige Freiheit des unter der Signatur der Sünde stehenden Menschen, nicht aber die befreiende Kraft der Gnade Gottes kennt. Ratzinger arbeitet in, wie ich finde, überzeugender Weise heraus, dass der Missbrauch der Freiheit letztlich zum Verlust der Freiheit führt. Doch wäre hier nicht noch deutlicher zu sagen, dass jeder Mensch immer schon auch von dieser verlorenen Freiheit herkommt, dass der Verlust der Freiheit gewissermaßen eine Mitgift der Sünde ist? Anders gesagt: Die Analyse der missbrauchten Freiheit gewinnt ihre theologische Plausibilität und Partikularität in der expliziten Verbindung zur Sündenlehre.

Ratzinger weiß natürlich um diesen Zusammenhang, und er entwickelt ihn in eindrücklicher Weise in der von ihm als Präfekt der Glaubenskongre-

---

119 Wolfgang Huber, Gerechtigkeit und Recht. Grundlinien christlicher Rechtsethik, 3., überarb. Aufl. Gütersloh 2006, 310.

gation veröffentlichten Instruktion *Über die christliche Freiheit und die Befreiung*. Hier arbeitet er heraus, dass im Freiheitswillen des Menschen, der eine Gabe Gottes ist, die Versuchung liegt, »seine eigene Natur zu verleugnen. Indem er alles wollen und können und somit vergessen machen möchte, dass er begrenzt ist und geschaffen, trachtet er danach Gott gleich zu sein« (§ 37), was einer Verkehrung des Sinns der menschlichen Freiheit gleichkommt. Gibt sich der Mensch der Täuschung hin, nicht von Gott abhängiges und auf ihn hin entworfenes Geschöpf zu sein, »leugnet er Gott und sich selbst. Die Entfremdung in der Beziehung zu seinem natürlichen Sein, das von Gott geliebt wird, ist die Wurzel aller anderen Entfremdungen« (§ 38). Im Missbrauch seiner Freiheit vergreift sich der Mensch an Gott als seinem Schöpfer und verändert damit »zutiefst seine Ordnung und sein inneres Gleichgewicht und zugleich auch jene der Gesellschaft und sogar der sichtbaren Schöpfung« (§ 38). Die letzte Stufe der Selbstbehauptung des der Wahrheit entfremdeten Menschen besteht darin, Gott ausdrücklich zu leugnen (§ 41), sich zugleich jedoch umso stärker an Vergängliches zu klammern (§ 40). Insgesamt jedoch bleibt der explizite Hinweis auf die sündige Neigung des Menschen als das letztlich seine Freiheit zerstörende Moment bei Ratzinger eher im Hintergrund.[120]

Und doch: Indem Ratzinger die Dialektik von Vernunft und Freiheit des Menschen in all ihrer Schärfe herausarbeitet, eröffnet er einem evangelischen Verständnis, das die tiefste Not des Menschen in der von seiner Seite – wenn auch nicht vom Schöpfer her – zerbrochenen Gottesbeziehung sieht, Anschlusspunkte für weiteres Nachdenken über die Macht der Sünde auch im Weltbezug des Menschen.

(2) Der Rekurs auf das Naturrecht hat immer auch erkenntnistheoretische Bedeutung. Er führt auf das objektive Moment im Erfassen der obersten Prinzipien, die – kraft ihrer Setzung durch Gott – für alle Menschen Gültigkeit haben. Ratzinger bedenkt nun aber das subjektive Erkenntnismoment immer mit, wenn er anerkennt, dass der Streit um die letzten Prinzipien von Wahrheit und Gutsein auch die Philosophie an ihre Grenzen führt und Wahrheitsansprüche faktisch dem Streit unterliegen. Im Streit aber wird deutlich, dass der Christ den objektiven Gültigkeitsanspruch der Wahrheit immer schon aus der Perspektive seines Glaubens heraus erhebt. Das zeigt schon die unhintergehbare Sprachgebundenheit von sich artikulierenden Wahrheitsansprüchen. Mit dem evangelischen Theologen Friedrich Lohmann sollte daher hier von einem »perspektivischen Naturrecht« gesprochen werden,[121] bei dem der universale

---

120 In Caritas in Veritate findet sich lediglich in § 34 ein Verweis auf die »zum Bösen geneigte Natur« des Menschen, wobei der Katechismus der römisch-katholischen Kirche zitiert wird.
121 Friedrich Lohmann, Zwischen Naturrecht und Partikularismus. Grundlegung christlicher Ethik mit Blick auf die Debatte um eine universale Begründbarkeit der Menschenrechte, Berlin/New York 2002, 411.

Wahrheitsanspruch und die Unhintergehbarkeit von Perspektivität miteinander zur Geltung kommen. Sicherlich: Evangelische Ethik neigt stärker dazu, »seinen Universalitätsanspruch durch Offenlegen seiner perspektivischen Herkunft gleichsam vorläufig einzuklammern«,[122] während katholische Theologie umgekehrt dahin drängt, unter Betonung solcher Argumente, »die begründeter Einsicht entspringen und rationaler Kritik zugänglich sind [...] das Offenbarungswissen der Theologie vorläufig einzuklammern«.[123] Diese gegenläufigen Neigungen kann man als fundamentalethischen Dissens interpretieren oder alternativ als Ausdruck dafür verstehen, dass *formal*logisch die Perspektivität nur als solche erkennbar wird, wenn sie sich auf ein *einzige* unteilbare Wahrheit bezieht, während *sach*logisch das Erfassen und Aneignen der einen Wahrheit immer nur mittels eines Begegnungsgeschehens möglich ist, das unhintergehbar perspektivisch ist. Werden beide Zugänge miteinander verbunden, dann zeigt sich einerseits gerade in den weiter oben genannten Dimensionen sittlicher Wahrheit die gemeinsame Bezugnahme auf die allen Menschen gemeinsamen Anfangsbedingungen des Daseins, die andererseits erst in der Perspektive christlicher Ethik, genauer: im Licht der göttlichen Erlösungsgnade, die Zweideutigkeit ihrer geschichtlichen Verwirklichung überwinden können.[124]

(3) Eine schriftgebundene evangelische Theologie vermag sich dem Geltungsanspruch lehramtlicher Verkündigung in seiner bestehenden römisch-katholischen Form nicht zu unterwerfen, sie wird jedoch nicht behaupten wollen, dass eine Wahrheit des Evangeliums dadurch »unevangelisch« wird, dass sie vom römisch-katholischen Lehramt vorgelegt wird. Weil Gott Schöpfer und Erlöser ist, weil fernerhin Glaube und Gehorsam zum Einklang kommen sollen, deshalb ist die christliche Ethik – mit Ratzinger – als ein Ort der Bewährung des christlichen Glaubens anzusehen. Der Ratzingers Wirken kennzeichnende Einsatz für die Achtung des menschlichen Lebens in allen Phasen seiner Existenz, für den Schutz von Ehe und Familie sowie für die Freiheit der Religionsausübung beschreibt meines Erachtens ein Aufgabenfeld, in dem das gemeinsame Zeugnis der christlichen Kirchen in der pluralen Gesellschaft möglich und nötig ist. Es handelt sich bei den genannten Punkten um Dimensionen der sittlichen Wahrheit, die den konfessionellen Differen-

---

[122] Ebd.
[123] Eberhard Schockenhoff, Grundlegung der Ethik. Ein theologischer Entwurf, Freiburg i. Br. 2007, 29.
[124] Von daher kann Ratzinger auch sagen: »Gott ist der Garant der wahren Entwicklung des Menschen« (CIV, § 29), da er nach Gottes Bild geschaffen wurde und auf ihn hin ausgerichtet ist. Diese Behauptung einer »Einheit des Menschengeschlechts setzt eine metaphysische Interpretation des *humanum* voraus« (CIV, § 55), ist also selbst in Gottes Offenbarung begründet.

zen vorausliegen, weil sie die Bedingungen der Möglichkeit menschlichen Daseins markieren. Wer in Bezug auf diese Grundbedingungen positionelle Vielfalt zum Prinzip des eigenkirchlichen Profils erklärt, tut dies zulasten der Schwächsten einer Gesellschaft und damit zulasten derer, denen in besonderer Weise die Zuwendung Jesu gehörte. Die Tatsache, dass es im Bereich der genannten Dimensionen auch Auffassungsunterschiede gibt, darf das Zeugnis für die Wahrheit in dem, was gemeinsam gesagt werden kann – man denke an die zum Abbruch gekommene Tradition der »Gemeinsamen Texte« von EKD und Deutscher Bischofskonferenz – nicht verhindern. In dem Maße, wie dies geschieht, wird es kirchenübergreifende Koalitionsbildungen geben, die sich am konkreten gesellschaftlichen Auftrag der Kirche Jesu Christi orientieren.

(4) Mag auch die explizite Entfaltung der Sündenlehre bei Ratzinger im Hintergrund seiner auffallend häufig von der »Krise« sprechenden Analyse der Moderne bleiben: in das Zentrum einer Betrachtung, die nach der Möglichkeit der Überwindung des Zwiespalts von Sollen und Können fragt, rückt bei ihm unangefochten Jesus Christus, in dem Gott sich als Logos und Liebe offenbart hat. Eine schriftgebundene evangelische Theologie findet hier zahlreiche Verbindungspunkte, ohne das Unterscheidende oder gar Trennende ignorieren zu müssen. Als der Mittler zwischen Gottes Unendlichkeit und der menschlichen Endlichkeit geht Jesus Christus über alles hinaus, was Menschen sich als Vermittlung ausdenken können. Jesus Christus ist die unüberbietbare Offenbarung Gottes: »Die Überschreitung des unendlichen Abstands zwischen Schöpfer und Geschöpf kann nur er selbst bewirken. *Nur der, der Mensch ist und Gott ist*, ist die Brücke des Seins vom einen zum anderen. Und *daher ist er es für alle*, nicht nur für einige. So wie die Wahrheit für alle nur eine ist, so kann auch nur Gott selbst, der Eine, die Brücke zu sich selbst und von sich selbst zum Menschen und zurück zu Gott sein: in der Menschheit des Sohnes«.[125] Bei Ratzinger wird deutlich, dass die Überzeugung von der *einen* Wahrheit, mithin ihrer Erkennbarkeit, und das Bekenntnis von der Einzigartigkeit Jesu Christi miteinander stehen oder fallen. Das Ringen um das Gutsein ist der sittliche Aspekt des Ringens um die in Jesus erschlossene Wahrheit Gottes in Person.

Der in Christus begegnende Gott ist Logos und Liebe. Die Logos-Liebe will nicht nur verstanden, sie will existenziell ergriffen sein. Ratzinger betont, dass aus der Wahrheit heraus die Liebe zu leben bedeutet, Jesus Christus begegnet und von der Liebe Gottes entzündet worden zu sein. Diese Betonung der Unmittelbarkeit des Glaubens wird auch nicht dadurch zurückgenommen, dass Ratzinger das Begegnungsgeschehen stark an die Feier der Eucharistie

---

125 Joseph Ratzinger, Unterwegs zu Jesus Christus, 68.

zurückbindet. Im Sinne seiner Communio-Ekklesiologie geht es hier doch um die Begründung und Bewahrung einer Gemeinschaft, in der Gottes Handeln dem Tun, ja dem Glauben des Menschen immer schon vorausgeht. Zudem entspricht dem Empfangen in der Eucharistie das gehorsame Vernehmen des Wortes, Ratzinger spricht sogar von der Unterwerfung unter das Wort. Im Ganzen entsteht das Bild einer Nachfolgeethik,[126] die in einer für evangelisches Verständnis erfreulich starken Weise mit dem Kreuzesgeschehen verbunden ist. Das Kreuz Jesu Christi ist die tiefste Wahrheit, sie ist die Ermöglichung wahren Gutseins des Menschen.

Das Sich-Öffnen für die Quelle der zum Leben befreienden Gnade bezeichnet Ratzinger als Bekehrung. Bekehrung meint nicht das Aufgeben seiner natürlichen Existenzweise, sondern die Befreiung des natürlichen Lebens zu seinem schöpferischen Grund, zu Gott hin. Das in ethischer Hinsicht zentrale Moment der Bekehrung liegt darin, dass dem in der Konfrontation mit dem Gesollten auf seine eigenen Lebensmöglichkeiten zurückgeworfenen Menschen im Glauben die Weite der Möglichkeiten Gottes, der selbst das wahre Leben ist, zugänglich wird. Der Glaubende ist »neue Kreatur« (2 Kor 5,17), Gottes Eigentum und Kind. Im Kontext der diesbezüglichen Darlegungen Ratzingers, die – wie immer man über die Gemeinsame Erklärung zur Rechtfertigungslehre von 1999 urteilen mag – meines Erachtens ein solches Maß an Übereinstimmung mit einer schriftgebunden evangelischen Theologie zeigen, dass sie das gemeinsame *Zeugnis* der Kirchen in der Gesellschaft ermöglichen, kommt es bedauerlicherweise nicht zu einer stärkeren Profilierung der Pneumatologie. Um adäquat von der Bevollmächtigung des Christen, mithin der christlichen Gemeinschaft zu einem Leben aus der Fülle Christi zu reden, bedarf es meines Erachtens des stärkeren *expliziten* Einbezugs der Lehre vom Heiligen Geist. Diesbezüglich ist es insbesondere die pfingstkirchliche Theologie, von der wir lernen und empfangen können.

Schließlich ist zu würdigen, dass Ratzinger das *Bezeugen* der Wahrheit als den Modus der Kommunikation von Wahrheitsansprüchen bestimmt. Die Herablassung Gottes, seine Demütigung in die Gestalt des Gekreuzigten hinein lassen, daran lässt Ratzinger keinen Zweifel, Mitteln des Zwanges und der Gewalt in der Kommunikation des Glaubens keinen Raum. Die Trennung von Kirche und Staat bedeutet nicht nur die Befreiung des Staates zu seiner ureignen Beauftragung, sondern kommt auch einer Reinigung des Glaubens gleich. Die Ausbreitung der Wahrheit unter Einsatz von Zwang und Gewalt ist nicht weniger als eine »Pathologie des Glaubens«. Dieses nachdrückliche und

---

126 »Die existentielle Entsprechung zum Gedanken des befreiendes Weges ist Nachfolge als Weg ins Freie, als Befreiung«, Joseph Ratzinger, Jesus Christus heute, 62.

argumentativ im Zentrum des christlichen Glaubens verankerte Plädoyer werden insbesondere evangelische Christen aufmerksam hören, die als Angehörige von evangelischen Freikirchen in der Vergangenheit oder von protestantischen Minderheitenkirchen in der Gegenwart eher leidvolle Erfahrungen mit der römisch-katholischen Kirche gemacht haben oder machen. Ratzinger spricht aus, was sich im Miteinander immer wieder neu zu erweisen hat: dass das Zentrum des Glaubens in Jesus Christus eine Kraft zur Einigung hat, die die widerstrebenden Momente – aller Seiten – in der Begegnung christlicher Kirchen und Gemeinden zu überwinden vermag.

Was bleibt, ist Ratzingers Bekenntnis zur Ordnung der Schöpfung Gottes und sein Zeugnis von der Kraft, die Christus schenken möchte, damit der Gott entsprechende Mensch diese Ordnung auszufüllen vermag:

> Da die Liebe in der Wahrheit eine Gabe ist, die alle empfangen, stellt sie eine Kraft dar, die Gemeinschaft stiftet, die die Menschen auf eine Weise vereint, die keine Barrieren und Grenzen kennt. Die Gemeinschaft der Menschen kann von uns selbst gestiftet werden, aber sie wird allein aus eigener Kraft nie eine vollkommen brüderliche Gemeinschaft sein und jede Abgrenzung überwinden, das heißt, eine wirklich universale Gemeinschaft werden: die Einheit des Menschengeschlechts, eine brüderliche Gemeinschaft jenseits jedweder Teilung, wird aus dem zusammenrufenden Wort Gottes, der die Liebe ist, geboren.[127]

---

127 Caritas in Veritate, § 34.

Aus gleicher Leidenschaft. Eine Würdigung Benedikt XVI. aus pfingstkirchlicher Sicht

Cheryl Bridges Johns

Dinge sind in Wirklichkeit nicht immer so, wie sie zunächst erscheinen, und Menschen sind nicht unbedingt so, wie die Karikatur sie zeichnet. Viele Protestanten haben sich von Joseph Kardinal Ratzinger, dem emeritierten Papst Benedikt XVI., das Bild eines Ultrakonservativen zu Eigen gemacht, der als Autor von *Dominus Iesus* viele der vom römischen Katholizismus nach dem Zweiten Vatikanischen Konzil unternommenen ökumenischen Schritte zurückzunehmen suchte. Da sie ihn nicht kannten, waren Pfingstler angesichts der Wahl Ratzingers zum Papst zurückhaltend, fürchteten sie doch den Rückfall in Zeiten, als sich in den Augen der römisch-katholischen Hierarchie ihre Identität durch das Etikett »sektiererisch« bestimmte. Ungeachtet eines über dreißig Jahre währenden Dialogs zwischen römischen Katholiken und Pfingstlern gibt es weiterhin viele Weltgegenden, in denen sich die Beziehungen zwischen beiden Gruppen als im besten Fall prekär bezeichnen lassen. Und während Schritte auf ein gegenseitiges Verstehen und gemeinsames Zeugnis hin unternommen worden sind, gibt es auf beiden Seiten immer noch auch Polemik.

Auch Pfingstler sind karikiert worden. Wir sind als Proselyten machende »reißende Wölfe« gezeichnet worden, die anderen christlichen Traditionen Schafe stehlen, ferner als voller Eifer, doch ohne jeden theologischen Tiefgang. Vor diesem Hintergrund ist der Appell von Kardinal Kasper, Katholiken mögen sich hinsichtlich der Pfingstbewegung einer »kritischen Selbstprüfung« unterziehen, als offene und aufrichtige Bewegung hin zu einer wahrhaftigen Beschäftigung miteinander begrüßt worden.

In vielen Fällen ist es so, dass Karikaturen einige Wahrheitsmomente enthalten, zugleich aber voller Fehler sind. Als Präfekt der Kongregation für die Glaubenslehre zeigte sich Kardinal Ratzinger eifrig darin, diejenigen zurückzuhalten, die in seinen Augen Lehren vertraten, die der Wahrheit entgegenstehen. Die Disziplinierung des Befreiungstheologen Leonardo Boff ist nur ein Beispiel für Ratzingers Ausübung seiner Lehrautorität. Für die Vorordnung der »Wahrheit« vor die »Praxis« war der Präfekt bereit, sich selbst zum Blitzableiter für Kontroverse und Kritik zu machen.

Als pfingstkirchliche Theologin und Ökumenikerin bin ich zu der Überzeugung gelangt, dass Benedikt XVI. die Lehre zu bewahren und die Grenzen des Ökumenismus herauszustellen sucht, es jedoch nicht in seinem Naturell liegt, Religionskriege zu entfachen oder andere Christen zu verunglimpfen. Vielmehr habe ich bei der Lektüre nur eines kleinen Teils seiner zahlreichen Veröffentlichungen und Vorlesungen einen Menschen entdeckt, der von einer Vision der Liebe angetrieben ist. Benedikt ist in der Tat zu allererst ein Wissenschaftler mit scharfem Verstand und mit Liebe zur Präzision. Diese Eigenschaften verbergen häufig die tiefe Leidenschaft, aus der sich seine Berufung als Wissenschaftler, Präfekt und jetzt als Bischof von Rom speist.

Es war daher kein Zufall, dass Benedikt sich dazu entschied, in seiner ersten Enzyklika über die Liebe zu schreiben. In *Deus Caritas Est* tritt zutage, dass Benedikts Leidenschaft ein Band ist, in dem drei Stränge ineinander verwoben sind: die Liebe zu Christus, die Liebe zur Kirche Jesu Christi und die Liebe zur Wahrheit des Evangeliums. Diese drei Stränge verbinden sich zu einer einzigen Leidenschaft, die zwar nicht verhandelbar und in ihrer Logik fest, zugleich jedoch offen ist für den Dialog, und zwar nicht nur mit anderen Christen, sondern auch mit Menschen, die keinen Glauben für sich in Anspruch nehmen. Wie schon Benedikt XIV. (1740–1758), der selbst ein Intellektueller war und sich Voltaire gegenüber zum Gespräch bereit zeigte, so sucht auch Benedikt XVI., andere in ein von der Vernunft geleitetes Gespräch einzubinden.

Eine solche Bereitwilligkeit zum Dialog ist lebenswichtig, und das in besonderer Weise in der heutigen religiösen Landschaft. Religionssoziologen weisen darauf hin, dass sich das Gesicht der Weltchristenheit rasant verändert. Bei ihr handelt es sich nicht länger um eine Religion, die sich vornehmlich in der westlichen Welt findet. Vielmehr hat sich der Schwerpunkt der Christenheit in die südliche Hemisphäre verschoben. Die dort dominierenden zwei christlichen Gruppen sind römische Katholiken und Pfingstler. Tatsächlich sieht die Christenheit des 21. Jahrhunderts sehr viel anders aus als die Christenheit einhundert Jahre zuvor. Der typische Christ heute ist dunklerer Hautfarbe, jung, arm und weiblich. Eine solche Christin lebt nicht in Genf oder Rom, sondern in einer der Metropolen der Zwei-Drittel-Welt. Ihr christlicher Glaube sieht sehr anders aus als der ihrer nordamerikanischen oder westeuropäischen Geschwister, und ihre Fragen stellt sie vom Standpunkt eines Menschen aus, der in Jesus Christus seine einzige Hoffnung sieht.

Auf vielerlei Weise greifen die beiden größten Körperschaften der Weltchristenheit heute mehr als je zuvor ineinander. In Gegenden wie Afrika »pentekostalisiert« sich der römische Katholizismus, was mit der Betonung von Wundern, Visionen und Träumen einhergeht. Charismatische Bewegungen innerhalb der römisch-katholischen Kirche wachsen kontinuierlich. In Europa und in den Vereinigten Staaten beheimaten sich Pfingstler in den alten Glaubensbekenntnissen und Liturgien der Kirche. Dennoch muss zugegeben werden, dass aufs Ganze gesehen noch viel Arbeit in Richtung auf gegenseitiges Verstehen und gemeinsame Evangelisation hin zu tun bleibt. Beides ist dringend notwendig. Der Einfluss des christlichen Glaubens in Europa wird immer geringer, und der Kontinent bedarf der Neuevangelisierung, während sich zeitgleich auch in Ländern wie Brasilien immer mehr Menschen für eine Alternative nicht nur zur römisch-katholischen Kirche, sondern zum christlichen Glauben überhaupt entscheiden.

Vor einigen Jahren fand in einem evangelischen Einkehrzentrum, das ursprünglich ein Kloster mitsamt Kirche gewesen und von Zisterziensermissionaren gegründet worden war, ein Treffen der Internationalen römisch-katholischen/pfingstlerischen Dialogkommission statt. Die Begegnung fiel zeitlich mit dem Treffen einer anderen Gruppe im Haus zusammen, die Formen vorchristlicher Spiritualität erkundete. Hin und wieder konnte ich einen Blick von ihnen erhaschen und war fasziniert von ihren Versuchen, Spiritualität in neuheidnischen Ritualen zu entdecken. Während der Woche musste ich immer wieder an die Ironie denken, die darin liegt, dass wir in einem Raum über die gewaltige Kluft zwischen Pfingstlern und römischen Katholiken debattierten, während im Nebenraum Menschen sitzen, die den christlichen Glauben überhaupt aufgegeben haben. Eine weitere Ironie lag darin, dass unsere Aufgabe immer mehr Ähnlichkeit gewann mit der der Zisterziensermissionare, die als erste versucht hatten, Europa zu evangelisieren.

Heute stehen römische Katholiken und Pfingstler mehr als je zuvor vor der immensen Herausforderung, in einem Zeitalter des Unglaubens den Glauben weiterzugeben.[1] Es ist daher wichtig, dass wir zumindest die Leidenschaft anerkennen, die wir miteinander teilen: die Leidenschaft für Christus, die Leidenschaft für die Kirche und die Leidenschaft für die Wahrheit des Evangeliums, der guten Nachricht für eine verwundete Welt.

1 Die Leidenschaft für Christus

Benedikts Theologie ist explizit christozentrisch. Nicht zufällig stellte er seine Papstvisite in den Vereinigten Staaten unter das Thema »Christus unsere Hoffnung«. Benedikts Christus-Vision erstreckt sich über den gesamten Kosmos, doch berührt und durchdringt sie in eucharistischer Einheit zugleich das menschliche Herz. Im Herzen der Schöpfung steht der ewige *Logos*, der das Universum mit seiner Kraft und Gegenwart erfüllt. »Das Leben ist nicht

---

[1] Vgl. Joseph Cardinal Ratzinger mit Erzbischof Dermot J. Ryon, Godfried Cardinal Danneels und Franciszek Cardinal Marcharski, Handing on the Faith in an Age of Disbelief, San Francisco 2006.

bloßes Produkt der Gesetze und des Zufalls der Materie«, stellt Benedikt fest, »sondern in allem und zugleich über allem steht ein persönlicher Wille, steht Geist, der sich in Jesus als Liebe gezeigt hat«.[2]

Der *Logos* ist sowohl der philosophische als auch der eucharistische Mittelpunkt der Theologie Benedikts. In diesem Mittelpunkt vereinigen sich Vernunft und Liebe zu geeinter Leidenschaft. In Christus, der die ewige Weisheit ist, ist der Grund für alle menschliche Weisheit gelegt. Daher hat sich das Christentum »von Anfang an als die Religion des *Logos*, als die vernunftgemäße Religion verstanden«.[3] Mehr noch: in Christus »ist dieser *Logos* wirklich Speise für uns geworden – als Liebe«, stellt Benedikt fest. Ferner, so merkt er an, empfangen wir »nicht nur statisch den inkarnierten *Logos*, sondern werden in die Dynamik seiner Hingabe hinein genommen«.[4] Darin liegt die Einigung mit Gott, dem Schöpfer des Universums, der sich durch die Selbsthingabe des Leibes und Blutes Jesu eins macht mit der Menschheit.

Das Ziel des christlichen Glaubens ist daher nicht lediglich die Rechtfertigung. Sein Ziel ist vielmehr die Einigung mit Gott durch Jesus Christus. Sie schließt eine »Mystik« des Sakraments ein, ein Einswerden mit Jesus, der »sich selbst gibt, seinen Leib und sein Blut als das neue Manna«.[5] Diese Einigung bringt nicht nur die Frucht der Liebe hervor, sondern stellt auch den Grund für Wissen und Handeln bereit. Christus, der *Logos*, verbindet die Spannungspole von Vernunft und Liebe, von Universalem und Personalem, von Philosophie und Theologie, von Kirche und Welt.

Pfingstler teilen Benedikts Leidenschaft für Christus. Sie stimmen mit ihm überein, dass im Zentrum des christlichen Glaubens der lebendige Jesus steht, der der Menschheit die Liebe Gottes kundgetan hat. Es wird von vielen übersehen, dass die Pfingstbewegung ihre gesamte kurze Geschichte hindurch und insbesondere in ihren Anfängen eher entschieden christozentrisch als pneumatozentrisch war. Vielfach wurde in ihr gepredigt, was heute als das fünffältige Evangelium bekannt ist: Jesus rettet, heiligt, tauft mit dem Geist, heilt und wird wiederkommen. Die Gegenwart und Kraft Christi sind daher der Fokus pfingstkirchlichen Gottesdienstes und Lebens.

---

2 Enzyklika Spe Salvi von Papst Benedikt XVI. an die Bischöfe, an die Priester und Diakone, an die gottgeweihten Personen und an alle Christgläubigen über die christliche Hoffnung, 20. November 2007, § 5.

3 Joseph Ratzinger, Europa in der Krise der Kulturen, in: Marcello Pera/Joseph Ratzinger, Ohne Wurzeln. Der Relativismus und die Krise der europäischen Kultur, Augsburg 2005, 78.

4 Enzyklika Deus Caritas Est von Papst Benedikt XVI. an die Bischöfe, an die Priester und Diakone, an die gottgeweihten Personen und an alle Christgläubigen über die christliche Liebe, 25. Dezember 2005, § 13.

5 Ebd.

Während viele Pfingstler mit Benedikt darin übereinstimmen, dass die Einigung mit Christus sich konkret verwirklicht, vermögen sie nicht zu sehen, dass diese Einigung ihr Zentrum allein in der Eucharistie als *communio portal* hat. Stattdessen sehen sie die Einigung und Gemeinschaft mit Christus als pneumatisch begründet und überall dort vorhanden, wo der Glaube an Chrisus sichtbar wird.

Auch für Pfingstler schließt das Christus-Erkennen eine »Mystik des Sakraments« ein, und das Ziel der Beziehung zu Christus wird nicht lediglich im forensischen Akt der Rechtfertigung als vielmehr in der Einigung und Gemeinschaft mit ihm gesehen. Für Pfingstler wird die »Mystik des Sakraments« durch die Gegenwart des Heiligen Geistes geschaffen, der die Gegenwart Christi in die menschliche Geschichte hinträgt. Der Gemeindegottesdienst wird so zu einem »dünnen Raum«, in dem Christus direkt zu den Gläubigen kommt, indem er ihnen Rettung, Heilung und die Feuertaufe bringt. Die »Mystik des Sakraments« verwirklicht sich durch die Kraft des Heiligen Geistes in einem solchen Maß, dass selbst der gewöhnliche Raum zu einem sakralen Raum wird. Gewöhnliche Menschen werden geheiligt, gewöhnliche Zungen werden zu Feuerzungen, und Christus wird im verkündigten Wort und im Sprachengebet bekannt gemacht.

Was der pfingstkirchlichen Sakramentenlehre fehlt, ist ein Weg, die eucharistische Gegenwart Christi in diese Dynamik zu integrieren. Während Pfingstler dem, was gemeinhin als Abendmahl bezeichnet wird, Respekt und Verehrung erweisen, fehlt ihnen die Wertschätzung dafür, wie die eucharistische Kraft und Gegenwart Christi lebendige Aspekte des Gottesdienstes sein können. Einige pfingstkirchliche Theologen rufen Pfingstler dazu auf, sich die Kraft der Eucharistie als Brennpunkt ihres Gottesdienstes zu Eigen zu machen. Der pfingstkirchliche Theologe Simon Chan möchte gerne, dass Pfingstler die sich *wiederholende* Erfahrung der Erfüllung mit dem Geist in der Eucharistie verorten. Er bemerkt, dass Pfingstler die Anrufung des Heiligen Geistes in der Epiklese als Gelegenheit für eine »machtvolle Manifestation Gottes« ansehen könnten.[6]

2 Trinitarisches Einssein

Auch im Blick auf das Wesen der Trinität stellt Benedikt die Liebe in das Zentrum seines theologischen Nachdenkens. Der dreieinige Gott, die »Liebe selbst – der ungeschaffene, ewige Gott – *muss* daher im höchsten Maß Geheimnis:

---

6   Simon Chan, Pentecostal Theology and the Christian Spiritual Tradition, Sheffield 1993, 94.

das Mysterium selber sein«.[7] Der dreieinige Gott ist »reine Beziehung« und »als reine Beziehung reine Einheit«. Als Christus für seine Jünger betet, betet er darum, dass diese Einheit und Beziehung sich auf die Gläubigen hin erweitert. So wie Christus »ein gänzlich offenes Sein ist, ein Sein ›von–her‹ und ›auf–zu‹, das nirgendwo an sich selber festhält und nirgendwo nur auf sich selber steht«, so meint auch Christsein »Sein wie der Sohn, Sohn werden, also nicht auf sich und nicht in sich stehen, sondern ganz geöffnet leben im ›Von–her‹ und ›Auf–zu‹«.[8] Mit Christus zu sein bedeutet daher, »nichts Eigenes festhalten« wollen (vgl. Phil 2,6f.).[9] Für Benedikt ist es das Wesen »der trinitarischen Persönlichkeit [...], reine Relation und so absoluteste Einheit zu sein«.[10]

Die Betonung der Einheit des dreieinigen Gottes gegenüber seiner Vielfalt sowie des Einsseins Christi mit dem Vater ist der Dreh- und Angelpunkt von Benedikts Vision des Lebens als Christ. Miroslav Volf stellt in seiner Kritik an Ratzinger heraus: »*Alles* Entscheidende in seiner Ekklesiologie (und Theologie überhaupt) wurzelt in der Trinitätslehre«.[11] Es ist wichtig, die Betonung zu sehen, die Benedikt auf die Selbstentäußerung Christi legt, dessen Sein »Von–her« und »Auf–zu« ist, der nirgendwo sein Eigenes festhält und nirgendwo in sich selber gründet. Dieser Christus ist die Quelle aller, die in ihrer eigenen Selbstentäußerung und in ihrem Sein auf andere hin zu ihm gehören. Das »Ich« des Christen zerfließt in der Einheit des Leibes Christi, so wie das »Ich« Christi in der Einheit des dreieinigen Lebens zerfließt. Außerdem schenkt sich das »Ich« freigiebig anderen und hält nichts für sich zurück. Damit ist das Leben des Christen ein Leben der Einheit und der sich selbst entäußernden Liebe.

In einem Zeitalter, das Individualität gegenüber Gemeinschaft, Vielfalt gegenüber Einheit, und Selbsterfüllung gegenüber Selbstentäußerung betont, stellt Benedikts Leidenschaft für das Einssein ein wichtiges Korrektiv dar. Die pfingstkirchliche Tradition ist selbst Opfer der Hyperindividualisierung und Privatisierung des Glaubens geworden. Sie hat oftmals ein Evangelium gepredigt, in dem der persönliche Nutzen der Erlösung betont wurde, was zulasten der Kraft des Evangeliums ging, Menschen in das Leben der Trinität und in ein Leben, das von der Selbstentäußerung um anderer willen geprägt ist, hineinzuziehen. Dennoch können viele Pfingstler Volfs Urteil zustimmen, dass Ratzingers Vision des trinitarischen Lebens die eine Substanz der Trinität zulasten der trinitarischen Relationen überbetont. Außerdem stellen Pfingstler

---

7   Joseph Ratzinger, Einführung in das Christentum, unveränderte Neuausgabe Freiburg i.Br. 2000, 150.
8   Ebd., 173.
9   Ebd., 174.
10 Ebd.
11 Miroslav Volf, Trinität und Gemeinschaft. Eine ökumenische Ekklesiologie, Mainz 1996, 63.

die Pneumatologie deutlicher heraus, als Benedikt es tut, insbesondere im Hinblick darauf, wie das trinitarische Leben in das menschliche Leben hineingreift. Das Leben Gottes entäußert sich selbst in Jesus von Nazareth und weitet sich zugleich zur Menschheit hin aus in der Person und Gegenwart des Heiligen Geistes. Dieses Umgreifen der Menschheit schafft eine neue Einheit, zugleich bevollmächtigt es das »Ich«, ein Subjekt und als Mitarbeiter Gottes in der Welt aktiv zu sein. Das bevollmächtigte »Ich« vermag Gott zu kennen, für Gott zu sprechen und ein Gefäß für Wunder zu sein, so dass sich das Werk Jesu auf der Erde fortsetzt. Diese Bevollmächtigung ist ein entscheidendes Element der pentekostalen Soteriologie.

3 Leidenschaft für die Kirche: Der Leib Christi

Für Benedikt ist das Herz Gottes ausgegossen in der Liebe durch den Mensch gewordenen Christus, und das Herz Christi ist ausgegossen in der Liebe durch seinen Leib, die Kirche. Die Kirche ist die Gegenwart Christi in einer solchen Weise, dass sich in ihr das Geheimnis des göttlichen Lebens verwirklicht. Die Kirche ist nicht lediglich ein Instrument für die Gegenwart Christi, vielmehr ist sie in der Mystik des Sakraments der wirkliche Leib Christi.

Insofern als das Ziel der Mystik des Sakraments die Einigung mit Gott durch die Teilhabe an der Selbsthingabe Jesu, an seinem Blut und Leib, ist,[12] ist daraus der Schluss zu ziehen, dass die »Vereinigung mit Christus [...] zugleich eine Vereinigung mit allen anderen [ist], denen er sich schenkt [...]. Wir werden ›ein Leib‹, eine ineinander verschmolzene Existenz«.[13]

Für Benedikt ist die Kirche ein Kollektivsubjekt, deren *communio* jegliche personale Gemeinschaft mit Gott übersteigt. Das Individuum wird Teil des einen Glaubenssubjekts und empfängt von diesem Subjekt eine »Garantie« der göttlichen Gegenwart. Diese »Garantie« folgt aus dem sakramentalen Gemeinschaftscharakter der Glaubensvermittlung, wie sie in den lokalen ebenso wie in den universalen Ausdrucksformen unter dem Dienst des Bischofs besteht. »Wenn ich sage ›Ich glaube‹«, schreibt Benedikt, »dann meint dies genau dies, dass ich die Grenzen meiner privaten Subjektivität überschreite, indem ich in das Kollektivsubjekt der Kirche und, in ihr, in die Erkenntnis eintrete, die die Zeitalter und Grenzen der Zeit transzendiert«.[14]

Weil die Kirche der »Garant« der Gegenwart Gottes ist, darum ist der Gläubige zu allererst dazu berufen zu empfangen, was geheimnisvoll in den

---

12 Vgl. Deus Caritas Est, § 13.
13 Ebd., § 14.
14 Joseph Ratzinger u. a., Handing on the Faith, 25.

Armen von Mutter Kirche aufbewahrt ist. Der Akt des Glaubens ist daher ein »Akt des Empfangens. Als Christ zu glauben bedeutet, sich dem Sinn anzuvertrauen, der mich und die Welt trägt«.[15] Weiter bedeutet zu glauben die Bekräftigung, »dass der Sinn, den wir nicht machen, sondern nur empfangen können, uns bereits gewährt ist, so dass wir ihn lediglich anzunehmen und uns ihm anzuvertrauen haben«.[16]

Der Gläubige als Empfangender ist von daher als ein Objekt der Gnade Gottes anzusehen, einer Gnade, die durch die Kirche vermittelt wird. Der Mensch, verstanden als Subjekt oder Schöpfer der Welt, tritt zurück hinter den Menschen, der zuallererst Objekt, Empfangender, ist. Obwohl Benedikt klarstellt, dass die gesamte Gottesdienst feiernde Gemeinde das Subjekt der liturgischen Feier ist, insofern sie Christus, *das* Subjekt der Kirche, vergegenwärtigt, bleibt doch der Sinn erhalten, wonach das Subjekt ein »empfangendes«, nicht so sehr ein »gestaltendes« ist. Darüber hinaus sollten einzelne Gemeinschaften sich um des einen Subjekts der *communio sanctorum* an allen Orten und zu allen Zeiten willen keine eigene Liturgie kreieren, sondern widerspiegeln, was in der Kirche als Ganzer gefunden werden kann.[17] Denn es ist die Liturgie als Ganzes, die »Bürge und Ausdruck dafür [ist], daß hier mehr und Größeres geschieht, als je eine einzelne Gemeinde und als überhaupt Menschen aus sich tun können; sie ist so Ausdruck für die objektive Ermächtigung zur Freude, für die Beteiligung an dem kosmischen Drama der Auferstehung Christi, mit der der Rang der Liturgie steht und fällt«.[18]

Der »Primat des Empfangens« stellt für Pfingstler in verschiedener Hinsicht ein Problem dar. Pfingstler können wie die meisten Protestanten anerkennen, dass die Erlösung aus dem Glauben kommt und somit empfangen und nicht verdient wird (wir sind Objekte der Gnade). Dennoch hat die Pfingstbewegung stark die Vorstellung verinnerlicht, wonach die Kirche – als pneumatologisch begründete – aufgrund der Geistesgaben wenn auch nicht notwendigerweise eine Demokratisierung der Kirche, so doch sicherlich eine Bevollmächtigung anbietet, die Menschen zu Subjekten macht, die sowohl gestalten als auch empfangen.

Pfingstler vertreten die Auffassung, dass der Heilige Geist die Kirche schafft und ihr Leben in Christus bewahrt. Folglich muss die Ekklesiologie im Licht der Pneumatologie verstanden werden und nicht umgekehrt. Die Realpräsenz

---

15 Joseph Ratzinger, Einführung in das Christentum, 66.
16 Ebd.
17 Vgl. Joseph Ratzinger, Liturgie und Kirchenmusik, in: Internationale Katholische Zeitschrift Communio 15 (1986) 249.
18 Josef Ratzinger, Das Fest des Glaubens. Versuche zur Theologie des Gottesdienstes, Einsiedeln 1981, 60.

Christi in der Eucharistiefeier, in der Wortverkündigung und den anderen liturgischen Handlungen der Kirche wird durch den Heiligen Geist verbürgt. In gleicher Weise lässt der Heilige Geist als Autor der Heiligen Schrift diese zu einem lebendigen Zeugnis für die Gottesoffenbarung werden. Es ist der Heilige Geist, der, indem er seine Gaben in der Kirche zuteilt, menschliche Gefäße zu heiligen Instrumenten der Gnade macht. So verstanden sind Empfangen und Gestalten zwei Seiten derselben Medaille. Der Heilige Geist tut daher mehr als die sakramentalen Handlungen der Kirche zu »beleben« (als ob der Heilige Geist gewissermaßen verpflichtet wäre, gegenwärtig zu sein, nur weil die Institution der Kirche etabliert worden ist). Vielmehr ist die institutionelle Kirche, wie Miroslav Volf herausstellt, ein »Produkt« des Geistes, wobei sie dem Geist die Schlüsselfunktion in einem *offenen ekklesialen Prozess* zuerkennt. Das bedeutet, »dass die pluriformen ekklesialen Dienste Wirkungen des souveränen Heiligen Geistes sind, der sowohl in den einzelnen Menschen als auch in der ganzen Gemeinde anwesend ist als Erstlingsgabe des eschatologischen Friedensreiches«.[19]

In Gebieten, in denen Menschen unterdrückt werden und leiden, ist die Bevollmächtigung von Menschen als Subjekten durch einen offenen ekklesialen Prozess ein entscheidender Grund für das rasante Wachstum der Pfingstbewegung. An vielen Orten hat die Pfingstbewegung der Befreiungstheologie die Identität, »Kirche von unten« zu sein, abgenommen. Kardinal Ratzingers anhaltend kritische Auseinandersetzung mit den Befreiungstheologen während der 1980er Jahre stellte die Furcht vor einer marxistischen Ideologie mit ihrer materialistischen Dialektik, die die christliche Wahrheit ersetzen sollte, in den Mittelpunkt. Bereits in seiner *Einführung in das Christentum* äußert er sich kritisch zur »Historisierung« Gottes, was bedeutet, »dass Sinn nicht mehr einfach der Schöpfer der Geschichte ist, sondern dass die Geschichte zum Schöpfer des Sinnes und dieser zu ihrem Geschöpf wird«.[20] Mit dieser Kritik geht die Befürchtung einher, dass die Betonung des historischen Einsatzes für die Befreiung von unterdrückerischen Strukturen in der Befreiungstheologie den christlichen Glauben letztendlich seiner eschatologischen Vision beraubt. Menschliche Formen von Utopie sind nach Ratzinger nicht in der Lage, von der »radikalen Sklaverei der Sünde« zu befreien – dies kann nicht anders als durch das »Geschenk der Gnade« geschehen. Ratzinger weist darauf hin, dass aufs Ganze gesehen diejenigen, die sich für die Freiheit einsetzen, ihre eigenen Formen des Totalitarismus schaffen.

---

19 Miroslav Volf, Trinität und Gemeinschaft, 234.
20 Joseph Ratzinger, Einführung in das Christentum, 157.

Ratzingers Kritik der Befreiungstheologie war auch aus seiner Leidenschaft für die Kirche gespeist. Er zeigte sich überzeugt, dass die *Wahrheit über die Kirche* in der Gefahr stand, an soziale Visionen von der Rolle der Kirche verloren zu gehen. Sein Eingreifen und seine Disziplinierung von Befreiungstheologen wie Leonardo Boff verteidigend, schreibt Ratzinger: »Im Namen der Wahrheit vom Menschen, geschaffen als Gottes Ebenbild, hat sich die Kirche zu Wort gemeldet. Trotzdem klagt man sie an, durch sich selbst ein Hindernis auf dem Weg der Befreiung darzustellen. Ihr hierarchischer Aufbau stehe im Gegensatz zur Gleichheit; ihr Lehramt widerspreche der Freiheit des Denkens. Gewiss hat es Irrtümer in der Beurteilung oder schwerwiegende Unterlassungen gegeben, für die die Christen im Laufe der Jahrhunderte verantwortlich gewesen sind«.[21] Doch Ratzinger bleibt dabei nicht stehen und geht in die Offensive: »Solche Einwände aber missverstehen die wahre Natur der Dinge. Die Verschiedenheit der Charismen im Volke Gottes, die zum Dienst bestimmt sind, widerspricht durchaus nicht der gleichen Würde der Personen und ihrer gemeinsamen Berufung zur Heiligkeit«.[22] Anders gesagt: Für Ratzinger ist das Lehramt der Kirche Gottes Gabe für die Korrektur und Anleitung von historischen Bewegungen, die ungeachtet ihrer guten Absichten die Kirche in menschliche Utopien hineinziehen. Auf diese Weise wird die »Kirche von unten« zu einer Kirche, die sich in der Geschichte verliert und auf die Gunst und die Tagesordnung von Klassenkämpfen angewiesen ist. Damit aber geht der für die Kirche notwendige Dualismus, von der Welt unterschieden zu sein, verloren, und sie vergisst ihre eschatologische Vision.

Wenn Boff darauf bestand, dass es in letzter Instanz das Leben des Heiligen Geistes in der Kirche ist, das als letztgültiges Wort der Korrektur und Anleitung zu gelten hat, dann lag darin eine direkte Herausforderung der hierarchischen Strukturen der römisch-katholischen Kirche. Diese Strukturen sind für Ratzinger kein Modell der Kirche unter vielen, sondern spiegeln für ihn das göttliche Ebenbild und das Leben Christi in der Welt wider.

Ratzingers Dissens mit den Befreiungstheologen bezog sich nicht nur auf das Wesen der Mission der Kirche in der Welt. Er äußerte auch starke Besorgnis über die befreiungstheologische Erkenntnistheorie der Praxis. Für ihn stelle die Hervorhebung der Praxis ein Partei ergreifendes Bewusstsein dar, mit dem das Wahrheitsverständnis selbst in Frage gestellt ist. Dies ist deshalb der Fall, »da die Grundstruktur der Geschichte vom *Klassenkampf* gekennzeichnet ist«.[23] In

---

21 Instruktion der Kongregation für die Glaubenslehre über die christliche Freiheit und die Befreiung, 22. März 1986; § 20.
22 Ebd.
23 Instruktion der Kongregation für die Glaubenslehre über einige Aspekte der Theologie der Befreiung, 6. August 1984; § VIII.5.

dieser Situation ist die Wahrheit »Klassenwahrheit; Wahrheit gibt es nur im Kampf der revolutionären Klasse«.[24]

Wird die Praxis über die Wahrheit gestellt, dann, so Ratzinger, wird die Methode höher geachtet als der Inhalt, und die Anthropologie gewinnt Vorrang vor der Theologie. Mit diesem »radikalen Anthropozentrismus« verlagert sich das Schwergewicht auf die Erfahrung als »Maßstab für das Verständnis des Glaubenserbes«.[25]

Befreiungstheologen kritisieren die Pfingstbewegung gerade wegen ihrer eschatologischen Vision, die an der Notwendigkeit festhält, dass Gott in die menschliche Geschichte eingreift als das Subjekt, das sich in der Geschichte bewegt und zugleich über der Geschichte steht. Was den Kritikern als eine Form des Christentums erscheint, die »Opium« und »Ausflucht« ist, erweist sich in der Wirklichkeit ziemlich genau als das Gegenteil. Anstatt der Welt zu entfliehen, bieten pentekostale Kirchen die Mittel an, mit deren Hilfe Chaos, Unterdrückung und das Böse, das sich in dieser Welt findet, in den heiligen Raum aufgenommen und gezähmt wird.[26]

Richard Shaull, einer der Väter der Befreiungstheologie und während der 1960er Jahre Architekt der Basisgemeinschaften in Brasilien, widmete die letzten Jahre seines Lebens der Erforschung der Pfingstbewegung. Er war fasziniert vom Auszug der Armen aus den Basisgemeinschaften hin zu den Pfingstkirchen. Was er herausfand, überraschte ihn und brachte ihn dazu, seine eigenen Prämissen zu überdenken. Shaull zufolge liegt die entscheidende Besonderheit der Pfingstbewegung in ihrer Fähigkeit, »den Wiederaufbau eines Lebens in der Kraft des Heiligen Geistes« anzubieten.[27] Bei seinen Forschungen unter brasilianischen Pfingstlern fand Shaull heraus, dass Menschen, die in verzweifelten Situationen lebten, im Vergleich zu früheren Generationen weniger geneigt waren, sich für ihre Befreiung zu Ideologien oder politischen Bewegungen hinzuwenden oder ihnen zu vertrauen. Nach Jahren der Enttäuschung kamen viele zu dem Schluss, dass »sie nicht darauf bauen könnten, dass irgendeine rein menschliche Bewegung sie retten würde; ihre einzige Hoffnung [läge] in einer Macht jenseits ihrer selbst«.[28] Der traditionelle Katholizismus hat es ebenso wie die Basisgemeinschaften versäumt, diese Kraft anzubieten.

---

24 Ebd.
25 Joseph Ratzinger, Handing on the Faith, 16.
26 Vgl. Harvey Cox, Fire From Heaven. The Rise of Pentecostal Spirituality and the Reshaping of Religion in the Twenty-First Century, Reading 1995, 120.
27 Vgl. Richard Shaull/Waldo Cesar, Pentecostalism and the Future of the Christian Churches, Grand Rapids 2000.
28 Ebd., 117

Aus seinen Forschungen zog Shaull den Schluss, dass die Pfingstbewegung etwas anbot, »das ich und meine Glaubensgemeinschaften nicht besaßen und daher nicht anbieten konnten«.[29] Er stellt fest: »Gott wird in intimer und intensiver Weise erfahren, wo zerbrochene Leben sich neu ordnen, wo die als wertlos und unbedeutend Erachteten ihren Wert vor Gott entdecken, und wo jene, die dachten, dass sie nichts tun können, um ihre Lage oder die Welt zu verändern, zum Handeln ermächtigt werden«.[30] Zudem wird »diese Realität nicht durch vernünftige Worte oder lehrmäßige Entfaltung kommuniziert, sondern durch ein Ritual des Lobpreises und der Anbetung«.[31]

Dieser offene ekklesiale Prozess besitzt die Fähigkeit, eine einzigartige Dialektik des Empfangens und Gestaltens anzubieten. Menschen, deren Leben im Teufelskreis von Unterdrückung, Gewalt und Sucht gefangen war, empfangen als Objekte die Gnade Gottes. Doch zugleich werden sie durch die geistgeleitete und -durchdrungene Liturgie dazu ermächtigt, als Subjekte zu handeln und zu reden, und das nicht nur durch die Zuteilung der Geistesgaben in der gottesdienstlichen Versammlung, sondern auch als Mitarbeiter Gottes im täglichen Leben in dieser Welt. Was hier ins Bewusstsein tritt, ist ausgelöst und getragen von einer das Leben verändernden Begegnung mit Gott, »die hinweist auf eine ihr entsprechende historische Tat«.[32] Im solcherart eschatologischen Bewusstsein wird aufbewahrt, worauf Ratzinger stets bestanden hat, nämlich das Anderssein Gottes sowie des Reiches Gottes gegenüber der menschlichen Geschichte. Diese eschatologische Vision entfremdet den Menschen nicht seiner Geschichte, vielmehr schreibt sie historisches Handeln in eine scharfsichtige Berufung zu einem vom Heiligen Geist erfüllten Leben ein.

Für viele Frauen, insbesondere in lateinamerikanischen Ländern, stellt die Bevollmächtigung durch den Heiligen Geist ein zentrales Motiv für ihren Auszug aus der römisch-katholischen Kirche hin zur Pfingstbewegung dar. Ihnen genügt es nicht zu »empfangen«, sie haben auch die Sehnsucht, Geschichte zu »gestalten« und auf der Ebene von Ordinierten oder Laien Handelnde zu sein. Sie lehnen das Frauenbild ab, wonach Frauen Elend geduldig ertragen sollten. Sie sehen nicht ein, dass ihre einzige Rolle darin bestehen soll, das Bild der Maria widerzuspiegeln, an der Benedikt die »Haltungen des Hörens, des Aufnehmens, der Demut, der Treue, des Lobpreises und der Erwartung« her-

---

29 Ebd., 118.
30 Ebd., 146.
31 Ebd.
32 Cheryl Bridges Johns, Pentecostal Formation. A Pedagogy Among the Oppressed, Sheffield 1993, 65.

vorhebt.³³ Sie hinterfragen die Vorstellung, wonach die Frauen in besonderer Weise die Rolle der Kirche als »Empfangende«, als der Braut Christi, widerspiegeln sollen. Sie sehen sich nämlich nicht nur dazu ermächtigt, die Braut Christi darzustellen (wozu alle Christen berufen sind), sondern auch dazu, das Bild Christi in der Welt zu sein. Diese starken Frauen tragen »geistliche Kleidung«, die ihnen eine ontologische Identität als Priesterinnen und Prophetinnen gibt. Sie sind daher frei zu handeln, als Pastorinnen und Bischöfinnen zu leiten und sich an der geistlichen Kampfführung zu beteiligen.

In der Zwei-Drittel-Welt sind Glaubensgemeinschaften oftmals die Kraftzentren im Leben eines Gläubigen. Diese Vorposten des Gottesreiches bieten eine *communio sancta* im Gegenüber zu einer profanen und oft gewalttätigen Welt an. Täglich wird gemeinsam Gottesdienst gefeiert, und die Gemeinschaft der Heiligen tritt an die Stelle aller anderen Beziehungen. Die »Brüder« und »Schwestern« in der Familie der Christen bestimmen ihre Identität. Die korporative Identität und das Einssein von Christus und der Kirche werden genährt von der Leidenschaft für das Reich Gottes.

Im Unterschied dazu steht die Pfingstbewegung im Westen, besonders in den Vereinigten Staaten, in der Gefahr, dem Individualismus zu erliegen und die wahre Gemeinschaft zu verlieren. Der offene ekklesiale Prozess, der sich einer Kultur des Narzissmus hingegeben hat, hat die bitteren Früchte des Hyperindividualismus, der Entfernung von Bibel und Tradition und der Identifizierung des christlichen Glaubens mit einem extremen Patriotismus geerntet. In diesem Zusammenhang bildet Benedikts Leidenschaft für die Einheit der Kirche und für ihre zeitlose organische Einigung mit Christus ein wichtiges Korrektiv.

Angesichts des Mangels an kirchlicher Identität unter Pfingstlern ruft Simon Chan dazu auf, sich eine »ekklesiale« statt einer »individuellen Pneumatologie« anzueignen. Dabei liegt der Brennpunkt des Wirkens des Heiligen Geistes nicht im einzelnen Christen, sondern in der Kirche. »Auf Christus getauft zu sein«, meint für Chan »einem geisterfüllten, vom Geist bevollmächtigten Gebilde eingegliedert zu werden«.³⁴ In einer »pneumatischen Ekklesiologie« verschmelzen die »Kirche von unten«, die Menschen als in der Geschichte Handelnde ermächtigt, und die »Kirche von oben«, in der das sakramentale Geheimnis des Gebildes als Ganzes betont wird.

Bei seiner Bischofsweihe zum Erzbischof von München in der Pfingstvigil am 28. Mai 1977 brachte Ratzinger seine Leidenschaft für die Kirche mit den

---

33 Kongregation für die Glaubenslehre, Schreiben an die Bischöfe der Katholischen Kirche über die Zusammenarbeit von Mann und Frau in der Kirche und in der Welt, 31. Juli 2004, § 16.
34 Simon Chan, Pentecostal Theology, 99.

Worten zum Ausdruck: »Wir alle sehnen uns nach einer pfingstlichen Kirche, in der der Geist regiert und nicht der Buchstabe, nach einer Kirche, in der Verständnis die Zäune niederreißt, die wir zwischen uns aufgerichtet haben. Wir sind ungeduldig mit einer Kirche, die so unpfingstlich, so ungeistlich, so eng und furchtsam zu sein scheint«. Pfingstler können in die Leidenschaft für solch eine Kirche nur einstimmen.

4 Leidenschaft für die Wahrheit

Benedikts Liebe zur Wahrheit hat die meisten seiner Energien und seine meiste Zeit in Anspruch genommen, zugleich ist sie der Anlass zu den meisten Kontroversen gewesen. Seiner Überzeugung nach hat die Kirche für die Wahrheit einzutreten und sich dem allezeit andrängenden Relativismus entgegenzustellen. Benedikt brachte seine Enttäuschung über die Präambel des Europäischen Verfassungsvertrages zum Ausdruck, wenn er den Relativismus als den »Ausgangspunkt« eines faktisch zur Ausblendung der Religion führenden Prozesses identifizierte. Blinder Relativismus »wird hier nun seinerseits zum Dogmatismus, der sich im Besitz der endgültigen Vernunfterkenntnis wähnt.«[35] Nach Benedikt missachtet Europa die Tatsache, dass sein Grund in der christlichen Wahrheit gelegt ist, und es hat auf diese Weise eine Kultur geschaffen, »die in einer bisher nirgendwo in der Menschheit gekannten Weise Gott aus dem öffentlichen Bewusstsein verbannt« hat.[36] Das Ergebnis dieses Vorgangs, bei dem Gott auf die Ebene subjektiver Entscheidungen verbannt wird, ist eine »rein funktionale Rationalität«, die »zugleich eine Erschütterung des moralischen Bewusstseins mit sich gebracht [hat], die gleichfalls im Vergleich mit allen bisherigen Menschheitskulturen neu ist«.[37] In einem solchen Kontext verschwindet der Wahrheitsbegriff, und nichts wird mehr als in sich gut oder böse verstanden.

Für Benedikt ist es der *Logos*, der als die Quelle der Wahrheit dient. »Die Christenheit«, schreibt Benedikt, »muss stets in Erinnerung behalten, dass sie die Religion des *Logos* ist. Sie ist der Glaube an den ›Creator Spiritus‹, an den Schöpfergeist, von dem alles ausgeht, was existiert«.[38] Genau darin liegt die philosophische Stärke des christlichen Glaubens. Die Wahrheit hat

---

35 Joseph Ratzinger, Europa in der Krise der Kulturen, 77f.
36 Ebd., 66.
37 Ebd.
38 Joseph Ratzinger, Christian Morality, in: John Thornton (Hg.), The Essential Pope Benedict XVI, San Francisco 2007, 334.

damit ihre Wurzel in einer zeitlosen und transzendenten Quelle, die sich dem Relativismus widersetzt.

Weil die Wahrheit ihren Grund im ewigen *Logos* hat, dem die Kirche auf geheimnisvolle und sakramentale Weise eingefügt ist, besteht die Berufung der Kirche darin, treue Zeugin und Bewahrerin der Wahrheit zu sein. Diesen Auftrag führt die Kirche nach innen durch Unterweisung, nach außen durch die Verkündigung des Evangeliums sowie dadurch aus, dass sie ihren Beitrag leistet »zur Reinigung der Vernunft und zur Weckung der sittlichen Kräfte [...], ohne die rechte Strukturen weder gebaut werden noch auf Dauer wirksam sein können«.[39]

Wenn Ratzinger unterstreicht, dass die Religion der beständigen Reinigung durch die Vernunft bedarf, so weist er zugleich darauf hin, dass »auch die Vernunft dazu ermahnt werden muss, innerhalb ihrer rechtmäßigen Grenzen zu bleiben, und sie sich eine Bereitwilligkeit aneignen muss, auf die großen Traditionen der Menschheit zu hören«.[40] Von daher besteht zwischen Religion und weltlicher Philosophie eine dialektische Beziehung. In seinem im Jahr 2004 mit Jürgen Haberma geführten Dialog über die »Vorpolitischen Grundlagen des demokratischen Rechtsstaates« führt dieser aus: »Die Erwartung einer fortdauernden Nicht-Übereinstimmung von Glauben und Wissen verdient [...] nur dann das Prädikat ›vernünftig‹, wenn religiösen Überzeugungen auch aus der Sicht des säkularen Wissens ein epistemischer Status zugestanden wird, der nicht schlechthin irrational ist«.[41] In diesem Dialog rief Ratzinger unter ausdrücklicher Anerkennung der oftmals zerstörerischen Kraft der Religion in der Welt dazu auf, die Zuverlässigkeit der Vernunft zu hinterfragen. Schließlich war es die menschliche Vernunft, so Ratzinger, die die Atombombe schuf, und es war menschlicher Erfindungsreichtum, der das menschliche Genom zu einer Sache der Selektion machte.

Pfingstler können zustimmen, dass die Vernunft der Reinigung bedarf. Der menschliche Verstand steht, auch in seinem Dienst als Führer im geschichtlichen Handeln, unter der Einwirkung der Sünde. Die kritische Vernunft, wie klug sie auch sei, ist dem der Ausrichtung auf das menschliche Gemeingut entgegenstehenden Willen zur Macht und zur Durchsetzung von Eigeninteressen unterworfen. Die Macht der Sünde vermag das Unvernünftige vernünftig erscheinen zu lassen und das Böse zu rechtfertigen. Ratzinger hat dies als die »Pathologien der Vernunft« bezeichnet.[42]

---

39 Joseph Ratzinger, Deus Caritas Est, a.a.o., § 29.
40 Joseph Ratzinger, Handing on the Faith, 77.
41 Jürgen Habermas/Joseph Ratzinger, Dialektik der Säkularisierung. Über Vernunft und Religion, hrsg. von Florian Schuller, Bonn 2005, 35.
42 Ebd., 56.

Für Pfingstler bedarf die Vernunft der Reinigung durch das kritische Wirken des Heiligen Geistes. Menschliche Vernunft und Sprache bedürfen der Selbstbescheidung. Das kritische Wirken des Heiligen Geistes dringt tief in die menschliche Psyche vor, wobei die Erscheinungsweisen der Finsternis, die das Gewebe der menschlichen Existenz umgeben, entlarvt werden. Eine solche Kritik ruft nach dem Hervortreten eines »neuen Subjekts«, dessen Denkweise teilhat an der Denkweise des Heiligen Geistes. Das Unterscheiden wird zu einem wesentlichen Erkenntnismodus, der unter Inanspruchnahme der menschlichen Vernunft diese einer noch höheren Kritik, nämlich der des Heiligen Geistes, unterwirft. In diesem Sinne markiert das Sprachengebet die Grenzen menschlicher Diskursivität und Vernunft. Es symbolisiert die Umkehrung der Geschehnisse von Babel in eine neue Schöpfungsordnung. Die Vernunft wird erneuert und zu einer »teilhabenden« Vernunft, die von ihrem der Selbstbestimmung verschriebenen Programm und ihrem verdunkelten Verstehen gereinigt und damit zugleich befähigt wird, sich selbst in allen Formen der menschlichen Erkenntnis Ausdruck zu geben.

Gegenwärtig wird viel über den Untergang dessen, was die »Ära des Protestantismus« genannt wurde, spekuliert. Diese auf Reformation und Aufklärung folgende Periode bescherte der Menschheit die Gaben der Befreiung von der »Knechtschaft der Kirche« und der Demokratisierung des politischen Lebens im religiösen wie im säkularen Raum. Zugleich handelte es sich um eine Ära, die Zeuge des Aufstiegs einer säkularen Welt wurde, die ohne alle religiöse Untermauerung ist. In eben dieser Zeit wurde die Natur ihres sakramentalen Status entkleidet und das menschliche Leben zu einem Gebrauchsgut. Vor dem Hintergrund dieses Dilemmas, das er schon 1948 zu beobachten begann, forderte Paul Tillich eine dialektische Beziehung zwischen der säkularen Welt und der »Gestalt der Gnade« ein.[43] Obwohl er auf eine Fortsetzung der »protestantischen Ära« hoffte, dämpfte er selbst diese Hoffnung mit seinem Ruf nach einem erneuerten Sinn für die »Theonomie«. Dieser Begriff bezog sich bei ihm auf die Schaffung einer »Kultur, in welcher der letzte Sinn der Existenz durch alle endlichen Formen des Denkens und Handelns durchscheint. Die Kultur ist transparent, und ihre Schöpfungen sind Gefäße für einen geistigen Inhalt«.[44]

In vielerlei Hinsicht stellt die Pfingstbewegung ein Signal für das Ende der protestantischen Ära dar. Sie verweist auf eine Wiederverzauberung nicht nur des christlichen Glaubens, sondern auch der natürlichen Welt. Vor diesem Hintergrund können Pfingstler und Katholiken vielleicht gemeinsam eine

---

43 Paul Tillich, Der Protestantismus. Prinzip und Wirklichkeit, Stuttgart 1950, 258.
44 Ebd., 17.

neue Theonomie anbieten, die die von der Säkularisierung zurückgelassene spirituelle Leere füllt. Gemeinsam können wir zugehen auf die Vision, in der das Leben heilig ist und in der es für die Menschheit möglich ist, als »geistdurchwirktes Fleisch« zu leben, das heilig ist vor dem Herrn. Mit der Eucharistie als Symbol des »vergöttlichten Fleisches« könnten wir gemeinsam einer Welt, die verzweifelt in sich selbst zusammenstürzt, eine Hoffnung anbieten.

Schließlich ist es unmöglich, über das Wesen der Wahrheit zu reden, ohne die Bedeutung der Bibel anzusprechen, die in der Erkenntnis des Einen, der »der Weg, die Wahrheit und das Leben« ist (Joh 3,16), die primäre normative Handlungsinstanz bildet. Pfingstler stehen Benedikts Verständnis von der organischen Einheit der Bibel und der Kirche näher als die meisten Protestanten. Pfingstler sehen gemeinsam mit Benedikt die Bibel als Teil eines größeren »anhaltend unausforschlichen Offenbarungsvorgangs«. Gleichwohl sieht Benedikt das »Copyright« der Bibel bei der Kirche, weil die Bibel »Teil eines lebendigen Organismus ist, durch den sie überhaupt erst ins Dasein kam«.[45] Dem entgegnen Pfingstler, dass das »Copyright« der Bibel beim Heiligen Geist liegt, der das Wort in der Kirche beständig vergegenwärtigt. Die Kirche ist damit Haushalter des Wortes Gottes.

Für Pfingstler ist es weiterhin wichtig, eine enge Verbindung zwischen Geist und Wort zu sehen. Die Verschmelzung von Geist und Wort erweckt die Heilige Schrift zum Leben und vergegenwärtigt sie, wobei Raum und Zeit transzendiert werden. Die Schrift führt Menschen in die Wahrheit. Steven Land hat darauf hingewiesen, dass die Beziehung zwischen Geist und Wort für Pfingstler »auf der Beziehung basiert, die der Heilige Geist zu Christus hat. Genau so wie der Geist Christus in Maria Gestalt gab, so gebraucht der Geist die Schrift, um Christus in den Gläubigen Gestalt zu geben, und umgekehrt«.[46]

Des Weiteren ist das Werk des Heiligen Geistes für Pfingstler nicht darauf beschränkt, die Heilige Schrift zu erleuchten (wie das vielfach unter Evangelikalen vertreten wird). Das Wort existiert auf dynamische Weise in der Kirche. Häufig wird jedoch das Geist-Wort in hohem Maße individualisiert und dem Urteil der Kirche entzogen. Vor diesem Hintergrund bedeutet für Simon Chan die dynamische Gegenwart des Wortes, »dass die Verbindung zwischen Christus, der Wahrheit und dem Haupt der Kirche einerseits sowie der kirchlichen Tradition andererseits weit tiefgreifender ist als, gemeinhin im Protestantismus anerkannt wird«.[47] Er fragt nach einem sachgemäßeren Zugang, der das Geist-Wort in der kirchlichen Gemeinschaft und in der Feier

---

45 Joseph Ratzinger, Handing on the Faith, 112.
46 Steven Land, Pentecostal Spirituality. A Passion for the Kingdom, Sheffield 1993, 100f.
47 Simon Chan, Pentecostal Theology, 106.

der Eucharistie verortet, um »eine überzogene Erleuchtungslehre zu vermeiden und die Dynamik des Wortes zu bewahren«.[48] Weiter schreibt Chan, dass »nur innerhalb ihrer kirchlichen Verortung Geist und Wort ihre Dynamik und Kontinuität bewahren können. Christus als die Wahrheit in der Kirche verwirklicht sich in der Eucharistie, wo er sakramental gegenwärtig ist. Christus, die Wahrheit, wird in der Kirche vergegenwärtigt durch das Wirken des Geistes in der Verkündigung des Wortes und im Sakrament«.[49]

5 Der Weg nach vorn

Als vor vielen Jahrzehnten der Präsident des Princeton Theological Seminary, John Mackay, über die Zukunft des Christentums nachdachte, traf er eine verblüffende Aussage: »Die Zukunft des Christentums könnte in einem reformierten Katholizismus und in einer reifen Pfingstbewegung liegen«.[50] 1969 schenkten nur wenige dieser Zukunftsvorhersage Glauben. Heute gibt es, ungeachtet der Frage, inwieweit sich der Katholizismus reformiert hat und die Pfingstbewegung gereift ist, nur noch wenig Streit darüber, in welcher Richtung die Zukunft der Christenheit liegt. Mit einer gemeinsamen Leidenschaft für Christus, für die Kirche und für das Evangelium vermögen diejenigen, die »einstmals Feinde« waren, zu lernen, einander aufrichtig zu lieben und einer von Wunden geplagten Welt Hoffnung anzubieten. Dann können wir gemeinsam mit Papst Benedikt XVI. sprechen: »Christus ist unsere Hoffnung«.

---

48 Ebd., 107.
49 Ebd.
50 John Alexander Mackay, Christian Reality and Appearance, Richmond 1969, 88f.

Heilung vom Relativismus.
Die Liturgie als performatives Wahrheitszeugnis
Geoffrey Wainwright

Wahrheit, Güte und Schönheit: auf diese drei ist der klassischen Überlieferung nach das allgemeine menschliche Bestreben ausgerichtet, auch wenn die Frage, was genau unter diesen Begriffen zu verstehen sei, heftig umstritten ist. Seit Platon sind unzählige philosophische Diskussionen dazu geführt worden. Auch Kants drei Kritiken beschäftigen sich jeweils mit der Erkenntnistheorie, der Ethik und der Ästhetik. Sogar Sprichwörter und beliebte Redewendungen weisen in die Richtung einiger der damit verbundenen Fragestellungen. Ich nenne hier nur drei: »Schönheit liegt im Auge des Betrachters«; Die Schönheit von jemandem mag »ohne jeglichen Tiefgang« sein; »Über Geschmack lässt sich nicht streiten«. Ist Schönheit tatsächlich lediglich ein Konstrukt des Betrachters? Oder liegt sie in einem bestimmten Maß im wahrgenommenen Objekt selbst, während sie zugleich in Beziehung steht zu anderen Qualitäten, sofern diese einer Person zu eigen sind? Und unterliegen Geschmäcker wirklich keinen äußeren Beurteilungsmaßstäben, ob diese nun gesellschaftlich gebildet oder im Wesen des Seins begründet seien? Noch einmal: es bleibt zu fragen, in welcher Beziehung diese drei zueinander stehen: Wahrheit, Güte und Schönheit. Was meinte John Keats, wenn er sagte: »Schönheit ist Wahrheit, und Wahrheit ist Schönheit«,[1] sofern wir jetzt einmal annehmen, dass Güte keine Kategorie war, die sich auf die griechische Urne seiner Ode bezog? Worin bestand für Schiller die Beziehung zwischen der ästhetischen Begnadung und dem moralischen Wert, also zwischen »Anmut und Würde«, und wie verhalten sich diese beiden zur Vernunft? Hatte Iris Murdoch Recht, wenn sie die »Souveränität des Guten über andere Konzepte« behauptete?[2] Einige Denker der Spätmoderne sind so weit gegangen, sich ganz von den ihrer Auffassung nach zusammenhanglosen Kategorien Wahrheit, Güte und Schönheit zu verabschieden – oder sie, damit Zusammenhanglosigkeit nicht ein Schaden sei, als »totalitär« und damit »hegemonial« anzusehen. Doch das würde bedeuten, ganz aus dem Spiel auszusteigen, während doch die Bestrebungen der Menschen weiterhin da sind: die meisten Menschen scheinen das Gute, Wahre und Schöne zu suchen – zumindest entsprechend ihrem eigenen Licht und im Verfolgen ihrer eigenen Interessen. Die dabei auftretenden Konflikte

---

1 Aus seiner »Ode an eine griechische Urne«.
2 Iris Murdoch, The Sovereignty of Good over Other Concepts, Cambridge 1967.

könnten der Tatsache geschuldet sein, dass diese Suche in die falsche Richtung geht, vor allem wenn Wahrheit, Güte und Schönheit eine objektive Quelle, ein Maß und ein Ziel haben.

Nach christlicher Lehrauffassung ist es der Endzweck des Menschen, »Gott zu verherrlichen und sich für immer an ihm zu erfreuen«. So zumindest formuliert es im 17. Jahrhundert der Westminster-Katechismus. An einigen Stellen meint Irenäus von Lyon, dass Ursprung und Ziel der Menschheit in Gott liegen, der die Menschen in sein »Ebenbild« erschaffen hat und sie dazu einlädt, in die »Gottähnlichkeit« hineinzuwachsen.[3] Die Wahrheit wird entdeckt, wenn die geschaffene Wirklichkeit im Licht und in der Natur ihres Schöpfers erscheint. Güte wird erlangt, wenn mit Personsein begabte Geschöpfe gemäß dem Wesen und Zweck ihres Schöpfers für sie leben und handeln. Schönheit tritt zutage, wenn die materielle und geistige Schöpfung dem göttlichen Plan entsprechend gestaltet wird. Das Evangelium von Jesus Christus bietet der menschlichen Suche nach Wahrheit, Güte und Schönheit Neu-Orientierung, also Neu-Ausrichtung.

Die radikale Infragestellung dieser Ausrichtung auf das Gute, Wahre und Schöne ist der Relativismus. In seiner Ansprache an das Kardinalskollegium am Vorabend seiner Wahl zum Bischof von Rom sprach Joseph Ratzinger kritisch von der gegenwärtigen »Diktatur des Relativismus«. Ein solcher Relativismus manifestiert sich nicht nur in der Philosophie und in der Gesellschaft, sondern auch in den Künsten. Er steht im Widerspruch zum christlichen Glauben, für den Wahrheit, Güte und Schönheit zu jeder Zeit und an jedem Ort ihren Grund im dreieinigen Gott haben, der alle Dinge geschaffen hat und seinen menschlichen Geschöpfen ein Ziel gegeben hat. Die Herausforderung des Relativismus ruft nach einer Erwiderung von Christen, die in letzter Konsequenz der ganzen Menschheit dient. Die Antwort könnte auf Ressourcen zurückgreifen, die intellektueller und ethischer Natur sind, zugleich aber auch in der liturgischen Tradition der Kirche aufbewahrt sind. Für die theologische Vision Joseph Ratzingers sind die kosmische, historische und eschatologische Dimension des christlichen Gottesdienstes von zentraler Bedeutung. Es sind diese Dimensionen, die ich im Folgenden daraufhin untersuchen möchte, wie der Papst sie zur Krise der Spätmoderne in Beziehung setzt.

Als Theologe hat Joseph Ratzinger liturgische Fragen im Zuge eines eher allgemeinen Nachdenkens verschiedentlich berührt. In gelegentlichen Beiträgen hat er sich konkreter mit der Liturgie als Thema beschäftigt. Diese Beiträge sind in den Bänden *Das Fest des Glaubens* (1981) und *Ein neues Lied für den Herrn*

---

3   Vgl. Eric Osborn, Irenaeus of Lyon, Cambridge 2001, 211–216.

(1995) zusammengestellt.⁴ Sie finden ihre Synthese in Ratzingers am stärksten systematischen Werk auf diesem Gebiet, seinem Buch *Der Geist der Liturgie* (2000), weshalb ich mich im Folgenden vor allem auf dieses Buch beziehen werde.⁵ Der Buchtitel – der den vielgeschätzten klassischen Text von Romano Guardini *Vom Geist der Liturgie* (1918) aufnimmt – lässt sich als Hinweis auf Ratzingers Einschätzung verstehen, dass die römisch-katholische Kirche selbst sowie ihre liturgische Praxis der Wiederentdeckung bestimmter Qualitäten, ja konkreter Charakteristika bedürfen, die, im Übereifer der Reform auf der vermeintlichen Grundlage des Zweiten Vatikanischen Konzils, dem »Zeitgeist« geopfert worden sind.⁶

1 Die Krise der gegenwärtigen Kultur

Da die Beschäftigung mit der Liturgie auch Fragen der Ikonographie und der Kirchenmusik einschließt, überrascht es nicht, dass Ratzinger seine Analyse der Moderne gelegentlich in den Horizont der Künste einschreibt. Wir werden als Erstes einen Blick auf die darstellenden Künste sowie auf das Phänomen werfen, das Ratzinger als »Krise der Sakralen Kunst« im Westen, als eine »Krise der Kunst überhaupt« bezeichnet.⁷ Danach wollen wir auf die Herausforderung hören, die der Musik durch »die Kulturrevolution der letzten Jahrzehnte« gestellt ist.⁸

1.1 Absurdität in der Kunst

Eine theologische Fundierung seiner kritischen Lesart der Gegenwartskunst verdankt Joseph Ratzinger dem orthodoxen Denker Paul Evdokimov: »Das

---

4 Joseph Ratzinger, Das Fest des Glaubens. Versuche zur Theologie des Gottesdienstes, 3. Aufl. Einsiedeln 1993; ders., Ein neues Lied für den Herrn. Christusglaube und Liturgie in der Gegenwart, Freiburg i.Br. 2007.
5 Joseph Ratzinger, Der Geist der Liturgie. Eine Einführung, 2. Aufl. Freiburg i.Br. 2006.
6 Um meine grundsätzliche Sympathie mit der liturgischen Vision Joseph Ratzingers herauszustellen, sei es an dieser Stelle, unter Verzicht auf wiederholte spätere Nennungen, erlaubt, einige meiner eigenen Beiträge aufzuführen, die sich in der Schnittfläche von Systematischer Theologie und Liturgie bewegen: Eucharist und Eschatology, London 1971; 2. Aufl. New York 1981; Doxology. The Praise of God in Worship, Doctrine, and Life, London und New York 1980; For Our Salvation. Two Approaches to the Work of Christ, Grand Rapids 1997; Worship With One Accord. Where Liturgy and Ecumenism Embrace, New York 1997; Babel, Barbary, and the Word made Flesh. Liturgy and the Redemption of the World, in: Antiphon. A Journal for Liturgical Renewal 3.3 (1998) 5–14 (jetzt auch in: Embracing Purpose. Essays on God, the World and the Church, Peterborough 2007, 17–32); Christian Worship. Scriptural Basis and Theological Frame, in: Geoffrey Wainwright/Karen Westerfield Tucker (Hg.), The Oxford Handbook of Christian Worship, New York/Oxford 2006, 1–31.
7 Joseph Ratzinger, Der Geist der Liturgie, 112.
8 Ebd., 126f.

Licht des ersten Tages und das Licht des achten Tages berühren sich in der Ikone … In der Schöpfung selbst ist schon jenes Licht da, das dann am achten Tag in der Auferstehung des Herrn und in der neuen Welt zu seiner vollen Helligkeit kommt, uns den Glanz Gottes sehen lässt«.[9] In der christlichen Kunstgeschichte gibt es bis zum Ende der Romanik »keinen *wesentlichen* Unterschied zwischen Ost und West, was die Frage des Bildes angeht … Immer ist es – auch am Kreuz – der auferstandene Christus, auf den die Gemeinde als den wahren Orients hinblickt«.[10] Mit dem Aufkommen der Gotik jedoch wird nicht mehr der Pantokrator dargestellt – »der Weltherrscher, der uns in den achten Tag hineinführt. Er wird abgelöst durch das Bild des Gekreuzigten in seinem schmerzvollen Leiden und Sterben«.[11] Noch einmal wird Evdokimov dahingehend zitiert, dass »die im Westen geschehene Wende vom Platonismus zum Aristotelismus« hierfür eine Rolle gespielt habe:

> Der Platonismus sieht die sinnlichen Dinge als Abschattungen ewiger Urbilder an, in ihnen können und sollen wir die Urbilder erkennen und uns durch sie zu ihnen erheben. Der Aristotelismus lehnt die Ideenlehre ab. Das Ding, zusammengesetzt aus Materie und Form, steht in sich selber; durch Abstraktion erkenne ich die Gattung, der es zugehört. An die Stelle des Sehens, dem das Übersinnliche im Sinnlichen sichtbar wird, tritt die Abstraktion. Das Verhältnis des Geistigen und des Materiellen ist verändert und damit die Haltung des Menschen der ihm erscheinenden Wirklichkeit gegenüber.[12]

Soviel ist zuzugeben: Die mittelalterliche Kunst speiste sich aus einer im Volk verbreitenden Verehrung der Leiden des Mensch gewordenen Gottes und verstärkte diese Verehrung ihrerseits wieder. Und doch möchte Ratzinger in seiner Lesart der Geschichte des Westens »die herrliche Kunst der gotischen Glasmalerei« nicht dem Vergessen anheimgeben:

> Die Fenster der gotischen Kathedralen halten das grelle Licht von außen ab, bündeln es und lassen in ihm die ganze Geschichte Gottes mit den Menschen von der Schöpfung bis zur Wiederkunft durchscheinen. Die Wand selbst wird im Zusammenspiel mit der Sonne zum Bild, zur Ikonostase des Westens, die dem Raum eine Sakralität verleiht, die selbst den Agnostiker ans Herz rührt.[13]

Demgegenüber tat die Renaissance »einen ganz neuen Schritt. Sie ›emanzipiert‹ den Menschen. Nun entsteht das Ästhetische im modernen Sinn – die

---

9   Ebd., 106.
10 Ebd., 107.
11 Ebd., 108.
12 Ebd.
13 Ebd., 110f.

Schau der Schönheit, die nicht mehr über sich selbst hinausweisen will, sondern als Schönheit des Erscheinenden sich letztlich selbst genügt. Der Mensch erfährt sich in seiner ganzen Größe, in seiner Autonomie«.[14] Die Barock-Kunst wiederum regte, inspiriert durch das Konzil von Trient, eine »Erneuerung von innen [...] zu einem neuen Sehen« an: »Das Altarbild ist wie ein Fenster, durch das die Welt Gottes zu uns hereintritt; der Vorhang der Zeitlichkeit wird aufgezogen, und wir dürfen einen Blick in das Innere der Welt Gottes tun. Diese Kunst will uns wieder in die himmlische Liturgie mit hineinbeziehen«.[15] Diese Atempause fand mit der Aufklärung ihr Ende, die »den Glauben in eine Art von intellektuellem und auch gesellschaftlichem Ghetto abgedrängt [hat]; die aktuelle Kultur wandte sich von ihm [dem Glauben] weg und ging einen anderen Weg, so daß der Glaube sich entweder in den Historismus, die Nachahmung des Vergangenen, flüchtete oder sich in Anpassungen versuchte oder sich in Resignation und kultureller Abstinenz verlor«.[16]

So erleben wir heute »nicht nur eine Krise der Sakralen Kunst, sondern eine Krise der Kunst überhaupt« in früher so nicht gekanntem Ausmaß, wobei diese Krise »wiederum ein Symptom [ist] für die Krise des Menschseins«,

> das gerade in der äußersten Steigerung der materiellen Weltbeherrschung in eine Erblindung gegenüber den das Materielle überschreitenden Orientierungsfragen des Menschen geraten ist, die man schon geradezu als Erblindung des Geistes bezeichnen kann. Auf die Frage, wie wir leben sollen, wie wir das Sterben bewältigen können, ob unser Dasein ein Wozu hat und welches, auf all diese Fragen gibt es keine gemeinsamen Antworten mehr. Der Positivismus, im Namen der wissenschaftlichen Ernsthaftigkeit formuliert, verengt den Horizont auf das Belegbare, auf das im Experiment Nachweisbare; er macht die Welt undurchsichtig ... Kunst wird Experimentieren mit selbstgeschaffenen Welten, leere »Kreativität«, die den Creator Spiritus – den Schöpfergeist – nicht mehr wahrnimmt. Sie versucht, seine Stelle einzunehmen, und kann dabei doch nur das Willkürliche und das Leere produzieren, dem Menschen die Absurdität seines Schöpfertums zu Bewusstsein bringen.[17]

1.2 Das Chaos in der Musik

Nach Ratzingers Lesart entwickelt sich die Geschichte der Kirchenmusik sowie der westlichen Musik weithin parallel zum Weg der Ikonographie und der Bilderkunst. Im Osten wie im Westen der Kirche diente die Vokalmusik

---

14   Ebd.
15   Ebd., 111f.
16   Ebd., 112.
17   Ebd., 112f.

ursprünglich ganz zu Recht dem in der Verkündigung bezeugten Wort – zumindest bis zu dem Zeitpunkt, an dem die »künstlerische Freiheit« immer mehr Recht »auch im Gottesdienst« beanspruchte:

> Die Musik entfaltet sich nicht mehr aus dem Gebet heraus, sondern führt mit der nun beanspruchten Autonomie des Künstlerischen aus der Liturgie heraus, wird Selbstzweck oder öffnet ganz anderen Weisen des Erlebens und Empfindens die Tür; sie entfremdet die Liturgie ihrem wahren Wesen.[18]

Das Konzil von Trient griff in diesen Kulturstreit ein, um »die Wortbestimmtheit der liturgischen Musik« wieder zur Norm zu erheben und »die Differenz zwischen weltlicher und sakraler Musik« klarzustellen.[19] Ein Höhepunkt wurde in der römisch-katholischen und in der protestantischen Welt mit Bach, Haydn und Mozart erreicht. Doch auch die Gefährdungen zeichneten sich schon ab:

> Noch ist das Subjektive und seine Leidenschaft gebändigt durch die Ordnung des musikalischen Kosmos, in der sich die Ordnung der göttlichen Schöpfung selber spiegelt. Aber schon droht der Einbruch des Virtuosentums, die Eitelkeit des Könnens, die nicht mehr dienend im Ganzen steht, sondern sich selber in den Vordergrund rücken will.[20]

Philosophisch betrachtet gründete der kosmische Charakter der Musik in der Pythagoreischen Theorie, wie sie noch von Augustinus vertreten wurde, wonach der Kosmos »mathematisch gebaut, ein großes Zahlengefüge« ist und Schönheit »durch die sinnvolle innere Ordnung« entsteht. Goethe war noch überzeugt davon, »daß die mathematische Ordnung der Planeten und ihres Umlaufs einen verborgenen Klang in sich trage, der die Urform von Musik sei«. Die Musik, so Goethe weiter, »die der Mensch macht, müsse so der inneren Musik des Alls und seiner inneren Ordnung abgelauscht sein«.[21] Auch moderne Physiker, angefangen bei Kepler, Galilei und Newton, blieben bei einer »mathematische[n] Deutung des Alls«, die eine »technische Nutzung seiner Kräfte ermöglicht«. Doch das 19. Jahrhundert bewegte sich, was die Philosophie angeht, weg von der »Metaphysik«, die nun als überholt galt:

> Hegel hat nun Musik ganz als Ausdruck des Subjekts und der Subjektivität anzulegen versucht. Aber während bei Hegel noch immer der Grundgedanke der Vernunft als Ausgang und Ziel des Ganzen waltet, folgt bei Schopenhauer eine

---

18   Ebd., 125.
19   Ebd.
20   Ebd., 126.
21   Ebd., 131.

Umkehrung, die für die weitere Entwicklung folgenreich wurde. Die Welt ist von ihrem Grund her nicht mehr Vernunft, sondern »Wille und Vorstellung«. Der Wille geht der Vernunft voraus. Und Musik ist der ursprünglichste Ausdruck des Menschseins überhaupt, der der Vernunft vorausliegende reine Ausdruck des Willens, der die Welt erschafft.[22]

Das Resultat ist der Triumph des »Dionysischen« über das »Apollische« in der Musik mit der Rockmusik als dessen Inbegriff: Rock ist

> Ausdruck elementarer Leidenschaften, die in den Rockfestivals kultischen Charakter angenommen haben, den Charakter eines Gegenkultes zum christlichen Kult allerdings, der den Menschen im Erlebnis der Masse und der Erschütterung durch Rhythmus, Lärm und Lichteffekte sozusagen von sich selbst befreit, in der Ekstase des Zerreißens seiner Grenzen den Teilhaber aber sozusagen in der Urgewalt des Alls versinken lässt.[23]

Aufs Ganze gesehen stehen wir heute einer »anarchischen« Theorie und Praxis der »Kunst« gegenüber, der im Bereich der Philosophie der »Dekonstruktivismus« entspricht. Optimistisch betrachtet mag die »Auflösung des Subjekts« Menschen von heute helfen, die »maßlose Übersteigerung des Subjekts« zu überwinden.[24] Doch angesichts einer Gegenwartskultur, wie sie hier hinsichtlich ihrer Kunst analysiert wurde, wird Christen sicherlich mehr abverlangt, wenn es tatsächlich darum gehen soll, aufs Neue zu erkennen, »daß gerade die Beziehung auf den am Anfang stehenden Logos auch das Subjekt, nämlich die Person, rettet und sie zugleich in die wahre Beziehung der Gemeinschaft hineinversetzt, die letztlich in der trinitarischen Liebe gründet«.[25] Es ist dringend notwendig, »die Grundprinzipien einer dem Gottesdienst zugeordneten Kunst zu erkennen«.[26] Die vornehmste und grundlegende Aufgabe besteht darin, den Gottesdienst als Brennpunkt und als wirksamen Vollzug des gesamten Wesens, der Berufung und der Bestimmung sowohl der Menschheit als auch der Welt, in die wir gesetzt sind, zu verstehen und zu leben. Genau darum geht es dem Theologen Joseph Ratzinger, wenn er in seinen Texten die Rituale und Zeichen der christlichen Liturgie im Sinne einer »symbolischen Theologie« interpretiert, erklärt und erhebt.

---

22 Ebd., 133.
23 Zur Musik vgl. weiter Joseph Ratzinger, Das Fest des Glaubens, 86–111 (»Zur theologischen Grundlegung der Kirchenmusik«) sowie Ein neues Lied für den Herrn, 125–186.
24 Joseph Ratzinger, Der Geist der Liturgie, 133.
25 Ebd., 133f.
26 Ebd., 113.

2 Der christliche Gottesdienst: Seine kosmische, historische und eschatologische Dimension

Den Grundriss für seine Theologie des Gottesdienstes entnimmt Ratzinger der Bibel und der sich durch sie hindurch ziehenden Geschichte. Von diesem umfassenden Grundriss aus interpretiert und erläutert er konkrete in der Schrift bezeugte Ereignisse, Episoden, Aussprüche und Gesten, die in mehr oder weniger direkter Weise auf die Liturgie verweisen, wobei er stets deren Entsprechung zum großen Ganzen des biblischen Grundmusters aufweist. Dieses Grundmuster hat drei Dimensionen: die kosmische, die historische und die eschatologische. Schöpfung, Erlösung und Vollendung sind durchgängig aufeinander bezogene Themen. In den Worten des Irenäus: »Die Herrlichkeit Gottes ist der lebende Mensch, das Leben des Menschen aber ist es, Gott zu sehen.«[27] Und weiter führt Ratzinger aus: »Der Kult ist dazu da, diesen Blick zu vermitteln und so Leben zu geben, daß Ehre wird für Gott«.[28] Mitten in der Welt ist der Mensch geschaffen in das Ebenbild Gottes, wobei seine Bestimmung darin besteht (um es in den schon zitierten Worten des der reformierten Tradition entnommenen *Westminster-Katechismus* zu sagen), »Gott zu verherrlichen und sich für immer an ihm zu erfreuen«. Der Weg der Menschheitsgeschichte wird durch den dreieinigen Gott sowohl geleitet als auch korrigiert. Das einschneidende und entscheidende Ereignis auf diesem Weg ist die Menschwerdung, das Leben, Sterben und Auferstehen des Gottessohnes. Die Geschichte Gottes mit den Menschen erstreckt sich von Adam über Abel, Melchisedek, Abraham und Isaak, über Mose und den Auszug aus Ägypten, Josua und David, das verheißene Land, das Exil und die Rückkehr daraus bis zu Jesus, der, von Maria geboren, gekreuzigt wurde, auferstand und dessen Wiederkunft erwartet wird. Die Kirche des Neuen Bundes, vorgebildet schon im Alten Testament, befindet sich an der Schnittstelle von »Abbild« und »Wirklichkeit«, wo das Ende sich vorweg ereignet, wenn auch in einem »Spiegel«, in dem wir »rätselhafte Umrisse« sehen (1 Kor 13,12). Gegenüber einer überzogen realisierten Eschatologie verweist Ratzinger auf Leiden und Schmerzen, ja auf Sünde, Schuld und Sinnlosigkeit in der Welt des »noch nicht«. Zugleich gibt es Grund zur Hoffnung, weil die »neue Welt« bereits in der Auferweckung Christi angebrochen und die Verheißung Gottes, dass er schließlich »alles in allem« sein wird, gewiss ist.

Ratzinger konzentriert sich auf zwei große Zeichen mit liturgischem (und wesentlich christologischem) Verweischarakter, in denen sich die drei Dimensionen – die kosmische, die historische und die eschatologische – vereinigen:

---

27 Adversus Haereses, IV,20,7, zit. nach Joseph Ratzinger, Der Geist der Liturgie, 15.
28 Ebd.

zum einen die Sonne, zum anderen das Kreuz. Beide Zeichen haben ein Verhältnis sowohl zur Zeit als auch zum Raum.

2.1 Das Zeichen der Sonne

Ratzinger betont die traditionelle Ausrichtung der Christen nach Osten beim Gebet. Eine biblische Grundlage dafür lässt sich in Psalm 19 finden, wo es heißt, dass die Sonne »aus ihrem Gemach hervor[tritt] wie ein Bräutigam [...] Am einen Ende des Himmels geht sie auf und läuft bis ans andere Ende« (vv 6–7). Christen interpretieren diesen Psalm, der die Schöpfung und das Gesetz zum Gegenstand hat, im Blick auf Christus, »der das lebendige Wort, der ewige Logos und so das wahre Licht der Geschichte ist, das in Bethlehem aus dem Brautgemach der jungfräulichen Mutter herausgetreten ist und nun die ganze Welt erleuchtet.«[29] Derselbe Christus, der sich in der Auferstehung »erhob«, wird »vom Osten« her (Mt 24,27–31) wiederkommen. Ins Liturgische gewendet bedeutet dies:

> Daß man Christus in der aufgehenden Sonne symbolisiert findet, weist [...] auf eine eschatologisch bestimmte Christologie hin. Die Sonne symbolisiert den wiederkehrenden Herrn, den endgültigen Sonnenaufgang der Geschichte. Nach Osten beten bedeutet: dem kommenden Christus entgegen. Liturgie, die nach Osten gerichtet ist, vollzieht gleichsam das Eintreten in die Prozession der Geschichte auf ihre Zukunft hin, auf den neuen Himmel und die neue Erde zu, die in Christus uns entgegengehen. Sie ist Gebet der Hoffnung, Beten unterwegs in der Richtung, in die das Leben Christi, seine Passion und seine Auferstehung uns weisen.[30]

Die Ausrichtung im Gebet nach Osten bezeichnet damit die Tatsache, dass »Kosmos und Heilsgeschichte zusammengehören«: »Der Kosmos betet mit, auch er wartet auf die Erlösung. Gerade diese kosmische Dimension ist der christlichen Liturgie wesentlich. Sie vollzieht sich nie nur in der selbstgemachten Welt des Menschen. Sie ist immer kosmische Liturgie«.[31]

Was die liturgische Praxis angeht, hat Ratzinger die Maßgabe des Zweiten Vatikanischen Konzils, wonach der Priester die Liturgie *versus populum*, also der Gemeinde zugewendet, feiern soll, tief bedauert. Die mit dieser Praxis verbundene Hinwendung des Priesters nach Westen interpretiert er als missverstandene Folge topographischer Umstände, die beim Bau der Peterskirche in

---

29 Ebd., 60.
30 Ebd., 61.
31 Ebd., 61f.

Rom zu beachten waren.[32] Unter Berufung auf die Liturgiehistoriker Joseph Jungmann, Cyrille Vogel und Louis Bouyer zeigt Ratzinger, dass traditionell und theologisch der entscheidende Aspekt in der »Gleichrichtung von Priester und Volk [lag], die sich gemeinsam in der Prozession zum Herrn hin wussten. Sie schließen sich nicht zum Kreis, schauen sich nicht gegenseitig an, sondern sind als wanderndes Gottesvolk im Aufbruch zum Oriens, zum kommenden Christus, der uns entgegengeht«.[33]

Wie die Geschichte und der Kosmos in Christus miteinander verwoben sind, so sind auch Zeit und Raum im christlichen Kalender, dem Kirchenjahr, miteinander verbunden. Auch hier dient die Sonne zur Symbolisierung Christi, indem sie der Zeit ihren Rhythmus vorgibt, so wie sie dem Raum die Richtung vorgibt. Die Evangelienberichte legen Wert auf die Feststellung, dass es der »erste Tag der Woche« war, an dem die Auferstehung des Herrn entdeckt wurde (Mt 28,1; Mk 16,2; Lk 24,1; Joh 20,1). Hier hätte Justin zitiert werden können mit seiner Aussage, dass die Christen am nach der Sonne benannten Sonntag »alle gemeinsam die Zusammenkunft [abhalten], weil er der erste Tag ist, an welchem Gott durch Umwandlung der Finsternis und des Urstoffes die Welt schuf und weil Jesus Christus, unser Erlöser, an diesem Tage von den Toten auferstanden ist«.[34] Der gleichen Logik nach ist der Sonntag der »dritte Tag« (vgl. 1 Kor 15,4), »vom Kreuz her gesehen«. Ratzinger hält fest, dass im Alten Testament der dritte Tag »als der Tag der Theophanie, als der Tag des Eintretens Gottes in die Welt nach der Zeit der Erwartungen angesehen« wurde.[35] Schließlich ist der Sonntag bezogen auf die vorangehende Woche der »achte Tag« und damit nach der Bezeichnung der Kirchenväter »die neue Zeit, die mit der Auferstehung angebrochen ist«, »Zeichen der endgültigen Welt Gottes«.[36] So verkörpert der Sonntag »eine einzigartige Synthese von geschichtlicher Erinnerung, von Schöpfungsgedanken und von Theologie der

---

32 »Von den topographischen Umständen her ergab es sich, daß die Peterskirche nach Westen blickte. Wollte also der zelebrierende Priester – wie es die christliche Gebetsüberlieferung verlangt – nach Osten blicken, so stand er hinter dem Volk und schaute demgemäß – so ist die Schlussfolgerung – zum Volk hin. Aus welchen Gründen auch immer kann man im direkten Einflussbereich von St. Peter in einer Reihe von Kirchenbauten diese Anordnung sehen. Die liturgische Erneuerung des 20. Jahrhunderts hat diese vermutete Gestalt aufgegriffen und so aus ihr eine neue Idee der gottesdienstlichen Form entwickelt: Eucharistie müsse *versus populum* (zum Volk hin) zelebriert werden; der Altar müsse – wie es in der normativen Gestalt von St. Peter zu sehen sei – so aufgestellt werden, daß Priester und Volk sich gegenseitig anblicken und gemeinsam den Kreis der Feiernden bilden«, ebd., 67.
33 Ebd., 70.
34 Justin, Erste Apologie, § 67.
35 Joseph Ratzinger, Der Geist der Liturgie, 83.
36 Ebd., 84.

Hoffnung in sich«.[37] Er ist »der Tag, an dem der Herr unter die Seinen tritt und sie in seine ›Liturgie‹, in seine Verherrlichung Gottes einlädt und sich ihnen austeilt«.[38]

Im Rhythmus eines Jahres begegnen sich Kosmos und Geschichte in der am stärksten mit Bedeutung aufgeladenen Weise an Ostern, dem »christlichen Passahfest«, bei dem Berechnungen nach dem Mondkalender – mit dem Mond als »Symbol der Vergänglichkeit« – auch eine Rolle spielten. Mit dem Auszug aus Ägypten begann für Israel »sein eigener Weg als das Volk Gottes in der Geschichte.«[39] Christus interpretierte seinen Tod im Kontext des Passahfestes – der Bedeutung für die Geschichte, für die Menschheit und für die Welt haben würde – als seine »Stunde«. Der Theologe Ratzinger zitiert Papst Leo den Großen, der darauf hingewiesen hatte, dass Ostern »gemäß biblischer Weisung in den ersten Monat« zu fallen habe, genauer: in die Zeit, »in der die Sonne den ersten Abschnitt des Tierkreises durchschreitet – das Sternbild des Widders. Das Sternbild am Himmel schien im Voraus und für alle Zeiten von dem ›Lamm Gottes‹ zu sprechen, das die Sünde der Welt hinwegnimmt«.[40] An Ostern ist Vergänglichkeit »hineingehalten ins Unvergängliche. Tod wird zur Auferstehung und mündet in ewiges Leben hinein.«[41] »Die ›Stunde‹ Jesu zeigt sich auch uns immer wieder in der Einheit von kosmischer und geschichtlicher Zeit. Durch das Fest treten wir in den Rhythmus der Schöpfung und in die Ordnung der Geschichte Gottes mit dem Menschen ein«.[42]

Auch bei der kalendarischen Festsetzung der Feier von Weihnachten, dem anderen Brennpunkt des christlichen Jahreskreises (insofern Christen den einen Herrn Jesus Christus untrennbar als Mensch gewordenen Sohn und Erlöser bekennen) waren Faktoren von Bedeutung, die mit der Sonnenwende und der Tagundnachtgleiche zu tun haben (über die Details streiten die Gelehrten). Hieronymus wird mit den Worten zitiert: »Selbst die Kreatur gibt unserer Predigt recht, der Kosmos ist Zeuge für die Wahrheit unseres Wortes. Bis zu diesem Tag wachsen die finsteren Tage, von diesem Tag an nimmt die Finsternis ab ... Es wächst das Licht, es weicht die Nacht«.[43] Der entsprechende Tag der Verkündigung Marias – der 25. März – fällt einer alten Berechnung zufolge mit dem Tag der Schöpfung zusammen. Auf diese Weise dient »das

---

37 Ebd., 85.
38 Ebd., 83. Kapitel 4 des Buches *Ein neues Lied für den Herrn* ist der Bedeutung des Sonntags für Gebet und Leben des Christen gewidmet und beinhaltet eine gegenwartsbezogene Reflexion der Wochenendkultur und des christlichen Sonntags.
39 Joseph Ratzinger, Der Geist der Liturgie, 88.
40 Ebd., 86f.
41 Ebd., 88.
42 Ebd., 90.
43 Ebd., 94.

Kosmische dem Geschichtlichen, in dem erst dem Kosmos seine Mitte und sein Ziel geschenkt werden. Inkarnation bedeutet gerade auch die Bindung an den Ursprung, seine Einmaligkeit und seine – menschlich gesprochen – Zufälligkeit. Gerade sie ist uns Gewähr, daß wir nicht Mythen nachgehen, sondern daß Gott wirklich an uns gehandelt hat, unsere Zeit in seine Hände genommen hat, und nur über die Brücke dieses ›Einmal‹ können wir in das ›Immer‹ seiner Erbarmungen hineinkommen«.[44]

Auch die Jahreszeiten Frühling und Herbst sind in Christus miteinander verbunden. Das Johannesevangelium und der Hebräerbrief interpretieren die »Stunde« Christi nicht nur im Hinblick auf das Passah (im Frühling), sondern auch im Licht des Versöhnungstages (Herbst): »Der Herbst der untergehenden Zeit wird zum Neubeginn, aber auch das Frühjahr wird als Stunde seines Todes zum Verweis auf das Ende der Zeiten, auf den Herbst der Welt, in dem nach den Vätern Christus gekommen ist.« Die Lesetexte, in denen es um die Aussaat geht – die auch ein Bild für die Verbreitung des Evangeliums ist – lassen sich sowohl dem Frühjahr als auch dem Herbst zuordnen, denn das »Geheimnis der Hoffnung ist beide Male im Spiel und hat seine Tiefe gerade im sinkenden Jahr, das über den Untergang hinausführt auf einen neuen Anfang zu«:

> Diese Ansätze auszuleuchten und ins gemeinsame Bewusstsein der Christen auf beiden Seiten der Erdkugel zu bringen, könnte ein großes Werk wirklicher Inkulturation sein, in dem der Süden uns im Norden helfen könnte, neue Seiten in der Weite und Tiefe des Geheimnisses zu entdecken, und durch das wir beide seinen Reichtum neu empfangen könnten.[45]

Vergegenwärtigt man sich die von Ratzinger in Erinnerung gerufenen Symboliken, dann ist in soziologischer Perspektive einzuräumen, dass es in der Spätmoderne schwerfällt, den Einfluss der Sonne und der Jahreszeiten mit annähernd der gleichen Kraft zu erleben wie frühere Generationen. Der technologische Fortschritt lässt uns Zeit vor allem in Gebäuden verbringen, versorgt uns mit künstlichem Licht und mit einer vollen Auswahl an Lebensmitteln das gesamte Jahr hindurch. Doch inmitten der Umstrukturierung des Raumes sind wir immer noch auf vielerlei Weise angewiesen auf den geschaffenen »Kosmos«, wie die ökologischen Befürchtungen hinsichtlich der globalen Erwärmung und der Erschöpfung der Erdressourcen zeigen. Wir haben ein Erbe aus der Vergangenheit erhalten und tragen eine Verantwortung für die Zukunft. Darüber hinaus bleibt das Vergehen der Zeit eine unvermeidliche Erfahrung für jeden Menschen, und die »Geschichte« ist nicht weniger wirklich,

---

44 Ebd., 90; vgl. ebd., 50.
45 Ebd., 91f.

weil sie weltpolitische Ausmaße angenommen hat. Der universale Bezugsrahmen, der es uns erlaubt und von uns verlangt, diese Dinge in konsequenter, zusammenhängender Weise zu bedenken, ist weiterhin da. Die christliche Liturgie eröffnet einen Raum und darüber hinaus sowohl eine Gelegenheit zu aufmerksamer Wahrnehmung als auch Inspiration und Führung für eine dieser Wahrnehmung entsprechende Lebensweise.

2.2 Das Zeichen des Kreuzes

»Die grundlegende christliche Gebetsgebärde«, schreibt Joseph Ratzinger, »ist und bleibt das Kreuzzeichen«:

> Es ist ein körperlich ausgedrücktes Bekenntnis zu Christus dem Gekreuzigten gemäß dem programmatischen Wort des heiligen Paulus: »Wir verkündigen Christus als den Gekreuzigten, den Juden ein Ärgernis, den Heiden Torheit, den Berufenen aber – seien sie Juden oder Griechen – Christus, Gottes Kraft und Gottes Weisheit« (1 Kor 1,23f). Und noch einmal: »Ich wollte nichts unter euch wissen außer Jesus Christus und ihn als den Gekreuzigten« (2,2). Sich mit dem Zeichen des Kreuzes zu besiegeln, ist ein sichtbares und öffentliches Ja zu dem, der gelitten hat für uns; zu dem, der im Leib die Liebe Gottes bis zum Äußersten sichtbar gemacht hat; zu dem Gott, der nicht durch Zerstören, sondern durch die Demut des Leidens und der Liebe regiert, die stärker ist als alle Macht der Welt und weiser als alle berechnende Intelligenz der Menschen.[46]

Ein immer wiederkehrendes Bild in den Werken Ratzingers ist das Bild des durchbohrten Herzens des am Kreuz hängenden Christus (vgl. Joh 19,34–37). Aus der geöffneten Seite fließen mit dem Wasser und dem Blut nach Auffassung der Väter die Kirchenbegründenden Sakramente Taufe und Eucharistie. Das Bild des verwundeten Christus bleibt bis zum Ende erhalten, denn »jedes Auge wird ihn sehen, auch alle, die ihn durchbohrt haben« (Offb 1,7). »Und ich«, sagt Jesus, »wenn ich über die Erde erhöht bin, werde alle zu mir ziehen« (Joh 12,32). Ratzinger zitiert Laktanz aus dem 4. Jahrhundert: »Es spannte also Gott in seinem Leiden die Arme aus und umfaßte so den Erdkreis, um schon damals vorzudeuten, daß da vom Aufgang der Sonne bis zum Niedergang ein kommendes Volk sich versammeln werde unter seinen Flügeln«.[47] Ein Methodist mag an Charles Wesleys Lied *Jesus! The name high over all* erinnert werden, wo es heißt:

> The arms of love that compass me
> Would all mankind embrace.

---

46 Ebd., 152.
47 Ebd., 157.

Die kosmische Reichweite des Kreuzes Christi findet sich bereits bei Irenäus, dem »eigentliche[n] Begründer der Systematischen Theologie in ihrer katholischen Form«, der in seiner Schrift *Erweis der apostolischen Verkündigung* die Lehre des Paulus aus Eph 3,18f. aufnimmt: Danach ist der gekreuzigte Christus »selbst das Wort des allmächtigen Gottes, welches in unsichtbarer Gegenwart unser All durchdringt. Und deshalb umfasst es alle Welt, ihre Breite und Länge, ihre Höhe und Tiefe; denn durch das Wort Gottes werden alle Dinge in Ordnung geleitet. Und Gottes Sohn ist in ihnen gekreuzigt, indem er in der Form des Kreuzes allem aufgeprägt ist«.[48] Justin sah in seiner *Ersten Apologie* eine »Kreuzesprophetie« bereits in Platons Vorstellung von dem dem Kosmos eingezeichneten Kreuz (vgl. Timäus, 34ab und 36bc). Ratzinger erläutert:

> Platon hatte dies aus pythagoreischen Traditionen entnommen, die ihrerseits in Verbindung standen mit Überlieferungen des alten Orients. Es handelt sich zunächst um eine astronomische Aussage: Die beiden großen Gestirnsbewegungen, die die antike Astronomie kannte – die Ekliptik (der große Kreis auf der Himmelskugel, auf dem die scheinbare Bewegung der Sonne verläuft) und die Erdbahn –, schneiden sich und bilden zusammen den griechischen Buchstaben Chi, der wiederum kreuzförmig vorgestellt ist (also wie ein X). Dem Kosmos als Ganzen ist das Zeichen des Kreuzes eingeschrieben. Platon hatte dies – sachlich wieder älteren Überlieferungen folgend – mit dem Bild der Gottheit in Verbindung gebracht.[49]

Ratzinger erinnert weiter an die auch in der religiösen Überlieferung Indiens belegte Vorstellung, wonach ein kreuzförmiger Weltenbaum »das All zusammenhält«.[50] Aus allen diesen Zeichen zieht er den Schluss, dass der Kosmos »uns vom Kreuz [spricht], und das Kreuz enträtselt uns den Kosmos … Wenn wir die Augen auftun, lesen wir die Botschaft Christi in der Sprache des Alls, und umgekehrt: Christus schenkt uns, die Botschaft der Schöpfung zu verstehen«.[51]

In der Spätmoderne liefern uns die Naturwissenschaften spekulative Darstellungen vom Anfang und Ende des Kosmos – sowie von offenbar universalen Strukturen auf der makroskopischen und mikroskopischen Ebene –, die auf Beobachtungen und Berechnungen beruhen, die zuvor nicht zur Verfügung standen. Doch die allen Menschen gemeinsamen Fragen nach Richtung und Sinn sowie nach dem Leiden und dem moralischen Übel verstummen nicht. An dieser Stelle eröffnen sich mit Sicherheit Wege der Forschung, die Theo-

---

48 Ebd., 156.
49 Ebd., 155.
50 Ebd., 157.
51 Ebd., 156.

logen gemeinsam mit interessierten Naturwissenschaftlern verfolgen sollten, wenn wir mithilfe der christlichen Liturgie (wie Joseph Ratzinger es tut) die sich aufopfernde Liebe Gottes entdecken wollen, die dem Universum eingeschrieben ist und uns den Weg zur Erlösung erschließt. Es ist zu hoffen, dass Dichter, Musiker und bildende Künstler, die in dem semantischen Kontext arbeiten, der von Glauben, Lehre und Liturgie der Kirche gesetzt ist, zeitgemäße Wege finden werden, um als gültig bewährten neuen Einsichten so Ausdruck zu verleihen, dass das Denken und die Phantasie der Gemeinschaften, die in der heutigen Zeit Gottesdienst feiern, davon ergriffen werden.

3 Materie und Geist

Unser Ort im Universum, unser zeitliches Dasein als verleiblichte Geschöpfe, unsere Berufung zu einer ewigen Bestimmung in Gemeinschaft mit dem transzendenten Gott, sie alle werfen hinsichtlich Materie und Geist Fragen auf, denen in der christlichen Liturgie, die die kosmische, historische und eschatologische Dimension umfasst, eine Antwort geboten wird.

Joseph Ratzinger versteht den Gottesdienst im Grundsatz als λογική λατρεία, als »logosgemäßen Gottesdienst« in der Beteiligung von Leib, Seele und Geist. Im Lichte Christi gelesen weist die zitierte, in Röm 12,1f. zu findende Bemerkung auf zwei Aspekte hin: Erstens löst sie das alttestamentliche Paradox, das greifbaren Ausdruck in Psalm 50 mit seiner Spannung zwischen dem Tieropfer auf dem Altar des Tempels auf der einen und dem geistlichen Opferdienst des Herzens und der Lippen auf der anderen Seite gefunden hat. Zweitens entlehnt diese Bemerkung dem griechischen Denken die »Idee mystischer Vereinigung mit dem Logos, dem Sinn aller Dinge selbst«,[52] während zugleich die im Hellenismus liegende Versuchung zurückgewiesen wird, »den Leib im Wesenlosen« zurückzulassen.[53] So verstanden wurde der »geistliche Gottesdienst« – als ein christologisch fundierter Gottesdienst »im Geist und in der Wahrheit« (Joh 4,23; vgl. 7,39) – zu einer »christlichen Antwort auf die kultische Krise der gesamten antiken Welt«. Diese Antwort stellt auch weiterhin ein Mittel dar, um die im Relativismus wurzelnde Unordnung auf allen Ebenen einzudämmen und zurückzuweisen:

> Das »Wort« ist das Opfer, das Gebetswort, das aus dem Menschen aufsteigt und die ganze Existenz des Menschen in sich aufnimmt und ihn selbst zum »Wort« (logos) werden lässt. Der Mensch, der sich zum Logos formt und

---

52 Ebd., 39.
53 Ebd., 40.

Logos durch den Glauben wird, der ist das Opfer, die wahre Herrlichkeit Gottes in der Welt ...

Die Idee des Logos-Opfers wird erst voll im Logos incarnatus, in dem Wort, das Fleisch geworden ist und »alles Fleisch« hineinzieht in die Verherrlichung Gottes. Nun ist der Logos nicht mehr bloß »Sinn« hinter und über den Dingen. Nun ist er ins Fleisch selbst eingetreten, leibhaft geworden. Er nimmt unsere Leiden und Hoffnungen, er nimmt die Erwartungen der Schöpfung in sich auf und trägt sie zu Gott hin. Die beiden Linien, die der Psalm 51 nicht zur Versöhnung hatte bringen können und die im ganzen Alten Testament zwar aufeinander zulaufen, aber sich doch nicht vereinigen, treffen nun wirklich ineinander. Nun ist »Wort« nicht mehr bloß Vertretung von Anderem, Leibhaftigem; nun ist es in der Selbstübergabe Jesu am Kreuz zusammengeführt mit der ganzen Realität menschlichen Lebens und Leidens. Nun ist es nicht mehr Ersatzkult, sondern die Stellvertretung Jesu nimmt uns auf und führt uns in jene Verähnlichung mit Gott, in jenes Liebe-Werden hinein, das die einzig wahre Anbetung ist. So ist Eucharistie von Kreuz und Auferstehung Jesu her das Ineinandertreffen aller Linien des Alten Bundes, ja der Religionsgeschichte überhaupt: der immerfort erwartete und doch immer über unser Vermögen hinausgehende rechte Kult, die Anbetung »in Geist und Wahrheit«.[54]

Die Erwähnung der Eucharistie genügt, um auf das Sakrament im eigentlichen Sinne hinzuweisen, das an späterer Stelle unserer Diskussion noch zu bedenken sein wird. Zunächst jedoch wollen wir in allgemeiner Weise die »leib-seelische Einheit des Menschen« in den Blick nehmen, die »notwendig in der körperlichen Gebärde« als »Träger eines geistigen Sinnes« ihren Ausdruck findet.[55] Ratzinger widmet das letzte Kapitel seines Buches *Der Geist der Liturgie* der »Liturgie und dem Leib«. Der Duktus dieses Kapitels trägt am stärksten katechetische Züge; Ratzinger schreibt gelegentlich anekdotisch, manchmal autobiographisch, hier und dort (so mag es heute scheinen) auch etwas eigenwillig (z. B. wenn er für ein quasi schweigendes Rezitieren der kanonischen Texte der Messe plädiert). Unter den liturgischen Haltungen und Gebärden finden das Knien und das sich Verbeugen seine besondere Aufmerksamkeit. Der zentrale biblische Text in diesem Zusammenhang ist Phil 2,6–11. Ratzinger schreibt dazu:

> Alle beugen sich auf die Knie vor Jesus, dem Abgestiegenen, und beugen sich gerade so vor dem einen wahren Gott über allen Göttern ... Die christliche Liturgie ist gerade dadurch kosmische Liturgie, daß sie vor dem gekreuzigten und erhöhten Herrn die Knie beugt. Dies ist die Mitte wirklicher »Kultur« –

---

54 Ebd., 39 und 40.
55 Ebd., 164.

der Kultur der Wahrheit. Der demütige Gestus, mit dem wir dem Herrn zu Füßen fallen, reiht uns in die wahre Lebensbahn des Weltalls ein.

Das *supplices* – tiefgebeugt – ist sozusagen der körperliche Ausdruck für das, was die Bibel Demut nennt (Phil 2,8: Er erniedrigte sich) [...] Demut wird [...] [hier] als Seinsgemäßheit, als Entsprechung zur Wahrheit des Menschen zu einer Grundhaltung christlicher Existenz. Augustinus hat seine ganze Christologie, ja, ich würde sagen: seine Apologie des Christentums auf den Begriff humilitas (Demut) aufgebaut: Er konnte an das Wissen der Alten, gerade auch der griechischen und römischen Welt anknüpfen, daß die Hybris – der selbstherrliche Stolz – die eigentliche Sünde aller Sünden ist, wie sie uns in der Geschichte vom Fall Adams exemplarisch erscheint. Der Hochmut, der Seinslüge ist, in der der Mensch sich zu Gott macht, wird überwunden in der Demut Gottes, der sich selbst zum Knecht macht, der sich herunterbeugt zu uns. Wer Gott nahekommen will ..., muss ebenso sich zu bücken lernen, denn Gott selbst hat sich gebückt: In der Geste der demütigen Liebe, in der Fußwaschung, in der er zu unseren Füßen kniet – da finden wir ihn.[56]

Ratzinger weiß sehr wohl darum, dass das Wiedereinüben des Kniens und der Verbeugung dem »modernen Menschen« alles andere als leichtfällt. Selbst Liturgiker der Ära nach dem Zweiten Vatikanischen Konzil haben die Tatsache zu gering bewertet, dass solche Gebärden »körperlich an die seelische Haltung [erinnern], die dem Glauben wesentlich ist«.[57]

Ratzinger stellt fest, dass auch heute noch »auf vielfache Weise die Faszination des Gnostischen neu am Werk« ist.[58] Einstellungen gegenüber dem menschlichen Körper sind Indikatoren, die darauf hindeuten. Es sei erlaubt, dass ich mich an dieser einzigen Stelle selbst zitiere:

Die Verwandlung unserer Sinne durch das Wort Gottes wird in unserer heutigen nordamerikanischen und westeuropäischen Kultur zu einer besonders schmerzhaften Erfahrung. Wir leben in einer außerordentlich sinnlichen und die Sinne berauschenden Gesellschaft. Wir gehen gewissermaßen in unseren Sinnen auf und sind Menschen, die sich über Materialismus und Sexualität definieren. Zugleich sind wir in anderer Hinsicht unseren Körpern eigentümlich entfremdet, als wenn es uns nicht wirklich beträfe, was unseren Körpern widerfährt und was wir ihnen antun. Doch der Widerspruch zwischen dem Schwelgen in der Sinneslust und der Verachtung des Körpers ist nur scheinbar. Wenn wir nicht unser Leib sind, dann tragen wir auch keine Verantwortung für ihn, und diese Verantwortungslosigkeit kann sowohl die Gestalt der Freizügigkeit als auch des Rückzugs annehmen. Das gleiche Phänomen zeigte

---

56 Ebd., 166 und 176.
57 Ebd., 177.
58 Ebd., 27.

sich im Gnostizismus des 2. Jahrhunderts n. Chr. Irenäus begegnete dieser Bedrohung des Christentums, indem er die authentische biblische Darstellung der Geschichte des Wortes Gottes nacherzählte: nach außen gerichtet ist dies die *eine* Geschichte der Erschaffung der Welt und des Menschen, der Menschwerdung Jesu, des Christus, der Begründung der Kirche, der Einsetzung und der Feier der Sakramente sowie der erwarteten Auferweckung des Leibes.[59]

»Der Leib«, so Ratzinger, »muss sozusagen auf die Auferstehung hin ›trainiert‹ werden«. Vom »Logos und für den Logos gerade in unserem Leib beansprucht« lernen wir in dieser Zeit mit dem Willen und Wirken Gottes zu kooperieren. »Denn weil die wahre liturgische ›Aktion‹ Handeln Gottes ist, darum reicht die Liturgie des Glaubens immer über den Kultakt hinaus in den Alltag hinein, der selbst ›liturgisch‹ werden soll, Dienst für die Verwandlung der Welt«.[60] Es ist bemerkenswert, dass orthodoxe Theologen des 20. Jahrhunderts sich angewöhnt haben, von der »Liturgie nach der Liturgie« zu sprechen.

Für die Menschen, die leibliche Geschöpfe sind, ist der Leib die Schnittstelle für den Kontakt mit der übrigen materiellen Schöpfung. Wir setzen uns der Materie aus, wir nehmen sie in uns auf und wirken unsererseits auf sie ein. Die Materie darf weder verabsolutiert noch darf sie verachtet werden. In Verbindung mit den Wörtern des einen Wortes dienen materielle Elemente – die der Herr selbst dazu erwählt hat – als sakramentale Zeichen: Wasser, (Oliven-)Öl, (Weizen-)Brot und Wein:

> Während das Wasser unser gemeinsames Lebenselement für die ganze Erde und so geeignet ist, allerorten das Eingangstor in die Gemeinschaft mit Christus zu sein, handelt es sich bei den drei anderen Elementen um die typischen Gaben des Mittelmeerraums. Wir begegnen dieser Trias ganz ausdrücklich in dem herrlichen Schöpfungspsalm 104, wo der Beter Gott dankt, dass er dem Menschen Brot gibt von der Erde »und Wein, der das Herz des Menschen erfreut, damit sein Gesicht vom Öl erglänzt und Brot das Menschenherz stärkt« (Vers 14f). Diese drei Elemente des mediterranen Lebens stehen als Ausdruck für die Güte der Schöpfung, in der wir die Güte des Schöpfers empfangen. Und nun werden sie Gabe einer noch höheren Güte: einer Güte, die unser Gesicht neu erglänzen lässt in der Ähnlichkeit mit dem »Gesalbten« Gottes, seinem geliebten Sohn Jesus Christus; einer Güte, die Brot und Wein der Erde in Leib und Blut des Erlösers umwandelt, so daß wir durch den menschgewordenen Sohn mit Gott selbst, dem Dreieinigen, kommunizieren.[61]

Auf diese Weise ist sowohl die – geographische – Universalität als auch die – kulturelle – Partikularität gewahrt. Zugleich erinnert Ratzinger daran, dass

---

59　Geoffrey Wainwright, For Our Salvation, 18.
60　Joseph Ratzinger, Der Geist der Liturgie, 151.
61　Ebd., 191f.

»im Zusammenspiel von Kultur und Geschichte der Geschichte der Vorrang zukommt«:[62]

> Sakramente werden die Elemente durch die Bindung an die einmalige Geschichte Gottes mit den Menschen in Jesus Christus. Inkarnation... bedeutet nicht Beliebigkeit, sondern ganz im Gegenteil: Sie bindet uns an die äußerlich zufällig erscheinende Geschichte von damals, die doch die von Gott gewollte Form der Geschichte ist und für uns die verlässliche Spur, die er in die Erde eingeprägt hat; die Gewähr, daß wir nicht selber etwas erdenken, sondern wahrhaft von ihm angerührt werden und mit ihm in Berührung kommen. Gerade durch das Besondere des Einmaligen, des Hier und Dann, treten wir aus der Unverbindlichkeit des mythischen »Immer und Nie« heraus. Mit diesem besonderen Gesicht, mit dieser besonderen menschlichen Gestalt kommt Christus zu uns, und gerade so macht er uns zu Geschwistern über alle Grenzen hin.[63]

Damit sind wir an einem Punkt angelangt, wo es die personale und soziale Verfasstheit des Menschen zu bedenken gilt. Wir verfolgen sie zunächst in Bezug auf die Struktur der Welt, bevor wir ihr im Blick auf die Struktur der Kirche nachgehen. Wir werden wiederum sehen, dass Joseph Ratzinger diese Aspekte im Horizont der Liturgie verortet.

4 Ein sozialer Bund

In seiner Nacherzählung der biblischen Exodusgeschichte legt der Theologe Ratzinger Wert auf die Feststellung, dass die Befreiung Israels aus Ägypten zu dem Zweck erfolgte, Gott anzubeten und ihm zu »dienen« (vgl. Ex 7,16; 8,1.25–27; 9,1.13; 10,3.24–26). In der »Wüste Sinai« (Ex 19,1) lernt Israel, »Gott auf die von ihm selbst gewollte Weise zu verehren«.[64] Vom Berg herab spricht Gott und tut dem Volk in den Zehn Geboten seinen Willen kund (vgl. Ex 20,1–17). Vermittelt durch Mose schließt Gott mit dem Volk einen Bund, »der sich in einer minutiös geregelten Form von Kult konkretisiert... Zu dieser Verehrung gehört der Kult, die Liturgie im eigentlichen Sinn; zu ihr gehört aber auch das Leben gemäß dem Willen Gottes«.[65] Diese Gottesverehrung sollte im Land jenseits des Jordan, das zuerst Abraham verheißen worden war, fortgesetzt werden, denn das Land würde dem Volk gegeben werden als Raum

---

62 Ebd., 192.
63 Ebd.
64 Ebd., 15.
65 Ebd.

für »das Gott-dienen«, wo »Gott herrscht«, als »der Raum des Gehorsams [...],
in dem Gottes Wille geschieht und so die rechte Art menschlicher Existenz
entsteht«.[66]

Ratzinger zieht aus dem am Sinai geschlossenen Bund weitreichende
Schlüsse, wenn er feststellt, »daß Recht und Ethos nicht zusammenhalten,
wenn sie nicht in der liturgischen Mitte verankert sind und von ihr her inspiriert werden«.[67] Und weiter heißt es:

> Am Sinai erhält das Volk nicht nur Kultanweisungen, sondern eine umfassende Rechts- und Lebensordnung. So erst wird es als Volk konstituiert. Ein Volk ohne gemeinschaftliche Ordnung des Rechts kann nicht leben. Es zerstört sich in der Anarchie, die die Parodie auf die Freiheit ist, ihre Aufhebung in der Rechtlosigkeit eines jeden, die seine Freiheitslosigkeit ist. In der Bundesordnung am Sinai ... sind die drei Aspekte Kult – Recht – Ethos unauflöslich miteinander verflochten ... Moral und Recht, die nicht aus dem Blick auf Gott kommen, degradieren den Menschen, weil sie ihn seines höchsten Maßes und seiner höchsten Möglichkeit berauben, ihm den Blick auf das Unendliche und Ewige absprechen: Mit dieser scheinbaren Befreiung wird er der Diktatur der herrschenden Mehrheiten unterworfen, zufälligen menschlichen Maßen, die ihn letztlich vergewaltigen müssen.[68]

Die Neuzeit, so Ratzinger weiter, führte »schließlich zur totalen Säkularisierung des Rechts« und wollte »den Blick auf Gott völlig aus der Gestaltung des Rechts ausschließen«.[69] Im Blick auf die ethischen Frontstellungen erinnert er an Goethes *Faust*, in dem Goethe das Johannäische »Im Anfang war das Wort« überführt in das »Im Anfang war die Tat«. Ratzinger schreibt:

> »In unserem Jahrhundert setzt sich ... der Versuch [fort], ›Orthodoxie‹ durch ›Orthopraxie‹ zu ersetzen – kein gemeinsamer Glaube mehr (weil Wahrheit unerreichlich sei), sondern nur noch gemeinsame Praxis. Demgegenüber gilt für den christlichen Glauben, wie Guardini in *Vom Geist der Liturgie* eindringlich dargestellt hat, der Vorrang des Logos vor dem Ethos. Wo dies umgekehrt wird, wird das Christentum als solches aus den Angeln gehoben«.[70]

Nach Ratzingers Einschätzung muss die Christenheit (aufs Neue) die
Warnung vernehmen, die in der Geschichte vom Goldenen Kalb enthalten ist
(Ex 32):

> Dieser vom Hohenpriester Aaron geleitete Kult sollte keineswegs einem heidnischen Götzen dienen. Die Apostasie ist subtiler ... Und doch ist es ein

---

66 Ebd., 14.
67 Ebd., 17.
68 Ebd., 15f.
69 Ebd., 15.
70 Ebd., 133.

Abfall von Gott zum Götzendienst. Zweierlei bewirkt diesen äußerlich zunächst kaum wahrnehmbaren Sturz. Zum einen der Verstoß gegen das Bilderverbot: Man hält es bei dem unsichtbaren, dem fernen und geheimnisvollen Gott nicht aus. Man holt ihn zu sich herab, ins Eigene, ins Anschauliche und Verständliche. So ist Kult nicht mehr ein Hinaufsteigen zu ihm, sondern ein Herunterziehen Gottes ins Eigene: Er muss da sein, wenn er gebraucht wird, und muss so sein, wie er gebraucht wird. Der Mensch gebraucht Gott und stellt sich so, auch wenn das äußerlich nicht erkennbar ist, in Wirklichkeit über ihn ...

[Zweitens ist dies ein] Kult aus eigener Vollmacht. Wenn Mose zu lange wegbleibt und damit Gott selbst unzugänglich wird, dann holt man ihn eben herbei. Dieser Kult wird so zum Fest, das die Gemeinde sich selber gibt; sie bestätigt darin sich selbst. Aus Anbetung Gottes wird ein Kreisen um sich selber: Essen, Trinken, Vergnügen. Der Tanz um das goldene Kalb ist das Bild dieses sich selbst suchenden Kultes, der zu einer Art banaler Selbstbefriedigung wird. Die Geschichte vom goldenen Kalb ist eine Warnung vor einem eigenmächtigen und selbstsüchtigen Kult, in dem es letztlich nicht mehr um Gott, sondern darum geht, sich aus Eigenem eine kleine alternative Welt zu geben. Dann wird Liturgie allerdings wirklich zu leerer Spielerei. Oder schlimmer: zu einem Abfall vom lebendigen Gott, der sich unter einer sakralen Decke tarnt. Aber dann bleibt am Ende auch die Frustration, das Gefühl der Leere. Jene Erfahrung der Befreiung stellt sich nicht mehr ein, die überall da Ereignis wird, wo wahre Begegnung mit dem lebendigen Gott geschieht.[71]

Dies ist der Hintergrund, vor dem Ratzingers Insistieren angesichts der »Kreativität« oder, schärfer noch, »Beliebigkeit« einiger verschrobener heutiger Pastoren und Gemeinden auf das »Gegebensein« der gestifteten und traditionellen Riten besteht. Die Kirchen sind zu beständiger Wachsamkeit hinsichtlich dessen aufgerufen, was von ihnen kraft des göttlichen Bundes verlangt ist und was sie – und ihre liturgischen Versammlungen – zu dem Ort macht, an dem Personen und Gemeinschaften – unter Gott stehend – für das Leben in dieser und der kommenden Welt umgestaltet werden.

5 Die kirchliche Gemeinschaft

Der heutigen Suche nach persönlicher und sozialer »Identität« – die sich oftmals auf individualistische und entzweiende Weise vollzieht – findet in der Taufe, verstanden als Einführung in das Leidensmysterium Christi und als Eingliederung in den Leib Christi, die Kirche, eine greifbare Antwort. Joseph Ratzinger führt diese Aspekte zusammen, wenn er schreibt:

---

71 Ebd., 18f.

Von Ostern her verstehen sich die Christen als »Lebende«, als solche, die aus einer Existenz herausgefunden haben, die mehr Totsein als Leben ist, als solche, die das wirkliche Leben entdeckt haben: »Das ist das ewige Leben, daß sie dich erkennen, den allein wahren Gott, und den du gesandt hast, Jesus Christus« (Joh 17,3). Die Befreiung vom Tod ist zugleich die Befreiung aus der Gefangenschaft des Individualismus, aus dem Kerker des Ich, aus der Unfähigkeit zu lieben und sich mitzuteilen. So wird Ostern zum großen Tauffest, in dem der Mensch gleichsam den Durchgang durch das Rote Meer vollzieht, aus seiner alten Existenz heraustritt in die Gemeinschaft mit Christus, dem Auferstandenen, hinein und so in die Gemeinschaft mit allen, die ihm zugehören. Auferstehung ist gemeinschaftsbildend. Sie schafft das neue Volk Gottes. Das Weizenkorn, das allein gestorben ist, bleibt nicht allein, sondern bringt viel Frucht. Der Auferstandene bleibt nicht allein, er zieht die Menschheit zu sich hinauf und schafft so die neue, universale Gemeinschaft der Menschen.[72]

Ein protestantischer Christ kann im Besonderen für zwei liturgische Gaben dankbar sein, die der Katholizismus in den vergangenen sechzig Jahren angeboten hat: Als erstes ist hier die Neubelebung der Osternachtfeier zu nennen, die bereits unter Papst Pius XII. einsetzte und in der die biblische Geschichte der Erlösung vorgetragen wird und die Gelegenheit zur Taufe und Tauferneuerung besteht. Zweitens ist auf den Ritus der Initiation für Erwachsene zu verweisen, der nach dem Zweiten Vatikanischen Konzil eingerichtet wurde und der zu einer Neuentdeckung der Katechese, sei sie nun Katechumenat der Initiation oder der Wiederherstellung und Heilung von Abgefallenen, beigetragen hat zu einer Zeit, in der die Neuevangelisierung nötiger denn je ist. Es dürfte bemerkenswert sein, dass diese zwei Ordnungen von der Kritik des wegen einiger Entwicklungen in der jüngeren katholischen Praxis besorgten Kardinals Ratzinger unberührt geblieben sind. Bedauern könnte man freilich, dass er die inzwischen ökumenische Verbreitung der Osternachtfeier und die Stärkung der Initiationspraxis auch bei anderen christlichen Gemeinschaften als der katholischen nicht ausdrücklich begrüßt hat, zumal sein Einsatz für ein authentisches Christsein und für die kirchliche Einheit in der Wahrheit nicht in Frage steht.

Für den Moment soll ein Hirtenwort des nun auf dem Stuhl des Bischofs von Rom sitzenden Theologen genügen, auf das alle Christen hören sollten:

Sooft wir das Kreuzzeichen machen, nehmen wir unsere Taufe neu an; Christus zieht uns vom Kreuz her sozusagen zu sich hin (Joh 12,32) und so in die Gemeinschaft mit dem lebendigen Gott hinein. Denn die Taufe und das Kreuzzeichen, das sie gleichsam zusammenfasst und wiederaufnimmt, ist vor

---

72 Ebd., 89.

allem ein Gottesereignis: Der Heilige Geist führt uns zu Christus, und Christus öffnet uns die Tür zum Vater. Gott ist nicht mehr der unbekannte Gott; er hat einen Namen. Wir dürfen ihn anrufen, und er ruft uns.[73]

Und weiter schreibt er bezogen auf die Übernahme der »Orantenhaltung« beim Gebet, also der ausgestreckten Arme, einer Urgebärde, »die praktisch in der ganzen Welt der Religionen anzutreffen ist«:

> Indem wir die Arme ausbreiten, wollen wir mit dem Gekreuzigten beten, uns seiner »Gesinnung« (Phil 2,5) einen. In den auseinandergerissenen Armen Christi am Kreuz haben die Christen zweierlei Bedeutung gesehen: Es ist auch bei ihm, gerade bei ihm, die radikale Form der Anbetung, der Einheit des menschlichen Willens mit dem Willen des Vaters; aber zugleich sind diese Arme geöffnet auf uns hin – sind die weite Umarmung, mit der Christus uns an sich ziehen möchte (Joh 12,32). Anbetung Gottes und Liebe zum Nächsten – der Inhalt des Hauptgebotes, in dem Gesetz und Propheten zusammengefasst sind – fallen in dieser Gebärde ineinander; die Öffnung zu Gott, die vollständige Übereignung an ihn, ist zugleich untrennbar Zuwendung zum Nächsten. Diese Verschmelzung der beiden Richtungen, die im Kreuzesgestus Christi liegt, zeigt die neue Tiefe des christlichen Betens körperlich sichtbar an und drückt so das innere Gesetz unseres Betens aus.[74]

Schließlich überrascht es uns nicht zu lesen, dass die kirchliche und menschliche Gemeinschaft für Ratzinger nicht nur eine synchrone, sondern auch eine diachrone – und letztlich eschatologische – Erstreckung hat. Versammelt im Heiligen Geist verkörpert und vollzieht die liturgische Versammlung die »Anamnesis« Christi,[75] die einen Bezug zur Vergangenheit, zur Gegenwart und zur Zukunft hat. Ratzinger spricht häufig von der »Gemeinschaft der Heiligen«. Über die Ikonen schreibt er, dass zu den Bildern der sakralen Kunst »vor allem die Bilder der biblischen Geschichte [gehören], aber auch die Geschichte der Heiligen als Ausfaltung der Geschichte Jesu Christi, als Fruchtbarwerden des gestorbenen Weizenkorns die ganze Geschichte hindurch«.[76] Und hinsichtlich der Eucharistie stellt er fest, dass sie »nicht primär auf den einzelnen zielt, sondern daß der eucharistische Personalismus zugleich auf Vereinigung, auf Überschreitung der Mauer zwischen Gott und Mensch, zwischen ich und du

---

73 Ebd., 153.
74 Ebd., 174f.
75 Zu beachten ist, dass mit Ausnahme des Kapitels über »Musik und Liturgie« die *Epiklesis* (ungeachtet des Titels, den das hier im Mittelpunkt der Untersuchung stehende Buch trägt) in den Werken Ratzingers eher ein implizites als ein explizites Thema ist.
76 Ebd., 113.

im neuen Wir der Gemeinschaft der Heiligen hindrängt [...]; nur der wahre Leib im Sakrament kann den wahren Leib der neuen Gottesstadt bauen«.⁷⁷

Ratzinger denkt zurück an seine eigene Ordination zum Priester und später zum Bischof sowie das damit verbundene Singen der Anrufung der Heiligen durch die ganze Gemeinde und schreibt dazu:

> Daß da von der betenden Kirche alle Heiligen angerufen wurden, das Beten der Kirche mich förmlich einhüllte und umfing, war wunderbar tröstend. In der eigenen Unfähigkeit, die sich in diesem Liegen [vor dem Altar] körperlich ausdrücken musste, war dieses Beten, diese Anwesenheit aller Heiligen, der Lebenden und der Toten, eine wunderbare Kraft, und nur sie konnte mich gleichsam aufheben und nur ihr Mitsein den Weg ermöglichen, der vor mir stand.⁷⁸

Seiner unvorhergesehenen Wahl zum Nachfolger auf dem Stuhl Petri verleiht Ratzingers historischen und theologischen Ausführungen über den Ort des Bischofsstuhls in der Basilika des Vatikans eine besondere Prägnanz:

> In der Peterskirche rückte ... unter Gregor dem Großen (590–604) der Altar nahe an den Bischofssitz heran, wohl einfach, weil er möglichst über dem Grab des heiligen Petrus stehen sollte. Daß wir das Opfer des Herrn in der alle Zeiten übergreifenden Gemeinschaft der Heiligen feiern, erfuhr so einen sinnfälligen Ausdruck. Die Sitte, den Altar über den Martyrergräbern zu errichten, reicht wohl weit zurück und entspricht demselben Motiv: Die Martyrer führen die Hingabe Christi die Geschichte hindurch fort; sie sind gleichsam der lebendige Altar der Kirche, der nicht aus Stein besteht, sondern aus den Menschen, die Glieder von Christi Leib wurden und so den neuen Kult ausdrücken: Opfer ist die mit Christus zur Liebe werdende Menschheit.⁷⁹

Ratzinger zitiert Augustinus für die Auffassung, »das wahre ›Opfer‹ sei die *civitas Dei*, das heißt die zur Liebe gewordene Menschheit, die die Schöpfung vergöttlicht und die Übereignung des Alls an Gott ist: Gott alles in allem (1 Kor 15,28) – das ist das Ziel der Welt, das ist das Wesen von ›Opfer‹ und Kult«.⁸⁰ Damit sind wir bei einer abschließenden Lektüre der Liturgie in ihren drei Dimensionen von Kosmos, Geschichte und Vollendung angelangt.

6 Eine universale Erwartung

Geschichte versteht Joseph Ratzinger als die kosmische Erzählung der von Gott geschaffenen Menschheit unterwegs zur Stadt Gottes und in die Neue Welt,

---

77 Ebd., 76.
78 Ebd., 162.
79 Ebd., 67.
80 Ebd., 24.

die in Christus bereits angebrochen ist. In den »großen Kreis der Geschichte, die von exitus zu reditus«,[81] von der Auskehr zur Einkehr, geht, also in den »großen geschichtlichen Prozess, in dem die Welt zugeht auf die Verheißung ›Gott alles in allem‹«,[82] sind die vielen kleinen Lebenskreise eingeschrieben, »die alle den großen Rhythmus des Ganzen in sich tragen, ihn je neu verwirklichen und ihm so überhaupt die Kraft seiner Bewegung geben«.[83] Diese Lebenskreise schließen auch die »Lebenskreise der verschiedenen Kulturen und Geschichtsgemeinschaften [ein ...], in denen sich immer neu das Drama von Anfang, Aufstieg und Ende abspielt«.[84] Das »Christusereignis und das Wachsen der Kirche aus allen Völkern« vorausgesetzt,[85] ist die christliche Liturgie

> Liturgie der erfüllten Verheißung, der ans Ziel kommenden Suchbewegung der Religionsgeschichte, aber sie bleibt Liturgie der Hoffnung. Auch sie trägt noch das Zeichen der Vorläufigkeit an sich. Der neue, nicht von Menschenhand gemachte Tempel ist da, aber zugleich noch im Bau. Die große Geste der Umarmung, die vom Gekreuzigten ausgeht, ist noch nicht ans Ziel gekommen, sondern erst begonnen. Die christliche Liturgie ist Liturgie auf dem Weg, Liturgie der Pilgerschaft auf die Verwandlung der Welt hin, die dann geschehen sein wird, wenn »Gott alles in allem« ist.[86]

In diesem universalhistorischen Kontext begegnet die »Völkerprozession« bei Ratzinger als wiederkehrendes liturgisches Motiv. An Epiphanias wird unter anderem die Ankunft der Weisen aus dem Osten gefeiert als »Beginn der Kirche aus den Heiden, die Völkerprozession zum Gott Israels gemäß Jes 60«:[87] Ratzinger schreibt weiter:

> Die Erzählung von der Anbetung der Weisen wurde dem christlichen Denken wichtig, weil sie den inneren Zusammenhang zwischen der Weisheit der Völker und dem Verheißungswort der Schrift zeigt: weil sie zeigt, wie die Sprache des Kosmos und das wahrheitssuchende Denken des Menschen auf Christus hinführen. Der geheimnisvolle Stern konnte zum Symbol für diese Zusammenhänge werden und noch einmal unterstreichen, daß die Sprache des Kosmos und die Sprache des menschlichen Herzens beide abkünftig sind von dem »Wort« des Vaters, das in Bethlehem aus dem Schweigen Gottes

---

81 Ebd., 25.
82 Ebd., 52.
83 Ebd., 25.
84 Ebd.
85 Ebd., 47.
86 Ebd., 43.
87 Ebd., 95.

herausgetreten ist und die Fragmente unserer menschlichen Erkenntnis zum Ganzen zusammenfügt.[88]

Wie aber können wir mitten in unserer komplexen Menschenwelt zwischen legitimer Vielfalt, problematischem Pluralismus und dem von Joseph Ratzinger gezüchtigten »Relativismus« in Fragen der Religion und Kultur unterscheiden? Es ist deutlich, dass die Prüfung christologischer (und daraus abgeleitet kirchlicher) Natur sein muss. Dieser Ansatz findet sich in der im Jahr 2000 von der Glaubenskongregation herausgegebenen Erklärung *Dominus Iesus*, die damit aus der Zeit stammt, in der Kardinal Ratzinger Präfekt der Glaubenskongregation war, und die den Untertitel trägt: »Über die Einzigkeit und die Heilsuniversalität Jesu Christi und der Kirche«. Während die Katholische Kirche nichts von dem zurückweist, was sich an Gutem und wahrem in nichtchristlichen Religionen findet (vgl. *Nostra Aetate*, 2), erklärt *Dominus Iesus*, dass die »missionarische Verkündigung der Kirche [...] heute durch relativistische Theorien gefährdet [wird], die den religiösen Pluralismus nicht nur de facto, sondern auch de jure (oder prinzipiell) rechtfertigen wollen«, womit »der endgültige und vollständige Charakter der Offenbarung Jesu Christi« verlorengeht.[89] Weiter heißt es in der Erklärung:

> Die Wurzeln dieser Auffassungen sind in einigen Voraussetzungen philosophischer wie auch theologischer Natur zu suchen, die dem Verständnis und der Annahme der geoffenbarten Wahrheit entgegenstehen. Einige davon sind: die Überzeugung, daß die göttliche Wahrheit nicht fassbar und nicht aussprechbar ist, nicht einmal durch die christliche Offenbarung; die relativistische Haltung gegenüber der Wahrheit, weswegen das, was für die einen wahr ist, es nicht für andere wäre; der radikale Gegensatz, der zwischen der logischen Denkweise im Abendland und der symbolischen Denkweise im Orient besteht; der Subjektivismus jener, die den Verstand als einzige Quelle der Erkenntnis annehmen und so unfähig werden, »den Blick nach oben zu erheben, um das Wagnis einzugehen, zur Wahrheit des Seins zu gelangen« (Johannes Paul II., Fides et Ratio, § 5); die Schwierigkeit, zu verstehen und anzunehmen, daß es in der Geschichte endgültige und eschatologische Ereignisse gibt; die metaphysische Entleerung des Ereignisses der Menschwerdung des ewigen Logos in der Zeit, die zu einer bloßen Erscheinung Gottes in der Geschichte verkürzt wird; der Eklektizismus jener, die in der theologischen Forschung Ideen übernehmen, die aus unterschiedlichen philosophischen und religiösen Strömungen stammen, ohne sich um deren Logik und systematischen Zusammenhang sowie deren Vereinbarkeit mit der christlichen Wahrheit zu

---

88 Ebd., 95f.
89 Kongregation für die Glaubenslehre, Dominus Iesus. Über die Einzigkeit und die Heilsuniversalität Jesu Christi und der Kirche, Bonn 2000, § 4.

kümmern; schließlich die Tendenz, die Heilige Schrift ohne Rücksicht auf die Überlieferung und das kirchliche Lehramt zu lesen und zu erklären.[90]

Die Frage dieses Aufsatzes muss lauten: Wie ist mit all diesen Fragen im Bereich der Liturgie angemessen umzugehen und ihnen zu begegnen – und wie durch die Liturgie im Raum einer ganzen Kultur? Wie sollen sich der christliche Gottesdienst – und der gesamte Glaube – zu einer Kultur einschließlich ihrer intellektuellen, sozialen, ästhetischen und religiösen Komponente verhalten? Wie ist in unserer konkreten Zeit an unserem konkreten Ort die Trennlinie zwischen einer Vielfalt-in-Einheit und einem ideologisch genährten Pluralismus, der faktisch auf Relativismus hinausläuft, zu ziehen? Joseph Ratzinger hat als Theologe in dem Buch, das uns hier hauptsächlich beschäftigt, einige Prinzipien und Beispiele für seine eigene Entscheidung dieser Fragen angegeben. Ein Prinzip sieht er in der Einsicht der frühen Christenheit, »daß die Wege der Religionsgeschichte auf Christus zugingen« und dass »Philosophie und Religion dem Glauben die Bilder und die Gedanken schenkten, in denen er sich selbst erst vollends verstehen konnte«.[91] Doch zeigt er sich sehr skeptisch dem gegenüber, was Liturgiker der jüngeren Vergangenheit und der Gegenwart unter »Inkulturation« verstanden haben. Als Alternative schlägt er vor:

> Die erste und grundlegende Weise der Inkulturation ist die Entfaltung einer christlichen Kultur in ihren verschiedenen Dimensionen: einer Kultur des Miteinander, der sozialen Fürsorge, der Achtung vor dem Geringen, der Überwindung der Standesunterschiede, der Sorge um die Leidenden und Sterbenden; einer Kultur, die Bildung des Verstandes und des Herzens im rechten Miteinander gibt; einer politischen Kultur und einer Rechtskultur; einer Kultur des Dialogs, der Ehrfurcht vor dem Leben usw. Solche wahre Inkulturierung des Christentums schafft dann auch Kultur im engeren Sinne des Wortes, das heißt, sie führt zu künstlerischem Werk, das die Welt im Lichte Gottes neu auslegt.[92]

»Auf dem religiösen Sektor«, so urteilt Ratzinger, »wird Kultur sich vor allem im Wachsen authentischer Volksfrömmigkeit zeigen«. Als Beispiel nennt er die Verehrung der Leiden Christi unter vom Leid geplagten Menschen sowie »die Marienfrömmigkeit, in der das ganze Geheimnis der Menschwerdung, die Zärtlichkeit Gottes und die Einbeziehung des Menschen in Gottes eigenes

---

90 Ebd.
91 Joseph Ratzinger, Der Geist der Liturgie, 158.
92 Ebd., 172.

Wesen hinein, das Wesen göttlichen Handelns, tief erfahren wird«.[93] Und damit gilt für die Liturgie:

> Volksfrömmigkeit ist der Humus, ohne den die Liturgie nicht gedeihen kann ... [Man muss] sie lieben, wo nötig reinigen und führen, aber immer mit großer Ehrfurcht als die Zueignung des Glaubens im Herzen der Völker annehmen, selbst wo sie fremd oder befremdend erscheint ... Von der Volksfrömmigkeit können dann auch erprobte Elemente in die liturgische Gestaltung übergehen, ohne eilfertiges Machen, in einem geduldigen Prozess langsamen Wachsens.[94]

Zwei weitere Bemerkungen sind hier angebracht. Zum einen erkennt Ratzinger selbst an, dass es die frei komponierende Dichtung und Musik waren, die »zur Einlassstelle der Gnosis« wurden, »jener tödlichen Versuchung, die das Christentum von innen her zu zersetzen begann«, so dass es eines Eingriffs (durch das Konzil von Laodikea) bedurfte, um die Identität des Glaubens zu retten. Damit wurde hier »gerade durch die Abwehr falscher Inkulturation die kulturelle Weite des Christentums für die Zukunft geöffnet«.[95] Zum anderen bestätigt die Erwähnung des »Reinigens«, »Führens« und »Prüfens« die Notwendigkeit der Kontrolle durch das Lehramt.[96]

Da die Religion in ihrer jeweiligen Gestalt immer mit einer Kultur verwoben zu sein scheint, muss in der Präsentation des Evangeliums und der Gestaltung des christlichen Gottesdienstes immer auch die Frage des »religiösen Pluralismus« aufbrechen. Ratzinger zufolge lässt sich eine »Realität der ganzen Religionsgeschichte auf die Formel« bringen, wonach der Mensch immer »nach der rechten Weise [sucht], Gott zu verehren, nach einer Form des Betens und des gemeinsamen Kultes, die Gott selbst gefällt und seinem Wesen gemäß ist«.[97] Aus der in Jesus Christus erschlossenen Offenbarung müssen bestimmte Kriterien abgeleitet werden. Für den Zusammenhang der uns hier beschäftigenden Fragen sind zwei von Ratzinger vorgenommene Anwendungen von Bedeutung. Zum Ersten stellt er fest, dass das Sitzen im Lotussitz gemäß indischer Religiosität, »der als die eigentlich meditative Haltung angesehen wird«, heute von einigen Christen wieder praktiziert wird. Ratzinger möchte diese Sitzhaltung nicht kategorisch ausschließen, da die christliche

---

93 Ebd., 173.
94 Ebd.
95 Ebd., 124.
96 Vgl. dazu auch die Feststellung von Papst Pius XII. in seiner Enzyklika *Mediator Dei* von 1947, der in feiner Umkehrung eines bekannten Diktums formulierte: »ut lex credendi legem statuat supplicandi« (das Gesetz des Glaubens soll das Gesetz des Betens richten).
97 Joseph Ratzinger, Der Geist der Liturgie, 137.

Tradition auch um Gott als den weiß, »der uns innerlicher ist als wir selbst«, doch gehört sie für ihn nicht in die Liturgie hinein. Er schreibt:

> Wir haben gerade heute in unsrem Empirismus und Pragmatismus, im Verlust der Seele, wieder Grund, von Asien zu lernen. Aber sosehr der christliche Glaube für die Weisheit Asiens offen ist, offen sein muß, der Unterschied zwischen dem apersonalen und dem personalen Verstehen Gottes bleibt. Und von da aus muß man sagen, daß Knien und Stehen auf einzigartige und unersetzliche Weise die christliche Gebetshaltung sind – das Ausgerichtetsein auf das Antlitz Gottes, auf das Antlitz Jesu Christi, den sehend wir den Vater sehen dürfen.[98]

Die zweite Anwendung des Prinzips betrifft das Tanzen. Ratzinger stellt fest: »Der Tanz ist keine Ausdrucksform christlicher Liturgie«.[99] Vielmehr wies die Kirche die Versuche bestimmter gnostisch-doketischer Kreise im 3. Jahrhundert zurück, den Tanz »an die Stelle der Kreuzesliturgie« treten zu lassen. Allgemein betrachtet haben die kultischen Tänze der verschiedenen Religionen »unterschiedliche Richtungen – Beschwörung, Analogiezauber, mystische Ekstase –; keine dieser Gestalten entspricht der inneren Richtung der Liturgie des ›worthaften Opfers‹«.[100] Tanzpantomimen, wie sie gegenwärtig in »kreativen Liturgien« Mode sind, sind nach Ratzinger weit entfernt von »der äthiopischen Liturgie oder ... der zairischen Form der römischen Liturgie«, die sich – offiziell erlaubt seit 1988 – beschreiben lassen als »rhythmisch geordnetes Schreiten, das der Würde des Vorgangs gemäß ist, die verschiedenen Wege der Liturgie innerlich in Zucht nimmt und ordnet, ihnen so Schönheit und vor allem: Gotteswürdigkeit gibt«.[101] Die Bemerkung hinsichtlich der Schönheit und Würdigkeit erinnert auch daran, dass authentische kulturelle Errungenschaften im weiteren Sinne – dessen, »was immer wahrhaft, edel, recht, was lauter, liebenswert, ansprechend« (Phil 4,8) – seinen angemessenen Platz finden wird unter der Herrlichkeit und Ehre der Völker, die am Ende die Stadt Gottes schmücken werden (vgl. Offb 21,22–27).

7 Schluss

Ich möchte H. Richard Niebuhrs Klassiker *Christ and Culture*[102] hier in modifizierter Form aufnehmen: Anstatt seine fünf Bestimmungen des Verhältnisses

---

98 Ebd., 170.
99 Ebd.
100 Ebd., 170.
101 Ebd., 171; vgl. ebd., 146.
102 New York 1951.

von Christen gegenüber der Kultur als feststehende und unterscheidbare, in der Geschichte der Christenheit aufweisbare »Typen« zu verstehen, scheint es mir sachgemäßer, sie als Indikatoren sowohl für die Möglichkeit als auch die Notwendigkeit zu verstehen, jede menschliche Kultur, wo immer und wann immer sie zu finden ist, einer zur Unterscheidung fähigen Betrachtung aus christlicher Perspektive zu unterziehen. Obwohl eine konkrete kulturelle Beschaffenheit sich als vornehmlich positiv oder negativ in Hinsicht auf die Heilsabsicht Gottes erweisen mag, ist es wahrscheinlich, dass die meisten Kulturen einige Elemente enthalten, die Bestätigung erfahren können; andere, die es zu verneinen, zurückzuweisen oder gar zu bekämpfen gilt; andere, die der Reinigung und Erhebung bedürfen; andere, die vorübergehend in einer Spannung zu Gottes Absichten bleiben werden; und wieder andere, die für eine radikale und gründliche Verwandlung in Richtung des Reiches Gottes empfänglich sind. Die Liturgie kann dazu dienen, eine sie umgebende öffentliche Kultur nicht nur zu sichten, sondern auch sie zu inspirieren.

Als Theologe hat Joseph Ratzinger die Auffassung vertreten, dass die Liturgie der Kirche – die von Gott eingesetzt und verantwortungsvoll zu feiern ist – auf diese Weise ihr Potential entfalten kann, auf eine gegenwärtige Gesellschaft einzuwirken, die auf intellektueller, sozialer, moralischer, ästhetischer und religiöser Ebene von einem irrigen lähmenden Relativismus bestimmt ist. Seine diesbezügliche Argumentation ist mit Intelligenz, Gelehrsamkeit und Kunst vorgetragen. Als Papst Benedikt XVI. befindet er sich in einer besseren Position als je zu zuvor, um mit pastoraler und lehramtlicher Autorität zu überzeugen. Seine Fähigkeiten als Prediger und seine Begabung als oberster Priester – die für Millionen von Menschen sowohl bei der Begräbnisfeier für Papst Johannes Paul II. als auch bei seiner eigenen Einsetzungsmesse als Bischof von Rom sichtbar waren – geben Anlass zur Hoffnung. Meine Verwendung des Begriffs »Heilung« im Titel dieses Aufsatzes stünde sehr im Gegensatz zum Charakter Joseph Ratzingers, wenn er lediglich verstanden würde als »schnelle Hilfe«, die Menschen im Tiefsten unverändert lässt. Ganz zu Recht versteht er sich als Diener einer Liturgie, die, indem sie Gott dient, hinwirkt auf die Erlösung der Menschheit und ihre Verwandlung in Richtung ihrer wahren Natur, Berufung und Bestimmung.

»Was ist Wahrheit?« – Dogma des Relativismus oder Frage auf Leben und Tod? Versuch einer Replik

Kurt Kardinal Koch

»Ich bin dazu geboren und dazu in die Welt gekommen, dass ich für die Wahrheit Zeugnis ablege. Jeder, der aus der Wahrheit ist, hört auf meine Stimme« (Joh 18,37). In diesem Selbstbekenntnis, das der angeklagte Jesus vor dem Prätor Pilatus ablegt, kommt nicht nur zum Ausdruck, dass nur derjenige Mensch Christus erkennen kann, der selbst aus der Wahrheit ist, sondern auch dass die ganze Sendung Jesu dahin zielt, für die Wahrheit Zeugnis zu geben, und dass die Wahrheit nicht irgendeine Abstraktion meint, sondern zuerst und zuletzt eine Person ist, nämlich der von Gott in die Welt gesandte Sohn. Auf dieses elementare Selbstbekenntnis Jesu vor Pilatus antwortet der Prätor mit der lapidaren Frage: »Was ist Wahrheit?« Seit Pilatus geht diese Frage – gleichsam als ein skeptisches Gegendogma zur Wahrheit Jesu – durch die Jahrhunderte der christlichen Geschichte hindurch bis auf den heutigen Tag.

1 Wahrheitsfrage und Diktatur des Relativismus

In der Gegenwart stellt sich diese Frage sogar noch viel radikaler: Ist der Mensch überhaupt in der Lage und fähig, Wahrheit zu erkennen und zu bezeugen? Gibt es überhaupt Wahrheit, oder sind doch nur verschiedene Meinungen und Überzeugungen zugänglich, die wir Menschen gegenseitig tolerieren müssen, um überhaupt zusammenleben zu können? Wie bereits Pilatus in die Rolle des skeptischen Philosophen geschlüpft ist, um den Wahrheitsanspruch Jesu als Fundamentalismus eines messianischen Eiferers zu entlarven, so gehört es heute zur Strategie des Zeitgeistes, dass der Wahrheitsanspruch des christlichen Glaubens sofort mit Indoktrinierung und Intoleranz, mit Fanatismus und Fundamentalismus gleichgesetzt wird.

Was bleibt angesichts dieser selbstverständlich gewordenen Angst vor der Wahrheit – wenn nicht die Zuflucht zum pluralistischen und relativistischen Geist der heutigen Zeit? Immer mehr Menschen gehen davon aus, dass es Wahrheit gar nicht geben kann, sondern nur Wahrheiten im Plural. Für sie ist es beispielsweise evident, dass die verschiedenen Religionen zwar in wechselnden Gestalten existieren, aber doch im Prinzip alle gleich sind. Demgemäß werden alle Religionen als gleichermaßen gültig betrachtet und eingeschätzt, sodass es eigentlich gleichgültig ist, zu welcher Religion man sich bekennt. Tritt eine bestimmte Religion sogar mit dem Anspruch auf Wahrheit auf, wird dieser sofort relativiert, indem hervorgehoben wird, bereits die Existenz von vielen Religionen stelle einen solchen Wahrheitsanspruch von selbst in Frage.

Eine solche Einstellung hat vor allem gravierende Konsequenzen im Blick darauf, was der christliche Glaube unter »Offenbarung« versteht. Denn beim Paradigma eines solchen pluralistischen Relativismus besteht überhaupt kein Ort mehr für die Annahme einer letztgültigen Offenbarung und personalen Selbstmitteilung Gottes. In der heutigen Welt und teilweise selbst in den christlichen Kirchen ist deshalb die Tendenz stark geworden, auch in Jesus Christus nicht mehr *die* Offenbarung Gottes schlechthin wahrzunehmen, sondern selbst in ihm nur noch *eine* Offenbarungsgestalt unter vielen anderen zu sehen, und zwar in der Annahme, dass sich die Wahrheit Gottes in keiner Offenbarungsgestalt ganz zeigen könne. Demgemäß pflegt man zu betonen, es gebe nicht nur eine Vielfalt von Religionen, sondern auch eine Pluralität von Offenbarungen Gottes, folglich sei auch Jesus Christus nur *ein* religiöses Genie im Pantheon der verschiedenen Gottheiten und die von den Christen geglaubte Wahrheit sei höchstens *eine* Facette einer letztlich unerreichbaren Wahrheit.

Wohin eine solche Grundeinstellung mit letzter Konsequenz führt, hat der englische Schriftsteller und Philosoph C. S. Lewis in seinem Erfolgsbuch mit dem Titel *The Screwtape Letters* bereits in den 1940er Jahren eindringlich beschrieben und in der Form von fiktiven Briefen eines höheren Teufels die besondere Gefährdung des modernen Menschen beleuchtet. In der Erzählung von Lewis äußert ein kleiner Dämon seinem Vorgesetzten gegenüber die Sorge, gerade besonders intelligente Menschen würden die Weisheitsbücher der Alten lesen und könnten damit der Wahrheit auf die Spur kommen. Der kleine Dämon wird aber von Srewtape mit dem Hinweis beruhigt, der historische Standpunkt, zu dem die Gelehrten in der westlichen Welt durch die höllischen Geister überredet worden seien, bedeute, »dass die einzige Frage, die man mit Sicherheit niemals stellen werde, die nach der Wahrheit sei; stattdessen frage man nach Beeinflussungen und Abhängigkeiten, nach der Entwicklung des betreffenden Schriftstellers, nach seiner Wirkungsgeschichte und so fort«[1].

Man könnte zwar geneigt sein, Screwtapes Meinung als eine maßlose Übertreibung einzustufen. Es würde sich freilich dann nur um jene Übertreibung handeln, die Umberto Eco in seinem ebenso erfolgreichen Roman *Der Name der Rose* zum Grundsatzprogramm erklärt hat. Denn in seinem Roman steht das intellektuell makabre Wort, das Screwtape vollauf bestätigt: »Die einzige Wahrheit heißt: lernen, sich von der krankhaften Leidenschaft für die Wahrheit zu befreien.«[2] Wenn aber in dieser Richtung die Frage, ob

---

1 Clive Staples Lewis, The Screwtape Letters, London 1965, 139–140 (Übersetzung K.K.).
2 Umberto Eco, Der Name der Rose, München 1982, 624.

und inwieweit das von einem Autor Ausgesprochene wahr ist oder überhaupt wahr sein kann, für unwissenschaftlich erklärt oder überhaupt für unmöglich gehalten wird, und wenn folglich alle intellektuellen Bemühungen nur noch darin bestehen dürften, ein rein historisches Verständnis der so genannten Wahrheit zu ermöglichen, aber nicht mehr den Mut aufbringen würden, kritisch zu überprüfen, ob ausgesprochene Aussagen auch wirklich wahr sind, dann müsste dies das Ende der Frage nach der Wahrheit überhaupt bedeuten. Dies freilich wäre der Inbegriff und zugleich der Tiefpunkt jener »Diktatur des Relativismus«, die nichts mehr als endgültig anerkennt und für die es selbstverständlich ist, dass es keine objektiv erkennbare und schon gar keine absolute Wahrheit gibt und geben kann.

»Diktatur des Relativismus« ist jenes entscheidende Stichwort, mit dem Papst Benedikt XVI. die dominierende Einstellung des so genannt modernen Menschen analysiert hat.[3] Dieses Stichwort steht auch im Hintergrund der im vorliegenden Buch versammelten Beiträge, die sich mit der Relativismuskritik von Papst Benedikt XVI. auseinandersetzen. Es ist dabei als besonders verdienstvoll und in ökumenischer Sicht bedeutsam einzuschätzen, dass dies im Blick auf die auch für Benedikt XVI. elementare Christuszentralität und aus evangelischer Sicht geschieht. Es würde freilich zu weit führen, in der von mir erbetenen Replik auf die einzelnen Beiträge detailliert einzugehen. Meine Replik soll vielmehr darin bestehen, die grundlegende Bedeutung der Frage nach der Wahrheit im theologischen Denken und in der lehramtlichen Verkündigung von Papst Benedikt XVI. zusammenfassend darzustellen und damit zugleich den roten Faden im vorliegenden Buch nochmals zu verdeutlichen und in ökumenischer Sicht zu profilieren.

2 Christliche Theologie als Suche nach der Wahrheit

»Quid enim fortius desiderat anima quam veritatem?«[4] Im Anschluss an diese anthropologische Grundfrage des Heiligen Augustinus, was der Mensch denn stärker als die Wahrheit ersehne, ist für Papst Benedikt XVI. die Frage nach dem Menschen und die Frage nach der Wahrheit identisch. Denn der Mensch ist nicht nur ein wahrheitsfähiges, sondern auch und geradezu ein wahrheitsbedürftiges Lebewesen, dessen tiefste Sehnsucht sich auf die Erkenntnis der Wahrheit richtet: »Der Mensch ist ein Wesen, das einen Durst nach

---

3   Vgl. Gediminas J. Jankunas, The Dictatorship of Relativism. Pope Benedict XVI's Response, New York 2011; Hans-Georg Nissing (Hg.), Was ist Wahrheit? Zur Kontroverse um die Diktatur des Relativismus, München 2011.
4   »Was ersehnt der Mensch stärker als die Wahrheit?«, Augustinus, In Joh 26,5, in: PL 35, 1609.

Unendlichkeit im Herzen trägt, einen Durst nach Wahrheit – nicht nach einer Teilwahrheit, sondern nach der Wahrheit, die den Sinn des Lebens zu erklären vermag –, denn er ist als Gottes Abbild und ihm ähnlich erschaffen worden.«[5]

Von der anthropologischen Gegebenheit und Erkennbarkeit der Wahrheit für den Menschen ist Papst Benedikt XVI. vor allem deshalb überzeugt, weil der christliche Glaube den Anspruch erhebt, wahr zu sein. Wer sich diesem Anspruch stellt, dem muss es von selbst um die Glaubwürdigkeit der Wahrheit und die Vernünftigkeit des Glaubens gehen. Von dieser entschiedenen Option für die Wahrheitsfrage ließ sich das Christentum seit seinen historischen Anfängen leiten, und zwar vor allem dadurch, dass es das philosophische Denken in den biblischen Gottesbegriff aufgenommen und sich mit der damaligen »Aufklärung« verbündet hat.[6] Das eigentlich Befreiende des Christentums bereits in der Antike hat Papst Benedikt XVI. deshalb mit Recht im »Bruch mit der ›Gewohnheit‹ um der Wahrheit willen« verortet.[7]

Weil es dem christlichen Glauben wesensgemäß nicht um Gewohnheit, sondern um Wahrheit geht, steht die Frage nach der Wahrheit im Mittelpunkt. Dies zeigt sich bereits in dem elementaren Sachverhalt, dass der christliche Glaube eine eigentliche Theologie ausgebildet hat und dass Theologie im strengen Sinn des Wortes in der Einschätzung von Papst Benedikt XVI. ein »ausschließlich christliches Phänomen« darstellt, das es in dieser Weise in anderen Religionen nicht gibt.[8] Den tiefsten Grund dafür erblickt er darin, dass der christliche Glaube in sich per definitionem Suche nach der Wahrheit ist und deshalb einen besonderen Anspruch auf Wahrheit erhebt.

Indem bereits das Wort »Theologie« den Theos einem Logos zuordnet, ist damit ein Zweifaches impliziert, dass nämlich die Theologie auf der einen Seite Glauben an Gott voraussetzt und dass sie auf der anderen Seite von dem Paradox lebt, dass sie Glaube und Wissenschaft eng miteinander verbindet. In diesem besonderen Wesen des Christentums liegt es begründet, dass im Mittelpunkt der Theologie die Frage nach dem Verhältnis von christlichem Glauben und menschlicher Vernunft steht. Diese Frage zieht sich wie ein roter Faden durch das theologische Lebenswerk von Papst Benedikt XVI.: angefangen von seiner Antrittsvorlesung an der Universität Bonn im Jahre 1959, die unter dem

---

5   Benedikt XVI., Botschaft zur Feier des Weltfriedenstages 2012: Die jungen Menschen zur Gerechtigkeit und zum Frieden erziehen, Nr. 3.
6   Vgl. Joseph Ratzinger, Das Christentum – die wahre Religion?, in: ders., Glaube – Wahrheit – Toleranz. Das Christentum und die Weltreligionen, Freiburg i. Br. 2003, 131–147.
7   Benedikt XVI., Ansprache anlässlich der Verleihung des Premio Benedetto am 30. Juni 2011.
8   Joseph Cardinal Ratzinger, Vom geistlichen Grund und vom kirchlichen Ort der Theologie, in: ders., Wesen und Auftrag der Theologie. Versuche zu ihrer Ortsbestimmung im Disput der Gegenwart, Einsiedeln 1993, 39–62, hier 48.

Titel »Der Gott des Glaubens und der Gott der Philosophen« dem Thema der Vernünftigkeit des Glaubens gewidmet gewesen ist,[9] bis hin zu seiner großen Rede in Regensburg über »Glaube, Vernunft und Universität«, die er anlässlich seiner Apostolischen Reise nach Bayern im September 2006 an der Universität Regensburg gehalten hat und die man zweifellos als Abschiedsvorlesung eines leidenschaftlichen akademischen Lehrers, der Papst geworden ist, würdigen darf.[10]

Die Frage nach dem Verhältnis von christlichem Glauben und menschlicher Vernunft wäre in der Sicht von Papst Benedikt XVI. freilich in falscher Richtung beantwortet, würde sie dahingehend verstanden, dass die Vernunft allein darüber befinden könnte und dürfte, was christlicher Glaube genannt zu werden verdient und was christlicher Glaube in Tat und Wahrheit ist. Würde christliche Theologie in diesem Sinn von der menschlichen Vernunft beherrscht, käme ihre besondere Versuchung ans Tageslicht, die darin besteht, möglichst originell sein zu wollen oder sogar zu müssen. Die Theologie wäre dann geleitet beziehungsweise irregeleitet von der nervösen Suche nach der Originalität des eigenen theologischen Ansatzes und nach der spezifisch »eigenen« Theologie, die sich dann auch Ausdruck verschafft in einer großen Pluralität von »Genitivtheologien«. Hinter einer solchen Selbstüberschätzung der Subjektivität des Theologen verbirgt sich freilich eine massive Unterschätzung dessen, was christliche Theologie im Geist von Papst Benedikt XVI. ist und sein muss. Um ihrem tiefsten Wesen auf den Grund zu kommen, müssen wir unsere Aufmerksamkeit auf jene Eigenheit und Eigenschaft des Theologen richten, die ihn von den anderen Wissenschaftlern und letztlich sogar von jedem denkenden Menschen unterscheidet.

Es zeichnet den denkenden Menschen aus, dass bei ihm das Denken dem Sprechen, der Gedanke dem Wort voraus geht. Menschen, die sich zunächst selbst reden gehört haben müssen, damit sie überhaupt wissen, was sie denken sollen, pflegen wir mit Recht nicht als besonders intelligent oder weise zu bezeichnen. Beim christlichen Theologen hingegen verhält es sich ganz anders. Damit soll ihm keineswegs solides Denken abgesprochen werden. Doch beim christlichen Theologen, der sich selbst und seine Verantwortung recht versteht, geht das Wort immer seinem Denken voraus. Dabei handelt es sich freilich nicht um das Wort des Theologen, sondern um das Wort Gottes, das auf den Theologen zukommt und das er zunächst empfangen und annehmen muss.

---

9   Joseph Ratzinger, Der Gott des Glaubens und der Gott der Philosophen. Ein Beitrag zum Problem der theologia naturalis, Neuauflage Leutersdorf 2004.
10 Benedikt XVI., Glaube, Vernunft und Universität. Erinnerungen und Reflexionen. Vorlesung beim Treffen mit Vertretern der Wissenschaften an der Universität Regensburg am 12. September 2006.

Denn die Theologie kann das Wort Gottes nicht er-finden; sie kann es nur finden oder noch besser: sich von ihm finden lassen. Die Theologie kann das Wort Gottes nicht *erzeugen*; sie kann es vielmehr nur *bezeugen*, und zwar mit dem notwendigen Interesse der systematischen Kohärenz. Die Theologie kann schließlich das Wort Gottes nicht *herstellen*; sie kann es vielmehr nur *darstellen*, und zwar in einer möglichst redlichen Art und Weise. Nur in dieser Weise dient Theologie der Wahrheit, die der christliche Glaube für sich in Anspruch nimmt.

Den Primat des Wortes bei der theologischen Verantwortung der Wahrheit des Glaubens sieht Papst Benedikt XVI. am schönsten vorgebildet in der biblischen Gestalt des Johannes des Täufers, der im Neuen Testament als »Stimme« bezeichnet wird, während Christus das »Wort« genannt wird. Mit diesem Verhältnis von Stimme und Wort lässt sich der theologische Dienst am Wort Gottes verdeutlichen und vertiefen: Wie der sinnliche Klang, nämlich die Stimme, die das Wort von einem Menschen zu einem anderen trägt, vorüber geht, während das Wort bleibt, so hat auch beim Auftrag des Theologen die menschliche Stimme keinen anderen Sinn als denjenigen, das Wort Gottes zu vermitteln; danach kann und muss sie wieder zurücktreten, damit das Wort im Mittelpunkt bleibt und Frucht bringen kann. Die Sendung des Theologen besteht deshalb darin, sinnlich-lebendige Stimme für das vorgängige Wort Gottes und damit wie Johannes der Täufer »reiner Vorläufer, Diener des Worts« zu sein.[11] Nur in solcher Selbstbescheidung kann Theologie der Wahrheit des christlichen Glaubens verpflichtet sein und ihr dienen.

3 Implikationen des Wahrheitsprimats in der Theologie

Das Wort geht in der Theologie dem Denken immer voraus. Theologisches Denken ist im besten Sinne des Wortes nach-denkendes und nach-denkliches Denken, oder in den Worten von Papst Benedikt XVI.: »Theologie setzt einen neuen Anfang im Denken voraus, der nicht Produkt unserer eigenen Reflexion ist, sondern aus der Begegnung mit einem Wort kommt, das uns immer vorausgeht.«[12] Erst damit stoßen wir auf jene wahre Originalität, an der sich christliche Theologie ausrichten muss und in deren Dienst das theologische Lebenswerk von Papst Benedikt XVI. entschieden steht. Von hier aus beginnt man auch die Grundentscheidungen zu verstehen, von denen seine Theologie

---

11 Joseph Cardinal Ratzinger, Dienst und Leben der Priester, in: ders., Weggemeinschaft des Glaubens. Kirche als Communio, Augsburg 2002, 132–150, hier 142.
12 Joseph Cardinal Ratzinger, Vom geistlichen Grund und vom kirchlichen Ort der Theologie, in: ders., Wesen und Auftrag der Theologie, 39–62, hier 49.

geleitet ist und an denen jedes der Wahrheit verpflichtete theologische Denken orientiert sein muss. Diese Grundentscheidungen treten zu Tage, wenn wir die Implikationen bedenken, die im prinzipiellen Primat des Wortes vor dem theologischen Denken enthalten sind und jetzt nur noch expliziert werden sollen.

3.1 Theologisches Nach-Denken der Wahrheit der Offenbarung Gottes

An erster Stelle öffnet sich das Tor zur wahren Origo, von der christliche Theologie ausgeht und der sie nachdenkt. Diese Origo ist jenes Wort, das die Theologie nicht selbst erfunden hat und prinzipiell nicht erfinden kann, das aber gerade darin Mitte aller christlichen Theologie ist, dass es ihr voraus geht und sie zugleich trägt, weil es viel größer ist als das eigene Denken. Christliche Theologie besteht allein dadurch, dass sie jene Vorgabe annimmt, die mehr ist als das selbst Erdachte. Christliche Theologie setzt deshalb wesensgemäß auctoritas voraus, genauerhin jene Autorität der Wahrheit, die im christlichen Glauben den Namen »Offenbarung« trägt. Theologie ist in ihrem wesentlichen Kern verstehendes Nachdenken der Offenbarung Gottes und damit Glaube, der Einsicht und seine eigene Vernunft sucht. Mit Worten von Papst Benedikt XVI. bedeutet dies, dass christliche Theologie ihre Inhalte nicht selbst findet, sondern sie aus der Offenbarung empfängt, »um sie dann in ihrem inneren Zusammenhang und in ihrer Sinnhaftigkeit zu begreifen«.[13] Christliche Theologie ist in ihrer entscheidenden Mitte Offenbarungstheologie; und der Begriff der Offenbarung ist gleichsam der Lichtkegel, in dem alle anderen theologisch bedeutsamen Wirklichkeiten betrachtet und verstanden werden müssen.[14] Gottes Offenbarung ist demgemäß jenes Wort, das dem theologischen Denken voraus-geht und dem christliche Theologie nach-denkt.

Es ist dabei von grundlegender Bedeutung, dass für Papst Benedikt XVI. der Begriff der Offenbarung in erster Linie den Akt bezeichnet, in dem sich Gott dem Menschen zeigt und sich ihm als Liebe zusagt, und nicht das verobjektivierte Ergebnis des Aktes: »Offenbarung ist im christlichen Bereich nicht begriffen als ein System von Sätzen, sondern als das geschehene und im Glauben immer noch geschehende Ereignis einer neuen Relation zwischen

---

13 Joseph Cardinal Ratzinger, Glaube, Philosophie und Theologie, in: ders., Wesen und Auftrag der Theologie, 11–25, hier 14.
14 Vgl. Kurt Koch, Die Offenbarung der Liebe Gottes und das Leben der Liebe in der Glaubensgemeinschaft der Kirche, in: Michaela Christine Hastetter/Helmut Hoping (Hg.), Ein hörendes Herz. Hinführung zur Theologie und Spiritualität von Joseph Ratzinger/Papst Benedikt XVI., Regensburg 2012, 21–51.

Gott und den Menschen.«[15] Zu dem so verstandenen Begriff der Offenbarung gehört deshalb von selbst immer auch ein menschliches Subjekt, das dieser Offenbarung inne wird und ihre Wahrheit erkennt und anerkennt. Denn eine Offenbarung, die nicht angenommen wird, kann auch niemandem offenbar werden. Dort aber, wo die Offenbarung Gottes angenommen wird, lebt christlicher Glaube als persönliche Beziehung zum lebendigen Gott. Solchen Glauben muss Theologie voraussetzen, wenn sie sich nicht selbst aufheben oder sich als reine Religionswissenschaft verstehen und vollziehen will.

Im theologischen Denken von Papst Benedikt XVI. sind von daher sowohl Zuordnung als auch Unterscheidung von Glaube und Theologie grundlegend. Beide müssen ihr eigene Stimme haben, wobei die Stimme der Theologie von derjenigen des Glaubens abhängig ist und auf sie bezogen sein muss. Theologie ist Auslegung des Glaubens und muss Auslegung bleiben und kann sich nicht selbst den Text geben und schon gar nicht einen neuen Text erfinden. Glaube und Theologie sind vielmehr so verschieden und zugleich so aufeinander bezogen wie Text und Auslegung. Da die primäre Vermittlung und Bezeugung der Offenbarung Gottes in der Heiligen Schrift gegeben ist, ist christliche Theologie in erster Linie Auslegung der Heiligen Schrift in der untrennbaren Einheit von Altem und Neuem Testament, wie Papst Benedikt XVI. im Anschluss an die Theologie der Kirchenväter betont hat: »Diese Theologie hängt an der Auslegung der Schrift; der Kern der Väterexegese ist die von Christus im Heiligen Geist vermittelte concordia testamentorum.«[16]

Der Glaube als persönliche Beziehung zum lebendigen Gott findet seine erste Artikulation im Gebet, das auch die primäre Antwort auf die aufleuchtende Wahrheit der Offenbarung Gottes ist, wie Papst Benedikt XVI. an der Existenz Jesu selbst aufzeigt, deren innerste Mitte die im Gebet verwirklichte Gemeinschaft Jesu mit seinem Vater darstellt: »Die Mitte von Person und Leben Jesu ist nach dem Zeugnis der Hl. Schrift seine ständige Kommunikation mit dem Vater.«[17] Nimmt man diese innerste Herzmitte von Person und Existenz Jesu wahr und ernst, dann bedeutet dies für die theologische Erkenntnis, dass nur derjenige Theologe Jesus Christus wirklich sehen und verstehen kann, der ihn in seinem Beten, in seinem Eins-Sein mit dem Vater sieht. Hier leuchtet der tiefste Grund auf, dass der Konstruktionspunkt jeder christologischen Reflexion, die den Christus der Evangelien als den wahren

---

15 Joseph Ratzinger, Das Problem der Dogmengeschichte in der Sicht der katholischen Theologie, Köln/Opladen 1966, 19.
16 Vorwort zur Neuauflage von Joseph Ratzinger, Volk und Haus Gottes in Augustins Lehre von der Kirche, St. Ottilien 1991, XI–XX, zit. XV.
17 Joseph Ratzinger, Christologische Orientierungspunkte, in: ders., Schauen auf den Durchbohrten. Versuche zu einer spirituellen Christologie, Einsiedeln 1984, 11–40, zit. 15.

und auch historischen Jesus wahrnimmt, in der innersten Gebetseinheit Jesu mit dem Vater liegt, indem Jesus von »seiner Gemeinschaft mit dem Vater« her gesehen wird, »die die eigentliche Mitte seiner Persönlichkeit ist, ohne die man nichts verstehen kann und von der her er uns auch heute gegenwärtig wird«.[18] Das theologische Bekenntnis zu Jesus Christus kann folglich nicht einfach ein neutraler Satz oder eine rein theologisch-objektive Aussage sein; es erschließt sich vielmehr nur im Gebet und muss selbst Gebet sein. Es kann nur wachsen in der Teilhabe an der betenden Einsamkeit Jesu und am Sein mit ihm gerade dort, wo er allein bei seinem Vater ist. Christliche Theologie wird nur dort zum Bekenntnis der Glaubenswahrheit, wo sie aus dem Gebet heraus entsteht und sich deshalb selbst am Feuer der Wahrheit aufhält und nicht nur zu berichten weiß, dass es irgendwo ein solches Feuer geben soll.

In dieser Sinnrichtung hat bereits im fünften Jahrhundert Dionysius der Areopagite die Verfasser der biblischen Schriften selbst als »Theologen« im strengen Wortsinn bezeichnet, weil sie Menschen gewesen sind, die nicht aus ihrem Eigenen heraus geredet, sondern sich Gott so geöffnet haben, dass er selbst durch ihr Wort hindurch zu den Menschen sprechen kann. In diesem elementaren Sinn muss der Theologe, der der Wahrheit der Offenbarung verpflichtet ist und ihr dienen will, ein hörender und deshalb glaubender und deshalb betender Mensch und Christ sein, der Gott reden lässt und ihm zuhört, um aus diesem schweigenden Hören heraus von Gott glaubwürdig reden zu können.

3.2 Kirchlicher Lebensraum der Offenbarungswahrheit

Der Glaube als Antwort auf Gottes Offenbarung vollzieht sich als persönlicher Gesprächskontakt mit dem lebendigen Gott, und deshalb gehört zum Glauben immer das »Du«. Zum Glauben gehört aber immer auch und sogar zuerst das »Wir«, weil der einzelne Christ seinen Glauben immer nur in der Glaubensgemeinschaft der Kirche leben kann. Niemand kann allein glauben; jeder Christ verdankt seinen Glauben vielmehr konkreten Mitmenschen, die vor ihm geglaubt haben und heute mit ihm glauben. Dieses »große ›Mit‹, ohne das es keinen persönlichen Glauben geben kann«, ist die Kirche.[19] Der eigentliche Adressat und Empfänger der Offenbarung Gottes ist deshalb nicht einfach der einzelne Christ, da er nicht für sich allein, sondern nur mit der ganzen Kirche mit-glaubend glaubt und weil das Ich des Credo die Kirche

---

18 Joseph Ratzinger/Benedikt XVI., Jesus von Nazareth. Erster Teil: Von der Taufe im Jordan bis zur Verklärung, Freiburg i. Br. 2007, 12.
19 Benedikt XVI., Homilie in der Eucharistiefeier auf dem Domplatz in Erfurt am 24. September 2011.

ist. Christliche Theologie ist deshalb immer in und aus der Kirche und in diesem grundlegenden Sinn kirchliche Theologie. Die Kirche ist in erster Linie nicht Thema oder Objekt der Theologie, sondern viel grundlegender das Subjekt der Theologie und der Lebensraum, in dem Theologie vollzogen wird. Kirche und Theologie sind bleibend aufeinander verwiesen und fordern und fördern sich wechselseitig, weshalb es für Papst Benedikt XVI. elementar wichtig ist, stets den inneren Zusammenhang der beiden Wirklichkeiten im Glaubensbewusstsein präsent zu halten: »Eine Kirche ohne Theologie verarmt und erblindet; eine Theologie ohne Kirche aber löst sich ins Beliebige auf.«[20]

In dieser Verhältnisbestimmung von Kirche und Theologie und damit bei der Frage der Kirchlichkeit der Theologie dürfte nach wie vor der deutlichste Unterschied zwischen katholischer und evangelischer Verantwortung der christlichen Glaubenswahrheit gegeben sein. Da diese Differenz auch in den im vorliegenden Buch versammelten Beiträgen aufscheint, bedarf die katholische Sicht, die für das theologische Denken von Papst Benedikt XVI. grundlegend ist,[21] einer weiteren Präzisierung und Vertiefung.[22] Wenn nämlich der erste Adressat und Empfänger der Offenbarung Gottes die Glaubensgemeinschaft der Kirche ist und wenn Gottes Offenbarung in erster Linie eine personale Wirklichkeit, nämlich die Person Jesus Christus selbst, ist, während die Heilige Schrift und die Tradition der Kirche die elementaren Vermittlungsgestalten der Offenbarung sind, dann kann das Verhältnis von Heiliger Schrift und kirchlicher Tradition gewiss nicht im Sinne eines gleichberechtigten Nebeneinanders von Schrift und Tradition als den zwei Quellen der Offenbarung, wie es in problematischen Traditionen katholischer Theologie in der Neuzeit auffindbar ist, verstanden werden, freilich auch nicht im Sinne eines sich ausschließenden Gegensatzes, wie er mit dem protestantischen Prinzip des Sola scriptura behauptet wird. Dass in katholischer Sicht ein Sola-scriptura-Prinzip aus prinzipiellen Gründen nicht möglich ist, ergibt sich bereits aus dem grundlegenden Sachverhalt, dass die Heilige Schrift selbst ein Buch der Kirche ist, das aus der kirchlichen Überlieferung hervorgegangen ist und durch sie an die kommenden Generationen weitergegeben wird, und dass die Heilige Schrift deshalb in dem Geist ausgelegt werden muss, in dem sie geschrieben worden ist.

---

20 Joseph Cardinal Ratzinger, Vom geistlichen Grund und vom kirchlichen Ort der Theologie, in: ders., Wesen und Auftrag der Theologie, 39–62, hier 41.
21 Vgl. Joseph Cardinal Ratzinger, Theologie und Kirche, in: Communio. Internationale katholische Zeitschrift 15 (1986) 515–533.
22 Vgl. Kurt Cardinal Koch, Entweltlichung und andere Versuche, das Christliche zu retten, Augsburg 2012, bes. 139–180: Dienst am Wort Gottes als Herzmitte der Evangelisierung.

Weil in diesem grundlegenden Sinn Heilige Schrift und Kirche nicht voneinander getrennt werden können, hat Papst Benedikt XVI. das eigentliche ökumenische Problem in der Verflechtung von Wort Gottes, personalem Zeugnis des Wortes Gottes und Glauben der Kirche wahrgenommen.[23] In dieser Sinnrichtung hat er beispielsweise bei seiner ökumenischen Begegnung mit Repräsentanten anderer christlicher Kirchen und kirchlicher Gemeinschaften während seiner Apostolischen Reise nach Köln im September 2005 hervorgehoben, die zwischen evangelischen und katholischen Christen strittige Frage bestehe nur oberflächlich und vordergründig in einem Streit über kirchliche Institutionen wie das Lehramt und das kirchliche Amt überhaupt, sondern viel grundlegender in der Frage nach »der Weise der Gegenwart des Wortes Gottes in der Welt«, genauerhin der »Verflechtung von Wort und Zeuge und Glaubensregel«, so dass auch die Amtsfrage als Frage des Gotteswortes, seiner Souveränität und seiner Demut betrachtet werden muss, »in der der Herr es auch den Zeugen anvertraut und Auslegung gewährt, die sich freilich immer an der ›regula fidei‹ und am Ernst des Wortes selbst zu messen hat«.[24] Es versteht sich leicht, dass bei der so gestellten Frage nach dem Verhältnis zwischen dem Wort Gottes und den amtlich beauftragten Zeugen dieses Wortes in der Glaubensgemeinschaft der Kirche die Kirchlichkeit der theologischen Verantwortung der Glaubenswahrheit immer schon eingeschlossen ist.

Von daher ist es gewiss kein Zufall, dass Papst Benedikt XVI. immer wieder auf Lebensweg und Lebenswerk des Exegeten Heinrich Schlier, der als überzeugter Schüler des evangelischen Theologen Rudolf Bultmann zur Katholischen Kirche konvertiert ist, verwiesen hat, um die Kirchlichkeit christlicher Theologie einsichtig machen zu können. Über Heinrich Schlier hat Papst Benedikt XVI. früher einmal gesagt, er habe bei seiner Konversion »das Beste des protestantischen Erbes« festgehalten und sei »nicht einfach vom Sola Scriptura abgerückt«, seine Konversion habe vielmehr ihren Grund darin gehabt, »dass er im Sola Scriptura selbst den Ruf nach dem Raum der lebendigen Kirche, nach ihrer Vollmacht und nach ihrer Kontinuität als Voraussetzung für die ›Entfaltung der apostolischen Hinterlassenschaft‹« gefunden habe.[25]

---

23 Vgl. Wolfgang Thönissen, Katholizität als Strukturform des Glaubens. Joseph Ratzingers Vorschläge für die Wiedergewinnung der sichtbaren Einheit der Kirche, in: Christian Schaller (Hg.), Kirche – Sakrament und Gemeinschaft. Zu Ekklesiologie und Ökumene bei Joseph Ratzinger [= Ratzinger-Studien. Band 4], Regensburg 2011, 254–275, bes. 273–275.
24 Predigten, Ansprachen und Grußworte im Rahmen der Apostolischen Reise von Papst Benedikt XVI. nach Köln anlässlich des XX. Weltjugendtages 14. September 2005 = Verlautbarungen des Apostolischen Stuhls, Nr. 169, Bonn 2005, 69–70.
25 Joseph Ratzinger, Geleitwort, in: Heinrich Schlier, Der Geist und die Kirche. Exegetische Aufsätze und Vorträge, hrsg. von Veronika Kubina und Karl Lehmann, Freiburg i. Br. 1980, VII–X, hier IX.

Heinrich Schlier selbst hat in seiner *Kurzen Rechenschaft* hervorgehoben, dass ihm der Weg zur Katholischen Kirche vom Neuen Testament selbst gewiesen worden sei, »so wie es sich historischer Auslegung darbot«. Schlier vermochte vor allem in der historischen Exegese keinen Gegensatz zur Interpretation der Heiligen Schrift »im Geist der Kirche« zu erblicken: »Denn der Geist der Kirche schließt auch die Unbefangenheit wahrer historischer Forschung ein und ist auch hier nicht ein Geist der Knechtschaft zur Furcht, sondern zur Sohnschaft. Die den historischen Phänomenen wirklich offene historische Forschung ist ja auch ein Weg zur Erhellung der Wahrheit. So kann auch sie die Kirche finden und ein Weg zu ihr sein.«[26] Lebensweg und Lebenswerk von Heinrich Schlier sind von daher ein sprechendes Beispiel dafür, dass fruchtbare Neuanfänge in der Theologie nie aus der Loslösung von der Kirche, sondern immer aus einer neuen Zuwendung zu ihr und aus der Wahrnehmung der kirchlichen Dimension der Theologie erwachsen.

3.3 Kirchlicher Gehorsam zur Glaubenswahrheit

Zur Kirchlichkeit der Theologie gehört es auch, dass sie ganz im Dienst der Verkündigung der Wahrheit des christlichen Glaubens, und zwar des gemeinsamen Glaubens der Kirche, steht. Ihre Kirchlichkeit ergibt sich dabei elementar daraus, dass nicht die Theologie das Maß der Verkündigung sein kann, sondern die Verkündigung das Maß der Theologie sein muss. Im Licht dieses Grundsatzes, dass die Verkündigung der Glaubenswahrheit der gültige Maßstab auch für die Theologie ist und sein muss, werden auch Wesen und Bedeutung des kirchlichen Lehramtes für die Theologie sichtbar, das in katholischer Sicht als Dienst der Bezeugung und Bewahrung der Glaubenswahrheit unverzichtbar ist. Den tiefsten Sinn und die besondere Verantwortung des kirchlichen Lehramtes hat Papst Benedikt XVI. nach seiner Wahl dadurch zum Ausdruck gebracht, dass er kein Regierungsprogramm in einem politischen oder sonstwie üblichen Sinn vorgelegt, sondern unmissverständlich erklärt hat: »Das eigentliche Regierungsprogramm aber ist, nicht meinen Willen zu tun, nicht meine Ideen durchzusetzen, sondern gemeinsam mit der ganzen Kirche auf Wort und Wille des Herrn zu lauschen und mich von ihm führen zu lassen, damit er selbst die Kirche führe in dieser Stunde unserer Geschichte.«[27] Das Lehramt muss folglich die ganze Kirche und zunächst sich selbst immer wieder zum Gehorsam gegenüber dem Wort Gottes verpflichten, und zwar entgegen

---

26 Heinrich Schlier, Kurze Rechenschaft, in: ders., Der Geist der Kirche, 270–289, hier 274–275.
27 Der Anfang. Papst Benedikt XVI./Joseph Ratzinger. Predigten und Ansprachen April/Mai 2005 (Verlautbarungen des Apostolischen Stuhls, 168), Bonn 2005, 32.

allen Versuchungen zur Anpassung an den Zeitgeist und zur Verwässerung des Wortes Gottes.

Weil die Lehrvollmacht in der Kirche vor allem die Gehorsamsverpflichtung zur Wahrheit des Glaubens einschließt, muss das Lehramt innerhalb der kirchlichen Gemeinschaft auch eine besondere Sorge für den Glauben der so genannten Einfachen tragen. Gegen eine »Verächtlichmachung des einfachen Glaubens durch die Intellektuellen und ihre Auslegungskünste«[28] ist Papst Benedikt XVI. zu betonen nie müde geworden: »Das erstrangige Gut, für das die Kirche Verantwortung trägt, ist der Glaube der Einfachen. Die Ehrfurcht davor muss innerer Maßstab aller theologischen Lehre sein.«[29]

Mit dem Primat des einfachen Glaubens hängt es auch zusammen, dass es in der Sicht von Papst Benedikt XVI. gerade heute um eine grundlegende Elementarisierung des Glaubens gehen muss und kirchliche Verkündigung und Theologie keinen anderen Sinn haben können als den, immer wieder auf diese letzte Einfachheit des Glaubens hinzuführen, die den Kleinen und Schwachen oft mehr oder zumindest ebenso zugänglich ist wie den Weisen und Klugen, und zwar in jener Grundüberzeugung, die Papst Benedikt XVI. in dem nun wirklich einfachen Satz verdichtet hat: »Das Einfache ist das Wahre – und das Wahre ist einfach.«[30] Seine eigene Theologie ist dafür gewiss der beste Anschauungsunterricht.

4 Heiligkeit und Schönheit der Glaubenswahrheit

Wenn sich christliche Theologie an der Einfachheit der Wahrheit des Glaubens orientiert, verliert sie weder ihre Größe noch ihre Tiefe; sie findet im Gegenteil zu sich selbst. Von daher leuchtet auch der eigentliche Grund auf, dass für Papst Benedikt XVI. die wissenschaftliche Theologie im kirchlichen Leben zwar elementar wichtig ist, aber letztlich doch nicht genügen kann. Vielmehr muss die »Theologie der Heiligen« hinzukommen, weil sie »Theologie aus Erfahrung« ist und weil alle wirklichen Fortschritte in der Erkenntnis der Glaubenswahrheit ihren Ursprung »im Auge der Liebe und in seiner Sehkraft« haben.[31] In der Theologie von Papst Benedikt XVI. haben die Heiligen deshalb eine so

---

28 Joseph Kardinal Ratzinger, Was ist Freiheit des Glaubens? Silvesterpredigt 1979, in: ders., Zeitfragen und christlicher Glaube, Würzburg 1982, 7–27, hier 20.
29 Joseph Cardinal Ratzinger, Vom geistlichen Grund und vom kirchlichen Ort der Theologie, in: ders., Wesen und Auftrag der Theologie, 39–62, hier 59.
30 Benedikt XVI., Licht der Welt. Der Papst, die Kirche und die Zeichen der Zeit. Ein Gespräch mit Peter Seewald, Freiburg i. Br. 2011, 196.
31 Joseph Kardinal Ratzinger, Christologische Orientierungspunkte, in: ders., Schauen auf den Durchbohrten, 13–40, hier 25.

große Bedeutung, weil sie nicht nur die wahren Reformer des kirchlichen Lebens sind, die sich vom Licht Gottes leiten lassen, sondern weil sie auch die besten Interpreten der Heiligen Schrift und insofern die glaubwürdigsten Theologen sind, die das Wort Gottes in ihrem eigenen Leben Fleisch werden lassen: »Die Heiligen sind die wahren Ausleger der Heiligen Schrift. Was ein Wort bedeutet, wird am meisten in jenen Menschen verständlich, die ganz davon ergriffen wurden und es gelebt haben.« Denn die Auslegung der Heiligen Schrift kann keine rein akademische Angelegenheit sein und darf auch nicht ins rein Historische zurück verlegt werden: »Die Schrift trägt überall ein Zukunftspotenzial in sich, das sich erst im Durchleben und Durchleiden ihrer Worte eröffnet.«[32]

Was von den Heiligen im Allgemeinen gilt, trifft in besonderer Weise auf Maria zu. Denn in der Art und Weise, in der sie mit dem Wort Gottes umgegangen ist und mit ihm gelebt hat, tritt sie nicht nur als Urbild des glaubenden Christen, sondern auch als Ikone des kirchlichen Theologen vor Augen. In Maria begegnen wir jener Frau des Glaubens, die das Wort Gottes ganz in sich aufgenommen hat, um es der Welt zu schenken, und die auch nach der Geburt des Wortes Gottes jedes Wort, das von Gott kommt, in ihrem Herzen erwogen hat. Vor allem der Evangelist Lukas zeichnet Maria als einen Menschen, der für das Wort Gottes ganz Ohr ist: Bei der Verkündigung der Geburt Jesu berichtet Lukas, dass Maria über den Gruß des Engels erschrak und »überlegte, was dieser Gruß zu bedeuten habe« (Lk 1,29). Ähnlich verhält sich Maria in der Weihnachtsgeschichte nach der Anbetung des Kindes in der Krippe durch die Hirten: »Maria bewahrte alles, was geschehen war, in ihrem Herzen und dachte darüber nach« (Lk 2,19). Ein weiteres Mal ruft Lukas dieses Bildwort in Erinnerung bei der Szene des zwölfjährigen Jesus im Tempel: »Seine Mutter bewahrte alles, was geschehen war, in ihrem Herzen« (Lk 2,50). In diesen drei Szenen wird sichtbar, dass Maria im Wort Gottes ganz daheim ist. In dieser Grundhaltung ist Maria das Urbild und die Urgestalt der Kirche oder noch adäquater: »Kirche im Ursprung«.[33] Als Urbild von Kirche zeigt Maria in exemplarischer Weise, welchen Umgang Christen mit dem Wort Gottes pflegen sollen. Dazu sind in besonderer Weise jene berufen und verpflichtet, die im theologischen Dienst am Wort Gottes stehen.

Die Grundhaltung des Theologen in der Sicht von Papst Benedikt XVI. könnte man deshalb darin zusammenfassen, dass die Theologen ihr Leben und ihren Umgang mit dem Wort Gottes in Maria vorgebildet sehen und ihre

---

32 Joseph Ratzinger/Benedikt XVI., Jesus von Nazareth. Erster Teil, 108.
33 Joseph Cardinal Ratzinger/Hans Urs von Balthasar, Maria – Kirche im Ursprung, Einsiedeln 1997.

theologische Sendung an Marias glaubendem Lebensstil orientieren. Dann stimmen nicht nur Leben und Lehre des Theologen wie bei Maria harmonisch zusammen, sondern dann tritt auch die Wahrheit des christlichen Glaubens in ihrer unverbrauchbaren Schönheit ans Tageslicht. Papst Benedikt XVI. hat von daher zwischen den Heiligen und der Schönheit der Kunst eine enge Verwandtschaft wahrgenommen, weshalb sich in seinen Augen die »einzig wirkliche Apologie« der Wahrheit des christlichen Glaubens eigentlich auf zwei Argumente beschränken kann, nämlich auf die Heiligen, die die Kirche hervorgebracht hat, und auf die Kunst, die in ihrem Schoß gewachsen ist: »Der Herr ist durch die Großartigkeit der Heiligkeit und der Kunst, die in der gläubigen Gemeinde entstanden sind, eher beglaubigt als durch die gescheiten Ausflüchte, die die Apologetik zur Rechtfertigung der dunklen Seiten erarbeitet hat, an denen die menschliche Geschichte der Kirche so reich ist.«[34]

5 Der existenzielle Ernst der christlichen Wahrheit

Mit der emphatischen Betonung, dass sich im Glauben Wahrheit und Schönheit zusammen reimen, wird keineswegs einer Ästhetisierung der Wahrheit das Wort geredet. Sie macht vielmehr auf den radikalen Ernst aufmerksam, der in der Frage nach der Wahrheit verborgen ist. Denn die Frage »Was ist Wahrheit?« ist eine Frage auf Leben und Tod. Dies ist sie bereits bei Pilatus, dessen skeptische Frage in der Einleitung zu diesem Aufsatz in Erinnerung gerufen worden ist. Bei Pilatus ist die Frage nach der Wahrheit eine Frage auf Leben und Tod freilich zunächst für Jesus. »Was ist Wahrheit?«: Diese Frage müsste Pilatus zwar gerade als Richter in ihrem ganzen Ernst stellen, weil seine Aufgabe darin besteht, die Wahrheit und nichts als die Wahrheit über den Angeklagten herauszufinden. Pilatus aber stellt diese Frage nicht als Richter, freilich auch nicht einfach als skeptischer Philosoph, sondern als machiavellistischer Zyniker, der am Ende des Prozesses sehr genau weiß, dass Jesus unschuldig ist, ihn aber dennoch kreuzigen lässt, weil er um seine Karriere und seine politische Aufgabe fürchtet. »Was ist Wahrheit?« Diese Pilatusfrage hat Jesus ans Kreuz gebracht, und Jesus steht als Märtyrer der Wahrheit vor uns, dem – ganz im Unterschied zu Pilatus – das Zeugnis der Wahrheit wichtiger gewesen ist als sogar das eigene Leben.

»Was ist Wahrheit?«: Diese Frage ist, tiefer gesehen, allerdings auch für Pilatus eine Frage auf Leben und Tod geworden. Indem Pilatus die Wahrheitsfrage stellt, nachdem Jesus ihn mit der Frage seines Lebens konfrontiert hat,

---

34 Joseph Kardinal Ratzinger, Zur Lage des Glaubens. Ein Gespräch mit Vittorio Messori, München 1985, 134.

wird die todernste Ironie sichtbar, mit der der Evangelist Johannes das Stehen Jesu vor Pilatus umwandelt: Vor Gericht steht derjenige, der mit der Welt ins Gericht geht, um sie zu retten. Damit will Johannes zum Ausdruck bringen, dass der angeklagte Jesus in Tat und Wahrheit der Richter ist, während der Prätor auf dem Prüfstand steht. Denn Jesus gibt Pilatus die Gelegenheit, der Wahrheit seines eigenen Lebens ins Auge zu schauen, indem dieser Aug in Aug mit dem unschuldig Angeklagten, dem Mensch gewordenen Sohn Gottes, steht. Indem Pilatus aber der Frage seines Lebens ausweicht und stattdessen die skeptische Frage, was denn Wahrheit sei, stellt, hat er die Chance seines Lebens vertan.

Johannes macht damit auf den Ernst des Stehens des Pilatus vor Jesus aufmerksam – gewiss auch für uns heute. Denn auch heute im relativistischen Zeitalter steht Jesus vor uns, er schaut uns an und konfrontiert uns mit der Frage des Lebens, indem er sagt: »Jeder, der aus der Wahrheit ist, hört meine Stimme.« Wir sind dabei gefragt, ob auch wir dieser Herausforderung bloß mit der ominösen Frage des Pilatus »Was ist Wahrheit?« ausweichen, oder ob wir uns ihr stellen und sie mit unserem Leben beantworten – wohl wissend darum, dass es sich dabei um die entscheidende Lebensfrage handelt. Dass nämlich im Letzten nur die Wahrheit zählt, wird in einer chassidischen Erzählung sehr schön zum Ausdruck gebracht: Rabbi Emelech sagte einmal: »Ich bin sicher, der kommenden Welt teilhaftig zu werden. Wenn ich vor dem obersten Gericht stehe und sie mich fragen: ›Hast du nach Gebühr gelernt?‹, werde ich antworten: ›Nein‹. Dann fragen sie wieder: ›Hast du nach Gebühr gebetet?‹, und ich antworte desgleichen: ›Nein‹. Und sie fragen zum dritten: ›Hast du nach Gebühr Gutes getan?‹ Und ich kann auch diesmal nicht anders antworten. Da sprechen sie das Urteil: ›Du sagst die Wahrheit. Um der Wahrheit willen gebührt dir Anteil an der kommenden Welt‹.«

Im christlichen Leben ist es in der Tat letztlich nicht entscheidend, ob wir nach Gebühr gelernt, gebetet und Gutes getan haben. Entscheidend ist vielmehr, ob wir nach der Wahrheit gesucht und in der Wahrheit gelebt haben. Die Wahrheit ist vor allem deshalb ausschlaggebend, weil sie sich immer durchsetzt, selbst auf paradoxe Weise – wie bei Pilatus. Nachdem er den angeklagten Jesus verurteilt hatte, ließ er auf das Kreuz in allen drei Weltsprachen die Worte schreiben: »Jesus von Nazareth, König der Juden« (Joh 19,19), um damit den Gekreuzigten als religiös-politischen Aufrührer zu denunzieren. Ohne es zu wissen und ohne es zu wollen, hat er damit ein Bekenntnis zum messianischen Königtum Jesu Christi abgelegt. Diese Paradoxie hat die christliche Ikonographie bleibend ins Gedächtnis der Menschheit eingeschrieben: INRI war als »Menetekel einer politischen Theologie« gemeint, die auf der programmatischen Leugnung der absoluten Wahrheit der Liebe gründete,[35] und ist doch zum Symbol der Wahrheit des christlichen Glaubens geworden, dass Jesus Christus selbst die Wahrheit ist.

Die biblische Erzählung von Jesus und Pilatus verpflichtet uns, die Wahrheitsfrage zu stellen und sie richtig zu stellen. Es geht letztlich nicht, wie Pilatus suggeriert, darum, *was* die Wahrheit ist, sondern *wer* die Wahrheit ist, wie Papst Benedikt XVI. gleich zu Beginn seiner ersten Enzyklika über die christliche Liebe hervorhebt: »Am Anfang des Christseins steht nicht ein ethischer Entschluss oder eine große Idee, sondern die Begegnung mit einem Ereignis, mit einer Person, die unserem Leben einen neuen Horizont und damit seine entscheidende Richtung gibt.«[36] Der christliche Glaube steht und fällt damit, dass die Wahrheit eine Person ist, Jesus Christus, und dass in dieser Person uns das Antlitz des lebendigen Gottes begegnet. Auf dem Fundament dieser personalen Wahrheit dürfen wir als Christen leben, und mit dieser Wahrheit können wir auch sterben. Die Frage nach der Wahrheit ist in der Tat eine Frage auf Leben und Tod.

Im Ernstnehmen dieser Frage widersetzen sich Christen der Resignation gegenüber der Wahrheit, die der eigentliche Infekt jener Diktatur des Relativismus ist, die davon ausgeht, dass der Mensch der Wahrheit gar nicht fähig ist und es deshalb für den Menschen Wahrheit gar nicht geben kann. Christen verstehen sich vielmehr als »Mitarbeiter der Wahrheit«, und zwar in jenem ökumenischen Geist, der in jedem Beitrag des vorliegenden Buches durchscheint und für den wir dankbar sein dürfen. Denn die Ökumene kommt nur voran, wenn sie, jenseits von diplomatischem Geschick und bloßer ökumenischer Nettigkeit, Suchen und Finden der gemeinsamen Wahrheit des einen christlichen Glaubens ist. Dafür ist das vorliegende Buch ein sehr schönes Zeugnis und zugleich eine dankbare Erinnerung an den großartigen Pontifikat von Papst Benedikt XVI., der in dem Sinn ein evangelischer Pontifikat gewesen ist, dass er sich ganz von der Kraft des Wortes Gottes und damit vom Licht der christlichen Wahrheit hat inspirieren und leiten lassen.

---

35 Thomas Söding, Was ist Wahrheit? Theologischer Anspruch und historische Wirklichkeit im Neuen Testament, in: Jahres- und Tagungsbericht der Görres-Gesellschaft (2003) 32–62, hier 35.
36 Benedikt XVI., Deus caritas est, Nr. 1.

Epilog: Wir sind »Mitarbeiter der Wahrheit«. Eine biblische Besinnung

Christoph Raedel

> ¹Der Älteste an den geliebten Gaius, den ich in Wahrheit liebe. ⁵Lieber Bruder, du handelst treu in allem, was du an den Brüdern, sogar an fremden Brüdern tust. ⁶Sie haben vor der Gemeinde für deine Liebe Zeugnis abgelegt. Du wirst gut daran tun, wenn du sie für ihre Reise so ausrüstest, wie es Gottes würdig ist. ⁷Denn für seinen Namen sind sie ausgezogen und haben von den Heiden nichts angenommen. ⁸Darum sind wir verpflichtet, solche Männer aufzunehmen, damit auch wir zu Mitarbeitern für die Wahrheit werden. ⁹Ich habe der Gemeinde geschrieben. Aber Diotrephes, der unter ihnen der Erste sein will, erkennt uns nicht an.
>
> *3 Johannes 1.5–9 (Einheitsübersetzung)*

Am Ende dieses Buches, das evangelische Perspektiven sowie eine Replik aus römisch-katholischer Sicht umfasst, soll das Nachsinnen über einen Text der Heiligen Schrift stehen, der ausgewiesenermaßen für Joseph Ratzinger von wegweisender Bedeutung ist. Diese den Band beschließende Besinnung soll gleichermaßen Ausdruck für wie Einladung zu der in der Einleitung angesprochenen »Zeugnis-Ökumene« sein, für die das gemeinsame Studium der Bibel und das Fragen nach der Wahrheit elementar wichtig sind.

Anlässlich seiner Bischofsweihe im Jahr 1977 fiel Joseph Ratzingers Entscheidung für einen bischöflichen Wahlspruch auf das Wort aus 3 Joh 8, in dem von den »Mitarbeitern der Wahrheit« die Rede ist. Nach eigenem Bekunden sah Ratzinger in diesem Auftrag, der Wahrheit zu dienen, die »vereinigende Klammer« zwischen seiner Tätigkeit des Professors und dem Amt des Bischofs. Er schreibt: »Bei allen Unterschieden ging es doch um das gleiche, der Wahrheit nachzugehen, ihr zu Diensten zu sein. Und weil in der heutigen Welt das Thema Wahrheit fast ganz verschwunden ist, weil sie als für den Menschen schon fast zu groß erscheint, und doch alles verfällt, wenn es keine Wahrheit gibt, deswegen schien mir dieser Wahlspruch auch zeitgemäß im guten Sinn zu sein«.[1] An anderer Stelle schreibt Ratzinger von der Faszination, die von diesem Wort für ihn ausging, obwohl der Textsinn zunächst »eher begrenzt« ist.[2]

---

1 Joseph Ratzinger, Aus meinem Leben. Erinnerungen (1927–1977), München 1998, 178f.
2 Joseph Ratzinger, Gott und die Welt. Ein Gespräch mit Peter Seewald, München 2005, 281.

Vereint in dem Glauben, dass die Bibel »die höchste Richtschnur« des Glaubens ist und wir in ihr »die Stimme des Heiligen Geistes vernehmen«,[3] soll dieser Beitrag einigen Versen aus dem Dritten Johannesbrief gehören. Das Wissen darum, dass evangelische und römisch-katholische Christen über das genaue Verhältnis der Zuordnung von Schrift und Tradition sowie über die genaue Weise, in der das kirchliche Lehramt dem Wort Gottes »dient«,[4] gegenwärtig nicht übereinstimmen, darf dieses gemeinsame Hören nicht hindern. Das Wort des Apostels Johannes führt uns tiefer in die Zusagen und in die Sendung Gottes hinein, im Angesicht einer Welt, in der allen Menschen das Licht der Wahrheit des Evangeliums von Jesus Christus auf- und einleuchten soll.

Ich möchte drei im Dritten Johannesbrief begegnende Aspekte christlicher Glaubensverantwortung aufnehmen und sie zu der Einsicht zusammenführen, dass alle Christen als auf den Namen des dreieinigen Gottes Getaufte dazu berufen sind, »Mitarbeiter der Wahrheit« zu sein.

1 In der Wahrheit wandeln – die Lebenskraft des Glaubens

Zeugnis zu geben von Jesus Christus, das heißt zuallererst von Gottes Wohltaten zu reden, also von seiner Zuwendung, die Menschen in Leben, Sterben und Auferstehen des Gottessohnes bekannt- und zuteilwird. Das Christuszeugnis schließt aber auch das Reden von dem ein, was Menschen, die sich von Jesus Christus haben rufen lassen, um seines Namens willen getan oder auch erlitten haben. In diesem kurzen Brief kommt der Apostel auf die Gastfreundlichkeit des Gajus zu sprechen, in dem, so der Apostel, etwas von der Wahrheit ansichtig wird, die zu bezeugen Christen aufgetragen ist.

Was wir über Gajus wissen, ist nicht viel, und das, was der Presbyter über Gajus erfährt, wird ihm von durchreisenden Christen mitgeteilt. Sie reden von Gajus in den höchsten Tönen. Seine Gastfreundlichkeit macht ihn zu einem Vorbild für die Gläubigen, dessen Leben etwas von der Gastfreundlichkeit Gottes widerspiegelt. Die Wahrheit, die Gajus mit seinem Lebenswandel bezeugt, ist die Menschenfreundlichkeit und der Versöhnungswille Gottes. Gajus hat verstanden: Sich in die Nachfolge Jesu zu stellen bedeutet, der Wahrheit und der Liebe Gottes im eigenen Leben Raum zu geben. Die Wahrheit zu bezeugen ist offenkundig eine das gesamte Leben umgreifende Aufgabe, so wie die Wahrheit uns nicht lediglich als Gedanke, sondern als Lebensgrund ge-

---

3   Dogmatische Konstitution über die göttliche Offenbarung, § 21, zit. nach Karl Rahner/ Herbert Vorgrimler, Kleines Konzilskompendium, 2., erg. Aufl. Freiburg i. Br. 1966, 379.
4   Ebd., 372 (§ 10).

schenkt wird. Wer die Wahrheit »hat«, das heißt Anspruch auf sie erhebt, ohne aus ihr zu leben und sie weiterzugeben, der versucht, den unerschöpflichen Quell eines kristallklaren Bergbaches mit den bloßen Händen aufzufangen. Ein unmögliches Unterfangen. Vielmehr geht es darum, aus der Wahrheit zu leben, ihrer teilhaftig geworden zu sein und täglich neu zu werden. Die größte Freude des Apostels besteht folglich darin, seine »Kinder«, wie er seine Glaubensgeschwister liebevoll nennt, in der Wahrheit wandeln zu sehen (V 4).

Diese Freude ist nicht unbegründet. Denn Gott möchte, dass die Wahrheit seiner Liebe – wie auch die Liebe zur Wahrheit – im Leben aller Christen eine für andere erfahrbare Gestalt gewinnt. »Die Wahrheit des Glaubens, die der Gemeinde eingestiftet ist, nimmt Gestalt an durch die Mitarbeit der Glaubenden, die in ihrem liebenden Handeln besteht«.[5] Wo die großen Taten Gottes in den kleinen Taten der Christusnachfolger *auf*leuchten, da kann – für Menschen unverfügbar – auch die Klarheit und Wahrheit der Liebe Gottes *ein*leuchten. Darin liegt die Verheißung, zugleich aber auch die Herausforderung für alle Christen.

»Mitarbeiter der Wahrheit«? – Offenbar eine das Leben von Christen *aus*füllende, aber auch das Leben *er*füllende Aufgabe. Denn wer sich der Wahrheit zur Verfügung stellt, der wird von ihr – in der Person des Gottessohnes, der durch den Heiligen Geist in den Gläubigen Wohnung nimmt – erfüllt.

2 Als Ekklesia leben – die Einladung zum Glauben

Die Rede von den einzelnen Christen kann den fälschlichen Eindruck erwecken, hier ginge es um ein Programm für Einzelkämpfer. Aber das ist ausgeschlossen. Das Zeugnis von Gajus' Wandel in der *Wahrheit* (V 3) bzw. in der *Liebe* (V 6) hat seinen Ort in der christlichen Ekklesia. Die Ekklesia ist hier im Text eine (Haus-)Versammlung, die auch tatsächlich zusammenkommen und das Wahrheitszeugnis vernehmen kann, also Ortskirche im strengen Sinne des Wortes. Zugleich erinnert die Reisetätigkeit sowohl der Apostel als auch der reisenden Missionare an die Verbundenheit der Gemeinden und die Katholizität der einen Kirche Jesu Christi. Diese Verbundenheit findet ihren Ausdruck im Zeugnis für die Wahrheit, die im Leben von Christen ansichtig wird. Das Christenleben empfängt seine Dienstgestalt aus der Hingabe Jesu Christi, dem Herrn der Kirche. Wenn der Name des uns ansonsten unbekannten Gajus Eingang in den Kanon der Heiligen Schrift gefunden hat, erinnert uns dies

---

5   Hans-Josef Klauck, Der zweite und dritte Johannesbrief, EKK XXIII/2, Zürich/Neukirchen-Vluyn 1992, 94.

auch daran, dass das Zeugnis für die Wahrheit der authentischen Bezeugung durch Christen bedarf, die der Kirche zum Vorbild ihres Handelns werden.

Die Gastfreundschaft gehört zu den im Neuen Testament am häufigsten genannten Tugenden des Glaubens. Vergessen wir nicht: »Ohne die Praxis der Gastfreundschaft [...] wäre die urchristliche Missionsbewegung undenkbar gewesen«.[6] Mit dieser Einsicht sind die Wirkrichtungen der Gemeinde nach innen und nach außen miteinander verbunden. Der Dienst in und an der Gemeinschaft der Glaubenden, der als Charisma in je konkreter Weise allen Christen anvertraut ist, soll die Gemeinde dadurch aufbauen, dass die Einladung zum Glauben Menschen in ihrem jeweiligen Lebensumfeld erreicht. Durch die Gastfreundschaft an den Geschwistern wird es möglich, dass an möglichst vielen Orten die Botschaft von der Barmherzigkeit Gottes, die in Jesus Christus aufleuchtet, bekannt gemacht und gelebt werden kann.

Unser Text legt den Eindruck nahe, dass die Gabe der Gastfreundschaft auf die Überwindung von Grenzen hindrängt. Darauf deutet zumindest eine Ambivalenz hin, die uns in der Textüberlieferung von Vers 5 begegnet. Einige Textzeugen sprechen hier von der Gastfreundschaft, die Gajus *fremden* Brüdern gewährt, andere davon, dass er sie sowohl Brüdern *als auch* Fremden gewährt, also zwei unterschiedlichen Gruppen von Menschen. Wie immer man die Frage nach der Vorzugswürdigkeit einer von beiden Textvarianten entscheiden mag, es dürfte durchaus richtig sein, dass das lebendige, tatkräftige Zeugnis von der Liebe Gottes in letzter Konsequenz nicht teilbar ist. Ja, die Gemeinde ist der Raum erfahrbarer Zuwendung im Handeln der Geschwister. Hier hat jeder Christ ein Charisma empfangen, das ihn oder sie in einen konkreten Dienst einweist. Aber dieser Dienst weist über die Grenzen der Gemeinde hinaus. Er ist gerade darin die Gemeinde aufbauender Dienst, dass er einladendes Zeugnis für die Wahrheit des Glaubens ist. Er weist auf die Gemeinde zurück, insofern er Menschen in sie hineinführt. Im Übrigen mahnt uns der Text auch dazu, das eigene Haus, die eigene Wohnung als Ort, an dem Menschen mit der Gegenwart und Zuwendung Gottes vertraut werden, wahrzunehmen. Sakralgebäude sind häufig schon baulich Zeugen für die Gegenwart Gottes in dieser Welt, die missionarische Bedeutung gastfreundlicher Privaträume aber wird man kaum überschätzen können.

»Mitarbeiter der Wahrheit«? – Offenbar ein Privileg, das der dreieinige Gott seiner Kirche anvertraut hat. Die Charismen und Dienstämter des Geistes, durch die Jesus Christus seine Kirche baut, öffnen dabei zugleich die Türen der Gemeinde, damit Menschen den lebendigen Gott erfahren und sich zum Glauben einladen lassen. So stärkt die helfende Tat das gewinnende Wort, wie

---

6   Ebd., 96.

umgekehrt die Einladung zum Glauben in eine erneuerte, dem Dienst Gottes geweihte Lebensgestalt hineinführt.

3 In Christus bleiben – Ohnmacht und Vollmacht des Glaubens

Die gastfreundliche Aufnahme von reisenden Missionaren ist ein Zeichen der Katholizität der Kirche, der Verbundenheit unterschiedlicher Ortsgemeinden, die im Bekenntnis zur Wahrheit und dem Dienst der Liebe geeint sind. Doch »Mitarbeiter der Wahrheit« erfahren auch Widerspruch. Diese Erfahrung machen Christen nicht erst im Gefolge der Aufklärung oder einer irgendwie religionskritischen Kultur. Sie begleitet vielmehr den Weg der Bezeugung der Wahrheit von Anfang an. Von der Bedeutung der Gastfreundschaft für die Ausbreitung des christlichen Glaubens im ersten Jahrhundert war bereits die Rede. Auch der in Vers 9 erwähnte Diotrephes weiß darum. Gerade deshalb nimmt er Wandermissionare, die mit dem Presbyter in Verbindung stehen, nicht bei sich auf – und verwehrt ihnen damit faktisch auch den Zugang zur Gemeinde. Zudem verunglimpft er den Presbyter Johannes und maßt sich eine Autorität an, die ihm in der Beurteilung des Presbyters nicht zukommt. Was wir hier in den wenigen Zeilen des Briefes erfahren, sagt viel aus über den Charakter des apostolischen Dienstes überhaupt. Adolf Schlatter schreibt zur Stelle:

> Der Brief zeigt uns, daß die Arbeit der Apostel dem Weg Jesu bis ans Ende ähnlich geblieben ist. Sie mussten sich vielfach verachten lassen und redeten vergeblich und ertrugen das Widersprechen der Sünder, nicht nur unter Juden und Heiden, sondern auch in der Kirche selbst. Sie sind nie Kirchenfürsten geworden, die durch äußeren Glanz und Ansehen die Gemeinde sich unterwürfig machten und für ihr Wort überall willigen Gehorsam fanden. Sie arbeiteten bis ans Ende mit dem stillen, nach innen zielenden Mittel des Wortes; wer sie hören wollte, trat mit ihnen in Gemeinschaft und ward ihnen von Herzen untertan; wer sich ihrem Wort nicht untergab, der widersprach und schalt, verwarf ihre Briefe und übertrat ihre Gebote.[7]

Der Dienst an der Wahrheit ist darauf angewiesen, dass in der Kirche Jesu Christi der apostolische Dienst der Aufsicht (Episkopé) ausgeübt wird, weil dem Wort der Wahrheit zu allen Zeiten widersprochen wird. Dieser Dienst – dessen Grund der Dienst Jesu Christi ist – steht zeichenhaft dafür, dass

---

7   Adolf Schlatter, Die Briefe und die Offenbarung des Johannes. Ausgelegt für Bibelleser, Berlin 1953, 104.

sich die Kirche der Herrschaft ihres Herrn unterstellt. Wer aus der Wahrheit lebt, die den Dienst der Liebe speist, kann sich der »Lehre Christi« nicht verschließen, denn »jeder, der nicht in der Lehre Christi bleibt, hat Gott nicht« (2 Joh 9). In der »Lehre Christi« begegnet uns der Anspruch des Evangeliums auf Geltung als Wahrheit. Diesem Anspruch gegenüber kann auf Dauer kein Mensch gleichgültig bleiben. Das eigene Bekenntnis zur Wahrheit in seiner unhintergehbaren Perspektivität hat sich immer wieder neu an der »Lehre Christi« als »be-gründet« auszuweisen.

Aufschlussreich ist zu sehen, wie der Presbyter auf die Angriffe des Diotrephes reagierte. Seine Reaktion scheint auffallend milde ausgefallen zu sein. Reichte der Arm des Presbyters nicht weiter? Oder war seine Kraft im langjährigen Dienst erschöpft? All dies bleibt Spekulation. Wichtiger ist zu sehen, dass der Presbyter sich offenbar seiner apostolischen Autorität bewusst war – und gerade deshalb der in persönlicher Überzeugungskraft ergehenden Wirkung des Wortes vertraute. Es bleibt bei der Einsicht, dass »die Wahrheit nicht durch Gewalt zur Herrschaft gebracht wird, sondern durch ihre eigene Macht«.[8] Der Herr der Kirche, so bekräftigt es der Papst, hat die Wahrheit nicht mit Legionen verteidigt, sondern »durch seine Passion sichtbar [gemacht] und [...] sie dadurch auch in Kraft [gesetzt]«.[9] Der Text des Dritten Johannesbriefes erinnert uns daran, dass die Vollmacht des Aufsichtsamtes in der Kirche Jesu Christi sich *primär* der Vollmacht des Wortes verdankt, dem zu dienen es berufen ist. Der apostolische Dienst der Leitung soll darauf ausgerichtet sein, dass das ganze Gottesvolk der Kraft des überlieferten Wortes mehr zutraut und inniger in der Begegnung mit dem Wort Gottes verharrt, das Wahrheit und Leben ist. Der Anspruch des Wortes Gottes als unser Leben begründende und gestaltende Wahrheit wird nicht unwidersprochen bleiben, sondern eher als Zumutung und Respektlosigkeit empfunden werden. Umso wichtiger ist es, in der Liebe und Lehre Christi zu bleiben.

»Mitarbeiter der Wahrheit«? – Offenbar ist dies die Berufung aller Christen, die von der Wahrheit und Liebe in Jesus Christus ergriffen sind und sich danach ausstrecken, mit der Liebe Christi ebenso wie mit der Lehre Christi der Gemeinschaft des Gottesvolkes zu dienen als Zeichen für Gottes Willen, alle Menschen unter der Gabe des Evangeliums zu einen. Der apostolische Dienst der Aufsicht erinnert daran, dass niemand für sich alleine glaubt und dass Jesus Christus seine Kirche in der Wahrheit und in der Liebe Gottes bewahrt. Das gilt auch dann, wenn die Gestalt dieses Dienstes heute in den Kirchen unterschiedlich ausgeübt und interpretiert wird. In jeder Gestalt aber

---

8 Benedikt XVI., Licht der Welt, 70.
9 Ebd.

bleibt dieser Dienst gebunden an den Auftrag, in der Treue gegenüber dem Wort des lebendigen Gottes zu bleiben und Jesus Christus als die Wahrheit Gottes in Person zu bezeugen.

Eine »Zeugnis-Ökumene«, so sagte ich im Einleitungskapitel dieses Buches, hat ihre Grundlage nicht im *kleinsten* gemeinsamen Nenner unterschiedlicher konfessioneller Überzeugungen, sondern im *größten* gemeinsamen Nenner, nämlich im Namen Jesu Christi, in dem die Wahrheit Gottes ansichtig und zugänglich wird und über dessen Namen hinaus Größeres von Christen nicht bekannt werden kann. Die gemeinsame »Suche nach der Wahrheit und auch [der] Mut zur Wahrheit«[10] sind daher ohne Alternative, tragen sie doch die Verheißung Gottes mit sich. Eine »Zeugnis-Ökumene« ist zugleich eine Ökumene der »Kleinen« (vgl. Mt 18,6), deren Christus-Zeugnis sich nicht auf äußere Macht, sondern auf die Selbstevidenz der Wahrheit stützt und damit im Vertrauen auf ihr Einleuchten kraft des Heiligen Geistes gründet. Im Akt des Bezeugens darf das Wissen um die eigene Begrenztheit und Fehlbarkeit nicht verlorengehen. Insofern ist in dem von Ratzinger als Bischofsmotto gewählten Wort sicherlich »etwas von der Funktion eines Priesters und Theologen definiert, dass er nämlich versuchen soll, in aller Demut, in allem Wissen um seine eigene Fehlbarkeit, Mitarbeiter der Wahrheit zu werden«.[11] Darüber hinaus jedoch ist hier, worauf schon der Plural des Wortes »Mitarbeiter« hinweist, der Auftrag *aller* Christen zur Sprache gebracht, nämlich in aller Demut Jesus Christus als lebendige Wahrheit zu bezeugen und der Diktatur des Relativismus zu widersprechen.

---

10 Joseph Ratzinger, Gott und die Welt, 282.
11 Ebd.

Autorenverzeichnis

Deines, Roland, Dr. theol. habil., Professor für Neues Testament, Department of Theology and Religious Studies, Universität Nottingham (UK).

Johns, Cheryl Bridges, PhD, Professorin für Discipleship and Christian Formation am Church of God Theological Seminary Cleveland (Tennessee).

Koch, Dr. theol. Kurt Kardinal, Präsident des Päpstlichen Rates zur Förderung der Einheit der Christen, Vatikanstadt.

Neuer, Werner, Pfarrer Dr. theol., Dozent für Systematische Theologie am Theologischen Seminar St. Chrischona bei Basel.

Raedel, Dr. theol. Christoph, Professor für Ökumenische Theologie, CVJM-Hochschule Kassel.

Riesner, Dr. theol. habil. Rainer, Professor für Neues Testament, Institut für Evangelische Theologie, Technische Universität Dortmund.

Treusch, Dr. theol. Ulrike, Professorin für Historische Theologie, CVJM-Hochschule Kassel.

Wainwright, Dr. theol., D. D., Geoffrey, war bis zu seiner Emeritierung Professor für Systematische Theologie an der Divinity School der Duke University Durham (North Carolina).

Nachweis von Erstveröffentlichungsorten

Roland Deines: Can the "Real" Jesus be Identified with the Historical Jesus? A Review of the Pope's Challenge to Biblical Scholarship and the Various Reactions it Provoked, in: Adrian Pabst/Angus Paddison (Eds.), The Pope and Jesus of Nazareth. Christ, Scripture and the Church, London 2009, 199–232 (Übersetzung: C. Raedel/R. Deines).

Cheryl Bridges Johns: Of Like Passion. A Pentecostal Appreciation of Benedict XVI, in: William G. Rusch (Ed.), The Pontificate of Benedict XVI. Its Pemises and Promises, Grand Rapids 2009, 97–113 (Übersetzung: C. Raedel).

Geoffrey Wainwright: A Remedy for Relativism, in: Embracing Purpose. Essays on God, the World and the Church, London 2007, 265–290 (Übersetzung: C. Raedel).

Dank

Mein Dank gilt zunächst den Autoren, die mit Ihren Beiträgen dieses Projekts erst ermöglicht und geduldig das Erscheinen des Buches erwartet haben. Besonders danke ich Kurt Kardinal Koch, der in Wochen der Papstvakanz, Neuwahl und allem, was dies mit sich bringt, die Beiträge der evangelischen Autoren gelesen und seine Replik formuliert hat. Werner Neuer und Ulrike Treusch bin ich für Anregungen und Ermutigung im Prozess des Entstehens des Buches sehr verbunden. Mit schwerlich zu übertreffender Zuverlässigkeit, Genauigkeit und Beharrlichkeit hat Sven Kockrick den Buchsatz erstellt und bei der Erstellung der Register mitgewirkt. Sein verständnisvolles Eingehen auf meine Überlegungen und sein zeitnahes Reagieren auf meine Fragen haben ganz wesentlich dazu beigetragen, dass der Band erscheinen kann. Als treue Korrekturleser haben sich Anthea Roth und mein Bruder Martin Raedel erwiesen, denen ich ebenso herzlich danksagen möchte wie Hans-Jakob Reimers, der auf der Grundlage seiner gründlichen Durchsicht des Textes die Registerwörter zusammengestellt hat. Schließlich möchte ich dem Arbeitskreis für Evangelikale Theologie dafür danken, dass er das Erscheinen dieses Buches mit einem großzügigen Druckkostenzuschuss unterstützt hat.

Register

Personenregister

Adorno, Theodor Wiesengrund (1903–1969) 145
Ambrosius von Mailand († 397) 105
Aristoteles (384–322) 194
Assmann, Jan (* 1938) 97
Augustinus, Aurelius von Tagaste (354–430) 17, 20, 90–115, 141, 145, 153, 196, 207, 214, 223, 228

Bach, Johann Sebastian (1685–1750) 196
Barth, Karl (1886–1968) 13f., 139
Bauspieß, Martin (* 1977) 84ff.
Benedikt XIV. (1675–1758) 174
Benedikt XVI. (* 1927) 7, 9, 14f., 18ff., 23f., 27f., 31, 35, 38, 41, 44, 46, 48f., 57ff., 66–73, 75, 77, 80, 83, 87–90, 136f., 146, 150, 158, 165, 173–180, 184ff., 189f., 220, 223–228, 230–235, 237
Bernhard von Clairvaux (1090–1153) 88
Bertone, Tarcisio (Erzbischof) (* 1934) 129
Beyerhaus, Peter (* 1929) 136
Boff, Leonardo (* 1938) 173, 182
Bonaventura (Johannes Fidanza) (1221–1274) 37, 43, 100, 109, 141, 145, 153
Bosch, David Jacobus (1929–1992) 12
Botticelli, Sandro (1445–1510) 111
Bouyer, Louis (1913–2004) 200
Bucer, Martin (1491–1551) 122
Bultmann, Rudolf (1884–1976) 31, 44, 75, 80, 83, 85f., 231

Chan, Simon 177, 185, 189f.
Cicero, Marcus Tullius (106–43) 94
Cong, Joseph Quy Lam (* 1975) 102, 110
Cullmann, Oscar (1902–1999) 84

Deines, Roland 16, 69f., 86, 245f.
Demandt, Alexander (* 1937) 41
Dionysius Areopagitus 229
Dulles, Avery (Kardinal) (1918–2008) 36

Eco, Umberto (* 1932) 222
Eugen III. (Papst) (Pontifikat 1145–1153) 88
Euseb von Cäsarea (260/264–339/340) 82
Evdokimov, Paul (1901–1970) 193f.

Feuerbach, Ludwig (1804–1872) 61
Feuillet, André 77
Fiedler, Peter (1940–2009) 74
Fuchs, Ernst (1903–1988) 61

Galilei, Galileo (1564–1642) 196
Geyer, Carl-Friedrich 45
Geyer, Christian (* 1960) 67
Geyer, Hans-Georg (1929–1999) 86
Goethe, Johann Wolfgang (1749–1832) 196, 210
Gregor der Große (Papst) (Pontifikat 590–604) 214
Guardini, Romano (1885–1968) 193, 210

Habermas, Jürgen (* 1929) 34, 63–66, 187
Harnack, Adolf von (1851–1930) 31, 70, 80
Hasenhüttl, Gotthold (* 1933) 27, 45
Haydn, Joseph (1732–1809) 196
Hegel, Georg Wilhelm Friedrich (1770–1831) 196
Hempelmann, Reinhard (* 1953) 9, 13
Hengel, Martin (1926–2009) 28f., 31, 68
Hicks, John 118
Hieronymus (347–420) 201

Hoppe, Rudolf 55
Horkheimer, Max (1895–1973) 145
Huber, Wolfgang (* 1942) 167

Irenäus von Lyon (um 135–202) 192, 198, 204, 208

Jeremias, Joachim (1900–1979) 74
Jesus 7f., 11–17, 19–31, 34–39, 42–61, 63, 65, 68f., 71–89, 93–96, 99, 101, 103, 106, 108, 114f., 118ff., 123–126, 129ff., 133f., 136, 138f., 153, 156–161, 164ff., 170ff., 174, 176, 179, 192, 198, 200f., 203, 206, 208f., 212f., 216, 218f., 221f., 228ff., 234–237, 239–244
Johannes der Täufer 72f., 226
Johannes Paul II. (Papst) (1920–2005) 109, 136, 146, 216, 220
Johns, Cheryl Bridges 18, 245f.
Jörns, Klaus–Peter (* 1939) 74
Jüngel, Eberhard (* 1934) 68, 70
Jungmann, Josef A. (1889–1975) 200
Justinus Martyr (um 100–165) 200, 204

Kähler, Martin (1835–1912) 39f., 70
Kant, Immanuel (1724–1804) 25, 51, 69, 191
Käsemann, Ernst (1906–1998) 39
Kasper, Walter (Kardinal) (* 1933) 11, 173
Keats, John (1796–1821) 191
Kepler, Johannes (1571–1630) 196
Koch, Kurt (Kardinal) (* 1950) 18f., 136, 245, 247
Konstantin (Kaiser) († 337) 32

Laktanz, Lucius Caecilius Firmianus (um 250–um 320 in Trier) 203
Land, Steven 189
Leo der Große (Papst) (Pontifikat 440–461) 201
Lessing, Gotthold Ephraim (1729–1781) 62, 70
Lewis, Clive Staples (1898–1963) 222
Lohmann, Friedrich (* 1964) 168
Lubac, Henri de (1896–1991) 102f.
Lüdemann, Gerd (* 1946) 26, 45f.

Luther, Martin (1483–1546) 114f., 123, 127

Mackay, John Alexander (1889–1983) 190
Manuel II. Paleologus (1350–1425) 27
Maria (Mutter Jesu) 87, 108, 130, 184, 189, 198, 201, 234f.
Mayer, Cornelius Petrus (* 1929) 110
Meier, John Paul (* 1942) 52f.
Melanchthon, Philipp (1497–1560) 127
Metzger, Paul 9
Monika (Augustins Mutter) (um 332–387) 105, 108
Mozart, Wolfgang Amadeus (1756–1791) 196
Murdoch, Iris (1919–1999) 191

Neuer, Werner (* 1951) 17, 245, 247
Neusner, Jacob (* 1932) 23, 71
Newman, John Henry (1801–1890) 102f.
Newton, Isaac (1643–1727) 196
Niebuhr, Helmut Richard (1894–1962) 219
Nietzsche, Friedrich (1844–1900) 12

Papandreou, Damaskinos (1936–2011) 104
Parzany, Ulrich (* 1941) 88
Paul VI. (Papst) (1897–1978) 109
Pfnür, Vinzenz (* 1937) 121
Pius X. (Papst) (1835–1914) 27
Pius XII. (Papst) (1876–1958) 212, 218
Platon (428/427–348/347) 191, 204
Plotin (205–270) 94f., 97
Porphyrius (um 233–zw. 301 und 306) 97
Puig i Tarrech, Armand (* 1953) 87

Raedel, Christoph (* 1971) 17f., 245
Rahner, Karl (1904–1984) 37, 117, 119f., 124
Reiser, Marius (* 1954) 69f., 72
Riesner, Rainer (* 1950) 16, 245

Sänger, Dieter 39
Schiller, Johann Friedrich (1759–1805) 191
Schlatter, Adolf (1852–1938) 31, 70, 158, 242

Schlette, Heinz Robert (* 1931) 119
Schlier, Heinrich (1900–1978) 231f.
Schniewind, Julius (1883–1948) 11
Schönborn, Christoph (Kardinal) (* 1945) 67
Schopenhauer, Arthur (1788–1860) 196
Schröter, Jens (* 1961) 61f., 73
Seewald, Peter (* 1954) 43
Shaull, Richard (* 1919) 183f.
Slenczka, Notger (* 1960) 82f.
Söding, Thomas (* 1956) 26, 37, 83
Söhngen, Gottlieb Clemens (1892–1971) 102f.
Solowjew, Wladimir (1853–1900) 32, 34f., 43f.
Spaemann, Robert (* 1927) 10, 14
Spaziani, Stefano 111
Stegemann, Wolfgang (* 1945) 51
Stettler, Christian 78
Stökl, Daniel Ben Ezra (* 1970) 78
Stuhlmacher, Peter (* 1932) 31, 48, 68, 73, 78

Tadolini, Adamo 111

Theißen, Gerd (* 1943) 72
Theobald, Michael 29, 78
Thomas von Aquin (1225–1274) 109, 142
Tillich, Paul (1886–1965) 188
Treusch, Ulrike 17, 245, 247
Troeltsch, Ernst (1865–1923) 30, 50f., 54, 62f.

Varro, Marcus Terentius (116–27) 98, 103
Vermes, Geza (* 1924) 20–24, 26, 44
Victorinus, Marius (zwischen 281 und 291–nach 363) 101
Vogel, Cyrille (1919–1982) 200
Volf, Miroslav (* 1956) 13, 178, 181
Vollenweider, Samuel (* 1953) 58f.
Voltaire (1694–1778) 174

Wainwright, Geoffrey (* 1939) 18, 245f.
Wesley, Charles (1707–1788) 203
Wittgenstein, Ludwig (1889–1951) 97
Wolff, Christian 73
Wolter, Michael (* 1950) 80
Wrogemann, Henning (*1964) 14

Sachregister

Abendmahl 16, 48, 60f., 73–76, 177
Apologie, apologetisch 47, 53, 96–99, 103, 113, 115, 200, 204, 207, 235
Aristotelismus 194
Atheistisch 37, 50, 55, 70

Befreiungstheologie 46, 173, 181ff.
Begegnung, begegnen (Christus, Gott) 19, 58, 77f., 82, 89, 91, 94, 158, 160, 170, 184, 211, 237
Bekehrung 11, 17, 95, 102f., 105–108, 112, 119f., 122, 133, 159, 166, 171
Bibel (siehe auch Heilige Schrift) 9, 30f., 34, 37, 56, 65, 140, 185, 189, 198, 207, 238f.

Calvinistisch 128
Chalcedon (Glaubensbekenntnis) 52

Christozentrik 18, 43, 67, 101, 175f.
Communio sanctorum 180, 185
Confessio Augustana 116, 121
Confessiones 94f., 101ff., 105f., 108

Demokratie 149, 155, 180, 187f.
Dialektik der Vernunft 145, 148ff., 168
Diktatur des Relativismus 8, 16, 19, 142, 150, 152ff., 192, 221, 223, 237, 244
Dionysisch – appolisch 197
Dogmatismus 59, 70, 186
Dominus Iesus 17, 116, 129f., 132–136, 173, 216
Dualismus 182

Ehe und Familie 9, 15, 146f., 169

Ekklesiologie 10, 49, 90, 93, 96, 101f., 106, 114, 118, 157, 159, 163, 171, 178, 180, 185, 231
  pneumatische 185
Eklektizismus 216
Empfängnisverhütung 146
Empirismus 29f., 51, 53, 59, 65, 98, 117, 128, 219
Enzykliken
  Caritas in Veritate 142, 146f., 163, 165, 168, 172
  Deus Caritas Est 109, 141, 144, 146, 154, 158–161, 174, 176, 179, 187, 237
  Fides et Ratio 109, 216
  Spe Salvi 105, 108f., 112, 176
Eschatologie 102, 198
Eschatologische Vision 181f., 184
Essener 79
Eucharistie 48, 159ff., 163, 170f., 177, 181, 189f., 200, 203, 206, 213
Eucharistisch 90, 175ff., 213
Exegese 16, 26, 30ff., 36f., 44, 46, 50, 54, 59f., 62f., 68ff., 73, 77, 83, 100, 228, 232
Experiment 61, 98–101, 149, 152, 195

Freiheit 12, 15, 17, 25, 27, 36, 93, 114, 122, 132, 138f., 143ff., 147f., 150f., 156ff., 162ff., 167ff., 181f., 196, 210
Fundamentalismus 31, 38, 221

Gebet 11, 19, 57, 77–80, 102, 107f., 133, 136, 163, 196, 199ff., 203, 205, 213, 219, 228f.
Glaube und Geschichte 25, 36, 40, 42, 45, 53, 57, 59, 66
Glaube und Vernunft 22, 45f., 56, 107, 144f.
Gnosis 207, 218
Gnostisch-doketisch 219
Gnostizismus 208

Heilig, Heiligkeit 11, 19, 112, 147, 182, 233, 235
Heilige 97f., 108f., 112, 185, 213f., 233ff.
Heilige Schrift (siehe auch Bibel) 11, 23, 33f., 37f., 40, 61, 68, 75, 77, 88, 100, 114, 117f., 126, 128, 134, 158, 181, 189, 198, 217, 228, 230ff., 234, 238ff.
Heiligenverständnis 108, 115
Heilsaneignung 17, 119ff., 131, 136
Heilsbedeutung 77, 117, 125f.
Heilsgeschichte 42, 52, 84, 157, 164, 199
Heilshindernis 126, 133
Heilsmittlerschaft 8, 17, 119ff., 130f., 136
Heilsmöglichkeit für Nichtchristen 127f., 134ff.
Heilsmysterium Christi 131
Heilsordnung 131
Heilsuniversalität Jesu Christi 129, 216
Heilsvorbereitung 124, 133
Heilsweg 119, 124ff., 128, 133
Heilswille 127f., 131, 133
Historismus 195
Homoousios 27, 118
Hortensius 94

Ikonographie 193, 195, 236
Immanenz 86
Individualismus 185, 212
Inkarnation 35, 56, 85, 131, 202, 209
Inklusivismus 120, 124f., 133
Inklusivistische Theologie 119, 135
Interreligiöser Dialog 17, 47, 117, 122f., 133
Ipsissima verba 79
Israel 23, 75, 77, 117, 158f., 201, 209, 215

Jansenisten 127
Jom Kippur 75–78, 202
Judentum 20ff., 24, 117

Kerygma 60, 83, 85f.
Komplexitätsreduktion 10, 57
Konstantinopolitanisches Glaubensbekenntnis 129
Konstruktionspunkt 28f., 39, 60, 69, 228
Konzil
  von Chalcedon 80
  von Laodikea 218
  von Trient 195f.
  Zweites Vatikanisches 11, 90, 116, 124, 127, 134, 173, 193, 199, 207, 212
Kosmos 140, 175, 196, 199–202, 204, 214f.

Kreuzzeichen 203, 212
»Kurze Erzählung vom Antichrist« 32, 47

Lebensführung 8f.
Leidensmysterium 211
Liturgie 18, 36, 77, 134, 159ff., 174, 180, 184, 191ff., 195–199, 201, 203, 205f., 208–211, 213ff., 217–220
Logos 95, 99f., 102, 107, 153, 157, 160, 163ff., 170, 175f., 186f., 197, 199, 205f., 208, 210, 216, 224
Lumen Gentium (Konstitution) 126, 159

Marienfrömmigkeit 217
Materialismus 207
Monophysitismus 80
Monotheismus 97
Mutationssprung 58f.
Mysterium 131, 159, 178
Mystik des Sakraments 176f., 179

Naturrecht 17, 140–144, 148, 157, 167f.
Neuevangelisierung 16, 88, 137, 162, 175, 212
Nizänisches Glaubensbekenntnis 27, 118

Ökumene 10, 68, 237
    geistliche 7, 10ff., 14
    Gesinnungsökumene 10
    Konsensökumene 8
    Zeugnis-Ökumene 238, 244
Ökumenismus 173
Ordo salutis 127
Orthodoxie und Orthopraxie 99, 210

Partikularismus 91
Paschamysterium 134f.
Pastorale Konstitution
    Gaudium et Spes 134
Pelagianisches Denken 128
Pfingstbewegung 173, 176, 180f., 183ff., 188, 190
Pfingstkirchen 18, 171, 183
Pfingstler 18, 173–178, 180, 183, 185–189
Platonismus 101, 194
Pluralismus 92, 116, 119, 125, 138, 140, 156, 216ff.

Pluralistische Theologie 118f., 135
Pneumatologie 17, 134, 171, 179f., 185
Polytheismus 97
Pragmatismus 219
Pythagoreische Theorie 196

Qumran 20, 78f.

Realismus 42, 118
Realpräsenz 180
Relativierung 123
Relativismus 8, 16, 18, 91, 93, 96, 103f., 115, 125, 142, 150–153, 186f., 192, 205, 216f., 220, 222f., 237, 244
Renaissance 194
Rockmusik 197

Sakrament 48, 102, 127, 159ff., 176f., 179, 181, 185, 187f., 190, 203, 206, 208f., 214
Säkularisierung 63, 189, 210
Säkularismus 59
Schekina 78
Schönheit 19, 191f., 195f., 219
Skeptizismus 70
Sola scriptura 88, 115, 230f.
Soteriologie 49, 77, 114, 117f., 157, 179
Subjektivismus 216

Tanz 219
Taufe 71ff., 162, 203, 211f.
Theonomie 188f.
Torah 60, 71
Tradition 21f., 30, 35, 60f., 63, 65, 74, 78, 93, 99f., 104, 109, 111, 114, 123, 128, 138ff., 158, 170, 173, 178, 185, 187, 189, 192, 198, 204, 219, 230, 239
Transempirismus 29f., 51, 53, 59, 65
Trinität, Trinitätslehre 14, 18, 23, 38, 53, 177ff., 197
Typologie 51f.

Überzeugungsgemeinschaft 162
Utilitarismus 34, 36

Verkündigung 10, 18, 47, 71, 74ff., 81, 85, 88, 122f., 128, 131, 137, 169,

187, 190, 196, 201, 204, 216, 223, 232ff.
Vernunft 13, 16ff., 22, 25, 31, 45f., 51, 53, 55f., 62–65, 94f., 97, 99, 101, 107, 138–142, 144ff., 148–157, 159, 164f., 167f., 174, 176, 186ff., 191, 196f., 224f., 227
Versöhnungstag, Großer *siehe* Jom Kippur

Wahrheit 7ff., 12, 14, 16–19, 21f., 38, 41, 51, 53f., 56, 58, 61, 70, 72, 83f., 86, 89, 91–108, 111–117, 120, 122f., 125f., 130, 132, 141f., 144–147, 149, 151, 154–158, 161ff., 165f., 168–175, 181ff., 186f., 189–192, 201, 205ff., 210, 212, 216, 221–229, 232f., 235–244
Westminster-Katechismus 192, 198

Zeugnis 10–14, 19, 58, 81, 85, 89, 114, 119, 121, 136, 139, 162f., 165f., 169–173, 181, 221, 228, 231, 235, 237–241, 244

Alister McGrath

Der Weg der christlichen Theologie

Eine Einführung

3., überarbeite und erweitere Auflage

752 Seiten, gebunden
ISBN 978-3-7655-9539-4

Alister McGraths große Theologiegeschichte führt in die großen Themen der Theologie ein und zeigt, wie sie sich von der Antike bis heute entwickelt haben.

Dieses Buch gibt einen fundierten Überblick über
- die Geschichte der Theologie von der Zeit der Kirchenväter ab ca. 100 n. Chr. bis zur Gegenwart und die spannendsten theologischen Debatten
- die Quellen und Methoden theologischen Denkens
- die großen Themen wie Person und Werk Jesu Christi, Dreieinigkeit oder „die letzten Dinge".

Jetzt in völlig überarbeiteter Neuauflage, die der englischen 5. Auflage entspricht. Ein umfangreiches Glossar und Register sowie Angaben zu weiterführender Literatur geben die nötigen Querverweise und regen zum Weiterstudium an.

BRUNNEN VERLAG GIESSEN
www.brunnen-verlag.de

Dialoge über vier Jahrzehnte

Christoph Raedel (Hg.)
Als Beschenkte miteinander unterwegs
Methodistisch-katholische Beziehungen
auf Weltebene

Reutlinger Theologische Studien, Band 7
252 Seiten, Paperback

Auch als eBook

Die Beziehungen zwischen der römisch-katholischen Kirche und den methodistischen Kirchen haben sich seit mehr als vierzig Jahren fruchtbar und zukunftsweisend entwickelt. Dieses Buch analysiert jeweils aus der Perspektive beider Partner die bilateralen Dialogrunden zwischen der römisch-katholischen Kirche und dem World Methodist Council (WMC), arbeitet die geistliche Dynamik derartiger Dialoge heraus und stellt den Beitritt des WMC zur Gemeinsamen Erklärung zur Rechtfertigungslehre in den Kontext der Frucht solcher Dynamiken. Außerdem enthält der Band die deutsche Übersetzung des »Seoul-Berichts« von 2006 und gemeindepädagogische Anregungen zur Rezeption dieses Dokuments.

Mit Beiträgen von Thomas Gerold, Walter Klaiber, Manfred Marquardt, Michael Nausner, Burkhard Neumann, Jörg Oeldemann, Wolfgang Thönissen und Geoffrey Wainwright

Edition Ruprecht

Inh. Dr. Reinhilde Ruprecht e.K., Postfach 1716, 37007 Göttingen
www.edition-ruprecht.de